D1668887

Dieter Martinetz · Der Gaskrieg 1914/18

Dieter Martinetz

Der Gaskrieg 1914/18

Entwicklung, Herstellung und Einsatz chemischer Kampfstoffe

Das Zusammenwirken von militärischer Führung, Wissenschaft und Industrie

Bernard & Graefe Verlag

Das Titelbild zeigt einen deutschen Soldaten mit erstem provisorischen Atemschutz (chemikaliengetränkte Mullbinde).

Das Bild auf der Rückseite zeigt zwei deutsche Soldaten und ein Maultier mit den 1917 verwendeten Gasmasken (Archiv für Kunst & Geschichte, Berlin).

Bildnachweis:
Archiv zur Geschichte der Max-Planck-Gesellschaft, Berlin (18), Dr. Dietrich Stoltzenberg, Hamburg (1), Dr. Rolf-Dieter Müller, Freiburg (1), Biblio Verlag, Osnabrück (1), Archiv des Autors (46); Staudinger, H.: Arbeitserinnerungen. Hüthig Verlag, Heidelberg (H. Staudinger); Uppsala Newsletter – History of Science 1992, Nr. 17 (Brief Habers an Arrhenius, Archiv der Königlich Schwedischen Akademie der Wissenschaften).

Herstellung und Layout: Walter Amann, München
Lithos: Repro GmbH., Ergolding
Satz, Druck und Bindung: Isar-Post GmbH, Altheim/Landshut
Printed in Germany

ISBN 3-7637-5952-2

Inhalt

Einleitung 7

Der Weg zum ersten deutschen Gaseinsatz 9

Erforschung der »wissenschaftlichen Grundlagen des Gaskampfes« 29

Die Antwort der Allierten 48

Tödliche Giftstoffe und neue Einsatztechniken 68

Die »Maskenbrecher« und das Hautgift »Gelbkreuz« 76

Der individuelle und kollektive Gasschutz 92

Höhepunkt und Ende des Gaseinsatzes 99

»Ergebnisse« des »Gaskrieges« 117

Als Kampfstoffe genutzte Chemikalien 117

Produzierte und eingesetzte Kampfstoffmengen 119

Gasbeschädigte und Gastote 127

Abschließende Betrachtung 132

Anmerkungen und Quellen 135

Anhang 162

1. Gliederung und Arbeitsgebiete des »Kaiser-Wilhelm-Institutes für physikalische Chemie und Elektrochemie« 1918 163
2. Telefonverzeichnis des »Kaiser-Wilhelm-Institutes für physikalische Chemie und Elektrochemie« 1918 164
3. Personalbestand der Abteilung A bei Kriegsende 166
4. Mitgliederverzeichnis des Offiziersvereins der ehemaligen Gastruppen e.V. (ohne Jahresangabe) 167
5. Kurzbezeichnungen und Decknamen der von Deutschland und den Alliierten eingesetzten Kampfstoffe 171
6. Unerträglichkeitsgrenzen 175
7. Tränenerregende Konzentrationen 176
8. Relative Toxizitäten im Vergleich mit Chlor 176
9. Habersche Tödlichkeitsprodukte 176
10. Die Kampfstoffmunition des Ersten Weltkrieges 177

Personenregister 187

Der Autor 200

Bildteil . . . . I–XXIV

Einleitung

Trotz ernst zu nehmender Gegenstimmen schreckten einige militärische Führer bereits im Altertum nicht davor zurück, dem Feind durch vergiftete Nahrung und Trinkwasser zu schaden oder ihn mit Giftpfeilen zu Tode zu bringen. Sehr frühzeitig wandte man ferner die verschiedensten Brandsätze nicht nur zur Zerstörung materieller Güter, sondern auch zur Ausräucherung von Belagerten durch die kohlenstoffmonoxid- und schwefeloxidhaltigen Rauchgase an.

Im Mittelalter und der Neuzeit galt die zerstörerische Kreativität verschiedener naturwissenschaftlicher Gelehrter oder Interessierter vor allem der möglichst effektiven Vergiftung der Luft, und arsen-, quecksilber- sowie bilsenkrauthaltige »Rauch- und Dunstkugeln« wurden entzündet unter die Feinde geschleudert.

Im 19. Jahrhundert empfahlen Chemiker und Apotheker erstmals die Verwendung von mit Blausäure oder arsenorganischen Verbindungen gefüllten Geschossen sowie Blasangriffe mit Rauch und Schwefeldioxid.

Der Beginn des Einsatzes chemischer Kampfmittel kann jedoch auf den 22. April 1915 datiert werden, als kaiserlich deutsche Pioniere zum ersten Mal in der Kriegsgeschichte die gewaltige Menge von 150 Tonnen giftigen Chlorgases gegen französische und britische Stellungen bei Ypern abbliesen. Bald folgte der massenhafte Einsatz weitaus schrecklicherer Giftstoffe. Der vorausgegangene Einsatz chemischer Reizstoffe durch Frankreich und Deutschland (vgl. S. 9 und 15) war in seiner Wirkung unbedeutend.

Auf allen kriegführenden Seiten engagierten sich nun Naturwissenschaftler und Militärs für die Entwicklung wirksamer chemischer Kampfstoffe und militärisch effektiver Einsatzformen, während sich die chemische Industrie vor allem um eine möglichst rasche und ausreichende Umsetzung in die Produktion bemühte.

Die tatsächlichen und vermeintlichen Erfolge der »Gaswaffe« im Ersten Weltkrieg wurden zum Ausgangspunkt für Kampfstoffeinsätze Spaniens gegen die aufständischen marokkanischen Rif-Kabylen in den Jahren 1922 bis 1927 sowie Italiens gegen Äthiopien 1935/36, die unter den schutzlosen Kämpfern bzw. Soldaten und der Zivilbevölkerung eine verheerende Wirkung entfalteten und in entscheidendem Maße zur Niederringung dieser Völker beitrugen.

In den dreißiger Jahren gelang Deutschland die Entwicklung, wenige Jahre später die Produktion der bedeutend toxischeren Nervengas-Kampfstoffe vom Tabun- und Sarin-Typ. Aber auch einige wichtige Kampfstoffe des Ersten Weltkrieges, wie Schwefel-Lost, Chlorarsinkampfstoffe und Phosgen, wurden wieder produziert und weiterentwickelt, wobei u. a. das Stickstoff-Lost entstand. Das im gleichen Verlag erschienene Buch »Der Krieg, der nicht stattfand« von Günther W. Gellermann beleuchtet die Gaskriegsvorbereitungen Deutschlands sowie der Allierten und geht der Frage nach, warum ein Einsatz im Zweiten Weltkrieg unterblieb.

Nach 1945 gipfelten die Kampfstoff-Forschung und Kampfstoff-Entwicklung in der Schaffung der in geringsten Mengen auf das Nervensystem wirkenden V-Stoffe (wie VX) und der Einführung der Binärwaffentechnik. Aber auch das

Lost behielt nach 1945 militärische Bedeutung als Geländekampfstoff. Es wurde sowohl von den Großmächten bevorratet als auch von Staaten der »Dritten Welt« produziert und in regionalen Konflikten bedenkenlos angewandt. Genannt seien hier die Einsätze von Lost-Bomben Ägyptens gegen den Jemen in den Jahren 1963 bis 1967 und des Iraks gegen den Iran 1983 bis 1985 sowie gegen aufständische Kurden 1988. Dem Irak konnte ferner die Anwendung von Sarin nachgewiesen werden. Nach dem verlorenen Golfkrieg fanden UN-Inspektoren in den irakischen Arsenalen S-Lost, Sarin und Cyclosarin.

Erst das Ende Januar 1993 in Paris unterzeichnete »Übereinkommen über das Verbot der Entwicklung, Herstellung, Lagerung und des Einsatzes chemischer Waffen und über die Vernichtung solcher Waffen (Chemiewaffen-Konvention)« läßt auf ein Ende der chemischen Massenvernichtungsmittel hoffen. Im Jahre 1994 lagerten in den USA etwa 30 000, in den GUS-Staaten etwa 40 000 Tonnen Kampfstoffe. Leider aber schließt selbst der erklärte Wille der USA, Rußlands und anderer kampfstoffbesitzender Staaten zur Vernichtung der vorhandenen Bestände nicht die Herstellung, den Besitz und Einsatz durch Nichtunterzeichnerstaaten, Extremistengruppen und fanatische terroristische Vereinigungen aus, wie die im März 1995 in der Tokioter U-Bahn bekannt gewordenen Anschläge mit Sarin der Weltöffentlichkeit deutlich vor Augen geführt haben. Die schreckliche Gefahr wird offensichtlich, wenn man bedenkt, daß ein einziges Gramm dieses Giftes bis zu 1000 Menschen töten kann.

Im folgenden soll der Beginn der Geschichte der chemischen Kampfstoffe als Massenvernichtungsmittel im Ersten Weltkrieg beleuchtet werden, wobei vor allem den Motiven, den Organisatoren, den beteiligten Personen, dem Zusammenwirken von Militär, Wissenschaft und Industrie, den bedeutendsten militärischen Einsätzen und den »Ergebnissen« nachgegangen wird.

Der Weg zum ersten deutschen Gaseinsatz

Bei Ausbruch des Ersten Weltkrieges dachte zunächst wohl keiner der involvierten Staaten ernsthaft daran, chemische Giftstoffe einzusetzen, zumal durch die Haager Konferenzen vom 29. Juli 1899 und 1. Oktober 1907 den Kriegführenden diesbezüglich Beschränkungen auferlegt waren. Diese betrafen gemäß Artikel 23 a. der Haager Landkriegsordnung die Verwendung von Giften und vergifteten Waffen (interpretiert im Sinne der Anwendung von Giften zur Trinkwasser- und Lebensmittel-Vergiftung sowie vergifteter Waffen im Sinne von Pfeilen und Stichwaffen), b. die Verwendung von Waffen, Geschossen und Stoffen, die geeignet sind, unnötige Leiden zu verursachen und c. die Verwendung von Geschossen, deren einziger Zweck es ist, giftige oder erstickende Gase zu verbreiten. Es war gefordert, daß die Splitterwirkung immer die Giftwirkung übertreffen muß[1].

Lediglich die französischen Truppen führten etwa 30 000 26-mm-Gewehrpatronen mit sich, die keine normale Sprengladung, sondern eine Füllung von 19 Milliliter tränenreizendem Bromessigsäureethylester enthielten (»cartouches suffocantes«) und aus Polizeibeständen stammten. Ihre Produktion erfolgte bereits 1912 auf Veranlassung des Leiters des Pariser »Laboratoire Municipal«, André Kling (1872–1947), für den Polizeieinsatz. Erst im November 1914 wurde eine Neuanfertigung beschlossen, wobei man aus Mangel an Brom nach sachverständigem Rat zum größten Teil auf das sehr ähnlich wirkende Chloraceton ausweichen mußte und auch mit der Füllung von Handgranaten (»grenades suffocantes«, Bertrand No. 1) begann. Am 7. Januar 1915 forderte der kommandierende General der Nord- und Nordost-Front, Joseph Jacques Césaire Joffre (1852–1931), diese Waffe für die vordersten Linien an, am 21. Februar erschien eine Dienstvorschrift des französischen Kriegsministeriums über den Gebrauch von Gasgewehr- und Gashandgranaten, und im März erfolgten nach den deutschen Heeresberichten erste Einsätze in den Argonnen.

In der Dienstvorschrift heißt es unter der Überschrift »Bemerkungen über Geschosse mit betäubenden Gasen«:

»Die sogenannten Geschosse mit betäubenden Gasen, die von unserer Zentralwerkstätte hergestellt werden, enthalten eine Flüssigkeit, die nach der Explosion Dämpfe ausströmt, die Augen, Nase und Kehle reizen ... Die durch Geschosse mit Erstickungsgasen verbreiteten Dämpfe sind nicht tödlich, wenigstens nicht bei geringen Mengen[2].«

Diese Tatsache wurde nach dem Krieg in einem von Major Clarence J. West (1852–1931) vom amerikanischen »Chemical Warfare Service« am 2. Mai 1919 in der Zeitschrift »Science« publizierten Artikel bestätigt, in dem er den Geschossen jedoch eine größere Wirksamkeit abspricht:

»Während des Schützengrabenkrieges ist von diesen erstickenden Gewehrgranaten eine Verwendung gemacht worden, die man als verfehlt beschreiben muß, und zwar darum, weil die kleinen Flüssigkeitsmengen, die sie enthielten, ungefähr 19 ccm, im offenen Felde keine Wirkung haben konnten[3].«

Zeitungsmeldungen, wie am 28. September 1914 in der italienischen »La Tribuna«, im Oktober 1914 in der »Daily Mail« oder am 6. Januar 1915 in der »Sydney Mail«, daß es unter den deutschen Einheiten durch massiven Beschuß mit französischen 7,6-cm-Turpinit-Gasgeschossen (nach dem Erfinder, dem französischen Sprengstoffchemiker Francois Eugéne Turpin, 1849–1927) eine Reihe von Gasvergifteten gegeben haben soll, sind später von keiner Seite bestätigt worden[4].

Sehr wahrscheinlich handelte es sich in den erwähnten Fällen um Vergiftungen durch Kohlenstoffmonoxid und Stickstoffoxide aus Deflagrationsgasen (Sprenggasen) herkömmlicher Brisanzmunition. Der Pariser Medizin-Professor Raoul Mercier berichtete 1930 über derartige Beispiele; so wurden Maschinengewehrschützen in einem Unterstand von 18 m^3 durch Kohlenstoffmonoxid vergiftet, nachdem sie 250 Schuß abgefeuert hatten; am 30. Mai 1917 erlitten deutsche Soldaten in einem verschütteten Tunnel am Mont Cornillet nach Brisanz-Beschießung ebenfalls Vergiftungen durch Kohlenstoffmonoxid; Mercier weist dabei darauf hin, daß ein Kilogramm Trinitrotoluol rund 800 Liter Kohlenstoffoxide liefert.

In Unterständen, Tunnels, Kasematten und geschlossenen Räumen wurden später noch verschiedentlich tödliche Vergiftungen durch Sprenggase beschrieben[5].

Auf britischer Seite diskutierte man im Herbst des Jahres 1914 wieder einmal über die aus dem 19. Jahrhundert stammenden Dundonaldschen Pläne eines militärischen Schwefeldioxid-Einsatzes[6], begann in einigen Laboratorien aber auch mit ersten sporadischen Testungen von Chloraceton, Benzylchlorid[7] sowie anderen Tränengasen (»lachrymators«)[8], und in den USA ließ J. H. Hammond ein mit Blausäure gefülltes Artilleriegeschoß patentieren.

Auch in Deutschland existierten unmittelbar zu Kriegsbeginn weder chemische Waffen noch konkrete praktische Pläne für solche, wenngleich man sich bereits in den Vorkriegsjahren verschiedentlich mit entsprechenden Versuchen zur militärischen Nutzung chlorierter und bromierter Tränenreizstoffe sowie Blausäure befaßt hatte[9].

Technische und naturwissenschaftliche Probleme wurden von Seiten des Militärs jedoch zumeist als sekundär betrachtet. Der Direktor des »Kaiser-Wilhelm-Institutes für physikalische Chemie und Elektrochemie« in Berlin-Dahlem (KWI), Prof. Fritz Haber (1868–1934), beklagte dies in einem späteren Vortrag:

»Im Hause des Deutschen Reiches lebten der General, der Gelehrte und der Techniker unter demselben Dache. Sie grüßten sich auf der Treppe. Einen befruchtenden Ideenaustausch aber haben sie vor dem Kriege nicht gehabt[10]*.«*

Dies war auch der Grund, weshalb sich Walther Rathenau (1867–1922), damals Vorstandsvorsitzender der AEG (1922 deutscher Außenminister), bereits eine Woche nach Beginn des Ersten Weltkrieges, am 8. August 1914, an Oberst Heinrich von Scheuch (1864–1946), den damaligen Chef der »Allgemeinen Kriegsabteilung« im Preußischen Kriegsministerium, wandte, um auf die für längere kriegerische Auseinandersetzungen äußerst prekäre Rohstoffsituation Deutschlands, besonders auch auf dem Schießpulversektor, hinzuweisen. Am folgenden Tag, einem Sonntag, bestellte ihn der General der Infanterie und Kriegsminister, Erich von Falkenhayn (1861–1922), [der nach der Schlacht an der

Marne auch Helmuth Graf von Moltke (1848–1916) als Chef des Generalstabes des Feldheeres ablöste] per Telegramm zu sich[11].

Als vorläufige Maßnahmen empfahl Rathenau ein System von Kontrollen und Maßnahmen zur Rationierung und Verteilung strategisch wichtiger Materialien, deren Import durch die britische Seeblockade verhindert wurde. Gleichzeitig entwickelte er aber auch erste Vorstellungen zur Erforschung und Herstellung alternativer synthetischer Produkte, welche begrenzte natürliche Rohstoffe ersetzen oder ergänzen sollten. Falkenhayn, der als sehr intelligent geschildert wird[12], ließ sich an diesem Sonntag überzeugen.

Per Ministerialerlaß wurde innerhalb des Preußischen Kriegsministeriums unter Rathenaus Leitung (erste Mitarbeiter: Prof. Georg Klingenberg, 1870–1925, und Wichard von Möllendorf, 1881–1937) umgehend eine Kriegsrohstoffbehörde eingerichtet. Innerhalb kürzester Zeit besetzte Rathenau diese mit einer Gruppe hochrangiger Wissenschaftler und Industrieller. Die militärisch wichtigste Aufgabe bestand zunächst in der Lösung des Schießpulverproblems, dem sich die »Abteilung Chemie« der neuen Behörde widmen sollte. Als Leiter wurde Fritz Haber ausgewählt, der den Physikochemiker Walther Nernst (1864–1941, Nobelpreis für Chemie 1920), den Berliner Chemiker und Ordinarius Emil Fischer (1852–1919, Nobelpreis für Chemie 1902), den zweiten Direktor des »Kaiser-Wilhelm-Institutes für Chemie«, Richard Willstätter (1872–1942, Nobelpreis für Chemie 1915) sowie nach und nach an seinem Institut tätige jüngere Naturwissenschaftler aktiv einbezog. Ziemlich rasch wurde die Chemieabteilung als »Büro Haber« bekannt. Nach Dezember 1914 schied Haber wegen erheblicher Differenzen mit Rathenau aus dessen Rohstoffabteilung aus[13]. Seine weitere Tätigkeit im Kriegsministerium leistete Haber als Leiter des vermutlich im Februar 1915 geschaffenen Referates »Gaskampfwesen«, ab November 1915 »Zentralstelle für Fragen der Chemie« (innerhalb der Abteilung »Fußartillerie« des »Allgemeinen Kriegsdepartments«) und ab November 1916 selbständige »Chemische Abteilung« (A 10), die dem »Allgemeinen Kriegsdepartment A« des Generals Ernst von Wrisberg (1863–1927) unterstellt wurde[14]. Diese umfaßte dann schließlich die Sektionen Gasproduktion, Gasmaskenproduktion, Gasgeschoßproduktion, Gasschulen sowie Finanzen und Verträge.

Nach der Schlacht an der Marne (6. bis 9. September 1914) und der immer deutlicher werdenden deutschen Munitionskrise wandten sich Rathenau, Fischer und Haber an den durch die technische Realisierung der Haberschen Ammoniaksynthese bekannten, bei der Badischen Anilin- und Sodafabrik (BASF), Ludwigshafen, tätigen Chemiker und Ingenieur Carl Bosch (1874–1940). Als das Kriegsministerium allen seinen Bedingungen (Freistellung des gesamten Personals des Oppauer BASF-Werks vom Armeedienst, Bereitsstellung aller erforderlichen Baumaterialien, Maschinen und Ausrüstungen, staatliche Subventionierung) zugestimmt hatte, widmete sich Bosch im Oppauer Werk mit aller Kraft der großtechnischen Realisierung der Oxidation von Ammoniak zu Salpetersäure[15], dem unabdingbaren Ausgangsstoff zur Herstellung von Sprengstoffen.

Eine einzige kleinere Anlage, die nach dem Verfahren von Wilhelm Ostwald (1853–1932, Nobelpreis für Chemie 1909) durch Ammoniakoxidation synthetische Salpetersäure erzeugte, betrieb die Bergwerksgesellschaft Lothringen in Bochum. Sie arbeitete jedoch mit den im Krieg schwer beschaffbaren und teuren Platinkatalysatoren.

Die von Bosch und Alwin Mittasch (1869–1953) in kürzester Zeit entwickelten Eisenoxid-Katalysatoren liefen später nicht nur im BASF-Werk Oppau und den Merseburger Leuna-Werken, sondern wurden auch von den Farbenfabriken Bayer, Leverkusen, und der Aktien-Gesellschaft für Anilin-Fabrikation (AGFA), Berlin und Wolfen, genutzt.

Bereits im Mai 1915 konnte in Ludwigshafen die erste Großversuchsanlage mit einer Tagesleistung von 150 Tonnen angefahren werden. Im letzten Kriegsjahr produzierte Oppau 90 000 Tonnen synthetische Nitrate!

Doch zusätzlich mußten schnellstens andere Lösungen gefunden werden, um aus dem munitionsfressenden Stellungskrieg herauszukommen. Da man für diese Art der Kriegführung eine Flächenwaffe benötigte, nutzte man die normalerweise als Zielwaffe eingesetzten Brisanzgeschosse in Form des Trommelfeuers, was einen Anstieg des Munitionsverbrauches auf ein niemals vorhergesehenes Maß mit sich brachte und dennoch militärisch wenig effektiv war.

Falkenhayn beauftragte daher den als Verbindungsmann des Militärs zur deutschen Industrie agierenden, als sehr ehrgeizig geschilderten Major Max Bauer (1869–1929), persönlich mit der Rüstungsindustrie Kontakt aufzunehmen. Im Einvernehmen mit der Kriegsrohstoffbehörde sowie dem Waffen- und Munitionsbeschaffungsamt gelang diesem vorerst eine Forcierung der Munitionsfertigung durch straffe Koordinierung der vorhandenen Rohstoffe und Produktionskapazitäten[16].

Bei seinen Besprechungen, zunächst mit Walther Nernst[17], später auch mit Fritz Haber, erfuhr Bauer, daß die deutsche Chemieindustrie Brom, Chlor und andere giftige Chemikalien herstellte, die man mit relativ geringem Aufwand in Reizstoffe und chemische Massenvernichtungsmittel umfunktionieren könnte[18].

Die Leistungsfähigkeit der deutschen chemischen Industrie lag dabei im letzten Vorkriegsjahr weit über der Frankreichs, Englands und der USA. Allein 1913 stellte die deutsche Farbenindustrie 139 776 Tonnen chemische Erzeugnisse her, was einem Anteil an der Weltproduktion von 85,9 % entsprach. Hingegen betrug der Anteil Englands lediglich 2,5 %, der der Vereinigten Staaten 1,8 % und der Frankreichs 0,6 %[19].

Max Bauer und Walther Nernst suchten daraufhin den Vorstandsvorsitzenden der Farbenfabriken Bayer, Carl Friedrich Duisberg (1861–1935), auf. Dieser erkannte sofort die wirtschaftlichen Möglichkeiten für die durch den Krieg zu einem großen Teil brachliegende Farbenindustrie, aber auch die möglicherweise kriegsentscheidende Bedeutung einer solchen neuen Waffe. Die in Leverkusen vorhandenen Produktionsanlagen zur Farbenherstellung waren durch die verwendeten korrosionsfesten Materialen, z. T. Kessel mit Bleiauskleidungen, dafür prinzipiell geeignet. Er sicherte die Mitwirkung der chemischen Industrie zu und begann umgehend mit Versuchen an vorhandenen Zwischenprodukten, der Organisation der Reizstoffproduktion und der entsprechenden Laborierung, d. h. Abfüllung in Munition, sowie Forschungsarbeiten. Schon frühzeitig orientierte er sich auch auf das hochtoxische Phosgen, das bei Bayer und der BASF als ziviles industrielles Zwischenprodukt anfiel.

In einem im Mai 1916 von Duisberg in Leverkusen über die Anfänge der Versuche zum Gaskrieg gehaltenen Vortrag heißt es:

»Mit Unterstützung eines zur Verfügung gestellten Artilleriekommandos und den

erforderlichen Geschützen führten wir unsere Versuche mit selbst laborierten Granaten aus . . . wir fingen mit dem größten Stinkstoff, den die Chemie kennt, dem Aethylmercaptan an, das als Ausgangsmaterial für die Herstellung der beiden Schlafmittel Sulfonal und Trional von den Leverkusener Farbenfabriken im grossen hergestellt wird . . .[20]*.«*

Da man feststellen mußte, daß dieser und ähnliche Stoffe durch die Detonationshitze zum größten Teil verbrannt wurden und der widerliche Geruch allein als militärisches Kampfmittel nicht ausreichte, wandte man sein Interesse sehr bald Stoffen zu, die in kleinster Menge die Schleimhäute der Augen und des Atemtraktes reizen und verätzen, aber auch schon der Prüfung starker Gifte *»wie Blausäure, Cyankali, Arsenwasserstoff, Arsentrichlorid und Cyanquecksilber«*. Durch die rasche Verdünnung während der Explosion gelang es jedoch auch bei diesen nicht, ausreichende Gefechtskonzentrationen zu erreichen[20].

Nach 1935 von Oberstleutnant Karl Justrow publizierten Angaben sollen es unter anderem die französischen Bromessigester-Gewehrgranaten gewesen sein, welche im Oktober 1914 die deutsche Heeresleitung veranlaßten, Versuche zum Einsatz von Reizstoffen aufzunehmen. Diese wurden nach Justrows Angaben zunächst *»in einer recht behelfsmäßigen Art«* von der Artillerie-Prüfungskommission begonnen *»und zwar von Hauptmann Garke in Verbindung mit Dr. Tappen* (Hans Tappen, geb. 1879; d. A.) *und Prof. Haber«* (zunächst vermutlich parallel zur Gruppe Nernst, Michaelis, Duisberg; vgl. weiter unten). Von Mitte 1915 bis 1917 leitete Hauptmann Justrow diese Versuche, die vor allem durch General Anton J. H. von Kersting (geb. 1849), den Chef der Artillerie-Prüfungskommission, gefördert wurden. Im Anfangsstadium waren als Industrievertreter besonders Dr. Baurath von der Firma Kahlbaum in Berlin-Adlershof, Betriebsleiter Fürth von den Farbfabriken Bayer in Leverkusen und Direktor Dr. Albrecht Schmidt (1864–1945) von den Höchster Farbwerken beteiligt, denen Justrow ausdrücklich für ihre aufopferungsvolle Tätigkeit dankte. Untersucht wurden zunächst neben verschiedenen ins Auge gefaßten reizerregenden Chemikalien vor allem der Flüssigkeits-Beschleunigungsdruck flüssigkeitsgefüllter 15-cm-Granaten (bis zu 2500 kg/cm^2 !)[21], Verschlußmöglichkeiten für die Geschosse und die Bemessung der Sprengladung (um ein zu starkes Zerstäuben oder gar thermische Zersetzung des Reizstoffes zu vermeiden). Zur Feststellung der für eine erfolgreiche »Begasung« notwendige Munitionsmenge, erprobte man, vor allem auf dem Schießplatz Köln-Wahn, auch schon Massenbeschuß[22].

In einem späteren Gutachten an das Ministerium für Unterricht vom 18. September 1917 schilderte Haber noch einmal die grundsätzlichen taktischen Motive für die Kampfstoffentwicklung:

»Nachdem die Erlebnisse der ersten Kriegswochen sich zu einer einheitlichen Erfahrung geklärt hatten, traten die beiden naturwissenschaftlichen Tatsachen hervor, die dem Verteidiger eine grundsätzliche Überlegenheit gegenüber dem gleichwertigen Angreifer geben. Erstens: Der Mensch bietet dem Maschinengewehr und dem Feldartillerie-Geschütz unserer Tage eine Treffläche, die angesichts der Zahl, der Feuergeschwindigkeit und der Durchschlagkraft dieser Waffen unerträglich groß ist; zweitens: eine leicht herstellbare Erddeckung (Schützengraben) gibt gegen dieselben Waffen einen sehr weitgehenden Schutz, weil kleine rasch fliegende Eisen-

teile Sandsäcke und Erdwälle nicht durchschlagen. Aus diesem Sachverhalt ist gleichzeitig beim Feind wie bei uns das Bedürfnis nach chemischen Kampfmitteln entstanden, die den Verteidiger im Schützengraben besser als Gewehrgeschosse und Granatsplitter erreichen.
Im Fortgang des Krieges hat der Angreifer versucht, die grundsätzliche Überlegenheit der Verteidigung praktisch zu überwinden, indem er durch Massenbeschuß aus schweren Geschützen die Grabendeckung des Verteidigers zerstörte. Der Verteidiger ist diesem Versuche begegnet, indem er seine Verteidigungsstellung der Tiefe nach staffelte, dem Angreifer dadurch das schmale, dicht mit Truppen besetzte Grabenziel entzog und ihn nötigte, eine tiefe Fläche völlig mit seinen Geschossen umzupflügen, wenn er die Kampfkraft des Verteidigers brechen wollte. Diese Aufgabe verlangte einen ungeheueren Einsatz von Geschützen und Munition, mit denen ein Dauerfeuer abgegeben werden muß. Jede erhebliche Unterbrechung erlaubt dem Verteidiger nicht nur, sich vorübergehend zu erholen, sondern macht die vorausgegangenen Anstrengungen des Angreifers wertlos und nötigt ihn von vorn zu beginnen. Solche erhebliche Unterbrechung wird am besten mit Gasgeschossen erzwungen . . .[23].«

In einem nach dem Krieg am 11. November 1920 vor Reichswehroffizieren gehaltenen Vortrag hob Haber noch einmal den für den Stellungskrieg wichtigen Flächenaspekt der Chemiewaffen-Anwendung hervor:

»Der Vorteil der Gasmunition[24] kommt im Stellungskriege zu besonderer Entfaltung, weil der Gaskampfstoff hinter jeden Erdwall und in jede Höhle dringt, wo der fliegende Eisensplitter keinen Zutritt findet[25].«

Ziel des Einsatzes von Reizstoffen zu Kriegsbeginn war es allerdings noch nicht, den Gegner zu töten, sondern ihn aus der Deckung in den Feuerbereich der konventionellen Munition zu treiben und knappen Sprengstoff einzusparen. Dennoch arbeitete man auch schon relativ frühzeitig an der Entwicklung tödlich wirkender Stoffe. Nach Bauer war dies notwendig geworden, *»weil das Bewußtsein geringer Lebensgefahr den beschossenen Gegner im Ertragen der Reizwirkung außerordentlich stärkte«*[26].

Der Amerikaner Joseph Borkin schätzt in seinem Buch »Die unheilige Allianz der I.G. Farben« ein, daß der Einsatz von giftigen Chemikalien den an den Gesprächen Beteiligten so verlockend erschien, daß sie sich auch von der Haager Konvention nicht davon abbringen lassen wollten, denn *»allein die Tatsache, daß Giftgase verboten waren, sicherte Deutschland ein Überraschungsmoment«*[27].

Aber auch in der ersten Hälfte des Jahres 1915 war noch vieles improvisiert, und manches lief parallel. Haber arbeitete besonders an der Entwicklung eines Gasblasverfahrens, und Carl Duisberg organisierte vor allem die Reizgeschoßproduktion sowie erste Versuche mit Phosgen. Dabei setzte er nicht nur Bayers volle Kapazitäten ein, sondern beteiligte sich sogar selbst an entsprechenden Experimenten u. a. mit Phosgen. In einem im Frühjahr 1915 an Max Bauer geschriebenen Brief berichtet er:

»Wie unangenehm es wirkt, ersehen Sie am besten daraus, daß ich fast 8 Tage zu Bett gelegen habe, weil ich nur einige Male dieses scheußliche Zeug eingeatmet habe . . . Wenn man nun stundenlang den Gegner mit diesem giftigsten aller gasförmigen Produkte behandelt, so werden meiner Meinung nach die Gegner, wenn sie nicht, was

wahrscheinlich der Fall, sofort ausreißen, nachträglich krank werden und fiebrige Bronchitis bekommen[28].«

Bei der Obersten Heeresleitung hatte der für die »Technische Sektion« verantwortliche Max Bauer die Fäden zur Planung und Durchführung der chemischen Kriegführung in der Hand, unterstützt von dem ihm unterstellten Major Hermann Geyer (1882–1946). Für die Bereitstellung und Organisation der Fertigung von Munition, einschließlich Gasmunition, war der Chef der Operationsabteilung in Falkenhayns Stab, Gerhard Tappen (geb. 1866), zuständig, dem in der ersten Zeit u. a. Haber als Berater zur Seite stand. Auch Duisberg hatte, wie erwähnt, schon 1915 einen guten Kontakt zu den entsprechenden militärischen Stellen, besonders zu Bauer, aber ebenso zu Haber. Da bestimmte Schlüsselvorprodukte günstiger von anderen Herstellern, wie BASF oder Hoechst, produziert werden konnten, strebte Duisberg zunehmend einen zunächst lockeren Herstellerverbund an (der später zur »Interessengemeinschaft der deutschen Teerfarbenfabriken« führte), den er in enger Zusammenarbeit mit Geyer und Haber koordinierte.

Hinsichtlich der zum Einsatz zu bringenden Stoffe hatte man sich im Frühherbst in der Artillerie-Prüfungskommission auf Vorschlag von Nernst und Duisberg zunächst zur Erprobung des Augen sowie Nasen- und Rachenraum reizenden kristallinen o-Dianisidinchlorsulfonates (Tarnbezeichnung: »Niespulver«) in herkömmlichen 10,5-cm-Ni-Schrapnellen entschlossen, dessen Kugeln anstatt in Füllpulver in die festgestampfte Reizpulvermasse eingebettet waren. Die Verbindung war erstmals von Duisberg dargestellt worden und diente in den Leverkusener Farbenfabriken bereits vor dem Krieg als Rohmaterial für die Produktion von Anilinfarben.

In einer von Bauer nach Kriegsende 1919 als Argumentationshilfe für die deutsche Delegation zu den Friedensverhandlungen in Versailles verfaßten »Denkschrift betreffend den Gaskampf und Gasschutz« heißt es dazu:

»Auf unserer Seite begann der Gaskampf damit, daß auf Veranlassung des Chefs des Generalstabes des Feldheeres im Oktober 1914 die von dem damaligen Major Bauer in der Operationsabteilung des Großen Generalstabes aus den Herren Geheimrat Duisberg, Major Michaelis und Geheimrat Nernst zusammengesetzte Kommission auf dem Schießplatz Wahn zu Versuchen zusammentrat, aus denen das sogenannte Ni-Geschoß erwuchs[26].«

Der erste Einsatz von 3000 derartigen, von der Geschoßfabrik Siegburg gefertigten Reizstaub-Geschossen erfolgte durch deutsche Truppen am 27. Oktober 1914 an der Westfront bei Neuve-Chapelle. Obwohl der Erfolg insgesamt unbefriedigend war, wurden insgesamt 17 000 Stück gefertigt[7 29].

Die praktischen Erfahrungen mit dem Dianisidinsalz und bei der weiteren Suche nach besser geeigneten Chemikalien schildert Bauer in seiner Biographie:

»Dieser Stoff gab einen äußerst feinen Staubnebel, der Augen und Nase erheblich reizte, ohne giftig zu sein. Das Geschoß wurde bei Neuchapelle erstmalig am Feind erprobt . . . Als ich von Neuchapelle zurückkam, schlugen die bisherigen Zweifel Falkenhayns gegen das Gas um. Freilich hielt er zunächst noch daran fest, daß die Geschosse als Sprenggeschosse voll brauchbar bleiben sollen (vgl. Haager Konvention, d. A.) . . . *Zunächst ging das Suchen nach wirkungsvollen Gaskampfstoffen weiter. Systematisch wurden Hunderte von Stoffen erprobt, leicht war das nicht,*

denn es mußte auf die verfügbaren Rohstoffe und die Fertigungsmöglichkeit ebenso Rücksicht genommen werden. Stoffe, die man zuerst für sehr wirkungsvoll hielt, wie z. B. Kakodyle und Mercaptane, versagten vollkommen[18]*.«*

Anfang November 1914 wurde der Chemiker Hans Tappen von seinem Bruder Gerhard hinsichtlich eines Mittels angesprochen, das den Feind aus den Schützengräben vertreibe. Diesem gegenüber hatte Falkenhayn geäußert:

»In Köln sitzen zwei alte Geheimräte, Nernst und Duisberg; die kommen nicht von der Stelle. Kennen Sie nicht einen jüngeren Chemiker, den Sie fragen könnten[30 31]*?«*

Hans Tappen erinnerte sich noch sehr gut an die reizerregenden Wirkungen von Xylyl- und Xylylenbromid, die er während seiner Doktorarbeit zur Morphinsynthese bei Robert Pschorr (1868–1930) umgesetzt hatte und schlug daher die Verwendung dieser flüssigen Tränenreizstoffe[30 31] (technisch ein Gemisch der drei Isomere mit Verunreinigungen durch die isomeren Xylylenbromide, d. A.) in 15-cm-Granaten vor.

Man hatte sich für diese Granate entschieden, da sie einen relativ großen Rauminhalt von 4 Litern besaß und das zugehörige Geschütz, die schwere Feldhaubitze 13, artilleristisch bewährt und in ausreichender Stückzahl verfügbar war. Umgehend erfolgten erste Erprobungen auf dem Artillerie-Schießplatz Kummersdorf sowie im Rahmen einer Großübung am 9. Januar 1915 in Köln-Wahn. Falkenhayn sowie sein Generalquartiermeister (und späterer Kriegsminister) Adolf Wild von Hohenborn (1860–1925), die persönlich daran teilnahmen, gaben danach die Aufnahme der Großproduktion frei.

Fritz Haber, der bei der Erprobung ebenfalls zugegen war, wies bereits zu diesem Zeitpunkt darauf hin, daß es zur Erzielung einer ausreichenden Gefechtskonzentration und damit eines militärischen Erfolges notwendig sei, gleichzeitig große Mengen von chemischen Wurfgeschossen (großräumige Minen) zum Einsatz zu bringen. Deren kurzfristige Herstellung wurde von der Industrie und dem Militär jedoch als unmöglich angesehen[31].

Bauer schildert die Versuche und den Ersteinsatz der neuen Verbindung:

»Bei den Versuchen waren Geheimrat Haber mit seinen Assistenten Dr. Kerschbaum (Friedrich [Fritz] P., 1887–1946, d. A.) *und Dr. Epstein* (Friedrich, d. A.), *Geheimrat Duisberg mit seinem Gehilfen Dr. Jonas und Dr. Tappen (Bruder des Abt.-Chefs) besonders tätig* (vorerst also ein relativ kleiner Personenkreis, d. A.). *Wir kamen zunächst durch Dr. Tappen auf das Xylylenbromid, das kurz – Dr. Tappen zu Ehren – mit »T-Stoff« bezeichnet wurde. Es war nicht giftig, reizte aber Augen und Nase sehr stark, haftete lange im Gelände und war, solange man keine Gasmasken hatte, recht wirkungsvoll. Es kam hinzu, daß man den Stoff schnell fertigen konnte. Schon im Januar 1915 wurden große Mengen T-Geschosse fertig. Der erste praktische Versuch sollte im Osten gegen die Russen stattfinden . . . und so wurden alle Vorbereitungen schnellstens und sorgfältigst getroffen. Inzwischen trat Frost ein, mit der unerwarteten Wirkung, daß am Angriffstage das Gas größtenteils versagte . . . und so wurde die Sache im Westen wiederholt – nunmehr mit Erfolg*[18]*.«*

Allerdings erforderte die Laborierung in Munition besondere Aufwendungen, da sich Xylylbromide bei Kontakt mit Eisen zersetzen. Der T-Stoff wurde deshalb zunächst in Bleigefäße oder Porzellanbüchsen gefüllt, die, verlötet bzw. mit Magnesiakitt abgedichtet, in die Granaten eingeschoben wurden, wo sie noch mit Paraffin oder Magnesiakitt fixiert werden mußten[20].

Die ersten 18 000 15-cm-T–Gasbrisanz-Granaten/schwarz erhielt die 9. Armee unter Generaloberst August von Mackensen (1849–1945) für den Einsatz an der Ostfront[32], der am 31. Januar bei Bolimov stattfand. Als sachverständigen Berater entsandte die Oberste Heeresleitung den General der Artillerie von Schabel[32]. Im März begann bei Nieuport der Einsatz an der Westfront[30].

In weiteren Versuchen wurde die 15-cm-T-Gasbrisanz-Granate/grün mit einem Gemisch aus Xylylbromiden und Bromaceton (B-Stoff; 1863 von Eduard Linnemann, 1841–1886, entdeckt; schon vor dem Krieg von den Höchster Farbwerken als Geschoßfüllung empfohlen und erprobt, vgl. Lit.[9]) oder Brommethylethylketon (Bn-Stoff) gefüllt, von dem man sich für den Einsatz unter den Temperaturbedingungen an der Ostfront eine günstigere Wirkung versprach. Die bromierten Ketone waren leichter flüchtig, während der T-Stoff durch seine höhere Seßhaftigkeit eine verlängerte Wirkung erreichen sollte.

Die industrielle Herstellung der Xylylbromide lief vor allem in den Farbwerken Bayer (Leverkusen) und Hoechst (Höchst), nach Ludwig (Lutz) F. Haber (geb. 1920), einem Sohn Fritz Habers, aber auch bei der Firma Kahlbaum (Berlin-Adlershof)[33]. In Höchst und Leverkusen entstanden ferner die bromierten Ketone.

Die Produktion der Xylylbromide erfolgte durch direkte Bromierung von Xylol bei 115 °C. Zur Herstellung der bromierten Ketone wurden wäßrige Lösungen von Kalium- oder Natriumchlorat und Aceton oder Methylethylketon mit der theoretischen Menge Brom behandelt. Nach Reaktionsende mußte das Produkt neutralisiert und getrocknet sowie zur Stabilisierung mit etwas Magnesia versetzt werden[34].

Von August 1915 bis September 1918 sollen nach Angaben des amerikanischen Chemikers James Flack Norris (1871–1940) auf diese Weise in Leverkusen 500 Tonnen Xylylbromid (in Zusammenarbeit mit der Firma Kahlbaum, Berlin), in Höchst 1069 Tonnen Bromaceton/Brommethylethylketon hergestellt worden sein[35].

Die Abfüllung der Reizstoffe in die Geschosse (Laborierung) wurde in der Anfangsszeit ebenfalls von den Herstellerfirmen Bayer, Hoechst und Kahlbaum übernommen. Später richtete Bayer auf der linken Rheinseite, in Dormagen, eine entsprechende spezielle Fabrikanlage, deren Errichtung vom Reich finanziert wurde, ein[36].

Die im Verlaufe des Kriegssommers 1915 folgende K-Granate enthielt ein Gemisch aus 92 % Monochlormethyl-chlorformiat und 8 % Dichlormethyl-chlorformiat (K-Stoff; Chlorierungsvorstufen des später eingesetzten Diphosgens), das unter Duisbergs Leitung in Leverkusen entwickelt worden war und neben der Reizwirkung auch schon eine deutliche Lungengiftwirkung entfaltete. Zur Laborierung waren wiederum Bleigefäße oder Porzellanbüchsen erforderlich.

Die Anforderungen der Front für T- und K-Granaten blieben nach der Einschätzung von Major Geyer allerdings relativ gering. Die durchschnittliche monatliche Fertigung lag bei etwa 24 000 Schuß[32].

Parallel zu den Entwicklungen der Reizstoff-Granaten wurden, nach vielfacher Meinung auf Anregung Walther Nernsts[37], auch großräumige Minen mit Xylylbromiden, Bromaceton oder Brommethylethylketon (B-Minen) sowie Monochlormethyl-chlorformiat und Dichlormethyl-chlorformiat oder aber Chlorsulfonsäuremethylester (C-Minen), der auf relativ einfache Weise durch Umsetzung von wasserfreiem Methanol mit Sulfurylchlorid unter Kühlung erhalten werden konnte, gefüllt. Der erste Fronteinsatz von von B- und C-Minen erfolgte durch das Gas-Minenwerfer-Bataillon 1 unter Leitung von Major Lothes am 18. Juni 1915 bei Neuville-St.Vaas und an der Ostfront am 4. August zwischen Lomza und Ostrolenka[38].

Außer den Reizgeschossen entwickelten Nernst und Duisberg auch ein Brandgeschoß, das im wesentlichen mit gelbem Phosphor gefüllte Celluloidstäbe enthielt und neben dem, von dem Chemiker Dr. Hermann Kast (1869–1927) vom Militärversuchsamt vorgeschlagenen Thermitgeschoß (Aluminium, Aluminium(III)- und Eisen(III)-oxid) beim Beschuß von Städten Anwendung fand[20]. Von den Höchster Farbwerken wurden des weiteren Nebelgranaten und Nebelapparate produziert, in denen annähernd 100%iges Schwefelsäureanhydrid (Schwefeltrioxid) bzw. 60 % Schwefelsäureanhydrid und 40 % Chlorsulfonsäure zum Einsatz kamen[20 34].

Bereits am 18. Dezember, also noch in der Phase der Erprobung des T-Stoffes, wandte sich Falkenhayn an den Berliner Chemiker und Ordinarius Emil Fischer, um ihn für die Entwicklung wirksamerer Gifte heranzuziehen, da ihm die »Stinkstoffe« insgesamt wenig erfolgversprechend schienen.

Fischer, der sich ansonsten in vielerlei Weise für die Herstellung kriegswichtiger Chemieprodukte engagierte[39], entzog sich anscheinend dieser Aufgabe, indem er erklärte, daß solche Entwicklungen eine längere Zeit beanspruchen würden[40]. Lediglich eine Probe hochreiner Blausäure stellte er für Schießversuche zur Verfügung. Seine Bedenken waren aber wohl nicht ethisch-moralischer, sondern eher chemisch-technischer Natur, wie wir aus einem am 20. Dezember 1914 an Duisberg gerichteten Brief erfahren:

». . . Der Kollege Nernst ist stark mit seinen Schießversuchen beschäftigt und mit ungeheurem Eifer hinter der Sache her. Ihm zu Gefallen habe ich nun auch die wasserfreie Blausäure hergestellt und zweckentsprechend verpacken lassen. Sie soll am nächsten Dienstag verschossen werden. Bezüglich ihres Erfolges bin ich aber ziemlich skeptisch. Vor 2 Tagen wurde ich in ganz unerwarteter Weise vom Kriegsminister Falkenhayn zu einer Unterredung eingeladen. Er sprach dabei über die neuen Stinkstoffe und war mit deren Wirkung noch nicht zufrieden. Er will etwas haben, was die Menschen dauernd kampfunfähig macht. Ich habe ihm auseinandergesetzt wie schwer es sei, Stoffe zu finden, die in der außerordentlich starken Verdünnung noch eine tödliche Vergiftung herbeiführen. Ich kenne zwar einen Stoff, der sehr schlimm ist, aber ich wage es nicht, ihn zu empfehlen, weil wir in Deutschland nicht die notwendigen Rohmaterialien besitzen, und deshalb wenn die Sache zur Kenntnis des Feindes kommt, uns in das eigene Fleisch schneiden können[41].«

Nach Fischers abschlägigem Bescheid konzentrierten sich Falkenhayn und Bauer in der Gasfrage nun voll und ganz auf Professor Fritz Haber, der die Kapazitäten seines Dahlemer »Kaiser-Wilhelm-Institutes für physikalische Chemie und Elektrochemie«[42] in Zusammenarbeit mit der Farbenindustrie nutzte, sowie Duisberg als Industrievertreter. Haber sah zu diesem Zeitpunkt das 1771 von Carl Wilhelm Scheele (1742–1786) entdeckte Chlor als die effizienteste und relativ kurzfristig in großen Mengen bereitstellbare Waffe an. Es war einerseits von hoher Wirksamkeit und konnte andererseits durch gleichzeitiges Abblasen aus zahlreichen Vorratsflaschen massenhaft und damit in ausreichend hohen Gefechtskonzentrationen gegen den Gegner eingesetzt werden. Erst Haber drängte in vollem Maße auf die relativ simple Tatsache, daß nur Anwendungsformen, die eine bestimmte Mindestanreicherung der Luft mit dem wirksamen Stoff erreichen, militärisch erfolgreich sein können[43]. Aus meteorologischen Gründen (vor allem der an der Westfront vorherrschenden Windrichtung) schlug Haber das Frühjahr als Einsatztermin vor.

(Auch in Frankreich gab es entsprechende Vorstöße. Schon am 30. August 1914 soll der Chemiker Edouard Justin-Mueller (1867–1955) dem Kriegsministerium die Anwendung von Schwefeldioxid und Chlor vorgeschlagen haben, was zu diesem Zeitpunkt jedoch abgelehnt wurde[44]. Andererseits hatte bereits um 1900 der spätere Leiter des chemischen Laboratoriums der »Section Technique de l'Artillerie«, Nicolardot, seine Vorgesetzten davor gewarnt, daß Deutschland in einem möglichen Krieg Chlor und Brom einsetzen könnte. Sogar eine einfache Schutzmaske hatte er entwickelt. Um 1905 empfahl er Chlorpikrin als Geschoßfüllung, wiederum ohne daß er auf Interesse stieß[45].)

Schon lange vor dem Ersten Weltkrieg hatte sich Haber, noch an der Universität in Karlsruhe tätig, damit beschäftigt, wie die großen Mengen Chlor, die in der chemischen Produktion Deutschlands anfielen, gewinnbringend verwertet werden könnten[46].

Die Industriechemikalie war also in der Farbenindustrie in ausreichenden Mengen vorhanden. Nach Robert Harris und Jeremy Paxman produzierten die deutschen Farbwerke bereits vor dem Krieg täglich 40 Tonnen (die Briten weniger als 10 % davon)[47]. Zudem konnte das Gas seit der Entdeckung der Chlorverflüssigung durch Rudolf Th. J. Knietsch (1854–1906) verflüssigt in Metallbehältern aufbewahrt und ziemlich gefahrlos transportiert werden.

Joseph Borkin weist darauf hin, daß die in den ersten Kriegsmonaten am Kaiser-Wilhelm-Institut begonnenen Arbeiten zur Vorbereitung des Gaskampfes zu den am besten gehüteten Geheimnissen Deutschlands gehörten[27]. Eine Explosion im Dezember 1914, bei der einer von Habers Mitarbeitern (gemeint ist der Abteilungsleiter Professor Otto Sackur, geb. 1880, der angeblich mit Phosgen [nach Witalij Grigorjewitsch Chlopin, 1890–1950, mit Arsen[48]] experimentiert haben soll) getötet wurde, hätte nach seiner Ansicht fast zur Enthüllung der militärischen Arbeiten geführt. (Bereits 1921 hatte Victor Lefbure[49] in seinem Buch »The Riddle of the Rhine« gemeint, daß im August/September 1914 bei Arbeiten mit Kampfstoffen dieser tödliche Unfall passiert sei.)

Auch Haber selbst ging nach dem Krieg öffentlich in einem Vortrag vor Reichswehroffizieren auf die Geschehnisse ein[50], wies dort aber lediglich darauf hin, daß *»die erwähnten Versuche, bei denen Professor Sackur tödlich verunglückte«,* erst im Dezember 1914 ausgeführt wurden.

Aus einer erhalten gebliebenen Aktennotiz Habers vom 3. Januar 1915 erfahren wir, daß es zu dieser Zeit die Aufgabe war, den vorhandenen T-Stoff durch ein wirksameres Präparat zu ersetzen, wobei das stark reizende und giftige Kakodylchlorid (Dimethylarsinchlorid; 1837 von Robert Wilhelm Bunsen, 1811–1889, synthetisiert) als geeignet eingeschätzt wurde. Nach Schießversuchen am 16. Dezember 1914 in Kummersdorf entschloß man sich, die Verbindung zur Verbesserung der Gefechtswirkung mit dem leichter flüchtigen Dichlormethylamin zu vermischen. Bei entsprechenden Laborversuchen kam es unerwartet zu einer heftigen Explosion, die Otto Sackur tötete und Gerhard Just (geb. 1877) die rechte Hand abriß[51].

Der ebenfalls anwesende Haber entging der Explosion nur dadurch, daß man ihn kurz zuvor zufällig aus dem Laboratorium gerufen hatte.

Im Januar 1915 wurde in Anwesenheit von Haber und Bauer in ersten Versuchen in Köln-Wahn das Abblasen von Chlor erprobt, später auch in einem feldmäßigen Vorversuch bei Hasselt (Belgien)[52], wobei sich beide, wie Bauer berichtet, durch Leichtsinn fast vergiftet hätten:

»Das Gas blies vorschriftsmäßig ab, da plagte uns der Teufel und wir beide ritten ›versuchsweise‹ in die abtreibende Wolke hinein. Im Augenblick hatten wir in dem Chlornebel die Orientierung verloren, ein wahnsinniger Husten setzte ein, die Kehle war wie zugeschnürt. . . in höchster Not lichtete sich die Wolke und wir waren gerettet[18].«

Diese Tatsache verwendete Haber nach dem Krieg gern, um die heftigen ausländischen Kritiken am deutschen Chloreinsatz als übertrieben darzustellen:

»Ich stände nicht hier, wenn sie (die Chlorwolke, d. A.) *jeden tötete, den sie erfaßt und außer Gefecht setzt. Denn ich bin selbst bei einem großen Geländeversuch durch Unvorsichtigkeit ohne jedes Schutzmittel in eine solche Wolke geraten, aus der ich mich nicht herausfand, und mit schweren, aber in einigen Tagen völlig vorübergehenden Erscheinungen davongekommen. Nur in der unmittelbaren Nähe der Entstehungsstelle ist die Gaswolke schlechterdings verderblich[53].«*

Haber leitete seine Ansicht aber auch aus in Wahn zur Ermittlung der wirksamen Konzentration durchgeführten Tierversuchen ab.

Der im Januar in Wahn ebenfalls anwesende Duisberg empfahl daher bereits dort, Gemische mit dem bedeutend toxischeren Phosgen, das bei Bayer und der BASF für zivile Zwecke produziert wurde, einzusetzen. Die daraufhin angestellten Versuche unter Zusatz von 20 % Phosgen ergaben ebenfalls eine recht gute Wolkenbildung. Dennoch stieß der Vorschlag auf Ablehnung, da man zu diesem Zeitpunkt über keinerlei Schutzmöglichkeiten für die eigenen Truppen verfügte[20].

Am 25. Januar 1915 wurden der Stabschef der 4. Armee, Generalmajor Emil Ilse (geb. 1864), und der Kommandierende General des XV. Armeekorps, General Berthold von Deimling (1853–1944), ins Große Hauptquartier nach Mézierès beordert, wo sie von Falkenhayn in Kenntnis setzte, daß in Deimlings Frontabschnitt im südlichen Ypernbogen als neues Kampfmittel in Stahlflaschen angeliefertes Chlor unter der Deckbezeichnung »Desinfektion« gegen den Gegner abgeblasen werden sollte. 6000 große Chlorflaschen (á 40 kg) waren zu diesem Zweck in der Industrie beschlagnahmt (die Hälfte der dort vorhandenen Flaschen), 24 000 auf die Hälfte verkürzte Flaschen (á 20 kg) neu angefertigt worden. Den gesamten Bestand sollte die 4. Armee unter Herzog Albrecht von Württemberg (geb. 1865) für den Einsatz in vorderster Linie südlich des Ypernbogens erhalten.

Zunächst in einigen Kreisen noch bestehende Bedenken, mit der Anwendung von toxischem Chlorgas gegen die Haager Landkriegsordnung zu verstoßen, wurden durch Haber und verschiedene Völkerrechtler zerstreut. Unter Negierung der wissenschaftlichen Fakten deklarierte man das Lungengift Chlor als Reizgas, dessen Einsatz ja ebenso wie das historische, schon von Dundonald vorgeschlagene Blasverfahren[6] nicht verboten sei.

Bei vielen Offizieren, z. B. dem Kommandeur der 6. Armee, Kronprinz Maria Luitpold Ferdinand Rupprecht von Bayern (1869–1955), und dem Kommandeur der 3. Armee, General Karl von Einem (von Rothmaler, 1853–1934), bestand zunächst eine starke innere Abneigung gegen den Chloreinsatz, aber ihr militärischer Pragmatismus obsiegte schließlich[54 55].

In seinem Kriegstagebuch verzeichnete Rupprecht von Bayern unter dem 1. März 1915:

»Als Dr. Haber mit General v. Falkenhayn vor der ersten Anwendung bei mir weilte, verhehlte ich nicht, daß mir das neue Kampfmittel des Gases nicht nur unsympathisch erschiene, sondern auch verfehlt, denn es sei sicher anzunehmen, daß, wenn es sich als wirksam erwiese, der Feind zum gleichen Mittel greifen würde und bei der vorherrschenden westöstlichen Windrichtung zehnmal öfter gegen uns Gas abblasen könne, als wir gegen ihn. Daraufhin wurde mir erwidert, die chemische Industrie unserer Feinde sei gar nicht befähigt, Gas in der benötigten Menge herzustellen. Ich entgegnete, daß dies wohl für den Augenblick zutreffen möge, daß ich es aber für die Dauer bezweifeln möchte[54].«

Andere hohe Offiziere fanden die Anwendung von Giftgasen zwar unmilitärisch, begrüßten sie aber als Mittel, den Feind zu schlagen. So äußerte General Erich von Gündell (1854–1924): *»Welche Kriegführung! Aber wir müssen gegen die Feinde, die uns erdrosseln wollen, jedes Mittel anwenden[56].«*

General Albrecht von Thaer (geb. 1868) schrieb am 28. April 1915:

»Der Erfolg bei Ypern (wurde) hauptsächlich durch Giftgase erzielt. Eigentlich ein ganz scheußliches Mittel... Hier haben wir noch nicht derartige Stänkereien, würden uns aber nicht davor genieren. Der Krieg kann eben nicht menschlich sein, und ist es hier auch bei uns nicht[57].«

In seinen Erinnerungen »Aus der alten in die neue Zeit« (Berlin 1930) bekennt der damalige kommandierende General des XV. Armeekorps, Berthold von Deimling:

»Ich muß gestehen, daß die Aufgabe, die Feinde vergiften zu sollen wie die Ratten, mir innerlich gegen den Strich ging, wie es wohl jedem anständig fühlenden Soldaten so gehen wird. Aber durch das Giftgas konnte vielleicht Ypern zu Fall gebracht werden, konnte ein feldzugentscheidender Sieg errungen werden. Vor solch hohem Ziel mußten alle inneren Bedenken schweigen[58].«

Jedoch war die Abneigung unter den Artillerieoffizieren wahrscheinlich hauptsächlich auf die Technik des Blasverfahren[31] zurückzuführen, das auch unter den Chemikern Kritiker fand.

So meinte u. a. Hans Tappen, daß er das Abblasen sehr gefährlich fände, weil im Westen viel häufiger Westwind herrsche als der für einen erfolgreichen Einsatz erforderliche Ostwind[31].

Der zum Gaseinsatz an die Front kommandierte Chemiker Burkhardt Helferich (1887–1982) äußerte später, daß auch er aus seiner Abneigung gegen die *»Blaserei«* damals *»keinen Hehl gemacht«* habe, *»weil man vom Wind abhängig war«*[59].

Im Kriegstagebuch der 9. Armee findet sich unter dem 14. Mai 1915 folgende Eintragung, die den Gaseinsatz rechtfertigen soll:

»Es ist nicht zu leugnen, daß dem ritterlichen Sinn unseres Heeres die Anwendung dieses Kampfmittels zunächst nicht sehr sympathisch ist. Tatsächlich stellt aber dies Verfahren die logische Fortentwicklung der bisher in allen Armeen geübten Praxis dar ... Angesichts des Umstandes, daß unsere Gegner unter Verzicht auf jeden Rassenstolz ein buntes Völkergemisch gegen uns ins Feld führen, ist die Anwendung dieses Mittels voll gerechtfertigt. Wir erreichen auf diese Weise unseren kriegerischen Zweck und sparen an kostbarem Blute[60]*.«*

Die konkrete praktische Durchführung des ersten Angriffs sollte ein neu aufgestelltes, zunächst aus drei Pionierkompanien (später zwei Bataillonen, einer Parkkompanie, einer Feldwetterstation und einer Fernsprechabteilung) bestehendes Gasregiment übernehmen. Aus Tarnungsgründen bezeichnete man die Truppenverbände als »Desinfektionskompanien«. Nach dem Namen des Kommandeurs, Oberst Max (Otto?) Peterson[61], war auch der Name »Gasregiment Peterson« verbreitet.

Der Stab Petersons bestand zu Anfang nur aus dessen Adjutanten Otto Lummitsch, Fritz Haber und dem Oberleutnant der Reserve Dr. Ludwig Hermann (1882–1938; im Zivilberuf Chemiker in Höchst). Nachdem die Mannschaft zunächst hauptsächlich aus etwa 500 kriegsfreiwilligen Studenten und Reservisten zusammengestellt wurde, kümmerte sich Haber praktisch allein um die chemisch-technische Seite der Einsatzvorbereitungen, noch erforderliche Versuche (z. B. überprüfte er die Konzentration versuchsweise abgeblasener Chlorwolken in unterschiedlichen Entfernungen vom Ausgangspunkt) und ab Ende Januar auch um die chemische sowie gastaktische Ausbildung der Truppe auf dem Schießplatz Wahn.

Nach und nach gelang es ihm jedoch, eine Reihe von Naturwissenschaftlern hinzuzuziehen bzw. über Bauer zum Gasregiment abkommandieren zu lassen, darunter den Chemiker Fritz Kerschbaum als seinen Stellvertreter, die Physiker Otto Hahn (1879–1968, Nobelpreis für Chemie 1944), Gustav Hertz (1887–1975, Nobelpreis für Physik 1925), James Franck (1882–1964, Nobelpreis für Physik 1925), Hans Geiger (1882–1945, später durch den Geiger-Zähler bekannt geworden), Wilhelm Westphal (1863–1941), Erwin Madelung (1881–1972), Prof. Leonhard Grebe (geb. 1883) und Dr. Otto von Baeyer (1877–1946), die Chemiker Burkhardt Helferich (später Professor in Frankfurt, Greifswald und Leipzig), Prof. L. Gruber, Prof. Jakob Meisenheimer (1876–1934), Dr. Karl Heber (gest. 1939), Dr. Victor Froboese (geb. 1886), Dr. Ernst Heinze, Dr. Otto Wolfes (1877–1942), Dr. Wilhelm Schul(t)ze, Dr. Wilhelm Fischer und Dr. Franz Richardt sowie die für die Realisierung des auf die Windverhältnisse angewiesenen Blasverfahrens wichtigen Meteorologen Prof. Linker, Dr. Wilhelm König (1884–1955), Prof. August Schmauß (1877–1954), Prof. Karl Knoch (geb. 1883), Prof. Wilhelm Marten (1874–1949), Dr. Georg Wüst (geb. 1890) und Dr. Gustav Wussow (1877–1934)[62].

Dennoch erschien Haber sehr häufig selbst an der Front, um die jeweiligen Vorbereitungen zu überprüfen und voranzutreiben, wobei er verschiedentlich Duisberg mitbrachte[63].

Der Flascheneinbau im südlichen Ypernbogen, nahe Gheluvelt, war am 10. März 1915 beendet. Hauptsächlich wegen ungünstiger Winde, aber auch durch Vergiftungen eigener Soldaten nach feindlichem Beschuß und Zerstörung einiger Flaschenbatterien entschloß man sich am 25. März zum Einbau der weiteren Flaschen im Nordbogen, wo das XXIII. Reservekorps unter General Hugo von Kathen (1855–1932) und das XXVI. Reservekorps unter General Otto Freiherr von Hügel (1853–1928) operierten, um *»zwei Eisen im Feuer«* zu haben. Dieser Einbau begann am 5. April und war am 11. April beendet[64].

Zwischen dem 14. und 22. April wurde mehrfach der Einsatzbefehl erteilt und wegen ungünstiger meteorologischer Verhältnisse wieder zurückgezogen.

Am 22. April 1915, als die erwarteten Wetterbedingungen (Nord-Nordost-Wind) herrschten, wurden Punkt 18.00 Uhr von Pionieren des »Gasregiments Peterson« im nördlichen Frontabschnitt zwischen Bixschoote und Langemarck 1600 große und 4130 kleine Chlorflaschen (Kodename: F-Batterie) zum Abblasen geöffnet[65].

Rund 150 Tonnen Chlor entfalteten sich zu einer Gaswolke von etwa 6 km Breite und 600 bis 900 m Tiefe, welche mit einem Wind von 2–3 m/s und mittleren Konzentrationen von 0,5 % gegen die französischen Stellungen trieb. In den Flanken wurde der Angriff durch Verschuß von 15-cm-T-Granaten (Xylylbromid) unterstützt[66 67].

Ein deutscher Gasschutz, für den in der ersten Zeit der »Medizinische Dienst« (Sanitätsdienst) verantwortlich zeichnete, war zu diesem Zeitpunkt noch nicht entwickelt (vgl. auch S. 92). Die besonders gefährdeten Pioniere und Infanteristen, die mit dem Flascheneinbau und dem Abblasen beauftragt waren, verfügten über tragbare Sauerstoffgeräte der Firma Dräger (Selbstretter Dräger-Tübben)[68], wie sie im bergmännischen Bereich verwendet wurden. Für die hinter der Gaswolke vorgehenden Sturmtruppen konnten lediglich mit Natriumthiosulfat-Lösung (»Antichlor«) und Sodalösung getränkte Mullkissen[69], die sogenannten »Mundschützer Etappe Gent« (sie wurden vom deutschen Hauptsanitätsdepot in Gent geliefert), bereitgestellt werden, die nur zur Bindung relativ geringer Chlorkonzentrationen befähigt waren. Die Augen blieben dabei noch völlig ungeschützt.

Den Beginn des Gaskrieges schildert der französische Brigadegeneral Jean Henry Mordacq (1868–1943) in seinem 1933 erschienenen Buch »Le Drame de l'Yser«:

»›Hier Major Villevaleix, 1. Tirailleurregiment‹, klang es um 18.20 Uhr bei Mordacq, fünf Kilometer hinter der Front, aus dem Feldtelefon. Der keuchende und hustende Major meldete direkt von der Front: ›Ich werde heftig angegriffen. Jetzt breiten sich ungeheure gelbliche Rauchwolken, die von den deutschen Gräben herkommen, über meine ganze Front aus. Die Schützen fangen an, die Gräben zu verlassen und zurückzugehen; viele fallen erstickt nieder‹[70].«

Mordacq hielt diese Meldung zunächst wohl für den Hilfeschrei eines geistesgestörten Offiziers. Als jedoch nur kurz danach Major de Fabry, der Kommandeur des II. Bataillons, ähnliche Geschehnisse durchgab, wurde ihm das Ausmaß des Infernos bewußt. Mordacq ritt mit einigen Soldaten in Richtung Front. In der Nähe des Ypernkanals bemerkten sie heftiges Ohrensausen sowie ein Kratzen in Nase und Kehle. Zunehmend traten auch Atembeschwerden auf. Als dann selbst die Pferde bockten, ging es zu Fuß weiter. Am Kanal kamen ihnen die ersten flüchtenden Soldaten entgegen, die ihre Waffen weggeworfen hatten und mit weit geöffneten Uniformröcken wie Irrsinnige nach hinten eilten. Sie schrien laut nach Wasser, spuckten Blut. Einige wälzten sich am Boden und rangen vergeblich nach Luft[70].

Allerdings hatte die Chlorgaswolke einige »Lücken« mit niedrigeren Konzentrationen, so daß nicht auf der gesamten Angriffsbreite die gleiche drastische Wirkung zu verzeichnen war. In diesen wenigen Abschnitten wurde erbitterter Widerstand geleistet. Erst gegen 19.00 Uhr nahmen die deutschen Truppen Langemarck. Eine sechs Kilometer breite Bresche bis Bixschoote war offen.

Über die Zahl der Opfer (Gastote und Gasvergiftete) des ersten Masseneinsatzes von Chlor auf alliierter Seite besteht bis heute keine endgültige Klarheit. Der Chemiker und Publizist Rudolf Hanslian (geb. 1883) nennt in der 2. Auflage seines Buches »Der chemische Krieg« (1927) die zunächst auch von den Franzosen und Amerikanern bekanntgegebene Zahl von 15 000 Gasvergifteten und 5000 Gastoten, während er in der 3. Auflage (1937) darauf hinweist, daß diese Zahlen bedeutend niedriger angesetzt werden müßten (wie er anführt, nach neuen Erkenntnissen, vermutlich aber auch aus politischen Gründen, um die »Humanität« der chemischen Waffe zu dokumentieren, d. A.)[71]. Er bezieht sich dabei besonders auf den offiziellen »Sanitätsbericht über das deutsche Heer im Weltkriege 1914/18« (Band III), nach dem sich in den Lazaretten der 4. Armee lediglich 150 bis 200 gegnerische Gaskranke befanden, von denen 12 starben[72]. Nach deutschen Augenzeugenberichten wurden auch auf dem begasten Areal kaum Tote gefunden[72] [73].

Der britische Gasdienst gab offiziell mehr als 7000 Vergiftete, davon mehr als 350 Tote an, während dessen Leiter, Charles Howard Foulkes (1875–1969), später mit 7000 Vergifteten und 3000 Toten rechnete[74].

Hingegen bezieht sich Ulrich Trumpener (1975) auf einen von Ludwig F. Haber im französischen Militärarchiv von Vincennes (Box 16 N 826) aufgefundenen Bericht des medizinischen Inspektors Célestin Sieur (geb. 1860) vom 25. April 1915, der für eine am Vortag durchgeführte Zählung 625 Gasvergiftete angibt, von denen 3 gestorben waren[73]. Auch die offiziellen kanadischen Angaben sprechen für niedrigere Zahlen[75].

Die Gasvergifteten wurden nach Boulogne transportiert, wo sie intensiv hinsichtlich des benutzten Gases untersucht wurden. Im ehemaligen Casino in Le Touqet war das größte Krankenhaus dafür eingerichtet worden. Dort mußte man geradezu *»durch Verletzte waten«,* wie der britische Physiologe Joseph Barcroft (1872–1947; später Leiter der physiologischen Forschung im britischen Kampfstoffzentrum Porton) in Briefen an seine Frau berichtete[76].

In einem Autopsiebericht des kanadischen Pathologen McNee (John William? geb. 1887) werden die typischen Merkmale der Vergifteten beschrieben:

»Die Leiche zeigte deutliche Verfärbung im Gesicht, am Hals und an den Händen. Beim Öffnen des Brustkorbes sprangen die beiden Lungenflügel hervor. Beim Entfernen der Lungen strömten beträchtliche Mengen einer schäumenden hellgelben Flüssigkeit aus, offensichtlich sehr eiweißstoffhaltig . . . Die Venen an der Gehirnoberfläche waren hochgradig verstopft, alle kleinen Blutgefäße waren auffällig hervorgetreten[77].«

Aus späteren Äußerungen von betroffenen Frontsoldaten ist bekannt, daß den in vorderster Linie liegenden Franzosen und Briten die ungewöhnlichen Vorbereitungen der Deutschen nicht verborgen geblieben waren. So weist Brigadegeneral Jean Henry Mordacq[70] darauf hin, daß die Oberste Heeresleitung bereits Ende März durch Aussagen von Gefangenen von den deutschen Vorbereitungen Kenntnis hatte. Denn im »Nachrichtenblatt der X. französischen Armee« vom 30. März 1915 findet sich folgender Bericht:

»Nach Angaben deutscher Gefangener vom XV. Korps befindet sich an der ganzen Front dieses Armeekorps ein großer Vorrat 1–4 m langer eiserner Rohre, die in Schutzräumen etwas rückwärts der Gräben aufgestellt sind, schußsicher oder auch eingegraben. Sie enthalten ein Gas, das einen Feind bewußtlos machen oder ihn auch ersticken soll. Es ist noch nicht angewendet worden, die Pioniere haben aber eine Ausbildungsvorschrift darüber erhalten. Das Rohr wird auf den Teil des Bodens gesetzt, der den feindlichen Gräben zugewandt ist, und das Öffnen erfolgt durch Abschrauben eines Deckels; dann tritt das Gas durch eigenen Druck aus und bleibt ziemlich dicht am Erdboden. Um diese Arbeit gefahrlos für die Bedienung der Geräte vornehmen zu können, braucht man unbedingt einen günstigen Wind. Der mit dem Öffnen des Rohres betraute Pionier hat einen besonderen Schutzapparat auf dem Kopfe. Alle Leute besitzen ein kleines Mullpäckchen, das auf die Nasenlöcher gelegt werden soll, um Ersticken zu verhindern[70].«

Auch der französische Geheimdienst hatte (wie sich nach dem Kriege herausstellte) durch Luftaufklärung, Verhöre von Gefangenen und Agententätigkeit von dem bevorstehenden Gaseinsatz Kenntnis. Mitte April lag beispielsweise eine Meldung vor, wonach die Deutschen beim Sanitätsdepot 4 im Etappenhauptort Gent 20 000 Atemschützer aus Mull bestellt hätten. Ferner war bekannt, daß Soldaten des XV. Korps in Roulers eine besondere Ausbildung zur Bedienung von Gasflaschen erhalten hatten, die in Batterien von 20 Stück alle 50 Meter verteilt waren. Diese Erkenntnis wurde auch dem französischen und britischen Hauptquartier übermittelt[70].

Endgültige Klarheit hätte der in der Nacht vom 13. zum 14. April gefangengenommene deutsche Überläufer August Jäger vom 234. Reserveinfanterieregiment bringen müssen, der beim Verhör Angaben über die zum Abblasen vorbereiteten Gasflaschen machte und sogar ein Atemschutzpäckchen bei sich trug[70].

Der zuständige Kommandeur der 11. französischen Division, General Edmont-Victor Ferry (1861–1936), erkannte sehr wohl die Gefahr für seine schutzlosen Soldaten. Er benachrichtigte umgehend den im Abschnitt diensttuenden General Ernest Jean Aimé (geb. 1858), Führer der 21. Brigade, die benachbarten englischen und kanadischen Truppenteile sowie das Große Hauptquartier. Seine Vorschläge liefen darauf hinaus, die Mannschaftsstärke in den vordersten Linien zu verringern sowie die Lage der Flaschen-Batterien zu erkunden und durch Artilleriebeschuß gezielt zu zerstören. Vom Großen Hauptquartier erhielt er nach einigen Tagen folgende Antwort:

»(1.) Diese ganze Gasgeschichte kann nicht ernst genommen werden (obwohl dem Geheimdienst bekannt! d. A.).
(2.) Ein Divisionsgeneral hat nicht das Recht, direkt mit den Truppen unserer Alliierten zu verkehren, sondern nur durch Vermittlung des Armeekorps.

(3.) Die Verteilung der Truppen in den Schützengräben und besonders die der Kräfte in den ersten Linien wurde unabänderlich durch die Anordnungen des Großen Hauptquartiers festgelegt[78]*.«*

Der offizielle, noch 60 Jahre später als »geheim« eingestufte britische Kriegsbericht gesteht die Fehleinschätzung auf alliierter Seite:

»Wir waren uns schon einige Tage vorher der Tatsache bewußt, daß die Deutschen Vorbereitungen trafen, Gas ausströmen zu lassen ... Niemand schien die große Gefahr, die uns drohte, erkannt zu haben; es wurde angenommen, daß der feindliche Versuch sicher fehlschlagen würde und daß man, welches Gas auch immer unsere Front erreichen würde, es leicht auflösen könnte. Keiner war auch nur im geringsten Grade beunruhigt[79]*.«*

In einem Vortrag vor dem parlamentarischen Untersuchungsausschuß des Deutschen Reichstages am 1. Oktober 1923 sowie einer Anhörung am 4. Oktober machte Haber die Bedeutung dieses ersten Chlorangriffes deutlich:

»Die Geschichte der Kriegskunst rechnet den Beginn des Gaskampfes vom 22. April 1915, weil an diesem Tage zum erstenmal ein unbestrittener militärischer Erfolg durch die Verwendung von Gaswaffen erzielt worden ist ...
Aber der 22. April ist nicht der Tag, an welchem die Gaswaffen zum erstenmal auftreten. Ihm geht vielmehr eine Entwicklungsperiode voran. Während dieser Entwicklungsperiode fehlt vornehmlich die Einsicht, daß es zum militärischen Erfolge auf dem Schlachtfelde einer Massenwirkung der Gaskampfmittel bedarf[80]*.«*

Der Adjutant Petersons, Leutnant Otto Lummitsch, beschreibt die Reaktionen der deutschen militärischen Führung auf den Chloreinsatz:

»Jetzt waren wir mit unserer Gastruppe auf einmal große Leute geworden. Geheimrat Haber wurde zum Kaiser befohlen und von diesem vom Vizefeldwebel d. R. zum Hauptmann befördert. Stolz erschien er in der neuen Uniform bei uns, anstatt wie bisher in seiner, wie wir es nannten ›Kammerjägeruniform‹, der Uniform der Militärverwaltungsbeamten.
Die oberste Heeresleitung, die nunmehr volles Vertrauen zu der neuen Waffe gewonnen hatte, befahl sofort die Aufstellung zweier Gasregimenter, die sich aus den ursprünglichen ›Desinfektionskompanien‹ und aus den zu uns für die Angriffe auf Ypern kommandierten Offizieren und Mannschaften zusammensetzte ... Oberst Peterson wurde Kommandeur des ersten Gasregiments, des Pionier Reg. 35. Das zweite Gasregiment, Pionier Reg. 36, erhielt als Kommandeur Oberst Goslich[81]*.«*

Nach der Eröffnung der chemischen Massenangriffe durch Chlor bei Ypern wurde der Einsatz von chemischen Kampfstoffen zu einem wichtigen Bestandteil der deutschen Kriegstechnik, wobei zunächst die Blasangriffe an der Westfront fortgesetzt wurden, z. B. gegen englische Stellungen bei Loos am 1., 6., 10. und 24. Mai 1915.

Am 31. Mai erfolgte durch das neu aufgestellte, von Haber begleitete Gaspionierregiment 36 an der Bzura bei Bolimov (nahe Warschau) mit 12 000 Flaschen (entsprechend etwa 240 Tonnen verflüssigtes Gas) der erste große Chlorangriff an der Ostfront, wobei bereits ein Zusatz von mindestens 5 % Phosgen erfolgte[82]. Weitere Einsätze fanden am 12. Juni und 6. Juli statt. Dabei soll die deutsche Seite durch ungünstige Windverhältnisse und mangelnde Kenntnisse der Infanterie ebenfalls Gasverluste erlitten haben[83].

Nach Angaben russischer Gefangener hatten die Russen allein am 31. Mai Ausfälle von 3100 Gasverletzten und 1200 Toten zu verzeichnen[84].

Der russische Kampfstoff- und Gasschutzexperte des Ersten Weltkrieges Witalij Grigorjewitsch Chlopin gibt an, daß ihm Zahlen zwischen 3000 und 9000 Vergifteten sowie 300 und 6000 Toten bekannt geworden sind[85]. Nach Publikationen des Internationalen Friedensforschungsinstitutes Stockholm (SIPRI) waren es 8934 Vergiftete und 1101 Gastote[86].

Der erste Blasangriff mit mehr als 180 Tonnen (9300 Gasflaschen) einer Chlor-Phosgen-Mischung an der Westfront erfolgte am 19. Dezember 1915 bei Wieltje gegen die Briten, wobei 1069 Soldaten vergiftet wurden, von denen 116 starben[87].

Versuche mit Phosgen waren sowohl bei Bayer in Leverkusen als auch im Haberschen Institut (besonders von Ferdinand Flury, 1877–1947) durchgeführt worden, wobei man feststellte, daß auch das Einatmen geringer Konzentrationen, die für eine sofortige akute Vergiftung nicht ausreichten und zumeist gar nicht bemerkt wurden, nach einer gewissen Latenzzeit zu Lungenödem mit tödlichem Ausgang führten[88].

Die damalige Annahme, daß die toxische Wirkung wie beim Chlor durch hydrolytisch freigesetzte Salzsäure erfolge, wurde später widerlegt. Es kommt in diesem Fall zu einer direkten Reaktion mit Aminosäuren, Proteinen und Enzymen, wodurch lebenswichtige Stoffwechselprozesse blockiert werden[89].

Später wurden dann auch noch Chlor-Chlorpikrin-Gemische abgeblasen, so am 31. Januar 1917 in der Champagne zwischen Ferme les Marquises und Aubérive 18 500 Flaschen. Der Angriff soll nach Rudolf Hanslian 2062 Vergiftete, davon 531 Tote sowie 250 Tote am Platze gefordert haben und mit Konzentrationen von 40 t/km nach Ypern der »wirkungsvollste« deutsche Blasangriff gewesen sein[90].

Besonders auf dem Höhepunkt des Haberschen Blasverfahrens im Jahre 1916 erreichte man durch engeren Einbau der Flaschen und Verkürzung der Blasdauer sehr hohe Kampfstoffkonzentrationen. Immer wieder kam es dabei durch plötzliche Änderung der meteorologischen Verhältnisse aber auch zu eigenen Verlusten, so z. B. bei den ersten Angriffen an der Ostfront (31. Mai, 12. Juni und 6. Juli 1915 bei Bolimov, Humin und Borzymów) sowie am 29. April 1916 westlich von Hulluch, wo besonders das 9. Bayerische Infanterie-Regiment (Würzburg) betroffen war[83 91].

Insgesamt führten die deutschen Gastruppen während des Ersten Weltkrieges etwa 50 Blasangriffe durch, bis sie aufgrund der an der Westfront für die deutsche Seite ungünstigen meteorologischen Bedingungen, die Einführung verbesserter gegnerischer Gasschutzmaßnahmen (z. B. des »Small Box Respirators« durch die Briten) und die Verfügbarkeit einer Reihe neu entwickelter, mit hochtoxischen Stoffen gefüllter Gasgeschosse (Granaten, Minen, Gaswerferflaschen) eingestellt wurden (vgl. auch S. 75). Der letzte große deutsche Front-Blasangriff war nach Rudolf Hanslian der oben erwähnte vom 31. Januar 1917. Danach wurde nur noch eine Chlor-Chlorpikrin-Begasung des Bethune-Bergwerkes bei Hulluch (26. September 1917) bekannt (nach Ludwig F. Haber erfolgte der letzte deutsche Blasangriff aus 11 700 Flaschen im Juli 1917 bei Seicheprey)[92].

Der größte deutsche Blasangriff mit 500 Tonnen Chlor fand am 19. und 20. Oktober 1915 bei Reims statt[93]. Den wohl verlustreichsten Angriff, bei dem 5000 bis 8000 italienische Soldaten vergast wurden, unternahmen österreichisch-ungarische Truppen unter dem Kommando von Major Dr. Lothar Rendulic (1887–1971) am 29. Juni 1916 bei St. Michele del Carso auf der Hochfläche von Doberdo[94].

Hauptlieferanten von Flüssigchlor waren 1915 bis 1918 Bayer (Leverkusen) mit insgesamt 14 047 t, die BASF (Ludwigshafen) mit 23 600 t und die Chemische Fabrik Griesheim-Elektron (Bitterfeld) mit 34 500 t. Die deutsche Gesamtproduktion 1915 bis 1918 (einschließlich des nicht für Kampfstoffe verwendeten Anteils) beziffert Ludwig F. Haber auf 92 600 t[95] (vgl. S. 120).

Erforschung der »wissenschaftlichen Grundlagen des Gaskampfes«

Nach dem ersten Chloreinsatz bei Ypern ging es dem von Kaiser Wilhelm II. (1859–1941) im Rahmen der ungewöhnlichen Sprungbeförderung vom Vizefeldwebel d. R. zum Hauptmann beförderten Haber (der damit nicht nur ausgezeichnet, sondern auch als notwendiger Partner der Militärs aufgewertet werden sollte) verstärkt darum, in seinem Dahlemer Institut die Erforschung der wissenschaftlichen Grundlagen des Gaseinsatzes und Gasschutzes zu organisieren.

Nachdem in den ersten Kriegsmonaten außer Haber nur vergleichweise wenige Wissenschaftler kriegschemisch arbeiteten und forschten (Nernst, Kerschbaum; vgl. auch die Ausführungen von Bauer auf S. 15 f.), die meisten waren ja ohnehin einberufen, änderte sich dies allmählich durch Habers Tätigkeit als Abteilungsleiter im Kriegsministerium. Freistellungen bzw. die Zuweisung neuer Mitarbeiter ermöglichten eine Ausweitung der wissenschaftlichen Arbeiten im Dahlemer Institut.

Bereits bis Oktober 1915 wurden 56 % des Etats für »Versuchsarbeiten zur Ausbildung von Gaskampfmethoden« und »Herstellung einer Schutzmaske und deren Prüfung« aufgewendet, die im Auftrage und mit Geldern der »Ingenieurabteilung« (A 6) und der »Medizinalabteilung« (M. A.) des Preußischen Kriegsministeriums durchgeführt wurden. Ab Februar 1916 arbeitete das Institut nur noch als Forschungs-, Entwicklungs- und Prüfzentrum für die Heeresverwaltung, die auch alle Kosten übernahm. Ende des Jahres 1916 wurde es auf Antrag der Haber zugeordneten Abteilung »Koordinierung der Gaskriegführung« (W 8) für die Zeit des Krieges – mit Zustimmung der Koppel-Stiftung – ganz und gar der militärischen Führung unterstellt[96]. In den Briefköpfen des »Kaiser-Wilhelm-Institutes für physikalische und Elektrochemie« fand sich nun der Zusatz »Königlich Preußisches Militärinstitut«. Die Funktion Habers als wissenschaftlicher Leiter des Institutes blieb davon unberührt. Die zentrale Arbeitsaufgabe bestand in der Erarbeitung der naturwissenschaftlichen Grundlagen des Gaskampfes und des Gasschutzes sowie der Herstellung wirksamer Kampfstoffe und der Entwicklung wirksamer Einsatzmöglichkeiten.

Aufsichtsbehörde war die Habersche »Chemische Abteilung« (A 10) im Kriegsministerium. Den Posten des Verwaltungsdirektors erhielt zunächst Habers Schwager, Hauptmann Friedrich Meffert, zuvor Führer der Parkkompanie im Gasregiment Peterson, der 1917 von dem zu diesem Zeitpunkt in der Abteilung G tätigen Chemiker Dr. Hans Tappen abgelöst wurde (Meffert war seinerseits in die Oberste Heeresleitung berufen worden, wo er Erich Ludendorff (1865–1937) über alle Schießversuche mit Gasgeschossen direkt zu berichten hatte).

Dabei mußte Haber entsprechend dem insgesamt zu bewältigenden breiten Aufgabenspektrum Chemiker, Physiker, Physiologen, Pharmakologen, Toxikologen, Mediziner, Meteorologen und Ingenieure zusammenführen, ihre gemeinsame Arbeit organisieren und die erbrachten Ergebnisse möglichst rasch mit der Industrie umsetzen. Sehr hilfreich waren ihm seine ausgezeichneten Kontakte zur chemischen Industrie. Haber hielt bei der Erforschung, Entwicklung und Produktion der Kampfstoffe, bei der Entwicklung und Fertigung der Schutzgeräte, bei der Ausbildung der Anwendungstechnik und als Berater an den Fronten stets alle Fäden in der Hand, und verschiedene seiner Mitarbeiter heben in späteren Berichten immer wieder sein ausgesprochenes Organisationstalent hervor.

Außerdem war Haber, unterstützt vor allem von dem Entomologen Albrecht Hase (1882–1962) (der die Arbeiten nach dem Krieg an der Biologischen Reichsanstalt fortsetzte), auch an der Entwicklung neuer, militärisch nutzbarer Schädlingsbekämpfungsmethoden, wie der Begasung von Getreidemagazinen und anderen Proviantspeichern der Armee, beteiligt.

Die Zahl der Wissenschaftler, die am Institut für die Gaskriegsforschung arbeiteten betrug schließlich etwa 150, die Zahl der militärischen und zivilen Hilfskräfte 1500 bis 2000[97 98 99].

Einschließlich der in Industrie und militärischem Bereich Tätigen waren es schließlich rund 1000 Akademiker, die, letztlich ebenfalls Haber als Abteilungsleiter im Kriegsministerium unterstellt, für den deutschen Gaskrieg arbeiteten. Allein die Bayer-Werke in Leverkusen beschäftigten etwa 200 Chemiker[100].

Nach der verstärkten Einbeziehung Habers in die Vorbereitungen des Kampfstoffeinsatzes in den letzten Monaten des Jahres 1914, trug dieser ab Anfang 1915

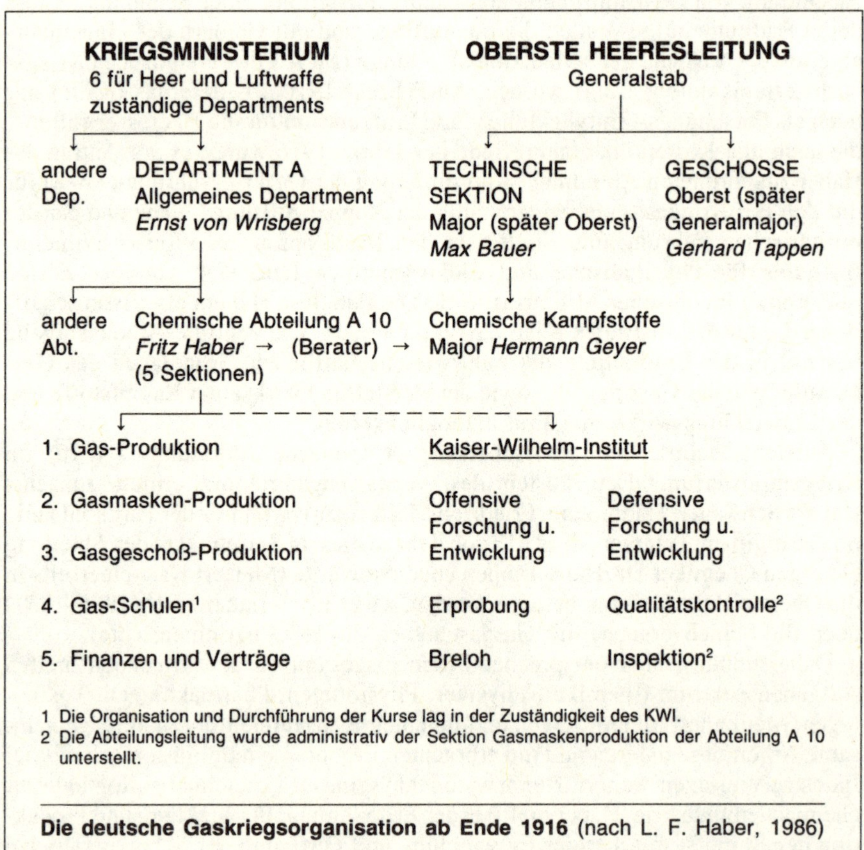

Die deutsche Gaskriegsorganisation ab Ende 1916 (nach L. F. Haber, 1986)

in beschränktem Umfang, ab Mitte bis Ende 1916 in vollem Umfang die gesamte technische Verantwortung für den chemischen Krieg Deutschlands. So wurde der Abteilung A 10 in der ersten Hälfte des Jahres 1916 die Verantwortlichkeit für die Gasgeschosse übertragen, in der zweiten Hälfte auch die der Gasmaskenproduktion und des Gasschutzes. Ende 1916 verfügte Haber in der »Chemischen Abteilung« über 5 Unterabteilungen: Gas-Produktion, Gasmasken-Herstellung, Gasgeschoß-Produktion, Gas-Schulen (deren Organisation und Durchführung durch das Kaiser-Wilhelm-Institut erfolgte) sowie Finanzen und Verträge.

Erstaunlich ist es, daß die Tätigkeit im Ministerium von weniger als zehn Offizieren und Zivilpersonen (darunter einige enge Mitarbeiter aus dem Dahlemer Institut wie Gerhard Just, Friedrich Epstein und Otto Poppenberg) sowie 14 Verwaltungskräften, Sekretären und Kurieren bewältigt wurde[101]. Vielleicht liegt darin auch einer der Gründe für die im allgemeinen effektive Arbeit, die des weiteren eng mit dem Dahlemer Institut verflochten war, wo offensive sowie defensive Forschung und Entwicklung, die Erprobung von Kampfstoffen und die Qualitätskontrolle sowie Prüfung der Gasmasken (die Leitung dieser Abteilungen war administrativ der Gasmasken-Produktion in der Abteilung A 10 unterstellt) erfolgten. Die Feldversuche in Breloh und auf verschiedenen Artillerie-Schießplätzen wurden ebenfalls von Habers Wissenschaftlern betreut. Dennoch waren Schwierigkeiten mit der ministeriellen Verwaltungsbürokratie nicht völlig ausgeschlossen. Diese zeigten sich u. a. bei dem Bau eines Gasmaskenprüfzentrums in Adlershof und der Einrichtung des Versuchsgeländes in Breloh[101].

Aber auch viele andere bekannte deutsche Naturwissenschaftler stellten ihre ganze Kraft den militär-chemischen Kampfstoff-Entwicklungen, den physikalisch-chemischen Prüfungen und pharmakologisch-toxikologischen Erprobungen sowie der Ausbildung des Gasschutzes zur Verfügung.

Besonders hervorzuheben sind dabei die Abteilungsleiter des Haberschen Institutes:

- der Chemiker Prof. Reginald Oliver Herzog (1878–1935) – Abteilung A: Überwachung der Fabrikation deutscher Gasmasken und Ausarbeitung neuer Gasschutzgeräte;
- der Chemiker Dr. Friedrich (Fritz) P. Kerschbaum (gest. 1946) – Abteilung B: Ausarbeitung deutscher Gaskampfmittel sowie Prüfung feindlichen Gaskampf- und Gasschutzgerätes;
- der Chemiker Dr. Ludwig Hans Pick (geb. 1884) – Abteilung C: Chemische Fragen des Gasschutzes;
- der Chemiker Prof. Heinrich Wieland (1877–1957) – Abteilung D: Darstellung neuer Kampfstoffe;
- der Pharmakologe Prof. Ferdinand Flury (1877–1947) – Abteilung E: Tierversuche sowie gewerbe-hygienische Fragen;
- der Physikochemiker Prof. Herbert Freundlich (1880–1941) – Abteilung F: Überwachung der Fabrikation deutscher Atemeinsätze;
- der Chemiker Prof. Wilhelm Steinkopf (1878–1949) – Abteilung G: Überwachung der Fabrikation von Geschossen und Zündern für Gasmunition;
- der Sprengstoffchemiker Prof. Otto Poppenberg (1876–1956) – Abteilung H: Sprengstoffe;
- der Chemiker Prof. Paul Friedländer (1857–1923) – Abteilung J: Überwachung der Produktion von Gaskampfstoffen;

- die stellvertretenden Abteilungsleiter Prof. Kurt Hans Meyer (Chemiker, 1883–1952), Prof. Wolfgang Heubner (Pharmakologe, 1877–1957), Prof. Adolf Sieverts (Chemiker, 1874–1943);
- und der Chemiker Dr. Hans Tappen – ab 1917 Verwaltungsdirektor[102 103].

Bekannte Naturwissenschaftler und Mediziner aus ganz Deutschland wurden für die militär-chemischen, militär-physikalischen, militär-pharmakologischen und militär-medizinischen Arbeiten herangezogen oder stellten sich für diese zur Verfügung, wie z. B. die Chemiker Gerhard Just, Johannes Thiele (1865–1918, als Berater), Wilhelm Prandtl (1878–1956), Fritz W. Weigert (1876–1947) und Julius Meyer (geb. 1876), der Physiologe Martin Gildemeister (1876–1943), die Pharmakologen Ernst Laqueur (1880–1947), Rudolf Magnus (1873–1927) und Franz Zernik (1876–1941), der Physiker Erich Regener (1881–1955), der auf dem Gebiet der physiologischen Chemie tätige Peter Rona (1871–1945), der Biochemiker Emil Fromm (1865–1928), der Pathologe Otto Heitzmann oder die Mediziner Reinhard von den Velden und Hermann Wieland (1885–1929)[102 103 104].

Von den während des Krieges zeitweise am KWI tätigen wissenschaftlichen Mitarbeitern (vgl. auch Anhang) seien u. a. Dipl.-Ing. Bartels, Dr. A. Bloemer, Dipl.-Ing. Boas (Hans Adolf? geb. 1869), Dr. Börnstein (Ernst? 1854–1932), Dr. Brauer (Kurt? 1888–1950), Dr. Eberle, Dr. Friedrich Epstein, Dr. Fehlheim, Dr. Freise (Eduard? geb. 1882), Dr. Freimuth (Freymuth?, Assistent Flurys), Dr. Hans Geiger, Dr. Gruhl, Dr. Hermsdorf, Dr. Julius Herold (Assistent Steinkopfs), Dr. Hildesheimer, Dr. Johannes Jaenicke (1888–1984), Dr. Jeroch, Dr. Kalischer (Georg? 1873–1938), Dr. Kämpfer, Dr. Kantorowicz, Dr. Kniepen, Dr. Knipping (Paul C. M.? 1883–1935), Dr. Knobloch, Dr. Koref (Fritz? geb. 1884), Dr. Lecher (Hans? geb. 1887), Dr. Lehmann (Erich? geb. 1878), Dr. Lieck, Dr. Lohmann, Dr. Th. A. Maaß, Dr. Medicus, Dr. Walther Metzener, Dr. Fr. Meyer (Friedrich? 1886–1933), Dr. Walther Mielenz, Dr. Ernst Müller (1881–1945), Dr. Hans Müller, Dr. Ullrich Müller, Dr. Ochs, Dr. Oettinger, Oberstabsapotheker Ostermann, Dr. Paulus, Dr. Adolph Pfannenstiel, Dr. Kurt Piorkowski, Dr. Pummerer (Rudolf?, geb. 1882), Dr. Reiche (Fritz? geb. 1883), Dr. Runze, Dr. Schäfer (Konrad? 1874–1922), Dr. Schepang, Dr. Schering (Harald? 1880–1956), Dr. Schick, Dr. Schuhmann, Dr. Wilhelm Schul(t)ze, Dr. Schweitzer, Dr. Sommer, Dr. Splettstösser, Dr. Steibelt, Dr. Stein, Dr. Stern (Rudolf?), Dr. Stirm (Karl?, geb. 1875), Prof. Alfred Stock (1876–1946), Dr. Joseph Stöhr, Dr. Hugo Stoltzenberg (1883–1974), Dr. Struth, Dr. Tesch, Dipl.-Ing. Theberath, Dr. von der Heyde, Dr. K. Wachtel, Dr. Karl M. Weigert (ein Neffe von Haber), Dr. Weishut, Dr. Wesche, Dr. Wirth (Fritz? geb. 1883), Dr. Wollring, Dr. Zaar (Karl? 1880–1949), Dr. Zedner und Dr. Zoellner genannt[102 103 104].

Auf dem Dahlemer Gelände entstanden zahlreiche zusätzliche Baracken und Notunterkünfte. Die anderen Kaiser-Wilhelm-Institute, besonders die für Chemie und Biologie, mußten eine beträchtliche Zahl von Räumen und Labors an das »Militärinstitut«, wie das Habersche Institut nun auch kurz genannt wurde, abtreten[105].

Nach späteren Angaben Ferdinand Flurys wurden während des Krieges in Dahlem etwa 700 chemische Verbindungen unterschiedlicher Struktur »eingehender« untersucht[106].

Den größten Teil synthetisierten die Dahlemer Wissenschaftler, eine ganze Reihe von Verbindungen stellten aber auch die Labors der an der Kampfstoff-produktion beteiligten chemischen Industrie für Prüfungszwecke her[107].

Da die meisten Ergebnisse der Kampfstoff-Forschung, speziell die Entwicklungsarbeiten neuer Stoffe, geheim waren, wurden sie naturgemäß nicht publiziert, auch nicht nach dem Krieg.

Eine Ausnahme bildet ein großer Teil der pharmakologisch-toxikologischen Untersuchungen der während des Weltkrieges eingesetzten Gifte, die 1921 im Band 13 der »Zeitschrift für die gesamte experimentelle Medizin« veröffentlicht wurden.

In der »Zeitschrift für die gesamte experimentelle Medizin« Band 13 und 14 (1921) publizierte Übersichtsarbeiten »Über Kampfgasvergiftungen«:

I. Über Reizgase. Von Ferdinand Flury (S. 1–15).

II. Über Zersetzung der Kampfstoffe durch Wasser. Von Peter Rona, Berlin. (S. 16–30)

III. Experimentelle Pathologie der Phosgenvergiftung. Nach Versuchen und Berichten von Aschoff, Flury, Gildemeister, Heitzmann, Heubner, Koch, Laqueur, Magnus, A. Mayer, Ricker, Rona, Soika u. a. bearbeitet von E. Laqueur und R. Magnus (S. 31–179).

IV. Ergänzende Befunde zur pathologischen Anatomie der Phosgenvergiftung. Von Dr. Otto Heitzmann (S. 180–199).

V. Experimentelle und theoretische Grundlagen zur Therapie der Phosgen-erkrankungen. Nach Versuchen und Berichten von Blank, Ellinger, Gildemeister, Gros, Heubner, Laqueur, Lipschitz, Magnus, von Müller, Rona, Soika, von den Velden bearbeitet von E. Laqueur und R. Magnus (S. 200–290).

VI. Die Chlorpikrinvergiftung. Nach Untersuchungen von Flury, Gildemeister, Gros, Heitzmann, Heubner, Loewe, Soika u. a. bearbeitet von M. Gildemeister und W. Heubner (S. 291–366).

VII. Die pharmakologische Wirkung des Dichloräthylsulfids (Thiodiglykolchlorid, Gelbkreuzstoff, Senfgas, Yperit, Lost). Nach Versuchen zahlreicher Mitarbeiter zusammengestellt von Ferdinand Flury und Hermann Wieland (S. 367–484).

VIII. Die pathologisch-anatomischen Veränderungen nach Vergiftung mit Dichloräthylsulfid unter Berücksichtigung der Tierversuche. Von Dr. Otto Heitzmann (S. 484–522).

IX. Lokal reizende Arsenverbindungen. Nach Versuchen von M. Bacharach, M. Busch, J. Gattner, O. Gros, P. György, J. Kerb, S. Loewe, Th. A. Maass, M. Rosenberg, P. Rona, K. Schübel, K. Wachtel, H. Wieland, F. Zernik u. a. Von Ferdinand Flury (S. 523–575).

X. Klinik der Erkrankungen nach Dichloräthylsulfidvergiftung. Von Reinhard von den Velden (Band 14, S. 1 ff.).

Hier sind auch die Namen verschiedener weiterer Mitarbeiter der medizinisch-pharmakologisch-toxikologischen Richtung genannt.

Die wichtigsten Forschungsunterlagen des Haberschen Institutes wurden nach dem Waffenstillstand bzw. Kriegsende einer speziellen Stelle der Reichswehr (später dem Heereswaffenamt unterstellt) sowie solchen Personen, die im Geheimen an der Kampfstoffproblematik weiterarbeiten sollten, übergeben[108]. Bestimmte Unterlagen wurden möglicherweise auch vernichtet, um sie der Alliierten Kontrollkommission zu entziehen[109 110].

Nach Angaben Dietrich Stoltzenbergs (geb. 1926), einem Sohn des Haber-Mitarbeiters Hugo Stoltzenberg, lagerte ein großer Teil der erhalten gebliebenen Akten später im Preußischen Militärarchiv Potsdam, wo sie während eines Luftangriffes am 14. April 1945 zerstört worden sein sollen[110].

Eine Übersicht der wichtigsten bearbeiteten Stoffe kann dennoch aus erhaltenen Unterlagen gewonnen werden, z. B. aus dem Protokoll einer Besprechung Habers und führender Mitarbeiter des Kriegsministeriums (»Chemische Abteilung« [A 10]) und des Kaiser-Wilhelm-Institutes mit Vertretern der Industrie über den Stand der Gaskampfstoffe am 15. Mai 1918[111] sowie aus anderen Protokollen dieser regelmäßig abgehaltenen Berliner Besprechungen[112 113 114 115].

Hier finden sich in den Anwesenheitslisten auch Namen von wichtigen Mitarbeitern des Kaiser-Wilhelm-Institutes und der beteiligten chemischen Fabriken (vgl. z. B. nachfolgende Liste).

Anwesenheitsliste aus dem Protokoll der Besprechung mit den Vertretern der Industrie über den Stand der Gaskampfstoffe vom 18. Mai 1918

Vom Kriegsministerium A. 10:
- Geh.Rat *Haber* (Fritz, d. A.)
- Dr. *Epstein* (Friedrich, d. A.)
- Prof. *Just* (Gerhard, d. A.)
- Prof. *Poppenberg* (Otto, d. A.)

vom Kriegsamt:
- Major v. *Weinberg* (Arthur, 1860–1943, d. A.)

vom Kommandanten der Gastruppen:
- Leutnant *Hahn* (Otto, d. A.)

vom Kaiser-Wilhelm-Institut:

Abteilung B:
- Dr. *Kerschbaum* (Friedrich, d. A.)
- Prof. *Frank* (Franck, James, d. A.)
- Dipl.-Ing. *Hedrich*
- Dr. *Kniepen*
- Dr. *Metzener* (Walther, d. A.)
- Dr. *K. Müller* (Kurt, d. A.)
- Prof. *Regener* (Erich, d. A.)
- Dr. *Schäfer* (Konrad? d. A.)
- Prof. *Sieverts* (Adolf, d. A.)
- Dr. *Weigert* (Karl M., d. A.)
- Dr. *Zedner*

Abteilung C:
- Dr. *Pick* (Ludwig Hans, d. A.)
- Prof. *Weigert* (Fritz, 1876–1946, d. A.)

Abteilung D:
Prof. *Wieland* (Heinrich, d. A.)
Prof. *Kurt H. Meyer*

Abteilung E:
Prof. *Flury* (Ferdinand, d. A.)
Dr. *Maass* (Maaß, Th. A., d. A.)
Dr. *Wieland* (Hermann, d. A.)
Dr. *Zernick* (Zernik, Franz, d. A.)

Abteilung J:
Prof. *Friedlaender* (Friedländer, Paul, d. A.)
Dr. *Kalischer* (Georg, d. A.)

von der Heeresgasschule:
Major *Fromm* (Emil, 1865–1928, d. A.)

Universität München:
Geh.Rat Prof. *Willstätter* (Richard, d. A.)

von der Agfa:
Dr. *Geldermann*
Dr. *Schneider* (S., d. A.)

von der Badischen A.S.F.:
Dr. *Julius* (Paul, 1862–1931, d. A.)
Dr. *Münch*
Dr. *Seidel* (Paul, 1867–1951, d. A.)

von Cassella & Co.:
Dr. *Hoffmann* (Meinhard, 1853–1936, d. A.)

von den Farbenfabriken Leverkusen:
Dr. *Hagemann* (Carl, 1867–1940, d. A.)
Dr. *Krekeler* (Carl, 1865–1947, d. A.)
Dr. *Lommel* (W., geb. 1878, d. A.)
Dr. *Stange* (Otto, 1870–1941, d. A.)

von den Farbwerken Höchst:
Prof. Dr. *Duden* (Paul, 1868–1954, d. A.)
Prof. Dr. *Roser* (Wilhelm, 1858–1923, d. A.)
Prof. Dr. *Schmidt* (Albrecht, 1864–1945, d. A.)
Dr. *Wagner* (Hermann, 1976–1932, d. A.)

von der Fa. Kalle u. Cie.:
Dr. *Albrecht* (Carl, 1862–1937, d. A.)
Dr. *Schmidt*

Aus den Anwesenheitslisten der anderen zitierten Besprechungen sind folgende weitere Teilnehmer der kampfstoffproduzierenden Industrie und anderer involvierter Einrichtungen zu entnehmen:

- Fa. Bayer: Dr. Schlösser, Dr. Standtke, Dr. Heimann, Dr. Ott (Philipp, 1861–1947, d. A.), am 31. 10. 1916 auch Carl Duisberg selbst;
- Fa. BASF: Prof Müller (Carl, 1857–1931, d. A.), Dr. Villiger (Victor, 1868–1934, d. A.);
- Fa. Hoechst: Dr. Haeuser (Adolf, 1857–1938, d. A.), Dr. Kränzlein (Georg, 1881–1943, d. A.);

- Fa. AGFA: Dr. Clausius, Dr. Herzberg, Dr. Reinicke, Dr. Kirchhoff;
- Fa. Kahlbaum: Dr. Baurat (Baurath?, d. A.);
- Fa. Griesheim-Elektron: Generaldirektor Dr. Plieninger (Theodor, 1856–1930, d. A.), Dr. Zacharias (Emil, 1867–1944, d. A.);
- Fa. Cassella: Dr. Momberger;
- Fa. Rhenania: Dr. Schmidt;
- Fa. Arsenikhütte Reichenstein: Dr. H. Güttler, Dr. Schärfe;
- Königliches Oberhüttenamt Freiberg: Dr. Kochinke.
- Von der »Chemischen Abteilung« (A 10) und dem Kaiser-Wilhelm-Institut werden hier neben dem stets persönlich anwesenden Haber als Teilnehmer Dr. Epstein, Dr. Kerschbaum, Dr. Weishut, Prof. Hahn, Dr. Arend und die Abteilungsvorsteher genannt.

Als grundlegende Arbeitsziele standen im Bereich der offensiven chemischen Kriegführung die Auswertung der vorhandenen Literatur hinsichtlich geeigneter Giftstoffe, ihre demgemäße Darstellung bzw. Optimierung der Darstellung und die Synthese neuer Stoffe, die aus theoretischen Überlegungen eine hohe Giftwirkung besitzen sollten (Abteilung D unter Heinrich Wieland und B unter Fritz Kerschbaum).

Alle dabei angefallenen sowie aus der Industrieforschung stammenden Verbindungen wurden der physiologischen und toxikologischen Testung (Abteilung E unter Ferdinand Flury) unterzogen (z. B. auch die von Leverkusen angelieferten Proben von Phosgen, Diphosgen und Bis(2-chlorethyl)-sulfid). Dabei liefen Tierversuche an Mäusen, Ratten und Meerschweinchen, aber auch Pferden und Affen. Vergiftungen von Wissenschaftlern in den Forschungslabors, Arbeitern in der Kampfstoffindustrie und von Frontsoldaten wurden sorgfältigst registriert und ausgewertet. Diese nach dem Krieg größtenteils publizierten Ergebnisse (vgl. weiter oben) bilden bis heute einen wichtigen Fundus der Kenntnisse über akute Kampfstoffwirkungen.

Zur toxikologischen Charakterisierung wurden Werte wie Reizgrenze, Erträglichkeits-/Unerträglichkeitsgrenze und die aus Konzentration und Zeit gebildete Tödlichkeitszahl (später als Habersches Tödlichkeitsprodukt bekannt geworden) definiert und bestimmt. An den experimentellen Vorarbeiten dazu waren besonders Adam Bickel und Carl Neuberg (1877–1956) beteiligt[117].

Das c · t-Produkt geht davon aus, daß die tödliche Wirkung eines verdampften oder aerolisierten Kampfstoffes in Luft nicht nur von seiner Konzentration (in Milligramm pro Liter oder Kubikmeter), sondern auch von der Expositionszeit (Inhalation und perkutane Aufnahme) bestimmt wird. Das Produkt aus Konzentration und Expositionszeit ist in bestimmten Bereichen (bei relativ kurzen Expositionszeiten) konstant und ermöglicht eine gewisse Vergleichbarkeit der tödlichen Wirkung von Kampfstoffen. (Später stellte sich heraus, daß dieses Produkt besonders bei geringen Konzentrationen und längeren Expositionszeiten sowie bei Stoffen, die nicht vollständig resorbiert oder im Organismus teilweise entgiftet werden, größer wird und somit einer Korrektur bedarf.) Grundsätzlich gilt jedoch, daß ein Stoff umso toxischer wirkt, je kleiner dieses Produkt ist. So beträgt es nach neueren Angaben beispielsweise für Chlorpikrin 20 000 mg · min/m^3, für Diphenylarsinchlorid (Clark I) 15 000 mg · min/m^3, für Chlorcyan 11 000 mg · min/m^3, für Chloracetophenon 8500 mg · min/m^3, für Phosgen

3200 mg · min/m^3 und für S-Lost 1000 mg · min/m^3 (als LCt_{50} = 50%ige Tötungswahrscheinlichkeit; vgl. auch S. 176)[118 119 120].

Während des Krieges beobachtete man auch, daß bei tödlich wirkenden Kampfstoffen im allgemeinen bereits 1/10 des Tödlichkeitsproduktes bei ungeschützten Personen zur Gefechtsunfähigkeit führt. Andererseits zeigte sich, daß das Haber-Produkt bei hauptsächlich reizerregenden Kampfstoffen so groß ist, daß im feldmäßigen Einsatz kaum tödliche Konzentrationen erreicht werden.

Ein beträchtlicher Teil dieser am Haber-Institut ermittelten Daten werden von Experten noch heute als weitgehend zutreffend eingeschätzt.

Hatte sich ein Stoff als »ausreichend toxisch« erwiesen, stand als weitere wichtige Aufgabe die Untersuchung der für die Feldwirkung ausschlaggebenden physikalisch-chemischen und chemischen Parameter (Abteilung B unter Kerschbaum) wie Siedepunkt, Schmelz- bzw. Erstarrungspunkt, Dampfdruck, Flüchtigkeit (maximale Sättigungskonzentration in Luft), Wirkungsdauer, Seßhaftigkeit (d. h. Wirkungsdauer auf einer Oberfläche), Beständigkeit (z. B. konnte die Stabilität des Chlorpikrins durch Zusatz von Phenol verbessert werden[111]), Aerolisierbarkeit (bei Stoffen mit zu niederem Dampfdruck) und Löslichkeit[121].

Dabei wurde versucht, gewisse empirische Gesetzmäßigkeiten aufzustellen. So unterschied man zunächst in kurzwirkende Kampfstoffe mit einer Wirkungsdauer unterhalb einer Stunde und Siedepunkten unterhalb 140 °C und langwirkende, seßhafte Kampfstoffe mit einer Wirkungsdauer über einer Stunde und einem Siedepunkt über 140 °C. Man untersuchte den Einfluß der Oberflächenbeschaffenheit (unter Einbeziehung Freundlichs, s. S. 31), des Dampfdruckes, der Sättigungskonzentration und der meteorologischen Bedingungen auf die Seßhaftigkeit und versuchte diese annähernd rechnerisch zu ermitteln. (Als Maß und Vergleichszahl diente später die Leitnersche Seßhaftigkeitszahl, bei der es sich um den reziproken Wert der Verdunstungsgeschwindigkeit des betreffenden Kampfstoffes zur Verdunstungsgeschwindigkeit des Wassers handelt, die bei 15 °C mit 1 angenommen wird. Sie beträgt bei 20 °C für Chlorpikrin 0,23, für Diphosgen 0,4 und für S-Lost 67. Die Seßhaftigkeit erhöht sich mit abnehmender Temperatur. Während die Seßhaftigkeitszahl für S-Lost bei 30 °C 29 und bei 20 °C 67 beträgt, steigt sie bei 0 °C auf 418 und bei –10 °C auf 1162[122].)

Für den praktischen Einsatz wesentlich waren auch Kenntnisse über die Löslichkeit bzw. Mischbarkeit mit Lösungsmitteln und anderen Kampfstoffen, denn durch Mischungen versuchte man, die Gefechtswirkung zu verbessern. Dies betraf unter anderem die Erniedrigung des Erstarrungspunktes von Lost durch Mischung mit Chlor- oder Nitrobenzol, die Erhöhung der Viskosität zur Verbesserung der Aerolisierbarkeit, Versprühbarkeit und Haftfähigkeit (nach dem Krieg entstand z. B. ein Zählost), die Erniedrigung des Dampfdruckes sehr leichtflüchtiger Stoffe zur Erhöhung der Seßhaftigkeit (z. B. Mischungen von Diphosgen mit Chlorpikrin), die Verbesserung der Verdampfbarkeit bei niedrigen Temperaturen (z. B. Mischungen von Xylybromid und Bromaceton), die Erhöhung der Giftwirkung (z. B. Chlor-Phosgen- und Chlor-Chlorpikrin-Mischungen) oder die Förderung der perkutanen (d. h. die Haut durchdringenden) Wirkung (z. B. durch Vermischen mit bestimmten Lösungsmitteln).

Bei der Prüfung der chemischen Eigenschaften standen die Stabilität bei der Lagerung, dem Einsatz (hier besonders die thermische Stabilität) und nach der Ausbringung im Vordergrund. So stellte man fest, daß verschiedene Kampfstoffe durch die bei der Detonation freiwerdende Wärme bis zu 25 % ihrer Wirkung verloren. Man fand auch einen ziemlich raschen hydrolytischen Wirkungsverlust bei dem im Blasverfahren als Dampf und Aerosol eingesetzten Phosgen. Die Seßhaftigkeit eines Kampfstoffes wird sehr wesentlich durch dessen chemisches Verhalten, besonders die Hydrolysierbarkeit (aber auch die photooxidative Beständigkeit) bestimmt.

Die Untersuchung der korrosiven Wirkung von Kampfstoffen und taktischen Lösungen oder Gemischen auf die Geschoßmaterialien war ebenfalls äußerst wesentlich. Duisberg hatte bereits 1916 darauf hingewiesen, daß normales Eisen von verschiedenen Kampfstoffen stark angegriffen wird, wobei diese zudem ihre Wirkung verlieren, was Bayer dazu veranlaßte, Bleiauskleidungen oder Porzellanbüchsen zu verwenden[20]. Beim Perstoff entwickelte man später eine Methode der feuchtigkeitsgeschützen Laborierung und Abdichtung mit Magnesiakitt, die auch ohne eine derartige Innenauskleidung funktionierte.

Im Jahre 1917 wurden ferner experimentelle Arbeiten zur Entgiftung aufgenommen, die sich vor allem durch den Einsatz des extrem seßhaften Geländekampfstoffes S-Lost erforderlich machten, wobei man auf die hydrolytische Wirkung stärkerer Alkalien und die oxidativ-hydrolytischen Eigenschaften von Calciumhypochlorit bzw. Chlorkalk setzte[123].

Von Ludwig F. Haber[124] werden für den Zeitraum zwischen 1915 und 1917 folgende Forschungsschwerpunkte hervorgehoben:

September 1915:	Entwicklung eines Gasmaskenkörpers (Herzog, Abt. A) und eines Atemschutzfilters (Pick, Abt. C; zeitweise Willstätter),
November 1915:	Feindliche chemische Waffen; offensive Forschung; ingenieur-technische Entwicklung (im Februar 1916 kam die Entwicklung der Gasgeschosse hinzu, 1917 die der Gaswerferflaschen, von Ende 1916 bis September 1917 auch die offensiven und defensiven Arbeiten zu Partikelwolken [Blaukreuz]); Kampfstoff-Testung (Kerschbaum, Abt. B),
Februar/März 1916:	Prüfung und Lieferung von Atemschutzgeräten (Freundlich, Abt. F),
Frühjahr 1916:	Entwicklung neuer Kampfstoffe (Steinkopf, Abt. G; ab Ende 1916 Wieland, Abt. D); Pharmakologie von Kampfstoffen und pathologische Untersuchungen (Flury; teilweise Neuberg, Abt. E),
Winter 1916/ Frühjahr 1917:	Geschoßkonstruktion, Zünder, Bestandteile (Tappen, Abt. G); Prüfung und Lieferung von Kampfstoffen (Friedländer, Abt. J),
ohne Angabe:	Granatwerfer (Poppenberg, Abt. H),
September 1917:	Partikelwolken (Regener, Abt. K).

Im Anhang des Protokolls über den Stand der Gaskampfstoffe[111] werden die wesentlichsten als Kampfstoffe untersuchten Verbindungen aufgeführt:

Anlage 1. Kampfstoffgruppen

Phosgengruppe
Cici, Bibi (= Dichlor- bzw. Dibromdimethylether)
B-Stoff und T-Stoff
Klopp (= Chlorpikrin)
Kazwei-Stoff (auch K2-Stoff = Phenylcarbylaminchlorid)
Phenylnitroaethylen
Acrolein
Kohlensuboxyd
Trichlorphenol
Furoxan (= Furoxandicarbonsäureester)
Methylsulfat
Metallorganische Verbindungen
Blausäure
Arsenverbindungen
Lostgruppe

Anlage 4. Aliphatische Arsenverbindungen

Methylarsindichlorid
 dibromid
 oxyd
 sulfid
 disulfid
Aethylarsindichlorid
 dibromid
 diaethyldisulfid
 oxyd
Chloraethylarsindichlorid
Dimethylarsindichlorid
 dibromid
 cyanid
 rhodanid
 aethylsulfid
 oxyd
Diaethylarsin
Trichlortrivinylarsin

Anlage 5. Clarkgruppe (+: nur in Lösung versprüht wirksam)

[der Wirksamkeit nach geordnet]

Clark-methylsulfid
 aethylsulfid
 cyanid
 jodid
 fluorid ?
 acetat
 aethylaether
 methylaether
 chlorid
 bromid
 rhodanid
Flavol + (= Phenarsazinchlorid)
Clark-chloracetat
p-Nitroclark
p-Chlorclark
p-Chlorclarkbromid
Clarkphenylaether
o-Chlorclark
o-Chlorclarkbromid
Naphthylclark
Flavoloxyd
Clarkoxyd
Clarksulfid
Clarktrichlorid

p-Nitropfiffikus +
o-Oxypfiffikus +
Pfiffikus
p-Oxypfiffikus
o-Dipfiffikus
p-Dipfiffikus
Doppelclark

Anlage 6. Lostgruppe (vgl. S. 85)

Die militärische Notwendigkeit der Suche nach immer neuen Kampfstoffen begründete Haber wie folgt:

»Mit der Länge des Krieges wachsen die Bedürfnisse an neuen Gaskampfstoffen. Eine gute Armee muß ihre Gaskampfstoffe möglichst oft wechseln, um beim Feinde durch neue oder auch nur neu erscheinende Eindrücke Unruhe und Unsicherheit hervorzurufen und ihm somit durch das stete Einstellen auf neue Stoffe Schwierigkeiten zu bereiten . . . Das Desiderium ist in erster Linie ein Ausbau von Gaskampfstoffen mit Latenzzeit, die außerdem im Gelände nur Stunden haften, also Offensivwert haben[111]*.«*

Haber wies ferner darauf hin, *»daß es von Wichtigkeit ist, Zusätze zu unseren Kampfstoffen zu finden, die den ursprünglichen Geruch verdecken . . .«*[111].

Prof. Kurt H. Meyer, stellvertretender Leiter der Abteilung D im Haberschen Institut, gab in der Mai-Sitzung 1918[111] einen Überblick über Stoffe und Stoffgruppen, von denen man sich zu diesem Zeitpunkt noch eine erfolgreiche Bearbeitung versprach:

- In der Phosgengruppe (Phosgen, Diphosgen, Triphosgen) sollte vielleicht das Auffinden eines Nebelstoffes möglich sein.
- In der B- und T-Stoff-Gruppe könnte ein Stoff gefunden werden, der eine noch stärkere Reizwirkung entfaltet. *»Die beste Wirkung wurde bisher erzielt mit p-Chlorbenzylbromid, und es erscheint möglich, in dieser Gruppe Nebelstoffe von gleich hoher Wirkung, gleicher Unerträglichkeitsgrenze wie Clark darzustellen. p-Chlorylylbromid.«* Dabei wäre es zweckmäßig, *»solche Stoffe heranzuziehen, die von den Rohmaterialien (Arsen) und der Fabrikationsweise der bisherigen Stoffe unabhängig sind«*.
- In den Gruppen Chlorpikrin und Phenylcarbylaminchlorid sind keine weiteren Neuerungen zu erwarten.
- Ein dem Clark ähnlich wirkender Stoff ist das *»Phenylnitroäthylen«*. Es steht jedoch im Maskendurchdringungsvermögen dem Clark etwas nach. Es ist nicht ausgeschlossen, hier noch einen neuen verwandten Stoff zu finden.
- Acrolein steht in seiner Reizwirkung unter den Aldehyden ziemlich isoliert, so daß kaum weitere verwandte Stoffe zu erwarten sind.
- Aus der Kohlensuboxydgruppe ist *»das Kohlensubsulfid interessant, das schon bei 2 cmm/cbm* (mm^3/cm^3, d. A.) *unerträglich ist.«*
- Trichlorphenol *»ist ein starker, vernebelbarer Reizstoff, der etwas durch die Maske geht«*. Eine weitere Bearbeitung dieser Gruppe sollte sich lohnen.

- Furandicarbonsäureester *»ist wesentlich weniger giftig als Lost, hat aber unangenehmere und länger dauernde Hautwirkungen«*. Dennoch haben die Arbeiten an dieser Gruppe zu keinem verwertbaren Kampfstoff geführt.
- Dimethylsulfat *»kommt als Atemgift dem Lost nahe und hat ähnlich stark verzögerte Wirkungen. Als Kontaktgift ist es wirkungslos«*. Durch seinen hohen Siedepunkt ist eine ausreichende Gasdichte im Schwaden nicht zu erwarten.
- *»Es ist eine Reihe von Quecksilber- und Bleiverbindungen untersucht worden, deren keine dem Phosgen nahekommt.«*
- *»Ein Kampfstoff vom Blausäuretyp wäre wünschenswert für den Gaswerferangriff... Weder Blausäure noch Chlorcyan, Bromcyan, Cyan übertrafen jedoch das Phosgen.«*
- Am ausgiebigsten untersucht wurde die Gruppe der Arsenverbindungen. Die wichtigsten aliphatischen Verbindungen sind in Anlage 4 zusammengestellt. *»Der vom Geheimrat* (Haber, d. A.) *gesuchte Typ eines Stoffes mit ausgeprägter Latenzzeit wurde annähernd im Methylarsindichlorid gefunden.«*
- Die untersuchten Clarkstoffe sind in Anlage 5 der Wirksamkeit nach geordnet, wobei Wirkung gegen den ungeschützten Beobachter und Maskendurchdringung parallel gehen. Von den etwa 45 Stoffen der Pfiffikusgruppe sind nur einige erwähnt. *»Irgend ein Zusammenhang zwischen Constitution und Wirkung, sowie Gesichtspunkte, die bei der Auffindung neuer Clarkstoffe hätten leiten können, wurden nicht gefunden.«*
- Die Loststoffe sind in Anlage 6 (vgl. S. 85) ungefähr der Giftigkeit nach geordnet, wobei das Lost und sein Brom- und Jodderivat weitaus am giftigsten sind[111].

Von Prof. Ferdinand Flury wurde auch noch die Untersuchung von Basen und Lactonen für aussichtsreich gehalten, zumal der gegnerische Gasschutz auf derartige Stoffe überhaupt nicht eingestellt sei[111].

Zusammenfassend kann jedoch eingeschätzt werden, daß gegen Kriegsende weder ein von der chemischen Struktur oder der toxikologischen Wirkung neuer Stoff, noch ein abgewandeltes Derivat der eingesetzten Kampfstoffe vorhanden oder auch nur in Sicht gewesen wäre, mit denen Phosgen, Diphosgen, Lost und Clark hätten übertroffen werden können. Dies sollte erst mit der Entwicklung der phosphororganischen Nervengifte (Tabun, Sarin, später Soman) in der zweiten Hälfte der dreißiger Jahre geschehen.

Als Leiter der Chemieabteilung im Kriegsministerium hatte Haber nicht nur die Forschung, sondern auch alle anderen für den chemischen Krieg erforderlichen Arbeiten zu koordinieren, besonders die technischen Entwicklungsarbeiten und die Kampfstoffproduktion in den beteiligten Betrieben, die Entwicklung und Produktion von Gasschutzmitteln, aber auch den optimalen Einsatz an den Fronten.

Über die Person und den persönlichen Einsatz Habers für den chemischen Krieg erfahren wir einiges aus der Biographie seines Freundes Richard Willstätter, der auf Zureden Emil Fischers 1912, aus Zürich kommend, die organische Abteilung des von Ernst Otto Beckmann (1853–1923) geleiteten »Kaiser-Wilhelm-Institutes für Chemie« übernommen hatte:

»... kaum viel später als Rathenau erkannte er (Haber, d. A.) *die Gefahren unserer mangelnden Rohstoffversorgung. Von glühendem Patriotismus erfüllt, suchte der weitblickende Chemiker dem Vaterland zu nützen. Der Kaiser selbst ernannte den*

früheren Vizewachtmeister zum Hauptmann und ermöglichte ihm dadurch erst, der Militärbehörde seine Dienste zur Verfügung zu stellen . . .
Haber war Kriegsfreiwilliger während des ganzen Krieges, auch als Abteilungsvorstand im Preußischen Kriegsministerium . . . Haber hat die Chemie in den Dienst der Kriegführung gestellt . . .
Hatte Haber seit Anfang 1915 in beschränktem Maße die technische Verantwortlichkeit für die Anwendung der Chemie im Kriege übernommen, so fiel ihm im darauffolgenden Jahre die volle Verantwortung für den Gaskampf zu. Der von ihm eingerichteten und geleiteten chemischen Abteilung des Preußischen Kriegsministeriums war für experimentelle Zwecke das Kaiser-Wilhelm-Institut für physikalische Chemie in Dahlem angegliedert, in dem bald ein großer Stab von Chemikern, Physikern und Pharmakologen in der Bearbeitung wissenschaftlicher und technischer Aufgaben der Offensive und Defensive zusammenwirkte. Immer neue Kampfstoffe wurden aufgefunden, neue Verfahren der Anwendung erprobt. Das Blaseverfahren ist, weil der Wind für die Anwendung an unserer Front meist ungünstig war, bald aufgegeben worden. Immer mehr wurde die Artillerie mit ihren Gasgeschossen zur Hauptwaffe; mindestens ein Viertel unserer Artilleriemunition war schließlich mit Gaskampfstoffen beschickt . . . Die Habersche Organisation von Gaskampf, Gasschutz und Gasschulung ging im Laufe des Krieges dazu über, aus dem Heere, in dem Professoren der Chemie als Gemeine, Unteroffiziere und Offiziere standen, die in immer wachsender Zahl benötigten wissenschaftlichen Kräfte auszulesen, während zu Anfang die freiwillige Leistung überwogen hatte . . .
Haber rief die Erprobung der Kampfmethoden vielfach an die Front. In den vordersten Stellungen bewies er Kaltblütigkeit, Unerschrockenheit, Todesverachtung, und mit ihm seine Mitarbeiter, besonders der Physiker J. Franck und der Chemiker F. Kerschbaum . . . Die organisatorische Tätigkeit des Hauptmannes Haber umfaßte vom Großen bis ins Kleinste die Prüfung und Auswahl der für den chemischen Krieg in Betracht gezogenen Gase, Gifte und Reizstoffe, die Bestellungen und namentlich die Ermöglichung der Fabrikation durch die Firmen der chemischen Großindustrie und die Munitionsfabriken, die Verteilung und Transporte, die Anpassung und Entwicklung der Kampftechnik und die Zusammenarbeit mit den meteorologischen Stellen und endlich auch die Schutztechnik . . .
Er wußte in solchem Maße das Vertrauen der Generalstabsoffiziere und einiger Armeeführer zu gewinnen, daß die Anwendung neuer und traditionswidriger Kampfmethoden sich in größtem Maßstab durchzusetzen vermochte. Nach dem Waffenstillstand und dem Kriegsende war der Immer-noch-Hauptmann Haber nicht zu entbehren für den Verkehr mit den alliierten Kommissionen und die Aufgaben der Demobilisation, und er hielt darin bis zum Ende der jahrelangen Arbeiten durch, immer bestrebt, in fairer Weise der deutschen Industrie zu retten, was immer noch zu retten war.
Schon während des Krieges hatte Haber begonnen, die Ausnützung der kriegschemischen Erfahrungen für Friedenszwecke, namentlich für das weite Feld der Schädlingsbekämpfung, vorausschauend und tatkräftig vorzubereiten[125]*.«*

In seinen Erinnerungen an Fritz Haber schreibt James Franck, der sowohl den Wissenschaftler Haber im Institut als auch den Organisator des Gaskrieges im Kriegsministerium und den Hauptmann Haber an der Front erlebt hat:

»Ich war immer sehr beeindruckt, wie schnell sich Haber in den militärischen

Betrieb hineinfand und wie viel er davon verstand... Ohne die Torheit der Generäle wäre der erste Angriff ein voller Erfolg gewesen... Die Generäle hatten das allergrößte Mißtrauen, haben Haber nicht geglaubt. Daß sie Beklemmungen wegen der Haager Konvention gehabt hätten, glaube ich nicht... Ich glaube, das Wesentliche war, wie Haber sich als Persönlichkeit drinnen und draußen in die Sache hineingekniet hat. Er kam nicht immer. Aber wenn er zu allgemeinen Besprechungen kam, wollte er genau wissen, was los war und hatte immer den Finger am Puls. Alle hatten einen ungeheueren Respekt vor Haber... Der technische Berater von Hindenburg (Oberst Bauer) hatte auch eine große Hochachtung vor Haber. Im Kriege war er einer der wenigen, die Sinn für Technik hatten, sonst keiner der Offiziere... Haber war ein Mann, der an reinem Wissen gerade so interessiert war wie an der Anwendung. Ich habe noch nie einen Mann gesehen, der von einem zum anderen so leicht übergehen konnte. Bei einem rein wissenschaftlichen Gespräch, z. B. über erfolgversprechende Gaskampfmittel, stellte er sofort die Frage: ›Wo kriegt man das Material her?‹ Ich fiel aus allen Wolken. Was geht mich das an? Das kauft man halt[126]*.«*

Seine geistige Haltung formulierte Haber selbst noch einmal im Abschiedsbrief an sein Institut vom 1. Oktober 1933:

»Mit diesen Worten nehme ich Abschied von dem Kaiser-Wilhelm-Institut, das von der Leopold-Koppel-Stiftung nach meinen Vorschlägen durch den verstorbenen Oberbaurat Ihne errichtet und unter meiner Leitung 22 Jahre bemüht gewesen ist, im Frieden der Menschheit und im Kriege dem Vaterland zu dienen. Soweit ich das Ergebnis beurteilen kann, ist es günstig gewesen und hat dem Fache wie der Landesverteidigung Nutzen gebracht. Der Erfolg ist der glücklichen Auswahl und der schöpferischen Kraft meiner Mitarbeiter zu danken[127]*.«*

Die deutschen Chemiefirmen, vor allem der Teerfarbenindustrie (in der Hauptsache die Farbenfabriken Bayer, Leverkusen; die Badische Anilin- & Soda-Fabrik [BASF], Ludwigshafen; die Farbwerke Hoechst, vormals Meister, Lucius & Brüning, Höchst; daneben auch Griesheim-Elektron, Bitterfeld; Leopold Cassella & Co, Frankfurt-Mainkur; Kalle & Co., Biebrich; AGFA, Wolfen, sowie die Chemischen Fabriken vorm. Weiler-ter Meer, Uerdingen) arbeiteten auf dem Gebiet der Giftgasproduktion, wenn auch nicht ohne Konkurrenz[9], untereinander, mit den Haberschen Wissenschaftlern sowie dem Militär (besonders Major Hermann Geyer) sehr eng zusammen, um die Kapazitäten der einzelnen Firmen optimal zu nutzen, wobei Carl Duisberg die zentrale koordinierende und integrierende Figur der Industrie darstellte. In regelmäßigen Abständen fanden in Berlin gemeinsame Arbeitsbesprechungen statt[111 112 113 114 115].

Eine der wesentlichsten Aufgaben dieser Sitzungen bestand in der Diskussion aktueller Ergebnisse aus Forschung und Produktion, der Vorgabe neuer, erfolgversprechender Richtungen der weiteren Forschungs- und Entwicklungsarbeiten und vor allem der Koordinierung und eventuellen Aufteilung der Kampfstoffproduktion.

So wurde beispielsweise in der Sitzung vom 31. Oktober 1916[114] von Haber die äußerste Dringlichkeit der möglichst umgehenden Herstellung von Lost (vgl. S. 78) hervorgehoben. Dazu wurde im einzelnen festgelegt, daß die über entsprechende Erfahrungen verfügende BASF das erforderliche Vorprodukt Ethylenchlorhydrin und daraus das Schlüsselvorprodukt Thiodiglycol herstellt und zwar jeweils 100 t in den nächsten drei Monaten, ansteigend auf 800 Monatstonnen. Die Weiterverarbeitung sollte, zunächst für 200 t pro Monat, von den für die letzte Synthesestufe besser ausgerüsteten Bayer-Werken in Leverkusen übernommen werden. Die Firmen Hoechst, Griesheim-Elektron und AGFA wurden aufgefordert, sich zu äußern, ob sie den Rest der Fabrikation übernehmen können. Da man zu diesem Zeitpunkt noch Dimethylsulfat als Streckungsmittel in Betracht zog, sollte diesbezüglich bei den Firmen Kahlbaum, Boehringer, Cassella und Knoll nachgefragt werden.

Wissenschaftler aus dem Kaiser-Wilhelm-Institut waren in den Betrieben, vor allem bei Bayer, an der effektiven Umsetzung der Laborexperimente in den Industriemaßstab direkt beteiligt. Andererseits betrieb aber auch die Industrie selbst, speziell Bayer, einschlägige Forschungsarbeiten. So wurden sowohl der Perstoff als auch das Lost (Dr. W. Lommel, vgl. S. 80) in den Leverkusener Laboratorien synthetisiert. Wissenschaftler nahmen die Einweisungen der Offiziere und Gastruppen an der Front vor. Größere Gruppen von Offizieren und Soldaten wurden in Leverkusen sowie Berlin in der Verwendung der Kampfstoffe geschult.

Für die Chemiker aus der kampfstoffproduzierenden Industrie fanden in Berlin Kurse bzw. Symposien statt, die der speziellen Weiterbildung auf dem Kampfstoffgebiet, aber auch der Orientierung auf neue oder noch erforderliche Forschungsarbeiten dienten.

Der Ablauf eines solchen, vom 21. bis 24. Juni 1916 stattgefundenen Kurses ist einem Bericht des AGFA-Chemikers Dr. Kaltwasser an die Direktion seines Unternehmens zu entnehmen[128]. Der Kursus fand in Form von Vorträgen statt, denen sich praktische Übungen anschlossen:

Teilnehmer: Dr. Münch (Badische Anilin- und Sodafabrik), Dr. Herre [oder Heere, d. A.], Dr. Lommel, Dr. Vagt [vermutlich Vogt, d. A.] (Elberfelder Farbenfabrik [Bayer, d. A.], Dr. Liebrecht (Höchster Farbwerke), Dr. Linne, Dr. Steiner (Fa. Kahlbaum), Dr. Scharfenberg, Dr. Kaltwasser (AGFA). Vom Kaiser-Wilhelm-Institut waren die Professoren Flury, Steinkopf und Stock anwesend.

– *Mittwoch, den 21. Juni*

Vortrag von Dr. Kerschbaum: *Entwicklung des Gaskampfes.*
Verwendung der chemischen Kampfmittel 1. im Blasverfahren, 2. im Schießverfahren. Erforderliche Eigenschaften der chemischen Kampfmittel.

Vortrag von Dr. Weishut: *Prüfung der Reizmittel.*
1. Festlegung der Unerträglichkeitsgrenze,
2. Festlegung der Tödlichkeitszahl,
3. Wirkung auf ungetränkte Tücher und feindliches Schutzgerät,
4. Explosionsbeständigkeit,
5. Reaktion mit Luftsauerstoff und Wasserdampf,
6. Einwirkung auf Metalle.

Im Anschluß an die beiden Vorträge wurde die deutsche Maske vorgeführt und im Kampfgasraum auf ihr Verhalten gegen Perstoff geprüft.

– *Donnerstag, den 22. Juni*

Vortrag von Dr. Lommel: *Überblick über die in den Elberfelder Farbwerken durchgeführten Arbeiten.*
1. -CH_2-Halogen-Verbindungen: Xylylbromid (T-Stoff), Bromaceton (B-Stoff), Bromacetessigester. Am stärksten wirksam erwiesen sich die Jodverbindungen, am schwächsten die Chlorverbindungen. Die Bromverbindungen liegen etwa in der Mitte.
2. -CO-Halogen-Verbindungen: Phosgen, Perchlorameisensäuremethylester (Perstoff), Perchlorameisensäureaethylester.
3. -N=C=O-Verbindungen: Phenylisocyanat, Allylsenföl.

Vortrag von Dr. Weishut: *Charakteristik der bisher untersuchten Reizmittel, ihre Unerträglichkeitsgrenze und Tödlichkeitszahl.*

Vortrag von Prof. Flury: *Die Einwirkung der Reizmittel auf den tierischen und menschlichen Organismus.*
Im Anschluß an den Vortrag wurde eine Maus mit Phenylhydroxylamin und eine Katze mit Perstoff behandelt.

– *Freitag, den 23. Juni*

Vortrag von Dr. Weishut: *Verwendungsart der brauchbaren Reizmittel.*

1. Blasverfahren:
»Für dieses Verfahren werden angewendet: Chlor, Phosgen oder eine Mischung von Chlor und Phosgen. Da jedoch das feindliche Schutzgerät diese Gase absorbiert, so ist es wünschenswert, Gase herzustellen, welche durch die feindlichen Masken gehen. Diese Gase würden entweder allein oder in Mischung mit Phosgen zur Anwendung gelangen.«

2. Minenwerfer und leichte Artillerie:
*»Für diese Waffen, welche nur auf kurze oder mittlere Entfernungen schießen, kommen Körper in Betracht, welche einen Siedepunkt von 0 bis 150 °C besitzen ... Der wichtigste Stoff für diese Verwendungsart ist der Per-Stoff. Da jedoch der Per-Stoff durch das feindliche Schutzgerät absorbiert wird, so ist es von Interesse, Körper herzustellen, welche durch die feindlichen Masken gehen. Früher wurden auch noch der B-Stoff (Bromaceton) und der K-Stoff (nicht durchchlorierter Ameisensäuremethylester) benutzt, gegenwärtig sind dieselben wegen zu geringer Reizwirkung vollständig durch den Per-Stoff verdrängt worden.
In Betracht kommen bei dieser Verwendungsart noch folgende Körper: 1. Chlorpikrin, wirksam, aber nicht explosionsbeständig, 2. Akrolein, 3. Dichlormethylarsin, 4. Dichlorphenylarsin, beide sehr wichtig, vorläufig ist noch keine technisch brauchbare Herstellungsmethode bekannt.«*

3. Schwere Artillerie:
»Für die schwere Artillerie kommen Körper in Betracht, die einen Siedepunkt von 180 bis 280 °C besitzen. Gegenwärtig ist nur der T-Stoff (Xylyldibromid) in Benutzung. Dieser T-Stoff besitzt nun zwar eine sehr gute Reizwirkung, ist aber nicht giftig; es wäre wünschenswert, diesen Stoff durch Einführung von Gruppen giftig zu machen oder überhaupt einen neuen Stoff herzustellen, der bei hohem

Siedepunkt große Reizwirkung und Giftigkeit besitzt. Auch feste Körper mit hohem Siedepunkt kommen hier in Betracht, . . . weil es sich herausgestellt hat, daß solche Körper, aus einem Lösungsmittel verstäubt, oft sehr starke Reizwirkung zeigen.«

Vortrag von Dr. Metzener: *Deutsches und feindliches Schutzgerät.*
». . . Die deutsche Maske hält alle Reizmittel bis auf Kohlenoxyd zurück. Wichtig ist es, den Atemeinsatz der Maske mit einem Stoff zu versehen, welcher Kohlenoxyd absorbiert. Im Anschluß an diesen Vortrag wurde die Unerträglichkeitsgrenze sowie das Verhalten gegen Tücher und das feindliche Schutzgerät beim Phenylisocyanat durch praktische Versuche festgestellt.«

– *Sonnabend, den 24. Juni*

Besprechung, in der die Teilnehmer mit dem Geschäftsgang des Kaiser-Wilhelm-Institutes in der Reizstoffbeschaffung vertraut gemacht wurden, Prof. Steinkopf über die im Institut bislang ausgeführten und noch auszuführenden Arbeiten informierte und Dr. Kerschbaum zusammenfassend die Wünsche des Instituts *»betreffs der Erlangung neuer Reizmittel«* äußerte:

»1. Wünschenswert ist es, Körper herzustellen, welche bei einem Siedepunkt von 0 bis 300 °C ausgesprochene Giftwirkung und Reizwirkung besitzen und durch das feindliche Schutzgerät hindurchgehen. 2. Auch Körper, welche nur Giftwirkung besitzen, haben Interesse, jedoch muß die Giftwirkung derart sein, daß schon nach kurzer Zeit eine Wirkung eintritt. 3. Von besonderem Werte sind autoxydable Körper, d. h. solche Körper, welche nach einer gewissen Zeit (½ bis 1 Stunde) durch den Sauerstoff der Luft zerstört werden. Diese Art von Körpern gestattet nach einer bestimmten Zeit, ohne die eigenen Mannschaften zu gefährden, den Angriff durchzuführen. – Vom Gesichtspunkt der leichten Beschaffbarkeit ist es erwünscht, Reizmittel mit Hilfe von Fluor herzustellen, da Deutschland sehr reich an Fluorverbindungen ist.«

– *Montag, den 26. Juni*

Besprechung der Teilnehmer aus den Fabriken über den Stand der technischen Fabrikation der Reizmittel.

Andererseits wiederum nahm die chemische Industrie aber auch Einfluß auf die wissenschaftlichen Arbeiten in Berlin-Dahlem. So war Duisberg (wie auch Nernst, Fischer und Willstätter) Mitglied des Beirates im Haberschen Institut. Die Kontakte zur BASF liefen über den Karlsruher Professor Carl Engler (1842–1925). Seitens des deutschen Kaisers war dessen Kabinettsrat Dr. Rudolf von Valentini (geb. 1855) in den Beirat entsandt. Mit ihm stand Haber während des gesamten Krieges in brieflicher Verbindung. Dies gab ihm die Möglichkeit, bestimmte Vorstellungen und Informationen direkt an den Kaiser heranzutragen[129].

Auch bei der Entwicklung der deutschen Gasmasken und der Filtereinsätze arbeiteten Haber, die dafür zuständige Abteilung seines Institutes unter Dr. Hans Pick und die Industrie eng zusammen (vgl. S. 92). Die ersten Masken wurden gemeinsam mit den Firmen Dräger und Auer (Dr. Remané) entwickelt, die Filtermassen mit den Firmen Bayer (Dr. Lommel, Dr. Voltz) und Auer. Nach und nach wurde noch eine Reihe weiterer Firmen, z. B. Schering und Riedel de Haen, in die Produktion einbezogen. Wir werden später noch einmal kurz auf die Frage des Gasschutzes zurückkommen.

Die Antwort der Alliierten

Nach dem Beginn des deutschen Masseneinsatzes von Chlor unternahm auch die westalliierte Seite größte Anstrengungen, um »chemisch antworten zu können«. Aufgrund der vergleichsweise schwach entwickelten chemischen Industrien Frankreichs und Englands war dies allerdings mit großen Problemen verbunden[130].

Unmittelbar nach dem deutschen Chloreinsatz rief der englische Kriegsminister, Feldmarschall Horatio Herbert Kitchener, Earl of Khartoum and of Broome (1850–1916), gemeinsam mit dem »Daily Mail« die englischen Frauen auf, aus gazeumhüllter Baumwolle einfache Atemschützer herzustellen. Zwar wurden daraufhin an einem einzigen Tag über eine Million angefertigt, mußten jedoch zurückgezogen und vernichtet werden, da sie in trockenem Zustand unwirksam waren und in feuchtem Zustand ein Atmen unmöglich machten.

Auch die Professoren Herbert Bereton Baker (1862–1935) und John Scott Haldane (1860–1936), die am 26. April vom Kriegsministerium an die Front entsandt wurden, hatten zunächst keine bessere Empfehlung an die Soldaten, als mit Urin befeuchtete Tücher, eingebettet in Gewebe oder eingeschlossen in Flaschen ohne Boden, als Atemschützer zu benutzen. Die daraufhin zur Entwicklung wirksamerer Gasschutzmittel umgehend aufgenommenen experimentellen Arbeiten leitete der Chef des englischen militärischen Sanitätswesens (»Royal Army Medical Service«), General Alfred Keogh, an der Sanitätsschule (»Royal Medical College«) von Millbank[131]. Außerdem wurde aus Physiologen und Ärzten eine Gasschutzkommission gebildet, welcher u. a. der bekannte Physiologe Ernest Harvey Starling (1866–1927) angehörte[48].

Am 23. April telegraphierte der Oberkommandierende des britischen Feldheeres, Sir John French (Denton Pinkstone, Earl of Ypres, 1852–1925), mit der Regierung in London und erbat Mittel für Vergeltungsmaßnahmen.

Am 3. Mai 1915 beauftragte Lord Kitchener Colonel Louis Jackson von der Forschungsabteilung des »War Office« (Kriegsministerium) mit Vorarbeiten für den Einsatz chemischer Kampfstoffe, der in dieser Frage bald eng mit der »Royal Society« zusammenarbeitete.

Bereits im November 1914 hatte die »Royal Society« ein aus vier Subkomitees (Chemie, Physik, Technik, Physiologie) bestehendes nationales »War Committee« (Kriegskomitee) ins Leben gerufen, das die Regierung in den Krieg betreffenden wissenschaftlichen Fragen beraten sollte. Das »Subkomitee zur Untersuchung der Aufgaben der Chemie im Krieg« wurde zunächst von Sir William Ramsay (1852–1916) geleitet. Prominente Mitglieder waren u. a. Herbert Bereton Baker, Imperial College London; William Henry Perkin Jr. (1860–1929), Universität Oxford (Schüler Adolf von Baeyers, 1835–1917, München); Sir Edward Thorpe (1845–1925) und George Thomas Beilby (1850–1924), Direktor der Glasgower Cyanidwerke[132]. Als weitere bekannte Mitglieder sind Jocelyn Field Thorpe (1872–1940), Imperial College London; Henry Hallet Dale (1875–1968, Nobelpreis für Physiologie oder Medizin 1936), Wellcome Laboratories Herne Hill; Henry John Horstman Fenton (1854–1929), Universität Cambridge; Martin

Onslow Forster (1872–1945), Universität Finsbury; Percy Faraday Frankland (1858–1946), Universität Birmingham, und Arthur Smithells (1860–1939), Universität Leeds, zu nennen. Als Sekretär wählte man Arthur William Crossley (1869–1927), Professor für organische Chemie am King's College London (und ehemaliger Student Emil Fischers in Würzburg)[100].

Auch die »großen alten Männer«, wie Sir Henry Roscoe (1833–1915), Sir William Crookes (1832–1919)[100], und John William Strutt, Baron of Rayleigh (1842–1919)[48] bezog man gelegentlich in die kriegschemischen Diskussionen und Beratungen ein.

Mitte Juni 1915 wurde Colonel Jackson in das chemische Subkomitee kooptiert, und der Chemiker und Präsident des Londoner »Institut of Chemistry«, Raphael Meldola (1849–1915), übernahm den Vorsitz[132].

Vier der Mitglieder (u. a. Meldola als Vorsitzender, nach dessen Tod Perkin) sowie William Jackson Pope (1870–1939), Universität Cambridge, und Arthur Lapworth (1872–1941), Universität Manchester, wurden später als Berater der »British Dyes« (chemische Farbstoffindustrie) tätig und begründeten die Zusammenarbeit zwischen Universitäten und chemischer Industrie[100].

Dem Subkomitee für Physiologie, das bald ziemlich eng mit dem für Chemie zusammenwirkte, gehörten als Vorsitzender Ernest Harvey Starling, Universitäts-College London, und als Mitglieder u. a. William Maddock Bayliss (1860–1924); Frederick Gowland Hopkins (1861–1947, Nobelpreis für Physiologie oder Medizin 1929), Universität Cambridge[100]; John Scott Haldane, Universität Oxford; Joseph Barcroft (1872–1947) sowie die Professoren Arthur Edwin Boycott (geb. 1877) und John Sidney Edkins (geb. 1863) an[132]. Sekretär wurde Walter Morley Fletcher (geb. 1873). Später kamen Prof. Leonhard Erskine Hill (geb. 1866) und Prof. Meakins (Georg Henry Makins? geb. 1853) hinzu. Claude Gordon Douglas (1882–1963) vom »Royal Army Medical Corps« vertrat die britischen Expeditionsstreitkräfte in diesem Gremium[132].

Bei der Auswahl der Mitglieder spielten die Vorschläge des Leiters des »Royal Army Medical Service« im »War Office«, Sir Alfred Keogh, eine wichtige Rolle.

Bereits kurz nach Kriegsbeginn hatte die »Royal Society« der Industrie, dem Kriegsministerium und der Admiralität ihre Beratung angeboten. Außer bei der Admiralität (Sir Henry Jackson) gab es keine Reaktionen, eine Haltung gegenüber der Wissenschaft, wie sie Haber auch in Deutschland beklagt hatte (vgl. S. 10).

Durch im April 1915 vorliegende Geheimdienstberichte und vor allem den ersten deutschen Chlorangriff sahen sich die führenden Naturwissenschaftler zu einer Intensivierung des militär-chemischen Sektors veranlaßt, wobei von Anfang an (bis Oktober 1917) eine Trennung in Gruppen, die für den Gasschutz und andere, die für den offensiven Gaskrieg arbeiteten, erfolgte (was sich auch in der politischen Verantwortlichkeit der verschiedenen Ministerien widerspiegelte).

Das »Physiology War Committee« begann, sich umgehend mit den Fragen des Gasschutzes zu beschäftigen. General Keogh berief als Leiter des ihm im Kriegsministerium unterstehenden »Anti-Gas-Departements« Colonel (später General Sir) William Horrocks. Für die am College des »Royal Army Medical Corps«, Millbank, organisierte Forschung und Entwicklung übernahm P. S. Lelean die Leitung, der nach einem knappen Jahr von E. H. Starling abgelöst wurde. Als Assistenten erhielt letzterer Edward Frank Harrison (1869–1918) und

J. A. Sadd[132]. Besonders aktiv zeigte sich Harrison, der 1916 auch die Entwicklung der britischen Gasmaske (»Box Respirator«) leitete und über verschiedene andere höhere Funktionen im Oktober 1918 schließlich zum Chef des »Chemical Warfare Departments« im Munitionsministerium avancierte[132].

Im Laufe des Jahres 1916 wurden die praktischen Entwicklungsarbeiten zum Gasschutz in Starlings Universitäts-Departement am Londoner »University College« verlagert, während die Grundlagenforschung in Millbank verblieb. Eine ständige und gute Zusammenarbeit erfolgte mit dem Komitee der »Royal Society« und dem »Gas-Service« der britischen Expeditionsstreitkräfte.

Nachdem die Verantwortung für Forschung und Entwicklung auf dem Gebiet des Gasschutzes über längere Zeit beim »Royal Medical College«, Millbank, und dem »University College«, London, lagen, entwickelten sich später weitere Kapazitäten am »Physiology Department« in Oxford, dem »Bedford College«, dem Londoner »Lister Institute« und der »Animal Station« der »School of Agriculture« in Cambridge[132].

In sehr unterschiedlichem Ausmaß kam die offensive Forschung in Gang. Relativ frühzeitig hatten sich H. B. Baker und J. F. Thorpe, unterstützt von G. T. Beilby und L. Jackson unter der Zuständigkeit des »War Office« mit der Entwicklung von tränenreizenden Stoffen befaßt[8].

Nachdem bereits im Frühling 1915 entsprechende Experimente in Thorpes Laboratorium im Londoner Stadtteil South Kensington[133] und in auf dem Gelände des »Imperial College« angelegten Schützengräben gelaufen waren, nach denen man sich auf Jodethylacetat als Tränengas festgelegt hatte[8], begann nun in verschiedenen Laboratorien eiligst dessen pilotmäßige Produktion. Am 21. Mai waren die ersten 120 Kilogramm verfügbar und gelangten, zusammen mit geringen Vorräten anderer »belästigender« Stoffe (Schwefeldioxid, Kohlenstoffdisulfid, Schwefelchloride, Brom, Calciumarsenid, Capsaicin), in Handgranaten verfüllt an die flandrische Front[134]. Vorgeschlagen, jedoch abgelehnt wurde Dimethylsulfat. Auch die Versuche mit einer beschränkte Zahl (250) achtpfündiger Chlorgasgranaten stellte man bald wieder ein, da die Ergebnisse der Tests unbefriedigend waren[135].

Ende Mai befragte das Komitee ferner die britischen Chemieprofessoren nach Namen von Chemikern und Exstudenten, die für eine eigenständige Gastruppe bei den »Royal Engineers« in Frage kommen könnten. Im Juli 1915 bestimmte die »Royal Society« mit über die Offiziere des aufzustellenden »Gas-Services«. In den Spezialkompanien 186 bis 189 bildeten diese den Grundstock der späteren »Special Brigade«, die auch ein eigenes Zentrallaboratorium (vgl. S. 55) erhielt[136]. In der »Special Brigade« u. a. militärischen Formationen kamen im weiteren Kriegsverlauf schließlich etwa 600 bis 800 Chemiker zum aktiven Einsatz.

Im November des gleichen Jahres wurde Crossley im Range eines Lieutenant Colonel in den militärischen Dienst übernommen.

Zu ersten Zentren offensiver kampfstoffchemischer Forschungsarbeiten entwickelten sich die Chemie-Departements des »Imperial College« und der Universität Birmingham. Im Verlaufe des Jahres 1917 wurde mit einer Reihe weiterer Wissenschaftler, z. B. James Colquhoun Irvine (1877–1952), St. Andrews University; W. J. Pope, Cambridge, und Gilbert Thomas Morgan (1870–1940), Finsbury Technical College, zur Entwicklung spezieller Projekte Auftragsforschung (»Government Contract Research«) vereinbart. Für diejenigen Laboratorien, die an der Entwicklung von chemischen Kampfstoffen arbeiteten, wurden die anfallenden Kosten, einschließlich Personalkosten, vom Munitionsministerium übernommen[137].

Bereits im März 1915 hatten sich »Royal Society« und »Chemical Society« mit einem gemeinsamen Memorandum über den Zustand der chemischen Industrie an den Regierungschef Herbert Henry Asquith, Earl of Oxford and Asquith (1852–1928), gewandt, auf das sie allerdings vier Monate keine Antwort erhielten. Im Juli entschloß sich die »Chemical Society« daher, selbst einen Konsultativrat zu bilden, der Ideen und Entwicklungen ihrer Mitglieder erfassen und weiterleiten sollte.

Die Reaktion Asquiths bestand schließlich in der Schaffung einer neuen, aus mehreren Säulen bestehenden Beratungs-Maschinerie.

Bei der Admiralität entstand ein 16köpfiger »Bord of Invention and Research«, geleitet von dem Physiker Sir Joseph John Thomson (1856–1940, Nobelpreis für Physik 1906), Cavendish Laboratory, unter Mitarbeit u. a. von Lord Ernest Rutherford, Baron of Nelson (1871–1937, Nobelpreis für Chemie 1908), Universität Manchester; William Henry Bragg (1862–1942) und Richard Threlfall (1861–1932). Auf dem Gebiet der chemischen Kampfstoffe liefen hier – mit Ausnahme der Entwicklung einer Phosphorbombe – jedoch keine Aktivitäten[100].

Weiterhin bildete die Regierung das »Committee of the Privy Council on Scientific and Industrial Research« mit einem »Advisory Council«, einem eigenen Budget und Forschungsmöglichkeiten, einschließlich Forschungspersonal. Seine Aufgabe sollte vor allem in der Schaffung einer Verbindung zwischen Regierung, Universitäten und Industrie bestehen[100].

Bereits im Juni hatte die Regierung ein gesondertes »Ministry of Munitions« unter der Leitung von David Lloyd George (später Earl of Dwyfor, 1863–1945), gefolgt von Edwin Samuel Montague (1879–1924), Christopher Addison, 1. Viscount, Baron of Stallingborough (1869–1951), und (1917) Winston Churchill (1874–1965) eingerichtet.

Während sich das Kriegsministerium der Erforschung, Entwicklung und Einführung des Gasschutzes widmete, war das neu geschaffene Munitionsministerium für Erforschung, Entwicklung und Produktion offensiver chemischer Waffen verantwortlich. Das für die chemischen Kampfstoffe zuständige »Trench Warfare Departement« in diesem Ministerium leitete der zum Brigadegeneral beförderte Louis Jackson, das »Explosive Department« John Fletcher Moulton. Jacksons Leute waren dabei für Forschung und Entwicklung, Produktion und Lieferung sowie die Geschoßfüllung in Watford (später auch in Greenford) verantwortlich[138].

Jedes Department verfügte über einen Beirat wissenschaftlicher Berater, das Gesamt-Ministerium über ein wissenschaftliches und ein kommerzielles Berater-Komitee. Als wissenschaftliche Berater Jacksons fungierten u. a. Baker, Thorpe, Beilby, der Physiker R. Glazebrook (National Physical Laboratory), der Physiologe William Bate Hardy (1864–1934), der Ölspezialist Sir Boverton Redwood (1846–1919), später (1916) auch Richard Threlfall und der Chemiker John Cadman (University of Birmingham). Crossley betätigte sich zunächst als Sekretär dieser Gruppe, gab den Posten jedoch auf, als er 1916 die Leitung der Kampfstofftests und praktischen Erprobungen auf dem Versuchsgelände Porton übernahm[100 132].

Auf Druck von Lloyd George kam es noch 1915 zu einer gemeinsamen Konferenz von Admiralität, Kriegsministerium und Munitionsministerium, auf der bis Ende des Jahres die Gründung eines »Munitions Invention Department« beschlossen wurde, das u. a. auch für die Förderung chemischer Entwicklungen zuständig war. 1918 umfaßte die Mitarbeiterliste 48 Ingenieure und Wissenschaftler, darunter 15 Chemiker und 17 Mitglieder der »Royal Society« (die größtenteils auch im »War Committee« saßen).

Ergänzend entstand im November 1916 noch ein gesondertes »Department for Scientific and Industrial Research«, womit sich die Wissenschaft endgültig ihren Platz in »nationalen Angelegenheiten« gesichert hatte[100].

Im Verlaufe des Krieges entwickelte sich das Munitionsministerium zum größten Arbeitgeber für Chemiker.

Mitte 1916 beschäftigten die Fabriken des Ministeriums bereits etwa 200 Industriechemiker, 1918 etwa 400. Beim Waffenstillstand arbeiteten ferner 30 Universitäten und zwei gesonderte Forschungseinrichtungen mit insgesamt mehr als 100 Wissenschaftlern für das »Chemical Warfare Department«[100].

Nach Ludwig F. Haber waren allein in der britischen Kampfstoff-Forschung und -Entwicklung 120 graduierte Chemiker und 1340 Personen mit Diplomen technischer Colleges oder entsprechenden praktischen Erfahrungen tätig[99].

Allerdings gab es zahlreiche personelle und organisatorische Schwierigkeiten, ständige Rivalitäten und Kompetenzgerangel zwischen den Departments und nur unzulängliche Kontakte zum Kriegsministerium, lange Zeit auch zu den britischen Expeditionsstreitkräften.

Eine Folge davon waren häufige, die kontinuierliche Tätigkeit hemmende Umstrukturierungen und Umbesetzungen sowie Gründungen neuer Komitees und Subkomitees im Munitionsministerium (vgl. Lit.[132]).

Ende 1916 setzten sich die britischen Gaskrieg-Einrichtungen aus vier Hauptsäulen zusammen: der an der Front in Frankreich kämpfenden »Special Brigade«, dem »Anti-Gas-Departement« im Kriegsministerium, Jacksons geschrumpfter Forschungsabteilung (einschließlich dem Versuchsgelände Porton) im »Design-Department« des Munitionsministeriums und der von Jacksons ehemaligem Untergebenen Alexander Roger geführten, aus zehn Sektionen bestehenden Riesenabteilung »Trench Warfare« im gleichen Ministerium[138].

Mit der im Jahre 1917 erfolgten Übernahme des Munitionsministeriums durch Churchill, der ein aktiver Befürworter des Gaskrieges war, erfolgte eine erneute Umgestaltung. Ende Oktober 1917 wurde das dem »Design Department« zugeordnete »Chemical Warfare Department« geschaffen und unter die Leitung von General Henry Fleetwood Thuillier (geb. 1868), der zeitweilig auch den Gasdienst der britischen Expeditionsstreitkräfte kommandiert hatte, gestellt (zwölf Monate später folgte ihm Harrison im Amt nach). Gleichzeitig wurde Thuillier auch Leiter des dem Department zugehörigen »Chemical Warfare Committees«, das nun die Kontrolle aller Aspekte der offensiven und defensiven Forschung, Entwicklung und Konstruktion übernahm. Militärs, wie der Kommandeur des »Gas Service«, Charles Howard Foulkes (1875–1969), sowie die »Army Chemical Advisers« wurden hinzugezogen, dazu Wissenschaftler wie Pope und Irvin, Crossley aus Porton und andere Spezialisten (wie der Chemieanlagenbau-Experte K. B. Quinan), Vertreter verschiedener Versorgungs-Abteilungen sowie der Artillerieabteilung des Kriegsministeriums. Das Komitee umfaßte schließlich etwa 20 Wissenschaftler, darunter der mittlerweile auf das Abstellgleis geratene Jackson[138].

Als besonders aktiv erwiesen sich Harrison, Irvine, Pope und Crossley. Von Oktober 1917 bis Februar 1919 wurden beispielsweise etwa 850 chemische Verbindungen kritisch unter die Lupe genommen, einige davon den Forschungsteams übergeben, die regelmäßig über ihre Fortschritte berichten mußten.

Ein schwerwiegender Fehler war es jedoch, die Herstellung und Lieferung von Kampfstoffen mit allen dazugehörenden Fragen von der wissenschaftlichen Entwicklung abzutrennen und den zur »Explosive Group« gehörenden Abteilungen »Explosives Supply« unter Lord Moulton und »Trench Warfare Supplies« unter E. V. Haigh zu übertragen, so daß die Wissenschaftler die Herstellung der von Ihnen entwickelten und erprobten Kampfstoffe nicht selbst überwachten[131]. In der Abteilung Moultons war Quinan für die Konstruktion der Kampfstoff-Produktionsanlagen verantwortlich, in der Abteilung Haighs Henry Moreland für die Kampfstoff-Lieferung.

Ende April 1918 gliederte man schließlich das »Chemical Warfare Department« in die Explosivgruppe ein und löste die Abteilung »Trench Warfare Supplies« auf. Erst zu diesem Zeitpunkt waren alle britischen Aktivitäten zum chemischen Krieg in einer Hand, dem Leiter der Gruppe, Sir Keith Price, der vor allem von Moulton und Quinan unterstützt wurde[138].

Auch die höheren militärischen Dienststellen wurden nach dem deutschen Chlorangriff erstmals für die bis dahin wenig beachteten chemischen Fragen sensibilisiert. Am 26. Mai beauftragte der Generalstabschef Frenchs, General William Robertson, den Pioniermajor (später Generalmajor) Charles Howard Foulkes, die Leitung der britischen Giftgas-Vergeltungsmaßnahmen zu übernehmen. Einen Tag zuvor hatte ihm das Kriegsministerium die Bereitstellung von 500 Chlorflaschen avisiert[135].

Wie Haber erkannten auch Foulkes und seine chemischen Berater sehr rasch, daß ein militärischer Erfolg nur durch den Masseneinsatz möglichst toxischer Stoffe zu erreichen war. Zusätzlich orientierten sie bald, ebenfalls wie Haber, auf einen möglichst häufigen Wechsel der verwendeten Kampfstoffe, um die Gasschutzmaßnahmen des Gegners zu stören.

Am 4. Juni konnte bei der chemischen Fabrik Castner Kellner Alkali Co. in Runcorn am Manchester-Kanal der erste Chlor-Blasversuch durchgeführt werden. Am 25. Juni erfolgte die Aufstellung einer Gas-Sondertruppe aus Chemikern und Chemiestudenten (Grundstock der Spezialkompanien 186 bis 189 der »Royal Engineers«, die im Frühjahr 1916 zur 4000 Mann starken »Special Brigade« formiert wurden; ab Frühsommer lag deren Stärke bei 5000 Mann, ab 1917 bei 6000; 1918 vgl. S. 100). Infolge Mangels an Gasflaschen konnte eine Vorführung vor 30 Generälen und weiteren höheren Offizieren erst am 22. August in Helfaut bei St. Omer (Nordostfrankreich) durchgeführt werden. (Später nahmen an diesen von Foulkes organisierten Vorführungen teilweise mehr als 100 Generäle gleichzeitig teil, und auch Winston Churchill, ab 1917 britischer Munitionsminister, besuchte des öfteren und mit großem Interesse Helfaut.)

Am 25. September fand mit insgesamt rund 150 Tonnen Chlor (Deckname: Rotstern) aus 5500 Flaschen bei Loos der erste britische Chlorgasangriff gegen deutsche Truppen statt[135].

Auch bei vielen britischen Offizieren war die Neigung zum Giftgaseinsatz zunächst nicht sehr groß. Hauptmann Thomas schreibt in den Kriegserinnerungen von Robert Graeves »Goodby To All That« (London 1929):

»Es ist abscheulich. Das ist kein Soldatenleben, so ein Zeug zu benutzen; auch nicht, wenn die Deutschen damit angefangen haben[139]*.«*

Zur Ausbildung der Offiziere und Soldaten für den Gaseinsatz und -schutz wurden Schulen in Le Havre, Étaples, Rouen, Abbeville, Boulogne und Calais eingerichtet.

Als Füllung für die zu entwickelnde Gasmunition diskutierte man zu diesem Zeitpunkt Calciumarsenid und Phosphor sowie ein als Jellite bezeichnetes Gelee aus Blausäure, Chloroform und Celluloseacetat[140].

Später wurden die Blasangriffe zu einer der Hauptformen des britischen Gaskampfes. Schon im Oktober 1915 hatte Foulkes in einer Denkschrift darauf hingewiesen, dabei stärker als Chlor wirkende Gase zu suchen[131].

Am 9. und 19. Januar 1916 bliesen die Briten bei Fromelles südlich Armentières ein Gemisch aus 80 % Chlor und 20 % Schwefelchloriden (Deckname: Blaustern) ab, von dem man sich eine größere Seßhaftigkeit versprach. Große Erwartungen setzte man später auch in die Kombinationen mit dem hochgiftigen Phosgen und Chlorpikrin. Allein während der ersten 18 Tage der Somme-Schlacht (Juni bis November 1916) führte die »Special Brigade« 50 Blasangriffe aus, hauptsächlich mit Chlor-Phosgen-Mischungen (Deckname: Weißstern)[141].

Insgesamt fanden von Juni bis November 1916 110 Angriffe unter Verwendung von insgesamt 38 580 Gasflaschen (gleich 1160 t Gas, zumeist »white star«, d. h. 50 % Chlor und 50 % Phosgen) statt[142].

Innerhalb von neun Monaten, beginnend mit dem Juni 1916, verbrauchten die Briten allein 1500 Tonnen Phosgen[141].

Am 14. Juli 1916 öffneten britische Pioniere bei Monchy neben 240 Chlor-Phosgen-Flaschen erstmals auch 1670 Schwefelwasserstoff-Flaschen (Deckname: 2-Rot-Stern)[143]. Durch deutsches Brisanz-Gegenfeuer wurde jedoch ein Teil der Flaschen zerstört und dadurch 16 eigene Leute vergiftet sowie acht getötet. Zudem enzündete sich der Schwefelwasserstoff an einigen Stellen durch Leuchtmunition, weshalb man von weiteren Einsätzen dieses problematischen Giftes absah.

Die im November 1917 an der La-Basse-Front eingeführte Chlor-Chlorpikrin-Mischung (70 : 30) wurde als Gelbstern bezeichnet. Allerdings gab es zunächst erhebliche Schwierigkeiten bei der Realisierung der technischen Chlorpikrin-Produktion, die erst acht Monate nach Planungsbeginn aufgenommen werden konnte[131].

1917 begann man ferner mit der Herstellung einer Mischung aus 75 % Chlorpikrin und 35 % Schwefelwasserstoff (Deckname: Grünstern), die jedoch nicht zum Fronteinsatz gelangte.

Nach Charles Howard Foulkes, der (initiiert durch seine chemischen Berater) den Blasangriff bis zum Kriegsende als die wirksamste Gas-Einsatzmethode ansah, führten die Briten noch im Jahre 1918 zehn große Blasangriffe aus, bei denen 27 000 Gasflaschen verbraucht wurden[144, 145].

In den Jahren 1917/18 sollen die Engländer teilweise 200 bis 250 Tonnen Gas pro Kilometer abgeblasen und die Angriffe acht bis zehn Stunden aufrecht gehalten haben[145]. Neuentwicklungen der Briten in der Abblastechnik waren kleinere, tragbare Gasflaschen (22,5 kg), von denen 1000 Stück am 26. Oktober 1917 bei Dixmuiden eingesetzt wurden, sowie von Eisenbahngüterwagen aus unternommene Chlor-Phosgen-Blasangriffe, die am 24. Mai 1918 südwestlich von Lens unter der Bezeichnung »Unternehmen Richtstrahl« begannen.

Insgesamt haben die Engländer während des Krieges in über 300 Blasangriffen etwa 88 000 Gasflaschen abgeblasen[144 145].

Im Juni 1915 begann die Firma Castner Kellner auf Drängen des »War Office« ihre Flüssigchlorproduktion von 5 t pro Woche auf 30 t zu steigern. Später wurden die »United Alkali Company«, die in Gateshead, Widness und St. Helens Anlagen errichtete, und »Electro-Bleach« in Middlewich einbezogen.

Die maximalen Kapazitäten konnten jedoch nicht erreicht werden. Insgesamt lag die britische Produktion von Flüssigchlor in den Jahren 1915 bis 1918 bei 20 822 Tonnen[146].

Anfang 1916 besichtigten die Professoren William Jackson Pope und Percy Faraday Frankland auf Anordnung des Kriegsministeriums die englischen Gasdienstorganisationen (»Gas Service«) in England sowie Frankreich und empfahlen daraufhin eine engere Zusammenarbeit von Gasangriff und Gasschutz sowohl an der Front als auch in der Heimat. Sie schlugen vor, die Gesamtleitung einem erfahrenen organischen Chemiker zu übertragen[131].

Der Chef der Obersten Heeresleitung, Sir Douglas Haig (First Earl, Viscount of Darwick, Baron of Bemersyde, 1861–1928), entschloß sich, die Spezialkompanien zur »Special Brigade« auszubauen und erhielt am 25. Januar 1916 dazu die Vollmacht des Kriegsministeriums. Er stimmte der Vereinheitlichung im Heer zu und ernannte im März 1916 den Brigadegeneral der »Royal Engineers«, Henry Fleetwood Thuillier (Kommandeur der Ersatzbrigade der 1. Division beim Angriff von Loos), zum Chef des gesamten britischen Heeresgasdienstes (»Gas Service«). Dem im Großen Hauptquartier stationierten Thuillier unterstanden der Gasschutzdienst unter Oberst Stevenson Lyle Cummins (geb. 1873) vom »Royal Army Medical Corps«, der Gasangriffsdienst (die neuformierte »Special Brigade«), der von Colonel Foulkes geleitet wurde, und das Zentrallaboratorium der britischen Expeditionsstreitkräfte in St. Omer, später in Hesdin (Nordostfrankreich). Dieses leitete der vom »Royal College of Science« in South Kensington kommende Physiker Oberst Prof. William Watson (der 1919 an den Folgen der Kampfstoffarbeiten verstarb), unterstützt von dem am gleichen College tätigen Chemiker Prof. B. Mouat Jones als Stellvertreter[136].

Im Frühsommer wurden ferner drei Chemiker, Hamilton McCombie (1880–1962), Lesly John Barley (1890–1979) und der Oxforder Chemie-Dozent Harold Hartley (1878–1972), zum Captain ernannt und als »Army Chemical Adviser« in der 1., 2. und 3. Armee eingesetzt[147].

Foulkes, selbst kein Chemiker, war auf die Unterstützung seiner Gasoffiziere und des Nachrichtenoffiziers der Brigade, H. T. Adams (der die Effektivität der Blasangriffe stark überschätzte), angewiesen. Thuillier hielt sich in der Beurteilung zurück, war jedoch nach der Somme-Schlacht von der Wirksamkeit der Blasangriffe enttäuscht und setzte auf die neu entwickelten Stokes-Gasmörser-Bomben (oder Gas-Minen) und Livens-Projektile (vgl. S. 74). Im Juni 1917 ging er zurück in den aktiven Dienst und übernahm das Kommando der 15. Division[147].

Der ehrgeizige, inzwischen zum Oberst beförderte Foulkes wurde nun mit der

Führung des gesamten Heeresgasdienstes betraut. Etwa zur gleichen Zeit übernahm Harold Hartley die Funktion von Cummins im Gasschutz-Dienst.
Der engagierte Foulkes erreichte, daß England im Jahr 1918 etwa ein Drittel bis ein Fünftel aller Geschosse mit chemischen Kampfstoffen füllte[148 149].

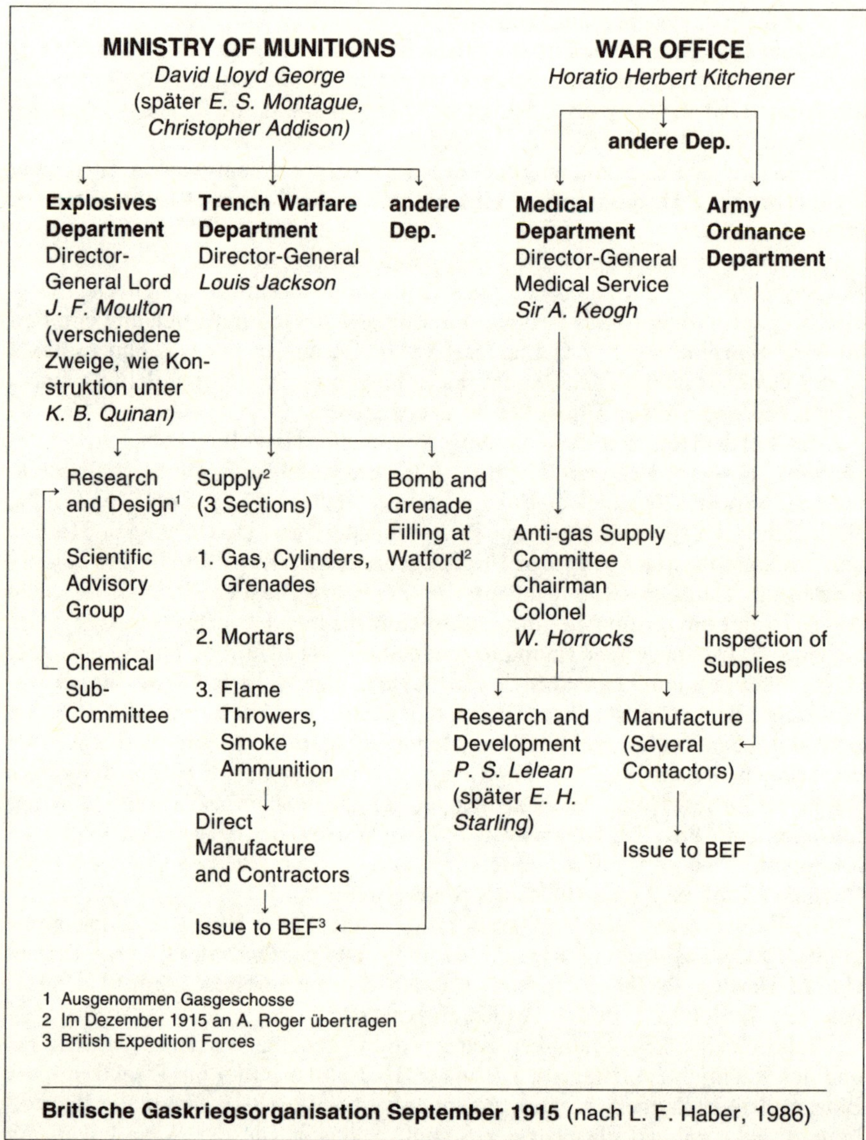

Britische Gaskriegsorganisation September 1915 (nach L. F. Haber, 1986)

In Porton bei Salisbury erwarb das Heer bereits im Januar 1916 ein ausgedehntes, 1200 Hektar umfassendes (später auf 2600 Hektar erweitertes) Gelände für Feldversuche und die Errichtung von kampfstoffchemischen Forschungslaboratorien, denen 1917 eine große Versuchstierfarm angeschlossen wurde. Die Feldversuche

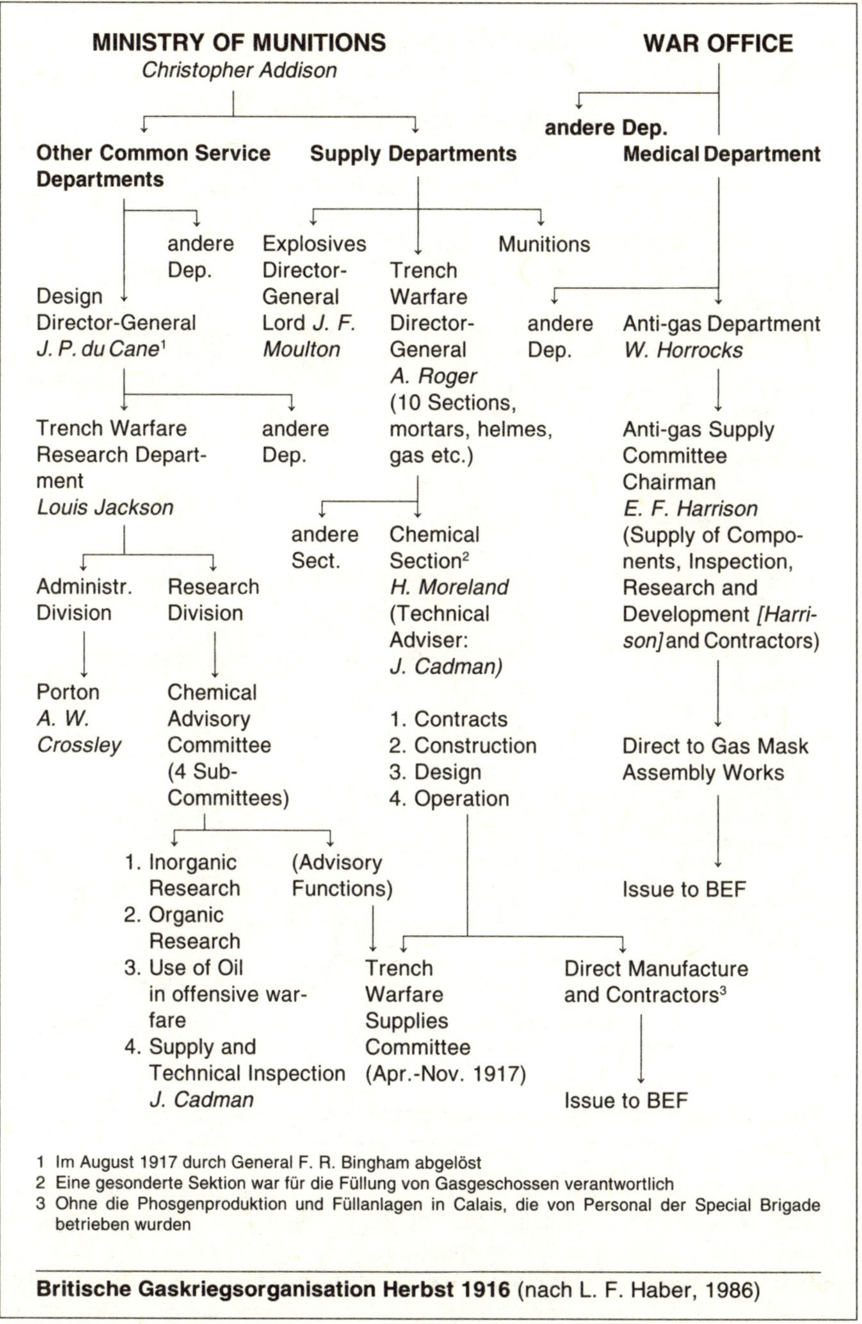

1 Im August 1917 durch General F. R. Bingham abgelöst
2 Eine gesonderte Sektion war für die Füllung von Gasgeschossen verantwortlich
3 Ohne die Phosgenproduktion und Füllanlagen in Calais, die von Personal der Special Brigade betrieben wurden

Britische Gaskriegsorganisation Herbst 1916 (nach L. F. Haber, 1986)

und die praktische Spezialausbildung leitete Oberst Crossley. Gegen Kriegsende waren in Porton etwa 1000 Wissenschaftler und Soldaten tätig, die von 500 zivilen Kräften unterstützt wurden.

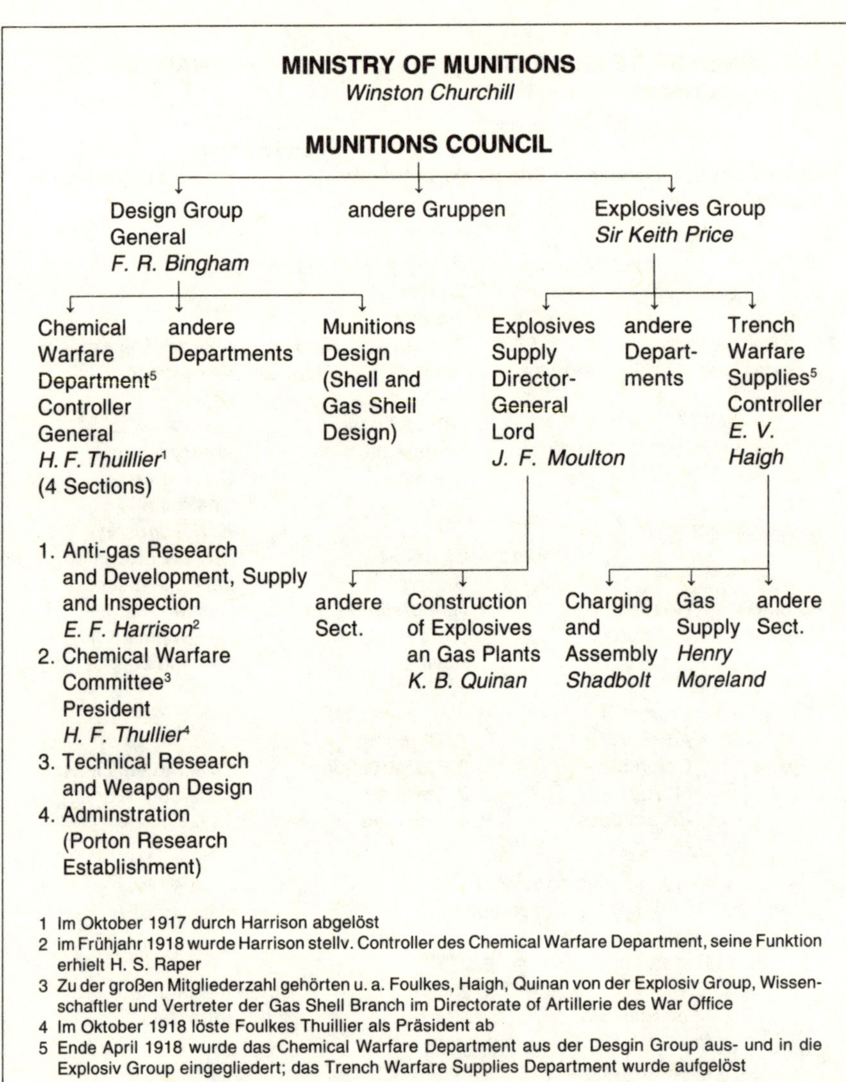

1 Im Oktober 1917 durch Harrison abgelöst
2 im Frühjahr 1918 wurde Harrison stellv. Controller des Chemical Warfare Department, seine Funktion erhielt H. S. Raper
3 Zu der großen Mitgliederzahl gehörten u. a. Foulkes, Haigh, Quinan von der Explosiv Group, Wissenschaftler und Vertreter der Gas Shell Branch im Directorate of Artillerie des War Office
4 Im Oktober 1918 löste Foulkes Thuillier als Präsident ab
5 Ende April 1918 wurde das Chemical Warfare Department aus der Desgin Group aus- und in die Explosiv Group eingegliedert; das Trench Warfare Supplies Department wurde aufgelöst

Britische Gaskriegsorganisation Ende 1917 (nach L. F. Haber, 1986)

Unter anderem wurden auch Leichen vergifteter Soldaten nach Porton gebracht, wo man sie eingehend untersuchte, die Schädigungen sorgfältigst in Bildern festhielt und sogar Ganzkörper-Konservierungen vornahm[148].

Auch Frankreich entwickelte nach dem deutschen Chlorangriff vielfältige Aktivitäten. Professor F. Heim erhielt den Auftrag, eine Gasschutz-Forschung aufzubauen. Dem Leiter des Bergwerks-Inspektorates Weiß übertrug man die Verantwortung für die Beschaffung von Atemschutz-Geräten.

Gleichzeitig wurde der Direktor der Pariser Polizeipräfektur, André Kling, beauftragt, eine unmittelbar dem Großen Hauptquartier unterstehende Expertenkommission zu bilden, um die gegnerischen Kampfstoffe aufzuklären und selbst geeignete neue Stoffe zu finden.

Mitte Juni 1915 gründete man eine, von Weiß geleitete interparlamentarische Kommission, die für das französische Kriegsministerium ein geeignetes Organisationschema zur Bewältigung der Aufgaben des Gaskrieges entwickeln sollte. Die Vorschläge kamen jedoch aufgrund von personellen Auseinandersetzungen im Ministerium und Einwänden des Militärs gegen einen zivilen Generaldirektor nicht zum Tragen[101].

Am 1. Juli 1915 wurde eine »Kommission für Materialbeschaffung und Fabrikation chemischer Kampfstoffe« berufen, die umgehend mit Vorversuchen zum Abblasen von Chlor und salzsäureabspaltenden Chloriden begann[145].

Da die vorhandene Aufsplitterung anscheinend nicht zufriedenstellend funktionierte, gründete das Kriegsministerium auf Initiative des für Waffen und Munition zuständigen sozialistischen Politikers Albert Thomas (1878–1932) im Juli den »Service du Matériel Chimique de Guerre«, zunächst unter Weiß. Bereits am 17. September 1915 wurde dieser durch General Ozil vom »Corps de Génie« abgelöst. Dieser Service vereinigte (ähnlich wie das britische »Chemical Warfare Department« Ende 1917) nun alle Aktivitäten des chemischen Krieges (Forschung und Entwicklung, Pilotanlagen und Produktion, Beschaffung und Verteilung). Die von Colonel (später General) Perret geleitete, für Forschung und Entwicklung zuständige Abteilung (»Inspection des Études et Expériences Chimiques«) koordinierte sämtliche diesbezügliche Aktivitäten. Perret stand gleichzeitig auch den beiden Forschungskommissionen (offensiv und defensiv) vor. Die eigentliche wissenschaftliche Seite vertraten dabei jedoch seine beiden Stellvertreter. Charles Moureu (1863–1929) vom »Collège de France« zeichnete für die offensiven Forschungs- und Entwicklungsarbeiten, Charles Achard (geb. 1860), Professor für klinische Medizin an der Sorbonne, für die defensiven verantwortlich. Das Sekretariat für beide Einrichtungen führte der Physiologe Prof. Émile Terroine (1882–1974). Die der Inspektion ebenfalls unterstehenden gerichtsmedizinischen Einrichtungen (»Centres Medicó-Legaux«; jede der drei Armeegruppen erhielt ein eignes mobiles forensisches Laboratorium) leitete Kling, der auch die Verbindungen der Forschungs- und Entwicklungsabteilung zum Großen Hauptquartier hielt. Dort war er in die Vorbereitung der Gasangriffe als chemischer Berater einbezogen.

Die Gruppen waren relativ klein, ihre Zusammenarbeit funktionierte recht gut, und alle in die Forschung integrierten, in ständigem Erfahrungsaustausch stehenden chemischen und pharmakologischen Laboratorien befanden sich in Paris. Besonders hervorzuheben sind dabei die Laboratorien der bekannten Chemiker Victor Auguste Francois Grignard (1871–1935), Paul Marie Alfred Lebeau (1868–1959) und André Mayer (1875–1956)[48]. Eine Reihe von medizinischen Einrichtungen, besonders das »Val-de-Grâce-Hospital«, betätigten sich in der Gasschutz-Forschung und -Ausbildung[137].

Im Jahre 1918 waren schließlich die chemischen, physiologischen und pathologischen Departments von 16 medizinischen Schulen, Instituten sowie Universitäten in die kampfstoffchemischen Arbeiten einbezogen[137].

Im Herbst 1916 wurde die Waffenversorgung aus dem Kriegsministerium ausgegliedert und einem eigenen Rüstungsministerium (»Ministère de l'Armement«) unter Thomas (später Louis Loucheur) übertragen[101].

Die Organisation der Forschung und Entwicklung blieb von 1915 bis 1918 im wesentlichen unverändert. Von Ludwig F. Haber[150] wird diese jedoch als insgesamt konventionell, mittelmäßig und für von außen kommende Anregungen wenig zugänglich eingeschätzt, was er vor allem auf das Fehlen einflußreicher, kraftvoller (powerful) Wissenschaftler zurückführt. So zeigte die Entwicklung einer Gasmaske bis zur Übernahme der deutschen Konstruktion im wesentlichen keine durchschlagende Erfolge. Lange Zeit hielt man auch an Kampfstoffen fest, deren feldmäßiger Einsatz sich als unbrauchbar erwiesen hatte (z. B. Blausäure und Acrolein).

Im Frühjahr 1915 verfügte Frankreich (neben Chloraceton, vgl. S. 9) lediglich über ausreichende Mengen des 1873 von Heinrich Bernhard Rathke (1840–1923) entdeckten reizerregenden Perchlormethylmercaptans (aus Chlor und Kohlenstoffdisulfid leicht herstellbar), das in Granaten abgefüllt und im September 1915 in der Champagne mit wenig Erfolg eingesetzt wurde.

In den folgenden Monaten dachte man auch an die Nutzung von Arsenwasserstoff (Calciumarsenid/Salzsäure), Phosphorwasserstoff und Schwefelwasserstoff, mußte diese Pläne aus Kostengründen und wegen der zu erwartenden hohen Flüchtigkeit, d. h. zu niedriger Gefechtskonzentrationen, wieder aufgegeben[145]. Lediglich Schwefelwasserstoff wurde später einige wenige Male probeweise abgeblasen. Auch das von den Briten verworfene Acrolein nutzte man zeitweilig, wenn auch ohne große Wirkung, als Füllmittel für Handgranaten, nachdem der Chemiker Charles Moureu einen geeigneten Stabilisator vorgeschlagen hatte[151].

Mit der Einrichtung des »Service du Matériel Chimique de Guerre« begann man in Zuständigkeit der für die Kampfstoffherstellung verantwortlichen Abteilung »Technique et Industrielle« ferner, in Vincennes eine erste spezielle Füllanlage für Reizgasmunition zu errichten. Erprobungen von Chloraceton-Granaten und anderen Kampfstoffen fanden später in Vincennes, Satory, Fontainebleau und Entressen statt. Als Standort des Hauptarsenals wählte man Aubervilliers, einen Vorort von Paris. Dort entstand im weiteren Kriegsverlauf auch eine Munitionsfüllanstalt für die tödlichen Giftstoffe Phosgen und Blausäure sowie Yperit.

Die französischen Gasmunitions-Füllanstalten lieferten vom 1. Juli 1915 bis zum 11. November 1918 insgesamt etwa 17 Millionen Kampfstoff-Geschosse. Nach dem Dijoner Pharmakologen Professor André Meyer (geb. 1883) wurden 13 193 000 Granaten vom Kaliber 7,5 cm und 3 930 000 größerer Kaliber gefüllt, dazu 1 140 000 Gashandgranaten[152].

Vor dem Krieg verfügte Frankreich lediglich über zwei Chlor produzierende Fabriken mit einer Gesamtkapazität von 5 t pro Tag, während Anlagen zur Verflüssigung überhaupt nicht existierten. In einem ersten, im August 1915 beschlossenen Chlorprogramm wurden im Südwesten Frankreichs mit britischer Unterstützung etwa sechs Werke mit einer täglichen Gesamtkapazität von 30 t Flüssigchlor errichtet. Weitere Betriebe entstanden im Frühjahr 1916 und im Jahr 1917, mit denen man schließlich über eine theoretische Maximalkapazität von 50 Tagestonnen verfügte, die jedoch nicht annähernd erreicht wurde.

Die geschätzte Gesamtproduktion Frankreichs an Flüssigchlor lag 1915 bei 2600 t, 1917 bei 5800 t und 1918 bei 4100 t. Die größten Betriebe waren »Chlor Liquid« in Pont-de-Claix (bei Grenoble), »Electro-Chimie« bei Plombièrs in

MINISTÈRE DE LA GUERRE 1915–1916
Alexandre Millerand (1859–1943)

MINISTÈRE DE L'ARMEMENT 1916–1919
Albert Thomas, später *Louis Loucheur*
(zahlreiche Directions Générales für Waffen, Munition, Grabenkriegs-Versorgung, Giftgase etc.)

DIRECTION DU MATÉRIEL CHIMIQUE DE GUERRE (DMCG)*
General *Ozil*

INSPECTION DES ÉTUDES ET EXPÉRIENCES CHIMIQUES (IEEC) General *Perret*	SECTION TECHNIQUE ET INDUSTRIELLE DU DMCG *Cuvelette* (später *Bollaert*) (5 Gruppen)	ÉTABLISSEMENT CENTRAL DU DMCG *Papon* (3 Gruppen)
1. Forschung und Entwicklung – offensiv	1. Neuentwicklungen	1. Einkauf und Bevorratung von offensiven und defensiven Materialien
2. Forschung und Entwicklung – defensiv einschl. Gasschutzausbildung und Gasmaskeninspektion	2. Planung/Konstruktion	2. Qualitätskontrolle[2]
3. Centres Medicó-Legaux[1]	3. Fabrikbau	3. Verteilung an die Armeen
	4. Prozeßtechnik/Pilotanlagen	
	5. Herstellung von Gasen[2] (eingeteilt in 4 Zweige)	

* Ein spezielles Geschoß-Füllungs-Department war für die Gasgeschosse und die Füllarbeiten in Vincennes und Aubervilliers verantwortlich
1 Kling hielt die Verbindung zwischen IEEC und Großem Hauptquartier
2 Mit lokalen Einrichtungen in Lyon, Grenoble und Marseille

Die französische Gaskriegsorganisation 1915–1918 (nach L. F. Haber, 1986)

Savoy und »Produits Chimiques d'Alais et Camargue« bei St. Auban in den südlichen Alpen[153].

Die französischen Chlor-Blasangriffe der im Dezember 1915 aufgestellten und rasch von drei auf sechs (später neun) Kompanien angewachsenen »Compagnies Z« unter der Führung ihres Kommandeurs, Oberstleutnant Soulie, konnten erst im Februar 1916 (erster Angriff am 15. Februar bei Reims) begonnen werden. Nach Jules Poirier erfolgten im weiteren Kriegsverlauf durchschnittlich 50 derartige Angriffe pro Monat, bei denen 12 000 Tonnen Kampfstoff verbraucht wurden (nach André Meyer sollen etwa 300 000 Blasflaschen gefüllt worden sein, Dimensionen, die nicht sehr wahrscheinlich sind; R. Hanslian berichtet lediglich von insgesamt 20 französischen Blasangriffen; Ludwig F. Haber konnte gar nur etwa zehn derartige Angriffe nachweisen)[152 154].

Auf französischer Seite wurden dem Chlor wechselnde Anteile Zinntetrachlorid oder Arsentrichlorid zugesetzt. Auch Mischungen mit Phosgen kamen zum Einsatz.

Im Jahr 1916 erprobten die Franzosen zweimal das Verblasen eines Gemisches aus 90 % Schwefelwasserstoff und 10 % Schwefelkohlenstoff (Deckname NG_2), das jedoch wegen seiner leichten Entflammbarkeit nicht als Kampfstoff eingeführt wurde.

Auch auf dem Gebiet der Verbesserung des Gasschutzes wurde in Frankreich angestrengt gearbeitet und die verschiedensten chemischen Schutzmittel (wie Natriumphenolat, Natriumsulfanilat) erprobt. Am 25. Oktober 1916 führte man auf Vorschlag Lebeaus eine Mischung aus Urotropin und Natriumsulfanilat ein[145] (nach russischen Angaben[48] soll diese Entdeckung von den Russen übernommen worden sein). In allen Armeen, Corps und Divisionen wurden im Winter 1916/17 »Officiers ZP« eingesetzt, deren Aufgabe in der Einführung und Instandhaltung der Gasschutzgeräte sowie einer entsprechenden technischen und wissenschaftlichen Beratung der Kommandeure bestand[155].

An der Ostfront war der deutsche Gaseinsatz ebenfalls angelaufen, und **das zaristische Rußland unternahm alle Anstrengungen, um eigene Giftstoffe entgegensetzen zu können.** Zur Produktion von Kampfstoffen und zur Chlorverflüssigung war man allerdings zunächst auf die Hilfe der Briten und Franzosen angewiesen, ebenso beim Gasschutz (so lieferte Großbritannien im Laufe des Sommers 1916 mehrere hunderttausend P.H.-Helme[156]). Organisator der aufzubauenden russischen Kampfstoffproduktion im neu geschaffenen »Chemischen Komitee« der Artilleriehauptverwaltung wurde Professor Wladimir Ipatieff (1867–1952), der sich vor allem um die Schaffung von Produktionskapazitäten für Chlor, Phosgen und Chlorpikrin kümmerte. (Die im Laufe des Krieges zum Einsatz gekommenen hocheffektiven Lost- und Arsinkampfstoffe konnte die russische chemische Industrie jedoch bis Kriegsende nicht bereitstellen.) Gleichzeitig zeichnete er aber auch für Explosivstoffe, pyrotechnische Erzeugnisse, erforderliche Chemikalien und Gasschutzgeräte verantwortlich.

Die Untersuchungen zu den Möglichkeiten des chemischen Angriffes und Schutzes wurden vor allem in den »Wissenschaftlich-technischen Laboratorien der Heeresleitung« und den Hochschullaboratorien von Petrograd sowie im Moskauer »Semgor-Laboratorium« durchgeführt.

Zum Zentrum der Gasschutz-Forschung entwickelte sich die Anti-Gas-Sektion der klinischen »Helenen-Institute« in Petrograd unter Professor Witalij Grigorjewitsch Chlopin.

In der Gasschutzausbildung wirkte als führender Experte besonders Prof. Wladimir Konstantinowitsch Arkadiew (1884–1953).

Militärisch Verantwortlicher des Gaskrieges in der russischen Armeeführung war der Subchef der Wissenschaftlich-technischen Laboratorien der Heeresleitung, General I. A. Krylow, und nach dessen Unfalltod Oberst A. A. Dscherschkowych[48].

Als Leiter des mobilen Hauptlaboratoriums an der russischen Front betätigte sich Prof. Nikolai Alexandrowitsch Schilow (1872–1930).

Die ersten größeren Chlorblasangriffe gelangen Rußland am 5./6. September bei Smorgon und am 24./25. Oktober 1916 bei Kunilowo (unbedeutende versuchsweise Einsätze erfolgten schon um den 24.–26. Mai 1916 bei Baranowitschi), wo zur gleichen Zeit auch die ersten russischen 7,6-cm-Phosgen-Granaten verschossen wurden[143].

Der gegen Kriegsende wichtigste russische Kampfstoff, das Phosgen, wurde unter der organisatorischen Leitung von Professor Eugen I. Spitalsky (gest. 1931) bei Iwanowo-Woskresenks, Moskau, Kasan und Beresniki hergestellt.

Insgesamt verliefen die russischen Aktivitäten jedoch schlecht organisiert, teilweise chaotisch. Die Zuständigkeiten waren nicht klar abgegrenzt. Verschiedene Dienststellen arbeiteten sogar gegeneinander, was sich beispielsweise bei der Einführung einer einheitlichen Gasmaske bemerkbar machte. Im Sommer 1915 hatten Professor Nikolai Dimitrijewitsch Zelinsky (1861–1953) und der Ingenieur E. L. Kumant eine Gummimaske mit Filtereinsatz entwickelt, die vermutlich wegen Differenzen um die profitablen Patentrechte nur gegen Widerstände breiteren Einsatz in der zaristischen Armee fand, leider aber auch nur unzureichenden Schutz bot. Im Frühjahr 1917 beschloß das chemische Komitee die Einführung des ein Jahr zuvor von Josef Fürst Awaloff entwickelten Schutzfilters mit getrenntem Einlaß- und Auslaßventil, der eine bedeutend leichtere Atmung ermöglichte[157].

In **Italien** wies der Chemiker Prof. Icilio Guareschi (1847–1918) am 14. Juni 1915 in einem Vortrag vor der »Associazone Chimica Industriale« in Turin auf die immer dringlicher werdende Notwendigkeit des individuellen Gasschutzes hin und lenkte die Aufmerksamkeit seiner Zuhörer bereits auf das Phosgen. Als entgiftungswirksame chemische Stoffe sah er Natriumthiosulfat und Natronkalk (den Engländer und Amerikaner später in ihren Filtereinsätze verwendeten) an und nannte Kokosnußholzkohle als wirksames Adsorptionsmittel. Bei Kriegseintritt verfügte Italien über einen von Frau Bianca Snetta-Bordoli entwickelten primitiven individuellen Gasschutz, bestehend aus zehn mit Natrium- und Kaliumcarbonat-Lösung getränkten Mullschichten. Nach den ersten Gasangriffen erwies sich dieser den nassen Atemschützern der Deutschen und Allierten ähnliche Mundschutz als untauglich. Eine von Guareschi und seinem Sohn entwickelte Maske wurde aufgrund ihres Gewichtes abgelehnt, und man wandte sich daraufhin den französischen, später den englischen Masken zu.

Am 4. August 1915 versammelte sich zum ersten Mal in Italien eine »Studienkommission für die etwaige Einführung der Verwendung erstickender Gase« unter dem Präsidium des »Vorstandes für Waffen und Munition«. Ihr gehörten Vizeadmiral Bertolini, Generalleutnant Vitelli, die Generalärzte Sforza und Rho, die Senatoren und Chemiker Emanuele Paternò di Sessa (1847–1935) und Giacomo Ciamician (1857–1922), die Chemieprofessoren Arnaldo Piutti (1857–1928), Alberto Peratoner (1862–1925), Ettore Molinari (1867–1926), der Pharmakologe Prof. Leone Pesci (1852–1917), der Physiologe Prof. Bartolomeo Gosio (geb. 1863), der Mediziner Prof. Dante de Blasi (geb. 1873) sowie der Ingenieur Cattaneo an. Im Juni 1916 erfolgte eine Reorganisation und die Bildung eines »Amtes für kriegschemisches Material«. Als Berater für die speziellen chemischen Fragen wurden nun auch die Chemieprofessoren Arturo Miolati (geb. 1869), Vittorio Villavecchia (geb. 1859), Felice Garelli (1869–1936), Luigi Francesconi (1864–1939), Nicola Parravano (1883–1938), Angelo Menozzi (1854–1947) und Marussia Bakunin (1873–1960) herangezogen[158].

Senator Prof. Paternò di Sessa und Prof. Villavecchia sollen dabei besonderen Anteil an der Einrichtung eines kriegschemischen Dienstes gehabt haben[145]. Des weiteren wurde von der Obersten Heeresleitung eine »Sanitätsinspektions-Kommission« bestellt, der Oberstabsarzt Prof. Testi und Senator Prof. Alessandro Lustig (1857–1937) angehörten, sowie eine »Chemische Kommission« mit eigenem »Technischen Amt« unter Leitung des Obersten und Ingenieurs L. Penna. Mit der Einrichtung eines gesonderten »Ministeriums für Waffen und Munition« wurde das »Amt für kriegschemisches Material« zum »Servizio« erhoben und eine Reihe von Kommissionen gegründet.

Prof. Paternó di Sessa leitete die »Kommission für eigene Gasuntersuchungen« und die »Kommission zur Verbindung mit den verbündeten Nationen«, Prof. Angelo Angeli (1864–1931) die »Kommission zum Studium von Schutzmasken«, Prof. Matteo Spica (1863–1924) die »Kommission für chemische Untersuchungen der vom Gegner verwendeten Gase und Schutzmittel« und Prof. Ciamician die »Wissenschaftliche Inspektions-Kommission für die Herstellung chemischer Kriegsmaterialien«.

Die Beaufsichtigung der Kampfstoffe (Chlor, Chlorpikrin, Chlorcyan, Phosgen, Bromaceton, Benzyljodid; gegen Kriegsende auch Yperit) produzierenden Werke oblag Stabsarzt Prof. Simonetti.

Als wesentlichste italienische Produktionsbetriebe für Kampfstoffe sind zu nennen: Società Elettrochimica Italiana in Bussi, Stabiliomento Ing. Vitale in Rumianca, Società Italiana prodotti azotati in Piano d'Orte, Società Elettrochimica Pomilio in Neapel, Stabilimenti del Caffaro nel Bresciano, Società del cloruro di calce in Collestatte und das Pharmazeutisch-toxikologisch-chemische Institut der Universität Neapel, das unter der Leitung von Arnaldo Piutti mit der Produktion größerer Mengen Chlorpikrin begann[158].

Bereits im Mai 1915 forderte auch der Präsident der amerikanischen »Academy of Sciences«, George Ellery Hale (1868–1938), den U.S.-Präsidenten Woodrow Wilson (1856–1924) auf, die amerikanische Wissenschaft »in den Kriegszustand« zu versetzen. Im Juli 1916 gründete Wilson auf Vorschlag Hales innerhalb der »National Academy of Sciences« das »National Research Council«, eine etwa dem britischen »War Committee« entsprechende Einrichtung. Im August des gleichen Jahres besuchte Hale zu Konsultationen seine britischen Partner, und gegen Jahresende – vier Monate vor dem offiziellen Kriegseintritt Amerikas – rief das »Council«[28] untergeordnete Fachkomitees ins Leben.

Im Februar 1917 teilte der Direktor des »U.S. Bureau of Mines«, V. H. Manning, dem »National Research Council« mit, daß seine Einrichtung Erfahrungen im Umgang mit toxischen Gasen und entsprechenden Schutzmitteln besäße. Wenig später erhielt er daher den Auftrag zur Organisation der Gasschutz-Forschung. Im April 1917 begann man mit der Entwicklung einer Gasmaske, die allerdings im Test versagte, so daß auf den britischen »Small Box Respirator« zurückgegriffen wurde.

Auch die Kontrolle über die offensiven Entwicklungen und die Pilotproduktion von Kampfstoffen wurde von Manning und seinen Mitarbeitern übernommen, verbunden mit weiteren personellen Aufstockungen. Dabei entschied man sich, zunächst nur Phosgen, Chlorpikrin, Blausäure und Xylylbromid zu produzieren. Die Tätigkeit des »Bureaus« war jedoch schwerfällig und wenig originell. Dies verbesserte sich erst, als man ab Mitte 1917 die »American University« in Washington übernahm und zu einem Spezialzentrum der Chemiewaffen-Forschung ausbaute. Schrittweise wurden die bis dato auf über 30 Laboratorien (besonders Universitäten) verteilten Arbeiten, an denen bis zu 2000 Personen beteiligt waren, in das neue Zentrum überführt[100 137].

In den folgenden Monaten kam es jedoch zu Auseinandersetzungen mit der Armee über die Zuordnung der Kampfstoff-Forschung. Diese dauerten an, bis Präsident Wilson im Juni 1918 den selbständigen »Chemical Warfare Service« gründete.

Junge Chemiker, die sich im militärischen Bereich engagiert hatten, erfuhren eine besondere Förderung[100]. So wurde James Bryant Conant (1893–1978), als junger Chemiker Offizier des »Chemical Warfare Service«, bereits 1919, mit 26 Jahren Professor in Harvard, später (1933) Präsident der »Harvard University«.

Ebenfalls Anfang 1917 begab sich der Physiker Joseph Ames (1864–1943) von der John-Hopkins-Universität in Hales Auftrag auf eine viermonatige Tour nach London, Paris und Rom. Am 5. April, einen Tag vor der offiziellen Kriegserklärung, sicherte Hale den Alliierten die Hilfe der amerikanischen Wissenschaft zu, deren Potential enorm war. So zählte die »American Chemical Society« im Juli 1917 14 500 nationale Mitglieder, während das Innenministerium im September 7500 Chemiker im Montanbereich und 15 000 in der chemischen Industrie ermittelte[100].

Unmittelbar nach dem Eintritt in den Krieg, am 6. April 1917, entsandten die USA als Chemiker ausgebildete Spezialoffiziere nach Europa, die bei Chaumont (Haute Marne) das Chemiewaffen-Versuchsfeld »Hanlon Field« einrichteten, ergänzt durch das Forschungslabor Puteaux. Bald erkannte man jedoch, daß dies für die amerikanischen Gaskriegsbedürfnisse nicht ausreichte und an eine Vervielfachung der französischen Kampfstoffproduktion zur Bereitstellung von Gaswaffen für die Amerikaner, worauf man zunächst gesetzt hatte, nicht zu denken war.

Man begann daher in den USA bei Lakehurst (NJ) mit der Erschließung eines entsprechenden Versuchsfeldes (Proving Ground).

Mit gewaltigem finanziellen und materiellen Aufwand errichtete man ferner bei Baltimore das »Edgewood Arsenal«. Die Anfangskosten beliefen sich auf 35,5 Millionen Dollar. Die Entscheidung fiel im Dezember 1917, die erste Elektrolysezelle zur Chlorgewinnung nahm am 11. Mai 1918 ihre Produktion auf, drei Monate später folgten die größte Elektrolyseanlage Amerikas sowie die ersten Produktionseinrichtungen für Phosgen und Chlorpikrin. Unter Leitung Conants liefen Ende Mai/Anfang Juni Batch-Versuche zur Senfgasgewinnung, im August startete die reguläre Produktion. Gegen Kriegsende waren in Edgewood etwa 1200 Chemiker und Ingenieure sowie 700 Assistenten tätig und hatten etwa 4000 Substanzen auf ihre Brauchbarkeit als Kampfstoffe untersucht. Auf dem Gelände befanden sich 218 Produktionshallen, 79 weitere feste Gebäude, 18 km Hochspannungsleitungen, 45 km Schienen und 24 km Straßen[159]. Zu diesem Zeitpunkt lag der Ausstoß der Produktionsanlagen in Edgewood pro Tag bei 27 Tonnen Flüssigchlor, 27,5 Tonnen Chlorpikrin, 16 Tonnen Phosgen und 10 Tonnen Yperit[160] (nach anderen Angaben sogar 25 t[161]).

Die monatliche Abfüllkapazität für Kampfstoffmunition betrug 4 bis 6 Millionen Stück Munitionseinheiten. Im frühen Herbst 1918 arbeiteten auf dem Edgewood-Gelände insgesamt etwa 10 000 Menschen. Es wurde geleitet von dem vormals am »Massachusetts Institute of Technology« als Professor für chemische Technologie beschäftigten Colonel W. H. Walker[160].

In den Vereinigten Staaten hatte sich ein akademisch–industriell–militärischer Komplex formiert.

Im August/September 1917 begannen Soldaten vom 31. Ingenieur-Regiment mit einer intensiven Gasausbildung. Sie stellten wenige Monate später das 1. Gasregiment, das zum weiteren Training nach Frankreich gebracht und ab Frühjahr 1918 zur Unterstützung der britischen »Special Brigade« herangezogen wurde. Bei voller Stärke erreichten die unter dem Kommando von Colonel E. J. Atkinson an der Front eingesetzten sechs Kompanien 1800 Mann. Für die geplante Frühjahrsoffensive 1919 beabsichtigten die USA den Einsatz eines »Chemical Corps« aus drei chemischen Regimentern zu je 18 Kompanien.

Im Juni 1918 gründete Präsident Wilson als autonome Einrichtung der U.S.-Streitkräfte den »Chemical Warfare Service« (CWS), der von nun an für alle kriegschemischen Aktivitäten (Forschung und Entwicklung, Herstellung, chemische Truppen) verantwortlich zeichnete. Erster Chef des CWS wurde der General der Ingenieurtruppen W. L. Sibert (1860–1935), Leiter der Forschungsabteilung der vom »Bureau of Mines« kommende Chemiker Georg Arthur Burrell (1882–1957), Befehlshaber des »Chemical Corps« und Verantwortlicher für den chemischen Krieg Oberst Amos Alfred Fries (geb. 1873). Besonders letzterer drängte darauf, jede zweite amerikanische Granate mit chemischen Kampfstoffen zu füllen[145].

Auch Oberst Harry L. Gilchrist, ab Dezember 1917 ärztlicher Direktor des Gasdienstes (später Leiter des Sanitätsdienstes und der medizinischen Forschung des CWS und schließlich des gesamten Dienstes), wirkte als eifriger Verfechter des angeblich humanen Gaskampfes.

Dennoch waren die USA an der europäischen Front zunächst auf britische Respiratoren, französische Gasgeschosse sowie Giftstoffe beider Alliierter angewiesen. Erst gegen Kriegsende (Oktober/November) erreichten eigene amerikanische Giftstoffe und Kampfstoffgeschosse die Front.

Bereits ab Mitte 1916 hatten die Westalliierten verstärkte Anstrengungen zur Koordinierung und Zusammenarbeit auch auf dem Kampfstoffsektor unternommen. Im August entsandten die Engländer Hauptmann Victor Lefebure (den späteren Verfasser des Buches »The Riddle of the Rhine«, London 1921) von der »Special Brigade« als Verbindungsoffizier nach Paris, wo ein »Interalliiertes kriegschemisches Verproviantierungskomittee« gegründet wurde. Am 28. und 29. Mai 1917 tagte in der französischen Hauptstadt die erste englisch-französische Konferenz zu Fragen der physiologischen Wirkung von Kampfstoffen, ihres feldmäßigen Einsatzes und zum Schutz der vordersten Linien. Vom 17. bis 19. September trat die zweite Konferenz zusammen, an der nun auch die USA und Italien beteiligt waren. Ein ständiges Sekretariat wurde eingerichtet, dem Émile Terroine für Frankreich, Major Victor Lefebure für Großbritannien, Hauptmann Renard für Belgien sowie Oberstleutnant Joaquin Enrique Zanetti (geb. 1885) für die USA angehörten und das im März und Oktober 1918 zwei weitere Konferenzen organisierte.

Im Januar 1918 entstand eine weitere spezielle Dienststelle, das »Comité des Fabrications Chimiques« aus Vertretern Frankreichs, Englands, der USA und Italiens, die allein für die Produktion und Lieferung der von den Alliierten benötigten Kampfstoffe zuständig war. Ihre Leitung hatte zunächst der französische Rüstungsminister Louis Loucheur, später übernahm sie General Ozil. Auf den ersten beiden, im März und Mai stattgefundenen, unter Ozils Leitung stehenden Zusammenkünften der Alliierten wurde Frankreich von den englischen Vertretern E. V. Haigh, W. J. Pope und H. Moreland die Lieferung von Chlorkalk und Chlor zugesagt, während Großbritannien Phosgen und später auch Yperit erhalten sollte. Fries versprach für die USA die Lieferung von Tetrachlormethan, das die Franzosen als Lösungsmittel für die Yperitproduktion benötigten[162].

Dieser Austausch hatte Tradition. Der sich in Frankreich bemerkbar machende Chlormangel führte bereits im März 1916 zu einem Abkommen mit Großbritannien, nach dem Frankreich mit Chlor beliefert wurde, während England dringend benötigten Phosphor erhielt. Zur möglichst raschen Verarbeitung des angelieferten Chlors zu Phosgen errichtete man in Calais eine entsprechende Fabrik, die auch die britischen Expeditionsstreitkräfte versorgte[145].

Tödliche Giftstoffe und neue Einsatztechniken

Zu den Grundsätzen der deutschen Kampfstoffentwicklung, vor allem nach der Einführung von Gasmasken auf allen kriegführenden Seiten, äußerte sich Haber später vor dem parlamentarischen Untersuchungsausschuß des Deutschen Reichstages:

»Das erste Auftreten eines Reizes gab nunmehr Anlaß zur Anlegung des Gasschutzgerätes. Die Auswahl des Kampfstoffes mußte darum so getroffen werden, daß er entweder durch die Maske hindurchging oder in seiner Reizwirkung unaufdringlich war, so daß die Maske erst verspätet angelegt wurde. Die zweite Möglichkeit war leichter als die erste zu verwirklichen. Deswegen wurden die Stoffe mit vordringlicher Reizwirkung mehr und mehr verlassen. Die natürliche Folge war, daß die Giftwirkung in den Vordergrund trat. Waffentechnisch nahm die Entwicklung einen Gang, bei dem die Artillerie mit ihren Gasgeschossen immer mehr zur Hauptwaffe wurde. Auf dem Gebiete der Nahkampfwaffen traten die abgeblasenen Wolken allmählich zurück. An ihrer Stelle entwickelte sich die Gaswerfertechnik . . .[163]*.«*

Im allgemeinen bestand dabei die deutsche Taktik darin, in möglichst kurzer Zeit sehr hohe Gaskonzentrationen zu erreichen. Man versuchte dies durch den Gasüberfall (schlagartiger Einsatz großer Mengen Gasmunition auf einen bestimmten Punkt) und das Schwadenschießen (größere Zielfläche) zu erreichen.

Die alliierte Taktik begnügte sich häufig mit geringeren Gaskonzentrationen, hielt diese aber über lange Zeiträume (teilweise mehrere Tage) aufrecht, so daß der Gegner, zu andauerndem Gasschutz gezwungen, seelisch und physisch zermürbt wurde.

Das von deutscher Seite 1917 eingeführte sogenannte Vergiftungsschießen mit Gelbkreuz (keine Gasbrisanzgeschosse; vgl. S. 79), sollte durch gezieltes Feuer nicht betretbare Räume schaffen, was an den Flanken und für Rückzugsgefechte von Bedeutung war.

In den Kriegsjahren 1915/1916 brachten die Franzosen ohne großen Erfolg mit Chlorsulfonsäureethylester (Ethylschwefelsäurechlorid; teilweise gemischt mit Bromaceton), Perchlormethylmercaptan, Benzylchlorid und -jodid, Acrolein sowie Gemischen aus Chlor- oder Jodaceton mit Zinntetrachlorid gefüllte Granaten und Minen zum Verschuß.

Einsatzbereit waren ferner die Spezialgranaten 4 und 5, die mit Blausäure (1782 von Carl Wilhelm Scheele, 1742–1786, entdeckt) bzw. Phosgen (1812 von Humphry Davy, 1778–1829, entdeckt) gefüllt waren. Die französische Regierung zögerte aufgrund der hohen Giftigkeit der Kampfstoffe und der fehlenden Splitterwirkung jedoch mit der Freigabe (auch der britische Gasdienst unter Foulkes drängte darauf, so lange zu warten, bis England militärisch ausreichende Phosgenmengen zur Verfügung hätte; man befürchtete ansonsten, wie sich zeigte nicht grundlos, eine rasche Verbesserung des deutschen Gasschutzes).

In der blutigen Schlacht von Verdun erzwang das Oberkommando am 21. Februar 1916 die Genehmigung zum Einsatz der Phosgengranate (grüner Anstrich und Kennzeichen »Aub« für Aubervilliers), die bei einem Kaliber von

7,5 cm 0,75 Kilogramm des Kampfstoffes enthielt, der sich durch eine relativ hohe Latenzzeit auszeichnet[164].

Französische Produzenten dieses Kampfstoffes waren die Firmen »Poulenc Frères« und »Accumulateur Alcalin«. Das Phosgenwerk der Firma »G. de Laire« in Calais, das pro Tag maximal 8 t produzierte, belieferte auch die britischen Expeditionsstreitkräfte. 1916 eröffnete die Firma einen weiteren Betrieb in Pont-de-Claix und verfügte Ende 1917 über sieben oder acht Werke mit einer Gesamtkapazität von 22 Tagestonnen. Erweiterungen in Pont-de-Claix erlaubten im August 1918 schließlich eine maximale Tagesproduktion von 39 t[165] (vgl. auch S. 73).

Auf Vorschlag der Chemiker Alfred Lebeau und Georges Urbain (1872–1938) verwendete man Mischungen aus Phosgen und Zinntetrachlorid bzw. Arsentrichlorid[145]. Von den auch als Nebelstoffe bekannten Zinn-, Titan- und Arsenchloriden, die verschiedenen Kampfstoffen zugemischt wurden, versprach man sich durch Nebelbildung eine effektivere und stabilere Gaswolke sowie eine stärker maskendurchdringende Wirkung (vgl. Maskenbrecher S. 76)[26].

Der Haberschen Abteilung im Kriegsministerium soll die Existenz der Phosgengranaten seit Januar bekannt gewesen sein, weshalb auch verstärkt versucht wurde, die deutschen Truppen vor Verdun mit dem von Richard Willstätter entwickelten, dieses Gas effektiv bindenden Dreischichteneinsatz auszurüsten und eine entsprechende Gegenwaffe zu entwickeln[164].

Nach dem ersten Angriff soll unter den Ärzten des deutschen Hauptverbandsplatzes in der Moulin de Belaine bei Dannevoux dennoch große Unsicherheit geherrscht haben. Soldaten, denen es noch am Abend gut gegangen war, starben während der Nacht unter schweren Erstickungsanfällen. Weniger Betroffene mutmaßten, daß es sich um die Folgen von Giftgas gehandelt habe, denn kleinkalibrige französische Granaten seien in der Nähe mit schwachem Knall (es handelte sich erstmals um keine Gasbrisanzgranaten; lediglich zur Zerlegung der Hülle wurden 20 g Pikrinsäure aufgewendet, d. A.) und unter Abgabe eines leichten Nebels eingeschlagen. Da infolge der relativ niedrigen Konzentrationen akute Wirkungen kaum zu spüren waren, hatte man diese nicht sonderlich beachtet. Teilweise verschossen die Franzosen die Phosgengranaten auch gemeinsam mit den bekannten Tränengas-Minen, deren relative Harmlosigkeit die Soldaten bereits kannten, sowie konventioneller Brisanzmunition, um die Gefährlichkeit des Angriffs zu verschleiern.

Die umgehende Obduktion von 18 Getöteten durch den Chefpathologen der deutschen Truppe zeigte Schleimhautverätzungen der Atemwege, bräunliche Verfärbungen der Lungen mit herdförmigen Zerstörungen, starke Vergrößerung der Lungen mit Ödemen in den unteren Bezirken und Emphyseme in den oberen Bezirken. Zusammen mit dem verzögerten Wirkungseintritt nach Aufnahme relativ geringer Konzentrationen konnte eindeutig auf eine Vergiftung durch Phosgen geschlossen werden[164].

Der Arzt des 35. Gaspionierregiments, Alfred Schroth, beschreibt die Wirkungen eines Phosgenangriffs anschaulich in seinem Büchlein »Gas im Graben«:

»Alle jene Fälle aber, die wir zwei oder drei Stunden nach dem Angriff in Stellung durch den Tod verlieren, bieten einen Anblick größten Entsetzens. Atemnot und Hustenreiz steigern sich bis zum Erstickungsanfall. Der anfangs zähe und spärliche

Auswurf macht einem dünnflüssigen und schaumigen Auswurf Platz, der allmählich blutig gefärbt ist und schließlich aus der Nase herausquillt. Das Aussehen der Vergifteten wird verfallen, und es tritt infolge Lungenödems der Tod bei fast vollem Bewußtsein ein[166]*.«*

Nach dem Krieg mußte man ferner feststellen, daß in vielen Fällen auch leichtere Phosgenvergiftungen ernste Langzeitschäden hinterlassen hatten (Bronchialasthma, Lungenschäden, neuropathologische Veränderungen des Herz-Kreislauf-Systems).

General Berthold von Deimling soll nach den ersten französischen Einsätzen geäußert haben, daß er zur Vergeltung nur mit *»Eau de Cologne«* gefüllte Granaten dagegen setzen könne[167].

Doch lediglich drei Monate später (nach versuchsweisem Verschuß am 9. März und 4./5. April bei Douaumont), am 7. Mai 1916, beschossen die deutschen Truppen französische Stellungen am Ostufer der Maas nahe den Forts Souville und Tavannes mit 13 800 ihrer neuen Grünkreuz-Granten, gefüllt mit dem in der Wirkung dem Phosgen entsprechendem Diphosgen (Perstoff, Chlorameisensäuretrichlormethylester; 1887 von dem deutschen Chemiker Willibald Hentschel, geb. 1858, entdeckt) und, wie die französischen Phosgengranaten, lediglich mit einer geringen Sprengladung zur Zerlegung des Geschosses versehen. Weitere 13 000 Granaten folgten am 19./20. Mai bei Chattancourt[168].

In großem Maßstab wurde Grünkreuz in der Nacht vom 22. zum 23. Juni gegen Fleury an der Maas eingesetzt[168] (76 000 Feldhaubitzen- und 40 000 Feldkanonen-Granaten, gefüllt mit insgesamt etwa 125 000 Litern Diphosgen), wobei die Franzosen 1600 Gasvergiftete und 90 Tote auf dem Platz beklagen mußten. Die für den tödlichen Erfolg erforderlichen Gasmengen (etwa 100 Schuß Feldkanone oder 50 Schuß Feldhaubitze pro Hektar und Minute) wurden dabei annähernd erreicht[169]. Eine relativ einfache Granaten-Füllstation für Grünkreuz hatte man in Mancieulles, östlich von Verdun, eingerichtet[168].

Die Versuche zur Perstoffherstellung gingen (wie beim Phosgen) von Leverkusen (Duisberg/Bayer) aus, wo man schon frühzeitig versuchte, ähnlich wie Chlor und Phosgen wirkende, jedoch flüssige Kampfstoffe herzustellen, die sich problemloser in Granaten verfüllen ließen und unabhängig vom Wind eingesetzt werden konnten. Zur Herstellung dienten zwei Verfahren. Einen Teil gewann man in Leverkusen durch Umsetzung von Ameisensäure mit Holzgeist (Methanol) zu Ameisensäuremethylester, der bei der nachfolgenden photokatalysierten Chlorierung über Mono- und Dichlormethyl-chlorformiat (K-Stoff) das vollständig chlorierte Trichlormethyl-chlorformiat (Perchlorameisensäuremethylester) ergab. Ein anderer Teil entstand in Höchst durch photokatalysierte Chlorierung (Bestrahlung »mit 8 Osramlampen zu je 4000 Kerzen«) von Chlorameisensäuremethylester (von der BASF aus Phosgen und Methanol hergestellt).

Später wurde das in 80 bis 90 % anfallende Endprodukt zumeist mit Phosgen oder Chlorpikrin gemischt[20 34].

Das während des Ersten Weltkrieges in Deutschland produzierte Diphosgen war jedoch nur von 70–80%iger Reinheit. Die restlichen Anteile stellten weniger toxische, niedriger chlorierte Produkte[170].

Bei Erwärmung zersetzt sich der Perstoff in zwei Moleküle Phosgen und verursacht daher das gleiche Vergiftungsbild. (Später wurde im Haberschen Institut

noch das Triphosgen, der Kohlensäure-bis(trichlormethylester), entwickelt, eine bei 79 °C schmelzende kristalline Verbindung, die ebenfalls wie Phosgen und Diphosgen wirkt, jedoch viel langsamer zu wirksamen Konzentrationen verdampft. Eine großtechnische Produktion erfolgte nicht.)
Im Gegensatz zum T-, B- und K-Stoff zeigte sich das Diphosgen gegenüber Eisen als stabil, so daß eine direkte Laborierung in die Geschosse möglich wurde[20].

Zudem erwies es sich als möglich, den Perstoff bei Normaltemperatur mit bis zu 50 % Phosgen zu sättigen, ohne daß der bei sommerlichen Temperaturen entstehende Druck (2 bis 3 atm) dem Geschoß schadete. Man wollte damit erreichen, daß durch Kombination des bei der Detonation rasch entweichenden gasförmigen Phosgens mit dem anschließend verdampfenden Diphosgens über längere Zeit gefährliche Konzentrationen aufrechterhalten werden[20].

Zur Verbesserung der für den Gaskrieg notwendigen neuen Kenntnisse in der Truppe wurden Ende 1916 die ersten Gasstäbe der Artillerie eingerichtet. Ihre Aufgabe bestand nach Major Geyer in einer Ergänzung der vor allem in Berlin stattfindenden Gaskurse, in Vorträgen an der Front und der Unterstützung bei der Vorbereitung und Durchführung des Gasschießens[32]. Die Aufstellung einer Sondergastruppe der Artillerie, wie etwa der Gaspioniere für das Abblasen, der Gasminenwerfereinheiten und später der Gaswerferbataillone, war nicht geplant.

Eine im April 1917 an die Front gelangte Weiterentwicklung war die Grünkreuz-1-Granate mit einem Gemisch aus wechselnden Anteilen Diphosgen und Chlorpikrin.

Schließlich entschloß man sich auch zur Wiedereinführung der Gasbrisanzgranate. Als Gründe führt Bauer an:

»Mit der Wiedereinführung der Sprengladung (allerdings in der neuen Form der Zwischenbodengeschosse, d. A.) *erwarb die Granate die Eigenschaft zurück, neben der Gaswirkung eine erhebliche Splitterwirkung auszuüben. Schließlich wurde der Detonationsknall derartig verstärkt, daß der Einschlagsknall nicht mehr das Gasgeschoß ohne weiteres verriet. Auch das Aussehen der Sprengwolke wurde ähnlicher dem der Sprengwolke eines Brisanzgeschosses*[26]*.«*

Auch Minen wurden nun mit Phosgen oder Diphosgen (D-Minen) sowie mit Phosgen- bzw. Diphosgen-Chlorpikrin-Gemischen (G-Minen, 1918) gefüllt[171].

Nach Julius Meyer[172] und James Flack Norris[35] produzierten die Farbwerke Leverkusen von August 1916 und November 1918 6000 Tonnen Chlorpikrin als Zusatzstoff für Chlor-Blasangriffe und Mischungskomponente für Kampfstoff-Geschosse, weitere 1127 Tonnen lieferten die Farbwerke Hoechst. Ludwig F. Haber gibt für Bayer nur eine Produktion von 2 671 t an, die deutsche Gesamtproduktion beziffert er auf 4100 t[173].

Am 31. Januar 1916 hatte man in Deutschland in der Nähe von Munster mit der Errichtung des sogenannten »Breloh-Lagers« und dem zügigen Aufbau des »Gasplatzes Breloh« begonnen. Das Gelände umfaßte etwa 6500 Hektar. Wichtigste Einrichtungen waren schließlich das sogenannte Klopperwerk I (Betriebsaufnahme Ende 1916) und II (Betriebsaufnahme Mitte 1917) – Munitionsfüllanlagen für Chlorpikrin und Phosgen/Diphosgen, das Lost-Werk, das Clark-Werk (beides moderne Munitionsfüllanlagen), die chemische Versuchsanstalt Westerhorn, eine Heeres-Gasschule sowie eine 4 km lange Schießbahn zur Erprobung von Kampfstoffmunition (bis 1917 nutzte man für Schießversuche vor allem Teile der Artillerieschießplätze in Mummersdorf und Döberitz, wobei man wegen deren Bekanntheitsgrad jedoch um die Geheimhaltung fürchtete). Die Zahl der insgesamt auf dem Gasplatz Beschäftigten lag nach dem Endausbau bei rund 6000 Personen.

Der Ausstoß der Breloher Munitionsfüllanlagen soll etwa ein Viertel des deutschen Bedarfs an Gasmunition gedeckt haben.

Während die ersten Reizgeschosse des Jahres 1915 noch von der kampfstoffproduzierenden Industrie (also vor allem der Farbenfabrik Bayer, der Firma Kahlbaum, Berlin-Adlershof, und der Farbenfabrik Hoechst) selbst gefüllt wurden, machte sich mit dem zunehmenden Übergang vom Gasblasverfahren zum Verschuß von Gasmunition die Errichtung spezieller Füllstätten für Granaten, Minen, später auch Wurfkörper erforderlich. So errichtete Bayer, finanziert vom Reich, in Dormagen am Rhein gegenüber seiner Produktionsanlagen ein spezielles Füllwerk.

Vom Kriegsministerium (Habers Unterabteilung 3) und der Heeresleitung wurden des weiteren verschiedene eigene Anlagen errichtet, so bei Mancieulles, später in Saulnes bei Longwy im Westen und bei Warschau im Osten. Die größten Kapazitäten des Kriegsministeriums entstanden auf dem Gasplatz Breloh in der Lüneburger Heide (vgl. auch S. 84). Bei den äußerst gefährlichen Abfüllarbeiten kam es immer wieder zu Vergiftungen und Todesfällen unter den eingesetzten Mannschaften.

Kommandeur der Feldmunitionsanstalt Breloh wurde der Hoechst-Chemiker Hauptmann Dr. Ludwig Hermann, sein Stellvertreter der Merck-Chemiker Leutnant Dr. Otto Wolfes[174].

Vom 14. Juli 1917 bis Kriegsende war Oberstleutnant Ernst Freiherr von Wangenheim (geb. 1847?) Kommandant des gesamten Gasplatzes[175].

Am 1. Juli 1916 brachten die Franzosen ihre Spezialgranate 4 (Vincennite-Granate, da die Erprobung in Vincenne stattgefunden hatte) an der Somme zum Einsatz. Sie enthielt, wiederum auf Anregung Lebeaus, Blausäure im Gemisch mit Arsentrichlorid, Zinntetrachlorid und Chloroform, um eine stabilere Gaswolke zu erzielen. Durch die sehr hohe Flüchtigkeit und rasche Verdünnung war die Gefechts-Giftwirkung auf den Gegner dennoch ziemlich gering. (Foulkes, der bereits am 3. März 1916 auf die Untauglichkeit von Blausäure als Kampfgas hingewiesen hatte[131], drängte, nachdem er die Leitung des gesamten britischen Gasdienstes übernommen hatte, auf die Einstellung der britischen Produktion.) Zudem hatte der deutsche Nachrichtendienst von dem bevorstehenden Blausäureeinsatz erfahren, und innerhalb kürzester Zeit gelang es den deutschen Frontchemikern, die Schutzfilter durch Imprägnierung mit Silberoxid »blausäurefester« zu machen.

Nach Angaben des Chemikers Prof. Paul Pascal (1880–1968) soll die französische Vincennit-Produktion (Gemisch aus Arsentrichlorid, Zinntetrachlorid und Blausäure) während des Krieges etwa 4000 t betragen haben[176]. Ludwig F. Haber gibt die französische Blausäure-/Vincennit-Produktion mit 7700 t an[173].

Etwas später wurde das 1802 von Claude Louis von Berthollet (1748–1822) entdeckte, ebenfalls hochtoxische und schleimhautreizende Chlorcyan eingesetzt, das nach dem französischen Chemiker Charles Mauguin als Mauguinit bezeichnet wurde. Aber auch hier gelang es nicht, die erforderlichen Gefechtskonzentrationen zu erreichen.

Phosgen bzw. Diphosgen und verschiedene taktische Gemische entwickelten sich (neben Chlor) auf beiden Seiten nun rasch zu den wichtigsten tödlichen Kampfstoffen des Ersten Weltkrieges.

In Frankreich betrug die tägliche Produktion der Phosgen-Fabrik Calais zu Anfang 150 Kilogramm, wobei zunächst nach dem Verfahren von Professor Ourbin gearbeitet wurde, welches darin bestand, daß man Schwefelsäure auf Tetrachlormethan einwirken ließ. Insgesamt verließen 430 Tonnen auf diesem Wege hergestelltes Phosgen das Werk. Im Jahre 1917 ging man auf das deutsche Verfahrensprinzip, die photokatalysierte Synthese aus Kohlenstoffmonoxid und Chlor, über. Auf diese Weise wurden insgesamt weitere 15 800 Tonnen hergestellt, von denen 6200 an die Engländer geliefert wurden, da die britische Produktion in der »United Alkali Company« in Gateshead und Widnes, der »Electro-Bleach« in Middlewich sowie der Firma »Ardol Ltd.«, nicht recht in Gang kam[165].

Bei Kriegsende bestanden in Frankreich 18 Firmen, die Chlor und Phosgen produzierten (vgl. auch S. 69), in Großbritannien waren es etwa 10 Firmen, von denen »Castner Kellner«, die »United Alkali Company« und die »National Factories« die bedeutendsten waren.

Paul Pascal gab als französische Phosgen-Gesamtproduktion 16 000 Tonnen an[176]. Ludwig F. Haber rechnet mit einer französischen Phosgenproduktion von insgesamt 15 703 t (einschließlich der an die Alliierten gelieferten Mengen). Für Großbritannien gibt er 1362 t an[173].

Die USA stellten im Edgewood-Arsenal das Gas nach dem Verfahren der »Oldbury Electrochemical Co.« her. Auch hierbei wurden Kohlenstoffmonoxid und Chlor in einem holzkohlegefüllten Reaktor katalytisch zur Reaktion gebracht. Die Tagesproduktion soll 40 Tonnen[171] (nach Jules Poirier / Heinz-Günther Mehl 25 Tonnen[145]) betragen haben. Ludwig F. Haber nennt für 1918 eine Gesamtproduktion von 1442 t und eine Tageskapazität von 16 t[173]. Weiteres Phosgen erzeugten die »Oldbury Electrochemical Co.« (10 t/Tag) und die »Round Brook N. J.« (5 t/Tag)[171]. Auch die Amerikaner lieferten aus den oben genannten Gründen 1918 Phosgen nach England.

Die Italiener produzierten das Gas in der Fabrik »Torre dei Passeri« in Pijano d'Orte und »Rumjanki« in Norditalien, indem sie einen dünnen Strahl Oleum auf Tetrachlormethan spritzten. Aus Kostengründen ging man 1917 auf das Verfahren von Professor Helbig über, das Kohlenstoffmonoxid und Chlor an Knochenkohle unter Kühlung auf Temperaturen unter 250 °C umsetzte. Im Werk des Ingenieurs Vitale in Navara wurden nach dieser Methode sechs Tonnen pro Tag hergestellt[171].

Die deutsche Farbenindustrie erzeugte Phosgen aus Kohlenstoffmonoxid und Chlor an Tierkohle[34 171]. Nach Angaben von James Flack Norris produzierte allein die BASF 10 682 Tonnen, während Leverkusen und Höchst bis November 1918 15 616 Tonnen Diphosgen (davon Bayer 12 000 t) lieferten[35]. Nach Ludwig F. Haber produzierte Bayer insgesamt 938 t Phosgen und 7952 t Diphosgen, die BASF 10 682 t Phosgen und Hoechst 3600 t Diphosgen. Die deutsche Gesamtproduktion betrug nach seinen Angaben 18 100 t Phosgen und 11 600 t Diphosgen[173]. Olaf Groehler gibt für Hoechst einen Diphosgen-Ausstoß von 4237 t und für Bayer von 7952 t sowie eine Gesamtproduktion von 12 189 t an. Die deutsche Gesamtproduktion an Phosgen beziffert er auf 17 744 t (davon 938 t von Bayer und 10 682 t von der BASF)[177].

Auch militärtechnische Neuerungen in der Einsatztechnik nahmen ab Herbst 1916 nachhaltigen Einfluß auf den »Gaskampf«.

Am 24. September 1916 erfolgte bei Thiepval und Beaumont-le-Hamel der erste Verschuß von britischen Gasminen (auch als Gasmörser-Bomben bezeichnet) durch neuartige Stokes-Gasminenwerfer (oder Stokes-Gasmörser; nach dem Erfinder Frederick Wilfried Stokes, 1860–1927, der die Werfer bereits 1915 als Brandminenwerfer entwickelt hatte; Foulkes erkannte sehr rasch deren Verwendbarkeit für Kampfstoff-Minen), die mit dem Reizstoff Jodessigester (Deckname: SK) gefüllt waren. Ab Oktober 1916 kamen an der Front auch Stokes-Minen mit Phosgen- sowie Phosgen-/Chlorfüllung zum Einsatz. Allein im Kriegsjahr 1917 verbrauchten die Briten nach Hanslian rund 120 000 vierzöllige Stokes-Minen. Die 3-Zoll-Minen enthielten 1,1 Kilogramm Kampfstoff, die 4-Zoll-Minen 3,2 Kilogramm. Die Reichweite lag bei etwa anderthalb Kilometer[178].

Im Jahr 1917 erschien, für die deutsche Seite ziemlich überraschend, an der Westfront eine weitere neue Einsatzform für Kampfstoffe, die britischen »Livens-Projectors« (benannt nach ihrem Erfinder, Major William Howard Livens, 1889–1964). Im Prinzip handelte es sich um einfache, in Batterien eingegrabene Rohre (45 ° Neigung), aus denen durch gleichzeitige elektrische Zündung 56 cm lange, dünnwandige Stahlflaschen vom Kaliber 20 cm (auch als Gaswerferflaschen, Gaswurfminen oder Wurfkörper bezeichnet), meist mit Phosgen (13,6 kg; Gesamtgewicht 29,5 kg), aber auch Chlorpikrin/Zinntetrachlorid (NC-Mischung; 16 kg) gefüllt, abgefeuert werden konnten. Eine in Längsachse angebrachte Sprengladung zerlegte dann das Geschoß. Ihren ersten Großeinsatz fanden sie in der Schlacht von Arras am 4. April 1917, wo gleichzeitig 2300 Projektile (entsprechend 32 t Chlor-Phosgen-Gemisch) abgefeuert wurden[179]. Die Besonderheit bestand darin, daß man durch eine Massenanwendung der relativ billigen Werfer in begrenzten (und von der fernwirkenden Artillerie nicht erreichbaren) Frontabschnitten in kürzester Zeit sehr hohe Gaskonzentrationen erzielen konnte. Die Reichweite lag zwischen einem und zwei Kilometern.

Bis zum Ende des Jahres 1917 verbrauchten die Briten etwa 100 000 Gaswerferflaschen[180]. Zwischen Januar 1917 und dem Waffenstillstand wurden insgesamt 140 000 Livens-Projektoren und 400 000 Projektile gefertigt[181]. Von den britischen Gastruppen insgesamt verschossen wurden 187 000 vierzöllige Stokes-Minen und 197 000 Werferminen[144].

Die Anzahl der britischen Gaswerferunternehmen lag in den letzten beiden Kriegsjahren bei etwa 300. Die größten Angriffe erfolgten mit 4200 Livens-Projektilen (57 t Kampfstoff) und 3100 vierzölligen Stokes-Minen am 19./20. November 1917 bei Bourlon Wood in der Schlacht von Cambrai, mit 2960 Gaswurfminen am 19. März 1918 bei St. Quentin und mit 3728 Livens-Werfern sowie 929 Stokes-Werfern am 21. März 1918 bei Lens[182]. Durchschnittlich wurden bei einem »normalen« Gaswerferunternehmen etwa 1000 Projektile, entsprechend 13–14 t Phosgen, für ein Areal von 1–2 Hektar eingesetzt.

Im Vergleich zu den phosgengefüllten Artilleriegranaten lag durch die Erzielung höherer Gefechtskonzentrationen (100–250 mg Kampfstoff/Liter Luft) die durchschnittliche Ziffer der Getöteten etwa doppelt so hoch (12 % im Vergleich zu 6,4 %)[183].

Ende 1916/Anfang 1917 begannen die Briten ferner, Granaten, Gasminen und Gaswerferflaschen mit Chlorpikrin (1889 von John Stenhouse, 1809–1880, entdeckt) zu füllen (Deckname PS, nach Port Sunlight), von dem sie glaubten, es würde die Schutzfilter der Deutschen durchschlagen. Durch einen Zusatz von 20 % Zinntetrachlorid sollte die Durchdringungskraft der Mischung (Deckname: NC-Mischung) weiter gesteigert werden. Die Geschosse wurden im allgemeinen gemeinsam mit Phosgen verschossen (vgl. dazu das spätere deutsche »Buntkreuzschießen«; S. 76). Die britische Chlorpikrinproduktion betrug nach Ludwig F. Haber 8000 t, während in Frankreich nur 500 t gefertigt wurden. In Großbritannien gab es dabei mit den Erzeuger-Firmen »Sneyd Bycars of Burslem« und »West Riding Chemical Company of Wakefield« längere Zeit Schwierigkeiten hinsichtlich der Qualität und Lieferung. Im amerikanischen Edgewood Arsenal wurden 1918 bei einer Tageskapazität von 27,5 t insgesamt 2478 t des Kampfstoffes hergestellt[173].

Vom 4. bis 9. April 1917 setzen die Briten in der Schlacht bei Arras auch erstmals ihre aus 75 % Chlorpikrin und 25 % Phosgen bestehende PG-Mischung in Gasminen ein. Der erwartete »durchschlagende« Erfolg konnte jedoch nicht erreicht werden[171].

Das Gaswerferverfahren wurde aufgrund seiner hohen Wirksamkeit auf einem begrenzten Areal (Todesrate) sehr rasch von der deutschen Seite übernommen und erstmals an der italienischen Front am 24. Oktober 1917 in der Schlacht bei Tolmein und Flitsch am Isonzo neben 70 000 Artillerie-Gasgranaten (Grün- und Blaukreuz) angewandt. Vom Pionierbataillon 35 unter Führung von Major Graf Pfeil wurden rund 800 18-cm-Gaswerfer gezündet, um eine ca. 1000 Meter entfernte, südlich von Flitsch gelegene Schlucht mit 5–6 t Grünkreuz zu vergasen, wobei die gesamte dortige Besatzung, etwa 500 bis 600 Italiener, getötet wurde[184].

Zur »taktisch-chemischen Beratung« hatten Haber und Peterson Otto Hahn, Wilhelm König und Petersons Stabchef Max Blum (Blume?) (in österreichischen Uniformen) entsandt[185].

Am 21. August 1918 kam in den Vogesen auf deutscher Seite erstmals ein 16-cm-Werfer mit gezogenem Rohr zum Einsatz, mit dem Schußweiten zwischen 1,6 km und 4,5 Kilometer erreicht werden konnten. Dabei wurde neben Diphosgen auch Phosgen verschossen, das in Bimsstein adsorbiert war. Man versuchte auf diese Weise, durch eine langsamere Verdampfung eine längere Wirkungsdauer zu erzielen. Ferner setzte man Perstoff ein, der mit Phosgen gesättigt war (bei normaler Temperatur bis zu 50 %). Man wollte damit erreichen, daß bei der Detonation neben dem etwas schwerer flüchtigen Diphosgen, das erst nach ca. einer halben Stunde seine volle Wirkung entfaltet, sofort auch Phosgen frei wird[20].

Bei einem Gesamtgewicht von 36 kg enthielten die 16-cm-Werferflaschen mit 6,6 kg Phosgen jedoch nur die Hälfte der britischen Livens-Projektile.

Alle neu aufgestellten Gaswerferbataillone unterstanden General Peterson[32].

Nach Ansicht von Charles Howard Foulkes war die Wirkung der deutschen Werferflaschen insgesamt mangelhaft, da die Zahl der jeweils verfeuerten Körper zu klein und der Rauminhalt selbst der 18-cm-Werferflaschen zu gering war. Die englischen Flaschen enthielten mit 13,6 kg Phosgen oder 16 kg NC-Mischung wesentlich höhere Kampfstoffmengen[131].

Aber auch von der bedeutend größere Schußweiten erreichenden Artillerie wurden 1917 weiterhin Gasgranaten verschossen, auf alliierter Seite vor allem mit Phosgen, auf deutscher Seite mit Diphosgen gefüllt.

Die »Maskenbrecher« und das Hautgift »Gelbkreuz«

Mitte des Jahres 1917 erschien ein völlig neuartiger Stoff auf dem Kriegsschauplatz, das deutsche »Blaukreuz«, bei dem es sich chemisch um das kristalline, 1880 von Wilhelm La Coste (1854–1885) und Karl Arnold Michaelis (1847–1916) entdeckte Diphenylarsinchlorid handelte, toxikologisch um einen heftigen Nies- und Hustenreizstoff. In Form feinst verteilter Schwebestoffteilchen war er in der Lage, die verwendeten Atemschutzfilter zu durchdringen und den Betroffenen zum Herrunterreißen der Maske zu zwingen. Die Symptome beginnen mit einem Niesreiz und einer starken Sekretabsonderung. Hustenreiz und Atemnot schließen sich an. Die einsetzenden Kopfschmerzen steigern sich ins Unerträgliche. Diese Erscheinungen werden von Brustschmerzen sowie Übelkeit begleitet, die bald zum Erbrechen führt. Schwindel, Schwäche und ausgepägter Tremor kommen hinzu.

Dieser auch als »Maskenbrecher« oder Clark I (Abkürzung aus Chlorarsin-Kampfstoff[186]) bekannte Stoff wurde von deutscher Seite mit Blaukreuz-Brisanzgranaten erstmals am 10. bis 11. Juli 1917 bei Nieuport im Rahmen der Operation »Strandfest« verschossen. Etwa einen Monat später konnten die Briten Blindgänger bergen und die Natur der Verbindung analysieren[136 187].

Die systematische Untersuchung von Arsenverbindungen soll im Haberschen Institut 1916 aufgrund eines Vorschlages von Emil Fischer begonnen worden sein[40]. Im Laufe des Krieges wurden mehr als einhundert verschiedene Arsenverbindungen hergestellt und getestet (vgl. auch S. 39 f.)[106].

Auf Anregung Habers und des Gasartillerieexperten Oberstleutnant Georg Bruchmüller (geb. 1863) wurden nun entweder mit Blaukreuz und Grünkreuz (Phosgen/Diphosgen) gefüllte Granten (Grünkreuz-2-Brisanzgranaten) oder Blaukreuz- und Grünkreuzgranaten gleichzeitig verschossen, um den Gegner zum Abreißen der Maske zu zwingen und ihn dem tödlichen Grünkreuz voll auszusetzen. Man nannte diese Vorgehen »Buntkreuzschießen« oder »Buntschießen«.

Auch den eigenen Gasschutz hatte man dementsprechend durch ein zusätzliches Papierfilterblatt zu verbessern gesucht. Der von Hans Pick und Fritz W. Weigert entwickelte deutsche Schnappdeckelverschluß (mit Filterblatt) hielt Zinntetrachlorid und Arsentrichlorid gut zurück, bot jedoch keinen völligen Schutz gegen die eigenen Blaukreuzkampfstoffe. Als nachteilig erwies sich auch der erhöhte Atemwiderstand[188].

In den später nachfolgenden Blaukreuz-1-Granaten wurden das erstmals während des Krieges von den Italienern G. Sturniolo und G. Bellinzoni[189] synthetisierte, noch etwas wirksamere Diphenylarsincyanid (Clark II) sowie dessen Mischungen mit Phenylarsindichlorid (Pfiffikus) eingesetzt, das gleichzeitig als Lösungsmittel diente. Clark I kam teilweise im Gemisch mit dem von den Rütgers-Werken erzeugten Anthracenöl (N-Ethylcarbazol) zur Anwendung. Auch Gaswerferflaschen wurden versuchsweise mit Blaukreuz-Kampfstoff gefüllt.

Die deutsche Herstellung von Clark I und II erfolgte nach James Flack Norris in den Höchster Farbwerken. Nach den Unterlagen der AGFA, Wolfen, wurde Clark I (Clarkeins) von Hoechst, Cassella und AGFA (Tarnname: Clausius) produziert, Clark II (Clarkzwei) von Hoechst und AGFA. Die notwendigen Vorprodukte stellten, neben Hoechst und AGFA, die Werke in Leverkusen, Elberfeld (Bayer) und Ludwigshafen (BASF) sowie die Firma Kalle her. Cassella verarbeitete von Leverkusen angelieferte Diphenylarsinsäure zu Clark I. Zwischen den genannten Firmen erfolgte ein Austausch der angewandten Verfahrensvorschriften[190].

Munitionsfüllanlagen für Blaukreuz befanden sich auf dem Gasplatz Breloh, aber auch in von der AGFA und Schering in Berlin betriebenen, umgebauten Anlagen[191]. Die Feldmunitionsanstalten in Warschau und Mancieulles (Ostfrankreich) verfüllten in Diphosgen gelöstes Clark I[192].

Von März 1917 bis November 1918 lieferte Hoechst nach James Flack Norris etwa 3000 Tonnen Diphenylarsinchlorid (Clark I) aus[35]. Nach Ludwig F. Haber wurden von Hoechst 645 t Clark I und 2526 t Clark II produziert, von der AGFA (Wolfen) 1725 t Clark I und 1045 t Clark II und von Cassella (Mainkur) 994 t Clark I[173]. Nach Olaf Groehler betrug die deutsche Gesamtproduktion an Clark I und II 8037 Tonnen, 3263 t davon lieferte Hoechst[29].

Für die Clark-I-Herstellung nutzte man ein prinzipiell 1912 von H. Bart (D.R.P. 250 264) entwickeltes Mehrstufenverfahren. Dieses setzte Anilin mit salpetriger Säure zu Diazobenzolchlorid (Benzoldiazoniumchlorid) um. Die Benzoldiazoniumchlorid-Lösung wurde in Gegenwart von Kupfersulfat in eine Natriumarsenit-Lösung eingetragen und aus dem gebildeten Natriumsalz durch Zugabe von Salzsäure die Phenylarsonsäure freigesetzt. Dem schloß sich die Reduktion mit Natriumhydrogensulfit (Schwefeldioxid) zum Phenylarsinoxid an, das nach Lösen in Natronlauge erneut mit Benzoldiazoniumchlorid zur Reaktion gebracht wurde. Bei der Behandlung des anfallenden Natriumsalzes der Diphenylarsinsäure mit Salzsäure bildet sich intermediäres Diphenylarsinsäurechlorid, das mit Schwefeldioxid zum Endprodukt reagierte[34, 193]. Die Herstellung von Diphenylarsincyanid erfolgte durch Einwirkung gesättigter Alkalicyanid-Lösung auf Diphenylarsinchlorid[34].

Insgesamt befriedigten die Einsatzformen von Blaukreuz jedoch nicht. Mischungen aus Clark und Phosgen oder Diphosgen (Grünkreuz 2, Buntkreuz) erwiesen sich als ziemlich korrosiv. Als man das Clark, eingeschmolzen in kleine Glasbehälter, in den Sprengstoff einbettete, mußte man feststellen, daß in diesem Fall die Verteilung der Arsinkampfstoffe in der Luft bei Granatenverschuß zu grobdispers war, so daß sie die Gasmaskenfilter meist nicht durchdrangen. Deshalb begann man im Haberschen Institut mit einer Reihe grundlegender physikalisch-chemischer Untersuchungen, z. B. Ausarbeitung von Techniken zur Verfolgung der Aerosolbildung, Prüfung des charakteristischen Verhaltens der Teilchen in einem Aerosol sowie des Adsorptionsverhaltens an verschiedenen Filtermaterialien. An diesen Experimenten war besonders der Physiker Erich Regener führend beteiligt[194].

Die im Rahmen der Arbeiten entwickelte »Gasbüchse«, die den Blaukreuzkampfstoff verschwelte, konnte jedoch bis Kriegsende nicht mehr optimiert werden. Durch die im Schwelbett herrschenden Temperaturen kam es zu Konvektionen, die zu einer zu raschen Verwirbelung der Aerosolteilchen führten. Zudem wurde sowohl Clark I als auch Clark II bereits teilweise zersetzt. (Von R. Hanslian wird allerdings mitgeteilt, daß »Rauch- oder Nebelkerzen« auf der Basis von Clark I [Gasbüchsen?] erstmals bereits im August 1917 von deutscher Seite zwischen Vaudesincourt und Rouvroy in der Champagne zum Einbau, nicht aber zum Einsatz kamen[195].)

In der Abteilung D wurde ferner eine Vielzahl von Arsenverbindungen hergestellt und getestet, um gleich oder besser wirksame, jedoch gut vernebelbare Verbindungen zu finden (vgl. S. 39 f.)[196].

Haber soll angesichts der vorhandenen Wissenslücken gegen die vorzeitige Einführung der Clark-Kampfstoffe protestiert haben, doch die Artillerieexperten setzten sich durch[194].

Auch bei den Briten, wo die Experten des Zentrallaboratoriums ziemlich rasch den aus nicht explodierten Geschossen gewonnenen Stoff identifiziert hatten, liefen umgehend Bemühungen zur Produktion des Diphenylarsinchlorids, das dort als »DA« bezeichnet wurde. Allerdings verzichtete man auf dessen Abfüllung in konventionelle Geschosse. Trotz ähnlicher Schwierigkeiten bei der Erzeugung und Untersuchung feinster Aerosole kam es zur Entwicklung sogenannter Thermo-Reaktoren oder »M-Behälter« (d. h. Schwelbüchsen, die – wie die deutsche Gasbüchse – DA und eine Brandmischung enthielten), von denen man glaubte, daß sie den Kampfstoff ausreichend fein dispergieren könnten. Zum Fronteinsatz gelangten die »M-Behälter« anscheinend jedoch nicht mehr[131].

Zu Verzögerungen der DA-Produktion kam es vor allem durch William Jackson Pope, der bei den zuständigen Stellen auf Triphenylarsindichlorid (Kode-Name: TD) orientierte. Erst im Frühjahr 1918 gelang die Herstellung einer Test-Charge, wobei sich das Produkt als militärisch unbrauchbar erwies. Am 6. Mai annullierte K. B. Quinan, der zu diesem Zeitpunkt im Munitionsministerium für die gesamte Fabrikation der Kampfstoffe zuständig war, alle mit der TD-Entwicklung verbundenen Verträge, legte sich auf Diphenylarsinchlorid (DA) fest und gab den Auftrag, die Phenol-Fabrik in Sutton Oak (bei St. Helens) zu einer Produktionsanlage für das Endprodukt umzubauen. Die arsenorganischen Vorprodukte wurden von anderen Chemiefirmen aufgekauft; die erste Charge entstand am 22. Juni. Bis zum Waffenstillstand verließen insgesamt 61 t DA das Werk[197].

Die Alliierten entwickelten Mitte des Jahres 1918 einen weiteren Vertreter der Blaukreuzgruppe, das Diphenylaminarsinchlorid (Phenarsazinchlorid), zur Einsatzreife. Die ursprünglich von Heinrich Wieland entdeckte Verbindung war bereits 1915 von den Leverkusener Bayer-Werken unter der Nummer 281 049 zum Patent angemeldet, aber als Kampfstoff verworfen worden. Im Haberschen Institut stand sie unter der Bezeichnung »Flavol« (vgl. S. 39) auf der Liste der untersuchten Arsenverbindungen.

Von dem an der »American University« arbeitenden Roger Adams (1889–1971) wurde die Verbindung »neu entdeckt«. Im Juni 1918 erteilte Quinan den Auftrag zur Produktion, die unter der Bezeichnung Adamsit (Deckname: DM) ebenfalls in einer umgebauten Phenolanlage erfolgte und bis zum Waffenstillstand 31 t erreichte[197].

Nur zwei Tage nach dem ersten Blaukreuz-Einsatz, am 12. und 13. Juli 1917, wartete die deutsche Seite mit einer weiteren, sich von den bisher eingesetzten Kampfstoffen grundlegend unterscheidenden Neuentwicklung auf, dem sogenannten Gelbkreuz oder Lost. Chemisch handelte es sich dabei um Bis(2-chlorethyl)-sulfid (2,2'- oder ß,ß'-Dichlordiäthylsulfid [Dichlordiethylsulfid]), gelöst in 10 bis 25 % Tetrachlormethan, Chlorbenzol oder Nitrobenzol. (Die gewählten Lösungsmittel dienten hauptsächlich der Herabsetzung des relativ hohen Erstarrungspunktes (13,5 °C) der Chlor-Schwefel-Verbindung; ein Anteil von etwa 20 % senkte diesen auf 6 °C.)

Im Laufe des ersten Angriffes wurden 7,7- und 10,5-cm-Gelbkreuz-Granaten mit etwa 125 Tonnen Lost verschossen[198]. Sie wiesen nur eine geringe Sprengladung zur Zerlegung des Geschosses auf.

(Bereits Anfang 1916 hatte der französische Oberstabsarzt Chevalier dem Militär die Anwendung von Dichlordiethylsulfid vorgeschlagen; Moureu untersuchte die chemischen, Mayer die physiologischen Eigenschaften. Dabei bemerkte er zwar die hautschädigende Wirkung, schätzte die Substanz jedoch weniger giftig als Phosgen und Blausäure ein, so daß sie von den Verantwortlichen wegen zu geringer Giftigkeit abgelehnt wurde. Auch John Scott Haldane hatte den entsprechenden britischen Stellen schon 1915 diesen Stoff, ebenfalls erfolglos, vorgeschlagen. 1916 untersuchte Starling das Dichlordiethylsulfid und verwies auf die dadurch verursachten Hautschäden. Die extremen Effekte auf die Augen und die hohe Persistenz waren ihm jedoch entgangen. Da er auch den Wirkungsradius als gering einschätzte, zeigte Thuillier kein Interesse[198].)

Dabei mußten die Briten nach Angaben von Foulkes Verluste von insgesamt 2000 Mann einschließlich 50 bis 60 Toten hinnehmen[131].

Nach Robert Harris und Jeremy Paxman[199], die sich auf britische Schätzungen beziehen, sind innerhalb von zehn Tagen mehr als eine Million Granaten mit 2500 Tonnen Lost verschossen worden, wobei die Zahl der vergifteten Soldaten am Ende der ersten Woche 2934 betrug; am Ende der zweiten Woche hatte sich ihre Zahl um weitere 6676 erhöht, am Ende der dritten Woche nochmals um 4886.

Nach Rudolf Hanslian hatten die Engländer in den ersten drei Einsatzwochen des Gelbkreuz-Kampfstoffes Verluste von 14 276 Vergifteten und 500 Toten zu verzeichnen. Er nimmt an, daß die »Abgangsziffern« der Alliierten durch Lost etwa achtmal höher als sämtliche durch andere Gase hervorgerufene Verlustziffern gewesen wären[200].

Bis zum Ende des Krieges soll sich die Zahl der gelbkreuzvergifteten englischen Soldaten auf 125 000 bis 160 000 belaufen haben; das sind etwa 70–90 % aller durch Kampfstoffe vergifteten Briten (vgl. S. 128). Wenngleich die Zahl der Toten nach zurückhaltenden Schätzungen »nur« etwa 1,8–2,5 % ausmachte, waren monatelange Ausfälle zu verzeichnen; abgesehen davon, daß man erst Jahre nach dem Krieg Folgeerkrankungen und Spätwirkungen (Krebs) feststellen mußte[199].

Es war das zweifelhafte Verdienst von Gelbkreuz, daß in den letzten 18 Monaten des Krieges jeder sechste Verlust Großbritanniens (16,54 %) durch Kampfstoffeinwirkung erfolgte[199].

Sichergestellte Blindgänger wurden von den Briten umgehend in ihr Zentrallaboratorium nach Hesdin gebracht und analytisch untersucht, wobei Prof. B. Mouat Jones, Prof. Herbert Bereton Baker und Colonel Edward Frank Harrison eine wesentliche Rolle gespielt haben sollen[118, 201]. Der damals als junger Chemiker nach Hesdin einberufene Ernest Rudge (geb. 1894) berichtet über die permanenten Untersuchungen der gegnerischen Kampfstoffe, die bald »tödliche Routine« waren. So wurden auch die mit einem gelben Kreuz gekennzeichneten Granaten in einem hölzernen Trog positioniert und manuell aufgebohrt. Den entnommenen flüssigen Kampfstoff brachte Sergeant C. W. Spiers, der auf diese Weise während des Krieges etwa 200 Geschosse öffnete, in einer Winchester-

Flasche zur Laboruntersuchung. Die Destillation von 100 Milliliter des der Gelbkreuzgranate entnommenen Stoffes unter vermindertem Druck ergab rückstandslos zwei Fraktionen: 25 % Chlorbenzol und 75 % einer klaren Flüssigkeit, die nach Vergleich ihrer physikalisch-chemischen Daten mit »Beilsteins Handbuch der organischen Chemie« als 2,2'-Dichlordiethylsulfid identifiziert wurde[136].

Ludwig F. Haber berichtet von einem viel später mit General Hartley dazu geführtes Gespräch:

»Am auf den Ersteinsatz folgenden Tag fand Hartley einige nicht explodierte Granaten, die mit einem gelben Kreuz markiert waren. Nachdem die Zünder ausgebaut worden waren, wurden sie zum Hauptquartier gebracht, geöffnet und der Inhalt analysiert . . . und das Ergebnis mit den Eintragungen im Beilstein . . . verglichen. Am 16. Juli wußte man, um welchen Stoff es sich handelte[202].«

Auch nach Jules Poirier[145] soll zwischen dem ersten deutschen Gelbkreuzbeschuß durch die Deutschen und der Erkennung des Kampfstoffes sowie der schwierigen Schutzmöglichkeiten durch die Alliierten noch nicht einmal eine Woche vergangen sein. Bis dahin waren nach seinen Angaben 2229 britische und 348 französische Soldaten vergiftet, 87 gestorben. Bei den meisten soll der Tod erst zwischen der ersten und der vierten Woche nach dem Kontakt eingetreten sein[203].

Aufgrund des schwach meerrettichartigen Geruches des technischen Produktes nannten die Engländer den neuen Kampfstoff »mustard gas« (Senfgas), aufgrund seiner drastischen Wirkung auch »hun stuff« (Hunnenstoff), die Franzosen nach dem Einsatzort »ypérite«.

Das erste Dichlordiethylsulfid zur Kampfstoff-Testung hatte im Frühjahr 1916 der in Leverkusen tätige Chemiker Dr. W. Lommel synthetisiert und im Elberfelder pharmakologischen Firmenlabor testen lassen. Gleichzeitig übersandte er dem Haberschen Institut eine entsprechende Stoffprobe. Dort stellte man die extremen hauttoxischen Wirkungen fest und lehnte zunächst einen Einsatz ab, weil entsprechende Schutzmittel gegen diese Verbindung nicht existierten und auch nicht kurzfristig geschaffen werden konnten. Später entschied sich Prof. Wilhelm Steinkopf, dessen Abteilung den Stoff bearbeitete, dann dennoch für die Einführung als Kampfstoff. Aus den Namen von Lommel und Steinkopf, prägte Haber, der natürlich ebenfalls Lommels Unterlagen erhalten hatte, die deutsche Bezeichnung »Lost«[204].

Steinkopf wurde, nachdem er seinen Bericht über die Arbeiten an dieser Verbindung bereits längere Zeit abgegeben hatte, zu einem Immediatvortrag vor dem Kaiser befohlen. Dieser soll danach erklärt haben, er werde die Anwendung dieses furchtbaren Kampfmittels verbieten. Allerdings hatten seine Willensäußerungen in militärischen Angelegenheiten zu diesem Zeitpunkt kein allzu großes Gewicht mehr[15].

Gegenüber seinem Verwaltungsleiter Hans Tappen äußerte Haber auf dessen entsprechende Frage, daß auch der Gegner praktisch sofort in der Lage wäre, diesen Kampfstoff herzustellen. Er verfüge sowohl über die erforderlichen Rohstoffe als auch die Produktionseinrichtungen. Daraufhin meinte Tappen:

»Dann ist es unverantwortlich, daß wir es anwenden, wenn diese es nach ein paar Monaten in zehnfacher Menge auch machen können[31].«

Bei einem Vortrag im Großen Hauptquartier wies Haber auch den Generalquartiermeister Erich Ludendorff darauf hin, daß der Einsatz von Gelbkreuz eine baldigste Beendigung des Krieges erfordere, da anderenfalls ein Gebrauch gleichartiger Stoffe durch den Gegner nur eine Frage der Zeit sei, was sich bei der deutschen Rohstofflage verhängnisvoll auswirken würde[63].

Trotzdem ordnete dieser, ohne eine – nach Militärexpertenansicht – strategisch ausreichende Menge an Geschossen zur Verfügung zu haben, für den 12./13. Juli den Einsatz an.

Der Organisator des amerikanischen Kampfstoffkrieges und Kommandeur der Gastruppen, Oberst Amos Alfred Fries, äußerte später in seinem Buch »Chemical Warfare«:

»Diese neue Gasmunition hätte bei zweckentsprechendem Einsatz großer Mengen die Deutschen noch im Jahre 1917 zu einem endgültigen Siege befähigt[205]*.«*

Da es beim Verschuß größerer Kaliber häufig lediglich zum Herausfließen des Kampfstoffes kam, entwickelte man auf Anforderung der Obersten Heeresleitung die Gelbkreuz-Brisanzgranate, die im März 1918 an die Front gelangte. Es handelte sich dabei um neuentwickelte sogenannte Zwischenbodengeschosse (Z. B.), bei denen Kampfstoff und Sprengstoff in zwei getrennte Kammern abgefüllt wurden. Dadurch bildeten sich nach der Detonation Gelbkreuz-Schwaden, die neben der Hautwirkung auch eine deutliche Wirkung auf Augen und Atmungstrakt entfalteten.

Zudem kamen gelbkreuzgefüllte Minen, besonders mittlere 17-cm-Minen mit einem Rauminhalt von etwa 8 Liter, zum Verschuß.
(Unter der Bezeichnung Gelbkreuz 1 befanden sich eine gewisse Zeit noch mit Ethylarsindichlorid gefüllte Brisanz-Granaten im Einsatz. Da es in der fein verstäubten Einsatzform in der Hauptsache eine Lungengiftwirkung entfaltete, erfolgte eine Umbenennung in Grünkreuz 3).

Ab Ende 1917 wurden Zwischenbodengeschoß-Körper mit einer Kapazität von 200 000 Stück pro Monat gefertigt[206].

Raoul Mercier berichtet über das Vergiftungsbild durch Gelbkreuz:

»Erst nach sechs Stunden traten die ersten Vergiftungserscheinungen, welche dreierlei Art waren, zutage. Heftige Bindehautentzündungen mit Lichtscheuheit verwandelten die Vergifteten vorübergehend in Blinde. Eine brennende Blasenbildung beschränkte sich nicht auf die unbedeckten Körperteile, sondern setzte sich unter den Kleidern fort und ließ nur die Teile unberührt, welche von dem Gürtel und den Hosenträgern bedeckt waren. Die Beschädigung der Lungen verbunden mit Dysphonie vervollständigen das klinische Bild[207]*.«*

Selbst die sogenannten leichteren Vergiftungsfälle waren noch schwer genug. In einem britischen Sanitätsbericht heißt es:

»Als die leichteren Fälle abtransportiert wurden, mußte jeder einzeln, wie ein Blinder, zum Sanitätswagen geführt werden. Das Gesicht war häufig übermäßig durchblutet und geschwollen, hauptsächlich bei den ernsteren Fällen, und bei vielen konnte man kleine Blasen auf der unteren Gesichtshälfte, unterm Kinn und manchmal auf dem Hals entdecken. Einige Fälle hatten schmerzhafte, mit Blasen bedeckte Stellen auf der Rückenseite der Oberschenkel, des Körpers und sogar auf dem Hodensack, mit Scrotum- und Penisödem. Die Blasenbildung auf den Hinterbacken

und die Wassergeschwulst der Genitalien erlitten wahrscheinlich diejenigen, die auf dem Boden saßen und von der giftigen Substanz verseucht wurden[208]*.«*

Bei der Obduktion der verstorbenen Lost-Opfer fand man starke Schwellungen an Kehlkopf und Stimmbändern. Die Luftröhre war mit einer dünnen, schaumigen Flüssigkeit angefüllt, die Lunge selbst wog das Doppelte ihres Normalgewichts und fühlte sich fest und kompakt an, Teile der Lungenflügel *»versanken in Wasser«,* das Herz wog ebenfalls das Doppelte des Normalgewichts und die Venen über der Gehirnoberfläche enthielten unzählige Gasbläschen[209].

Selbst die bei den Sektionen anwesenden Ärzte litten danach teilweise an deutlichen Reizungen von Augen, Atemtrakt und Gesichtshaut.

Im Gegensatz zu allen bis dahin eingesetzten gasförmigen oder leicht verdampfbaren Giften war der Gelbkreuz-Kampfstoff von äußerster Seßhaftigkeit und blieb an geschützten Stellen wochen-, ja monatelang wirksam. Dadurch eignete er sich erstmals zur planmäßigen, defensiven Geländevergiftung, was auch bald in die Tat umgesetzt wurde. Beispielsweise schuf man mit der neuen Verbindung im November 1917 im Wald von Bourlon und im April 1918 bei Armentières sogenannte *»gelbe Räume«,* d. h. verseuchte, nicht mehr betretbare Gebiete[200].

Robert Harris und Jeremy Paxman nennen ein charakteristisches Beispiel:

»Senfgas, das im Winter 1917 freigesetzt worden war, vergiftete im Frühjahr 1918, als der Boden auftaute, die Soldaten. Auf diese Weise konnten ganze Gebiete eines Schlachtfeldes ›abgeriegelt‹ werden . . .[210]*.«*

Auch von Haber wurde der defensive Charakter des Lost-Kampfstoffes hervorgehoben:

»Als fabelhafter Erfolg hat sich Lost erwiesen; nicht wegen der Wirkung auf die inneren Organe, sondern wegen seiner Hautwirkung. Sein Siedepunkt ist zu hoch: man kann bei ihm nur mit der Wirkung des Schwadens rechnen. Die Tröpfchen, die auf die Erde fallen und dort langsam nachdunsten, erzeugen nicht die genügende Dampfdichte, um als Atemgift wirken zu können. Der Verwendungsmöglichkeit des Lost ist eine Grenze gesetzt durch sein Anhaften im Gelände, das der eigenen Truppe ein Vorgehen unmöglich macht. Es kommt ihm somit nur Bedeutung als Defensivkampfstoff zu[111]*.«*

Dennoch nutzten die Militärs Lost, vor allem die Gelbkreuz-Brisanzgranaten, auch zur Begleitung offensiver Handlungen, z. B. zur Flankensicherung vorgehender deutscher Truppen.

Am Beispiel des Bis(2-chlorethyl)-sulfids wird aber auch deutlich, was für die meisten der während des Ersten Weltkrieges zum Einsatz gekommenen chemischen Kampfstoffe gilt: Es handelte sich zum größten Teil nicht um die Entwicklung neuer Substanzen, sondern die Erschließung teilweise lange bekannter Stoffe für den militärischen Einsatz.

Bis(2-chlorethyl)-sulfid wurde bereits im Jahre 1822 von dem französischen Physiker César Mansuète Despretz (1792–1863) aus Chlorschwefel (Schwefelchlorür, Dischwefeldichlorid, Schwefelmonochlorid) und Elaylgas (Ethylen) hergestellt[211]. 1855 erhielt Alfred Riche (1829–1880) die Substanz bei der Untersuchung der Umsetzung verschiedener Halogensulfide mit Olefinen[211].

Und bereits 1860 erkannte der Deutsche Albert Niemann (1834–1861) die toxischen Eigenschaften des Produktes, das er nach dem gleichen Syntheseverfahren gewonnen, in seiner Struktur jedoch nicht weiter aufgeklärt hatte[212]. In den »Annalen der Chemie und Pharmacie« von 1860 (später »Justus Liebigs Annalen der Chemie«) beschrieb er die charakteristische Eigenschaft der erhaltenen Verbindung:

»Sie besteht darin, daß selbst die geringste Spur, die zufällig auf irgendeine Stelle der Haut kommt, anfangs zwar keine Schmerzen hervorruft, nach Verlauf einiger Stunden aber eine Rötung derselben bewirkt und bis zum folgenden Tage eine Brandblase hervorbringt, die sehr lange eitert und außerordentlich schwer heilt, unter Hinterlassung schwerer Narben[212].«

Unabhängig davon stellte im gleichen Jahr der an der »School of Sciences« zu London lehrende Chemieprofessor Frederick Guthrie (1833–1886) die Verbindung ebenfalls her, indem er Ethylen durch Schwefeldichlorid, später durch Schwefelmonochlorid (Schwefelchlorür) perlen ließ. Er bemerkte im gleichen Band der »Annalen der Chemie und Pharmacie«, *»daß sogar die Dämpfe dieses Stoffes an zarten Hautstellen schwerste Zerstörungen hervorrufen«*[213].

Nochmals umfassend untersucht wurde das Bis(2-chlorethyl)-sulfid in der zweiten Hälfte der achtziger Jahre im kaiserlichen Deutschland durch Viktor Meyer (1848–1897), der auch einen neuen Syntheseweg entwickelte[214]. Die von ihm eingeführte Umsetzung von Bis(2-hydroxyethyl)-sulfid (Thiodiglycol, Oxol) mit Phosphortrichlorid ergab ein viel reineres und stabileres Produkt.

1891 beschrieb der Ophtalmologe Theodor Leber (1840–1917) erstmals die extrem entzündungserregende Wirkung der Verbindung am Auge[215].

Eine im Jahre 1912 von Hans Thacher Clarke (geb. 1887) als Schüler Emil Fischers im chemischen Institut der Berliner Universität entwickelten Synthese ging ebenfalls von Thiodiglycol aus und setzte dieses mit wasserfreier Chlorwasserstoffsäure um[216].

Als deutscher Haupthersteller fungierte während des Ersten Weltkrieges die Farbenfabrik Bayer, die nach James Flack Norris[35] von Juni 1917 bis November 1918 4800 Tonnen auslieferte. Weitere kleinere Produzenten waren wahrscheinlich die Firma Griesheim Elektron und Hoechst. In Griesheim bei Darmstadt wurden insgesamt 950 t hergestellt[217]. Die vorgesehene Produktionsaufnahme in den Wolfener AGFA-Werken (vgl. S. 86) konnte vor Kriegsende jedoch nicht mehr realisiert werden[217].

Nach Ludwig F. Haber[173] produzierte Bayer 6709 t Lost; das waren nach Olaf Groehler 87,6 % der deutschen Gesamtproduktion von 7659 Tonnen. Von der BASF, die nicht über die entsprechenden korossionsfesten Anlagen zur weiteren Umsetzung verfügten, wurden 7026 t des Schlüsselvorproduktes Thiodiglycol bereitgestellt[173].

Zur industriellen Fertigung nutzte man das von Victor Meyer entdeckte Syntheseprinzip. Die Produktion des Thiodiglycols (Oxols) erfolgte in den BASF-Werken Ludwigshafen, wo aus Ethanol gewonnenes Ethylengas mit unterchloriger Säure zu Ethylenchlorhydrin umgesetzt wurde[218]. Dort beherrschten die Chemiker das Verfahren, da die Verbindung bereits vor dem Krieg für die Indigo-Synthese produziert wurde. Aus dem Ethylenchlorhydrin gewann man in zweiter Stufe durch Einwirkung von Schwefelnatrium (Natriumsulfid) Thiodiglycol, welches an Bayer geliefert wurde. In Leverkusen erfolgte durch Einwirkung von getrocknetem Chlorwasserstoff schließlich die Umsetzung zum Endprodukt, das nach Destillation in einem Lösungsmittel (Tetrachlormethan, Chlorbenzol) aufgenommen wurde[35].

Die Beobachtung, daß aus Oxol gewonnenes Roh-Lost stärker hautwirksam war als das destillierte reine Produkt, konnte erst viel später erklärt werden, nachdem man als Nebenprodukte das etwa drei- bis viermal stärker wirksame Sauerstoff-Lost [Bis(2-chlorethylthio)-diethylether][219] und geringe Mengen des etwa fünfmal wirksameren Sesqui-Losts [Bis(2-chlorethylthio)-ethan][220 221] identifiziert hatte.

Für den Bau einer neuen großen Abfüllanlage unter der Oberaufsicht Habers und Kerschbaums hatte das Kriegsministerium den Gasplatz Breloh ausgewählt. Zwischenzeitlich vereinbarte Haber mit der Berliner Firma Kahlbaum (die bereits Erfahrungen in der Füllung von Reizstoffgranaten besaß), deren Adlershofer Betriebsgelände für die Lost-Laborierung zu nutzen. Als Inspizienten des Kaiser-Wilhelm-Institutes setzte dessen Verwaltungsleiter Meffert den als Frontoffizier mehrfach schwer verwundeten Chemiker Dr. Hugo Stoltzenberg ein. Zuständig für die unter militärischer Verwaltung stehende Adlershofer Feldmunitionsanstalt 3 waren Leutnant Winter, der von der BASF kam, Dr. Dahl von den Elberfelder Farbwerken und Leutnant Siegeneger von den Farbwerken Hoechst. Als Arbeiter waren Mannschaften des Pionierregiments 35 und der Warschauer Füllanlage (die später abgebaut und nach Breloh gebracht wurde) abkommandiert worden[222]. Mitte August 1917 wurden täglich bereits 20000 7,7-cm- und 10,5-cm-Haubitzengranaten gefüllt.

Für die in der Lost-Laborierung tätigen 600 Arbeitskräfte war Oberarzt Boltmann zuständig, der pro Tag acht bis zehn losterkrankte Zugänge zu betreuen hatte. Der durchschnittliche Gesamtkrankenstand belief sich bei 1400 Arbeitern auf 250–300 Personen. Als wesentlichste Vorsichtsmaßnahmen hatte man sämtliche Verbindungsstellen an Rohrleitungen und Apparaturen mit einer weißen Schutzfarbe gestrichen, die sich beim Austreten von Lost sofort rot verfärbte. Für den Fall eines Hautkontaktes standen eine entgiftungswirksame Chlorkalkpaste (Acetylentetrabromid, Ethylbromid, feingesiebter Chlorkalk) sowie p-Toluolsulfochloramid-Natrium (Monochloramin T) bereit, für Reparaturarbeiten Schutzkleidung aus Gummistoff sowie dichtem, mit Acetylcellulose, Ethylcellulose oder Nitrocellulose imprägniertem Stoff. Die Einrichtung einer ständigen Sanitätsstation und die tägliche ärztliche Überwachung wurden als notwendig erachtet. Die Arbeitszeit war auf zwei mal vier Stunden innerhalb von 24 Stunden festgelegt. Jeder vierte Tag war frei, der Urlaub betrug pro Jahr sechs Wochen[223].

Auch 1918 stellte Adlershof mit bis zu 2800 Beschäftigten und allein 24000 7,7-cm-Geschossen pro Tag die größte Abfüllkapazität für Gelbkreuz.

Die schwierige und gefahrvolle Arbeit beschreibt Hugo Stoltzenberg in einem seiner Wochenberichte:

»Die Granaten werden leer durch Schiebetüren eingeschoben und die Türen zugeschoben. Dann wird die Granate, die auf einer beweglichen kreisrunden Platte steht, unter den Lostauslauf geschoben, eine bestimmte Menge des Lost eingefüllt, die Granate wieder etwas weiter geschoben und durch ein kleines Loch von oben der

Zünder aufgeschraubt. Nach einer weiteren Drehung wird die Granate mit einer Zange herausgehoben und in ein Wäglein gestellt, das 20 von ihnen zur Erhärtungshalle bringt. In der Erhärtungshalle stehen die Granaten 12 Stunden aufrecht, damit der in das Gewinde geschmierte Magnesiakitt, derselbe, den die Ärzte zum Plombieren gebrauchen, steinhart wird. Dann wird die Granate umgelegt, um sehen zu können, ob etwas ausfließt. Da die Flüssigkeit sehr gefährlich ist, und schon ein Tröpfchen die schlimmsten Brandwunden und Eiterungen erzeugt, müssen selbst die feinsten Poren im Kitt erkannt werden. Deshalb wird jede Granate auf großen Tischen nach dem Abputzen des übergequollenen Kitts an der Dichtungsstelle mit einer weißen Farbe bestrichen, die aus Leim, Schlemmkreide und Sudanrot besteht. Das Sudanrot ist als ganz feines Pulver beigemischt und löst sich nicht in der wäßrigen Leimlösung, wohl aber in dem etwas hervorquellenden Lost. Gefährliche undichte Granaten tragen also immer eine rote Halskrause und werden ausgeschaltet und vernichtet. Wie wir das machen sollen, wissen wir noch nicht genau, weil ein Vergraben die später dort sie findenden Leute sehr gefährden und ein Sprengen die Umgebung vergiften würde[222].«

Am 15. August 1917 trafen sich in Adlershof Major Schober vom Kriegsministerium und Friedrich Kerschbaum vom Kaiser-Wilhelm-Institut mit Stoltzenberg, Winter und Dahl, um den Bau einer Lost-Abfüllanlage in der Breloher Feldmunitionsanstalt 4 in Gang zu bringen. Mit der Leitung der Bauarbeiten, später auch des fertigen Lostwerks wurde Hugo Stoltzenberg beauftragt. Durch Einwände der Firma Kahlbaum, Materialmängel und einen hohen Krankenstand verzögerten sich die Bauarbeiten, über deren Stand sich Haber in Begleitung von Kerschbaum, Westphal, Oberst Goslich (Kommandeur des Gasregiments 36) u. a. am 8. Januar 1918 an Ort und Stelle überzeugte. Mit den ersten Füllarbeiten, die in kürzester Zeit auf Maximalproduktion gebracht wurden, konnte im Februar begonnen werden[222].

Bereits 1917 begann man, angeregt durch die ersten »Erfolge« mit Lost, im Haberschen Institut mit der Synthese einer Reihe von verwandten Strukturen, um zu möglicherweise noch wirksameren Verbindungen zu gelangen, aber auch um den Mechanismus der Giftwirkung durch Vergleich verschiedener Homologer sowie verschieden substituierter Loste zu studieren.

In der Anlage 6 des Protokolls der Besprechung mit den Vertretern der Industrie über den Stand der Gaskampfstoffe vom 15. Mai 1918[111] werden folgende Verbindungen genannt, die etwa nach ihrer Giftwirkung geordnet sind:

Lostgruppe:

Lost	Dichlordicyclohexylsulfid	Cyanchlordiaethylsulfid
Dibromdiaethylsulfid	Phenylchloraethylsulfid	Dicyandiaethylsulfid
Dijoddiaethylsulfid	Chlorvinylchloraethylsulfid	Dirhodandiaethylsulfid
Methylchloraethylsulfid	Chloraethylmercaptan	Thiodiglykolacetat
Aethylchloraethylsulfid	Doppelomega-Stoff	Thiodiglykolformiat
Aethylbromaethylsulfid	Chlordimethylsulfid	Thiodiglykolsäureester
Trichlordiaethylsulfid	Dichlordimethylsulfid	Lostsulfoxyd
Tetrachlordiaethylsulfid	Tetrachlordimethylsulfid	Lostsulfon
α,α-Lost	Dibromdimethylsulfid	Selenlost
Dichlordipropylsulfid	Lostdisulfid	Dijoddiaethylaether

Dabei arbeitete man u. a. auch die verschiedenen Experimente Guthries nach, der angegeben hatte, daß bei der direkten Einwirkung von Schwefeldichlorid (SCl_2) auf Ethylen 1,2-Dichlorethan entstünde, und fand heraus, daß es sich um ein Gemisch aus Lost und, wie man glaubte, chlorierten Losten handelt. Man optimierte dieses direkte Einstufen-Verfahren im Laboratorium durch Anwendung eines Ethylenüberschusses und nannte es Delostsynthese (D-Lost-Synthese; nach Dietrich Stoltzenbergs Ansicht, weil sie in der Abteilung D entwickelt wurde; später auch, weil es sich im Unterschied zu dem aus Oxol gewonnenen Oxol-Lost [O-Lost] um direkt erzeugtes Lost handelte)[224].

Der zunächst angenommene Mechanismus, daß sich primär Lost bildet und dieses durch Einwirkung von weiterem Schwefeldichlorid zu chlorierten Losten führt, die bei der Destillation teilweise unter HCl-Abspaltung zu ungesättigten Verbindungen führen, teilweise unzersetzt übergehen (weshalb man auch Ethylen im Überschuß einsetzte), wurde später von James Bryant Conant und Mitarbeitern[225] revidiert, die darauf hinwiesen, daß primär zunächst ein Monoaddukt aus Schwefeldichlorid und Ethylen entsteht, das mit einem weiteren Molekül Ethylen zum Lost reagiert.

In einer Nebenreaktion disproportionieren zwei Moleküle Schwefeldichlorid zu Dischwefeldichlorid (Schwefelmonochlorid, Schwefelchlorür) und Chlor. Dieses setzt kolloidalen Schwefel frei, der zur Bildung von Polysulfiden (Levinstein-Loste) führt. Diese können mit freiem Chlor Folgereaktionen zu Dischwefeldichlorid und 2-Chlorethylschwefelchlorid eingehen. Letzteres kann wiederum mit Ethylen zu Lost reagieren.

Das später auch als Prochlerit bezeichnete rohe Direktlost enthält etwa 70–75 % Bis(2-chlorethyl)-sulfid, dazu Bis(2-chlorethyl)-disulfid und ein in Alkohol unlösliches Gemisch aus Polysulfiden.

Das »Delostverfahren« wurde von Haber am 16. November 1917 der BASF zur technischen Umsetzung übergeben[224]. Trotz einiger Abwandlungen kam es bis Mai 1918 zu keinem industriell nutzbaren Ergebnis. Bereits im Februar 1918 hatte die »Chemische Abteilung« die weitere Bearbeitung an die Wolfener AGFA-Werke abgegeben, wo verschiedene Verfahren erprobt wurden. Dabei zeigte sich, daß Eisen auch in geringsten Mengen das Verfahren störte und die verwendeten Messingpumpen bei der Umsetzung technischer Mengen angegriffen wurden. Als erfolgversprechend wurde hingegen ein zweistufiges, bei unterschiedlichen Temperaturen arbeitendes Rieselturmverfahren eingeschätzt[226].

Etwa gleichzeitig mit der Produktionsaufnahme von Bis(2-chlorethyl)-sulfid begann Deutschland auch mit der industriellen Herstellung des haut- und lungenschädigenden Reizstoffes Bis(chlormethyl)-ether, des allgemeintoxischen Reizstoffes Phenylcarbylaminchlorid (Kazwei-Stoff, K_2-Stoff) und des als Nasen-Rachen-Reizstoff sowie Hautgift wirkenden Ethylarsindichlorids (Tarnname Dick; Alkylarsinchloride wurden 1858 erstmals durch Adolf von Baeyer synthetisiert), die 1918 in Granaten für sich allein oder im Gemisch (z. B. Bis(chlormethyl)-ether/Ethylarsindichlorid oder Bis(2-chlorethyl)-sulfid; Ethylarsindichlorid/Bis(2-chlorethyl)-sulfid) zum Fronteinsatz kamen.

Die Produktion des Schlüsselvorproduktes für Phenylcarbylaminchlorid (Phenylisothiocyanat, Phenylsenföl) erfolgte bei der Firma Kalle durch Einwirkung von Schwefelkohlenstoff auf Anilin in Gegenwart von Kalkmilch und nachfolgenden Eintrag in ein Gemisch aus Zinkchlorid und Natronlauge. Die Endstufe stellte Hoechst durch Chlorierung des rohen Phenylsenföls bei 0 °C her. Von März 1917 bis Januar 1918 sollen in Höchst auf diese Weise 721 Tonnen produziert worden sein[35].

In den Farbwerken Hoechst erfolgte auch die Herstellung von Bis(chlormethyl)-ether durch Umsetzung eines Gemisches aus 70%iger Schwefelsäure und Paraformaldehyd mit Chlorsulfonsäure in Ausbeuten von 90 bis 95 % der Theorie. 233 Tonnen haben bis Kriegsende das Werk verlassen[35].

69 Tonnen Bis(brommethyl)-ether entstanden durch Umsetzung von Paraformaldehyd/Schwefelsäure mit Ammoniumbromid[35].

Ethylarsindichlorid wurde von den Farbwerken Hoechst und Bayer produziert. Schlüsselvorprodukt war das in den BASF-Werken durch Umsetzung von Natriumarsenit mit Ethylchlorid zu Ethylarsonsäure und Reduktion mit Schwefeldioxid hergestellte Ethylarsinoxid, das mit Salzsäure und Chlorwasserstoffgas zum Kampfstoff umgesetzt wurde[35].

Die deutsche Produktion in Höchst wird von Ludwig F. Haber mit 1092 Tonnen angegeben[177]. Nach James Flack Norris und Julius Meyer betrug die deutsche Gesamtproduktion ebenfalls 1092 t[35 172].

Frankreich und England nahmen nach dem ersten deutschen Lostangriff und der chemischen Identifizierung ebenfalls umgehend Vorarbeiten zur Herstellung auf und intensivierten die Zusammenarbeit ihrer Laboratorien auf dem Kampfstoffsektor. In England wurde zunächst der bekannte, an der »University of St. Andrew« wirkende Chemiker Prof. James Colquhoun Irvine für entsprechende Verfahrensentwicklungen herangezogen. Am 7. August 1917 übergab er dem »Chemical Advisory Committee« seinen ersten Bericht, in dem er die Herstellung nach dem Meyerschen Verfahrensweg beschreibt. Wegen sehr niedriger Ausbeuten und Schwierigkeiten bei der Beschaffung des als Ausgangsprodukt erforderlichen Chlorhydrins schlug er jedoch vor, Guthries Verfahren anzuwenden. Dafür zog man ab Oktober den an der Universität Cambridge tätigen William Jackson Pope heran, der sich auf die Umsetzung von Ethylen mit Schwefelmonochlorid konzentrierte[227].

Das Munitionsministerium orientierte jedoch auf eine Übernahme und Adaption des deutschen Verfahrens in einer groß angelegten »National Factory«. Die beratend hinzugezogene »United Alkaly Company« erklärte leichtfertig, daß sie keinerlei prozeßtechnische Probleme sähe, obwohl es zu diesem Zeitpunkt keine Chemiefirma in Großbritannien gab, die über Erfahrungen in der Produktion von Ethylenchlorhydrin und Thiodiglycol verfügte. Die unrealistischen Pläne des Munitionsministeriums, die im August auf 15 Wochentonnen, im September sogar auf 200 Wochentonnen orientierten, waren in keiner Weise erfüllbar. Verschiedene Fachexperten erkannten die Realitätsferne und schlugen vor, nach dem ihrer Ansicht nach technisch einfacher zu lösenden Verfahren von Guthrie zu arbeiten.

Obwohl sich beide Seiten nicht einigen konnten, bestätigte Churchill am 5. November den mit Kosten von 2 Millionen Pfund bezifferten Plan des Munitionsministeriums, der jedoch vom Finanzministerium nicht mitgetragen wurde. Drei Wochen später mußte Churchill seinem »Chemical Warfare Department« eine Reduzierung auf 75 Wochentonnen mitteilen. Im Dezember erhielt die Firma »Nobels Explosives« den Auftrag, in Chittening bei Avonmouth, wo das Ministerium über ein entsprechendes Gelände verfügte, eine Fabrikanlage zur Herstellung von Thiodiglycol zu errichten. Der in Oldbury ansässige Alkaliproduzent »Chance and Hunt«, der gerade von »Brunner, Mond and Co.« übernommen worden war, wurde mit der Herstellung von Ethylenchlorhydrin sowie der pilotmäßigen Produktion von Thiodiglycol beauftragt.

Bereits auf einer vom 17. bis 19. September 1917 in Paris unter Teilnahme Großbritanniens, Frankreichs, der USA und Italiens stattgefundenen gastechnischen Konferenz hatte Großbritannien von den Vereinigten Staaten die Produktion von Ethylenchlorhydrin in großem Maßstab gefordert, was von diesen jedoch ebenfalls nicht zugesagt werden konnte[228].

Immer wieder kam es zu teilweise heftigen Auseinandersetzungen der Anhänger dieses Verfahrens mit den Wissenschaftlern, die eine bessere Chance in der Umsetzung von Ethylen mit Schwefelchloriden sahen.

Aus diesem Grund beschäftigte sich nun auch eine dritte, von Arthur Lapworth in Manchester geleitete Gruppe mit der Verwendung von Schwefeldichlorid[227].

Weitere Experimente zu Meyers und Guthries Verfahren liefen in der Forschungsabteilung von »Nobels Explosives«. Prof. Frederic Stanley Kipping (1863–1949) untersuchte an der Universität Nottingham entsprechende Bromverbindungen und die Professoren Gilbert Thomas Morgan (Finsbury) und Leonhard Hill die homologen Propyl- und Butyl-Loste[227].

Im Januar 1918 arbeiteten etwa 20–25 Chemiker an der Ausarbeitung praktikabler Herstellungsmethoden für »mustard gas«. Weitere Gruppen beschäftigten sich in Millbank und Porton mit Studien zur Persistenz der Verbindung sowie der Natur und den Heilungsmöglichkeiten der verursachten Hautschäden. Später begann in Bristol Prof. Ernest Francis Francis (1871–1941) mit grundlegenden Studien zur Molekularstruktur der Schwefelchloride (aber erst um 1940 gelang die vollständige Aufklärung des Mechanismus der Schwefelchlorid-Reaktionen)[227].

Am 17. Januar 1918 setzte sich der zu diesem Zeitpunkt als der führende und einflußreichste auf militärchemischem Gebiet tätige Chemiker geltende Pope, beim »Chemical Warfare Committee« für die Aufnahme des Lapworthschen Schwefeldichlorid-Verfahrens ein. Nur elf Tage später hatte er seine Ansicht geändert und empfahl das von ihm gemeinsam mit seinem Assistenten Charles Stanley Gibson (1884–1950) untersuchte Schwefelmonochlorid sowie Temperaturen von 50–70 °C, wofür er umgehend auch ein vorläufiges Patent (Geheimpatent 142, 875 vom 2. Februar 1918) anmeldete. Die folgenden Monate nutzte er intensiv für die Propagierung seines angeblich etwa 60 % Ausbeute ergebenden Verfahrens und wandte sich am 13. April gar mit einem ausführlichen Memorandum an Churchill.

Im Februar gab das »Chemical Warfare Department« der Firma »Chance and Hunt«, die mit dem Thiodiglycol-Prozeß nicht vorankam, grünes Licht zur Erprobung der pilotmäßigen Umsetzung von Ethylen und Dischwefeldichlorid (Schwefelmonochlorid) nach den Popeschen Vorschlägen.

Etwa zur gleichen Zeit boten die Franzosen, die bereits gut vorangekommen waren (vgl. S. 90), ihre Hilfe bei der Einführung eines »kalten Verfahrens« an, was auf zuständiger britischer Seite auch nach Übergabe der vollständigen Verfahrensunterlagen im Mai weitgehend ignoriert wurde. Lediglich die Farbenfabrik »Herbert Levinstein Ltd.« in Manchester sowie ihr wissenschaftlicher

Berater, Prof. Arthur Georg Green (1864–1941), reagierten positiv, und es gelang ihnen mit relativ einfachen Mitteln, bei Temperaturen von 30–40 °C, ein qualitativ recht gutes Senfgas herzustellen. Sie verhandelten daraufhin mit den Amerikanern, die das Verfahren in Lizenz übernahmen. In Großbritannien hingegen führten die Aktivitäten der Firma Levinstein zu heftigem Streit mit Pope, der zum einen auf hohe Temperaturen setzte, zum anderen das Verfahren für sich reklamierte. Im Mai 1918 wurde die Firma Levinstein sogar aufgefordert, das Verfahren einzustellen. Doch man setzte die Arbeiten am »Levinstein-Prozeß« weiterhin *»auf eigene Gefahr«* fort. Die technischen Entwicklungsarbeiten waren im Mai 1918 dann soweit abgeschlossen, daß eine Produktionsaufnahme erfolgen konnte. Als Green am 7. Juni in der Dienststelle des »Chemical Warfare Department« Harrison Proben des von der Firma Levinstein erzeugten Produktes übergab, erntete er dort Verwunderung sowie Neid, und die Irritation war groß, als er erklärte, daß man die Mustard-Entwicklung *»aus patriotischen Motiven und nicht wegen des Geldes«* übernommen habe[228].

Erst Ende April, als das »Trench Warfare Supplies Department« wegen zahlreicher Fehler bei der Kampfstoffversorgung aufgelöst sowie das »Chemical Warfare Department« in die »Explosives Group« eingegliedert wurde und Quinan für alle Aufgaben der Konstruktion und Fabrikation zuständig war, wurde festgelegt, daß sämtliche mit »mustard gas« zusammenhängenden Fragen fortan in »National Factories« bearbeitet würden. Alle Privatfirmen erhielten den Status von Subauftragnehmern mit genau festgelegten begrenzten Verantwortlichkeiten.

Die in Chittening vorhandenen Anlagen wurden geschlossen und von hunderten, im Mai und Anfang Juni rund um die Uhr tätigen Arbeitern eine neue Anlage in Avonmouth errichtet, die ihr erstes, nach dem »heißen Verfahren« erzeugtes Senfgas am 15. Juni herstellte, obwohl auch die Chemiker der Firma »Chance and Hunt« zwischenzeitlich herausgefunden hatten, daß die günstigsten Ausbeuten bei Temperaturen von 30–35 °C erhalten werden. Dennoch votierte »White Hall« weiterhin für Popes Ansichten. Das Ergebnis waren eine unvollständige Umsetzung, komplexe Produktgemische, hohe Kosten und Frustrationen bei den Beteiligten. Auch das eingesetzte, durch Dehydratation von Alkohol gewonnene Ethylen war von unzureichender Reinheit. Der Leiter der Arbeiten, Whitelaw, und sein Stab griffen daher Anfang Juli nach jedem Strohhalm. So wurde nun auch die Hilfe der Franzosen angenommen und Joseph Frossards (vgl. S. 90) Vorschlag, auf das »kalte Verfahren« überzugehen, sofort in die Tat umgesetzt. Ausbeuten und Qualität verbesserten sich. Dennoch mußte die Produktion wegen des Ausfalls der Ethylenanlage, danach wegen zahlreicher Vergiftungen und fehlenden Fachpersonals zur Instandhaltung der Anlage in der zweiten Julihälfte vorübergehend wieder eingestellt werden. Die erste qualitativ akzeptable Charge verließ Avonmouth am 15. August. Bis zum Waffenstillstand wurden 560 t »mustard gas« produziert, von denen sich 416 t zur Laborierung in Geschosse eigneten. Dabei konnte in der letzten Oktoberwoche bereits eine Kapazität von 135 Tonnen pro Woche erreicht werden[229]. Die Produktion in dem 1100 Beschäftigte zählenden Werk wurde allerdings durch zahlreiche Unfälle und mit der Arbeit zusammenhängende Erkrankungen immer wieder gestört[210].

Füllanlagen für Yperit-Munition richtete man in Chittening und Banbury ein.

Im September 1918 brachten die Briten ihre ersten 10 000 Yperitgranaten bei Bellenglise zum Verschuß.

Die amerikanischen Arbeiten zur Senfgasherstellung begannen Ende September 1917 unter Leitung von James Bryant Conant, der von Havard an die »American University« nach Washington gerufen wurde. Nachdem er zunächst mit wenig Erfolg die Meyersche Route verfolgt hatte, kam er Mitte Januar mit Pope zusammen, später verhandelte man mit der Firma Levinstein und favorisierte nun die »kalte Umsetzung« von Ethylen mit Schwefelmonochlorid. Im Mai erfolgte die vorläufige Produktionsaufnahme, wobei in Edgewood analog der Firma Levinstein mit Schwefelmonochlorid bei etwa 35 °C gearbeitet wurde. Die reguläre Produktion lief im August an. Die Tageskapazität betrug gegen Kriegsende nach Rudolf Hanslian[230] bereits 30 Tonnen, nach Ludwig F. Haber[173] 10 t. Bis zum Waffenstillstand verfügte man über einen Yperit-Vorrat von 897 t[228].

Die anfallenden Produkte der Briten und Amerikaner, die sogenannten Levinstein-Loste, waren durch die starken Verunreinigungen an Polysulfiden (ca. 25 %), Dischwefeldichlorid und kolloidalen Schwefel wenig lagerstabil und auch weniger wirksam als das destillierte reine Lost.

In Frankreich hatte man im Juli 1917 umgehend mit der Entwicklung eines eigenen technischen Verfahrens begonnen und zunächst eine Versuchsanlage bei der Firma »Usines du Rhône« in Péage du Roussillon (bei Lyon) sowie eine weitere, direkt von der »Direction du Matériel Chimique de Guerre« in Nanterre betriebene Anlage errichtet, die nach dem Meyerschen Verfahren arbeiten sollten. Da man damit nicht voran kam, entschloß man sich ziemlich rasch für die Umsetzung von Ethylen mit Schwefelchloriden. Im Januar 1918 arbeiteten auf dem Gebiet drei Wissenschaftlergruppen, die von Francis Charles Moureu und Paul Job (1886–1957), Gabriel Bertrand (1867–1962) sowie Jacques de Kap Herr geleitet wurden[227].

Job und Bertrand nutzten die Umsetzung von Ethylen mit Schwefeldichlorid (SCl_2) und fanden rasch heraus, daß eine ständige intensive Durchmischung und eine sorgfältige Temperaturkontrolle der exothermen Reaktion notwendig sind, wobei sie als günstigsten Temperaturbereich 30–38 °C ermittelten. Sie bemerkten ferner, daß bei einer Zufuhr des Ethylens in das Reaktionsgefäß unter Druck dieses gleichzeitig als Kühlmittel verwendet werden kann. Andererseits zeigte sich jedoch, daß bei niederen Temperaturen und damit verlängerter Reaktionszeit die Gefahr der Zersetzung des Schwefeldichlorids in Dischwefeldichlorid, Schwefel und Chlor wächst. In der technischen Praxis bei »Usines de Rhône« kam es dadurch immer wieder zu einer Verstopfung der Rohrleitungen. Auch das Arbeiten unter vermindertem Druck war nicht erfolgreich. Erst als man sich entschloß, das Schwefeldichlorid vor der Einleitung des Ethylens in Tetrachlormethan zu lösen, konnte man diese Probleme beheben. Im März 1918 lief eine entsprechende Pilotanlage. Im Mai, drei bis vier Monate früher als die Briten und Amerikaner, begann die Firma »Usines de Rhône« mit der technischen Produktion nach dem Schwefeldichlorid-Verfahren, wobei man das Reaktionsprodukt nach Abschluß der Reaktion destillativ auf 85 % Yperit (und 15 % Tetrachlormethan) anreicherte. Die Ausbeuten lagen um 80 % der Theorie.

Die Anleitung des Personals lag in den Händen des Chemikers J. Kap de Herr und des Ingenieur-Chemikers Joseph Frossard, der aus dem Privatbüro des Rüstungsministers Loucheur kam[227].

Zwei weitere Firmen, »Chlor liquide« in Pont-de-Claix und »Stéarineries et Savonneries de Lyon«, wurden ebenfalls in das Yperit-Programm einbezogen. Sie arbeiteten mit Dischwefeldichlorid (Schwefelmonochlorid, S_2Cl_2), erzeugten ihre ersten Batch-Produkte im April und nahmen Ende Mai die volle Produktion auf. Noch vor Kriegsende produzierten drei weitere kleine Werke Yperit, darunter ein Betrieb des »Service des Poudres«.

Im Haberschen Institut schlußfolgerte man aus Beobachtungen zweier aus französischer Gefangenschaft geflohener deutscher Soldaten, daß die Franzosen in ihrem Rousilloner Werk Lost nach dem Verfahren der direkten Umsetzung von Ethylen mit Schwefeldichlorid produzierten, das im 1 km entfernten Salaise in Granaten abgefüllt wurde[224 226]. Weitere Füllanlagen befanden sich in Pont-de-Claix und Aubervilliers.

Diese Erkenntnis führte zu einer Intensivierung der deutschen Bemühungen bei der Entwicklung des »Delostverfahrens«.

Nach dem Anlauf soll die französische Produktion 30mal so schnell angestiegen sein wie die deutsche[228]. In der Zeit von April bis November 1918 wurden nach Jules Poirier in Frankreich 2340 Tonnen Yperit hergestellt[231], mit denen etwa 2,5 Millionen Geschosse gefüllt wurden. Nach Paul Pascal waren es von März 1918 bis Oktober 1918 1047 Tonnen[176]. Ludwig F. Haber gibt die bis Kriegsende erzeugte Lostmenge mit insgesamt 1937 t an; der weitaus größte Teil, 1509 t, stammte von »Usines du Rhône«[227].

Die ersten Yperit-Granaten setzten die Franzosen Anfang Juni 1918 an der Marne-Front ein.

Die Verluste der deutschen Truppen durch französischen und britischen Yperitbeschuß waren beträchtlich, zumal eine Versorgung mit entsprechenden Gasschutzmitteln und Ersatzkleidungsstücken, wie von Haber erwartet, zu diesem Zeitpunkt nicht mehr gewährleistet war.

Unter den Lostgeschädigten eines Angriffs am 14. Oktober 1918 auf das 16. Bayerische Reserveinfanterie-Regiment befand sich auch der 29jährige Gefreite Adolf Hitler (1889–1945). Verschiedene Historiker führen seine Zurückhaltung beim Einsatz chemischer Kampfstoffe während des Zweiten Weltkrieges zumindest teilweise auf diese Erfahrung zurück.

Der individuelle und kollektive Gasschutz

Es seien an dieser Stelle nochmals einige kurze Bemerkungen zum deutschen und alliierten Gasschutz eingefügt[237].

Auch der Aufbau und die Organisation der Produktion von Gasschutzgeräten begannen im Frühjahr 1915 unter Habers Initiative und Führung, der auch später koordinierend und überwachend eingriff[238]. Erste Kontakte knüpfte er zu den Dräger-Werken in Lübeck, von denen zunächst zur Ausrüstung der Gaspioniere für den Chlorblasangriff im März 1915 6000 Sauerstoff-Selbstrettungsgeräte »Dräger-Tübben« aus dem Bergbau bezogen wurden. Mit Dr. Bernhard Dräger (1870–1928) verständigte er sich auch schon auf die Entwicklung und Fertigung einer leichten Gesichtsmaske mit einer Blechdose als Behälter für Chlor absorbierende Stoffe[239].

Später wurde von Haber, der über ausgezeichnete Beziehungen zu Leopold Koppel (1854–1933) verfügte, die Auer-Gesellschaft für die Produktion von Gasmasken-Filtereinsätzen vorgeschlagen. Auf der entsprechenden Sitzung soll er diesbezüglich geäußert haben:

»Diesen Anschluß macht am besten die Auergesellschaft, die hat ja die Fertigung des Blechrohrgewindes für ihre Glühlampen[239].«

Die Schutzrechte der Maske gehörten allerdings den Firmen Auer und Dräger gemeinsam. Letztere hatte vor allem großen Anteil an der Entwicklung des Maskenkörpers, für den Prof. Herzog vom KWI einen gasdichten Stoff entwickelt hatte.

Im Herbst 1915, also etwa ein halbes Jahr nach dem ersten Chlorangriff, konnten die deutschen Truppen mit der von der Abteilung Dr. Hans Pick (später Direktor bei der Auer-Gesellschaft) am Haberschen Institut, der Auer-Gesellschaft (besonders dem Vorstandsmitglied Dr. Remané) und der Firma Dräger entwickelten Heeresgasmaske (Liniengasmaske) aus gummiertem Stoff und mit auswechselbarem Filter ausgerüstet werden (die erste Charge lieferte dabei die Hülle des abgeschossenen französischen Luftschiffes »Alsace«). Das Grundprinzip wurde bis Kriegsende beibehalten. Die Atmung erfolgte durch Pendelatmung, d. h. sowohl Einatem- als auch Ausatemluft gingen gleichermaßen durch den Filter. Der Filter war mit ad- und absorbierenden Stoffen gefüllt.

Am Füllungsmaterial für die Atemeinsätze arbeiteten besonders Dr. W. Lommel und Dr. Voltz in den Leverkusener Farbwerken, wo man nach Angaben Duisbergs ebenfalls sehr frühzeitig und zunächst parallel zu Haber mit Arbeiten zum Gasschutz begonnen hatte[240]. Während mit Pick und Remané Einigkeit über die zu verwendenden giftbindenden Chemikalien bestand, orientierte Pick auf Torf als Trägermaterial, Voltz auf den stabileren Diatomit bzw. Bimskies (Auswurf der deutschen Eifel-Vulkane bei Neuwied), zu deren Gunsten dann auch die Prüfung ausging[204].

Duisberg bemühte sich für die Firma Bayer um die Füllung der Einsätze mit Diatomit und später die Produktion der Sorptionsmaterialien, besonders von Aktivkohle[241].

In einem Vortrag im Mai 1916 gab Duisberg an, daß Leverkusen zu diesem Zeitpunkt etwa die Hälfte der in Deutschland pro Tag gefertigten 100 000 bis 120 000 Atemschutzfilter lieferte[240].

Bereits Anfang 1916 wurde der gegen Chlor wirksame Einschichteneinsatz (Modell 21/8; Filterschicht aus Diatomit, getränkt mit 40%iger Pottaschelösung und zur Verbesserung der Wirkung überpudert mit einer speziellen Aktivkohle) durch den wirksameren Dreischichteneinsatz (Modell 11/11: Diatomit, getränkt mit Pottaschelösung, Urotropin (U-Stoff) und Piperazin (P-Stoff)/gekörnte Aktivkohle/Diatomit, getränkt mit Pottaschelösung und überpudert mit Aktivkohle; gefolgt von 11/C/11 mit zu Lasten der Außenschicht verstärkter Aktivkohle-Schicht) ersetzt.

Der größte Teil der theoretischen und experimentellen Untersuchungen zur Ad- und Absorption erfolgte im Haberschen Institut, wobei man nicht zuletzt auf die Erfahrungen Freundlichs zurückgreifen konnte, der bereits 1907 die von seinem Lehrer Wilhelm Ostwald und Friedrich Bödecker (geb. 1883) empirisch abgeleitete Adsorptionsisotherme wissenschaftlich bewiesen hatte. Für den wichtigen chemischen Teil gelang es Haber, seinen Freund Richard Willstätter heranzuziehen.

Die hochwirksame Aktivkohle wurde nach einem speziellen, ursprünglich für medizinische Kohle entwickelten Verfahren des »Aussiger Vereins« hergestellt. Das Piperazin, das ebenso wie das Urotropin von Willstätter eingeführt wurde (vgl. S. 95), hatte die Aufgabe, während der Phosgenbindung den aus Urotropin freigesetzten Formaldehyd zu binden. Eine chemische Lösung, die den Alliierten bei der Untersuchung erbeuteter deutscher Masken anscheinend entgangen war[242] (vgl. S. 95).

Etwa gleichzeitig erfolgte auch eine Verbesserung der Dichtheit der Maske (deutsche Rahmenmaske).

Die Prüfung der Masken erfolgte zunächst weitgehend im Haberschen Institut (Abt. A unter Herzog und F unter Freundlich), wo auch Apparaturen für die späteren Routineprüfungen in der Industrie entwickelt wurden und an einer weiteren Senkung des Atemwiderstandes gearbeitet wurde[238].

Die Dimensionen der erforderlichen Gasschutzmittel werden deutlich, wenn man erfährt, daß allein von Februar bis Juni 1916 durch das für die Versorgung der vor Verdun liegenden Truppen verantwortliche Etappendepot 5 453 000 Gasmasken, 813 000 Filtereinsätze, 4300 Sauerstoffschutzgeräte und zwei Millionen Liter Sauerstoff ausgegeben wurden[169].

1917 erhielten die ersten Truppenteile eine Maske aus gasdicht imprägniertem Leder, wofür zwei Gründe ausschlaggebend waren: zum einen die zunehmende Kautschukknappheit, zum anderen aber auch die noch nicht befriedigende mechanische Stabilität von gummiertem Baumwollstoff. Eine weitere Erleichterung für die Soldaten bestand in auswechselbaren »Klarsichtgläsern« aus unzerbrechlichem Cellon, die zur Verhinderung des Beschlagens auf der Innenseite mit einer Spezialgelatine beschichtet waren.

Im März 1918 kam schließlich noch ein neuer Zweischichteneinsatz mit einem wesentlich vergrößerten Aktivkohleanteil zur Anwendung, der sich durch eine weiter verbesserte Bindungskraft für Phosgen, Chlorpikrin und Blausäure auszeichnete (bekannt als »Sonntagseinsatz«, da alle Einsätze dieses Typs Herstellungsdaten trugen, die auf Sonntage fielen).

Zum Schutz gegen maskenbrechende Verbindungen wie Zinntetrachlorid, Arsentrichlorid, NC-Mischung sowie Blaukreuzkampfstoff entwickelte man für den Atemschutzfilter einen Schnappdeckelvorsatz, in den ein dünnes Spezialfilterblatt eingelegt werden konnte. Abgesehen von dem erhöhten Atemwiderstand schützten diese Filter jedoch noch nicht hinreichend gegen das eigene Blaukreuz.

Zur Herstellung der Gasmasken, Filtereinsätze und Sorptionsmassen wurde von Haber nach und nach eine ganze Reihe von Unternehmen herangezogen, wie der »Aussiger Verein« zur Produktion von alkalibehandelter Aktivkohle (später wurden die Filter-Füllungen vor allem von Bayer und der BASF geliefert, teilweise auch von Schering und Riedel de Haen); die Firma Siemens & Halske (neben den Auer-Werken) zur Herstellung von Filterbüchsen; die AGFA, Wolfen/ Bitterfeld, zur Lieferung der Klarsichtgläser; die Firma Kahlbaum, Berlin, zur Füllung der Filterbüchsen mit den Sorptionsmaterialien und die Firma Carl Freudenberg, Weinheim, zur Herstellung des Leders für die Ledermasken. Die Endfertigung der Masken und Filtereinsätze erfolgte weitgehend bei Auer.

Insgesamt sollen in Deutschland etwa sechs bis sieben Millionen Gasmasken gefertigt worden sein, dazu einige . . .zig Millionen Ersatzfilter[243].

Willstätter beschreibt seine Haltung und seine (zeitlich wenig aufwendigen, praktisch jedoch sehr bedeutsamen) Arbeiten für den deutschen Gasschutz in seiner Biographie:

»Die gute Zeit der Muße in Dahlem war am 1. August 1914 zu Ende. Mit Professor Haber zusammen suchte ich den Präsidenten der Kaiser-Wilhelm-Gesellschaft auf; wir wollten uns der Regierung für die Kriegsarbeit zur Verfügung stellen. Der Präsident befragte die Regierung, es gab keine Verwendung . . . Schon im ersten Kriegsjahr trat bei der Entwicklung der Gaskampfmethoden bei den deutschen Heeren, natürlich auch bei den feindlichen, ein Ausrüstungsmangel zutage, der im Vorsprung der Offensivmittel gegenüber den Defensiveinrichtungen bestand . . . Haber erkannte die große Gefahr . . . Er beschloß, eine Atemschutzvorrichtung, eine Gasmaske schaffen zu lassen und in der Armee einzuführen. Da die Versuche des Haberschen Institutes, das allein sich ganz auf Kriegsarbeit umstellte, und einiger von der Industrie zur Verfügung gestellter Hilfskräfte zu keinem Erfolg führten, wandte sich Haber mit der privaten Bitte an mich, ihm den chemischen Teil der Gasschutzvorrichtung, nämlich den Atemeinsatz der Gasmaske, zu schaffen. Die Aufgabe war Schutz gegen Chlor und Phosgen, namentlich Phosgen neben Chlor, und gegen sämtliche bekannten und möglichen Gifte und Reizstoffe. Die Anforderungen an die Haltbarkeit beim Aufbewahren und an die Wirksamkeit der Füllung im Gebrauchsfall in bezug auf die Dauer des Schutzes und die zu überwindenden Konzentrationen der Giftgase waren sehr streng, die Frist für die Lösung des Problems war sehr kurz. Da das dem Kriegsministerium unterstellte Habersche Institut mir zwei Mitarbeiter anbot, wählte ich meine bisherigen Assistenten, A. Pfannenstiel und J. Weil, die zum Heeresdienst einberufen waren. Anfangs nahmen wir die Versuche in meinem Laboratorium vor, dann nötigte mich die Rücksicht auf Geheimhaltung, die Arbeit in das benachbarte physikalisch-chemische Institut zu verlegen. Privatim verpflichtete ich mich zur Geheimhaltung meiner Versuche und Ergebnisse, und ich bin dieser Schweigepflicht treu geblieben, obwohl längst von anderer Seite viel publiziert wurde. Die Arbeit nahm nur fünf Wochen in Anspruch und gegen

Ende des Jahres nochmals einige; die Erfüllung des Auftrages war früher beendet, aber die Überwindung auftretender Bedenken erforderte mehr Zeit und Mühe.
Meine Anordnung der Maskenfüllung bestand in einem aus drei verschiedenen Schichten bestehenden Einsatz, worin bekanntlich neben aktiver Kohle dem Hexamethylentetramin (Tarnbezeichnung U-Stoff, d. A.) *eine Hauptrolle zufiel. Die Anwendung der Kohle ist nicht von mir erfunden; ich traf sie im Haberschen Institut und besonders bei den Versuchen des Herrn Dr. Lommel von den Elberfelder Farbenfabriken an; allerdings mit dem Fehler, daß man die Wirkung der Kohle durch Imprägnieren mit Chemikalien verminderte . . .*
Die erste Erprobung der endgültigen, aber noch schlecht ausgeführten Schutzmaske im Gasturm der Deutschen Gasglühlicht A.G. (Auer, d. A.) *war nicht ungefährlich; besser hätte ich dafür meinen Vollbart geopfert. Meine Resultate und Aufzeichnungen lieferte ich im August und November ab*[242]*.«*

Die Großversuche zur Erprobung des Dreischichten-Einsatzes liefen anschließend bei Bayer in Leverkusen, wo dann im weiteren Kriegsverlauf auch mit mehr als 30 Millionen Filtereinsätzen der größte Teil des Heeresbedarfes gefertigt wurde[244].

Die guten Resultate, welche der Atemschutzfilter brachte, wurden Willstätter vom Preußischen Kriegsministerium (Ernst von Wrisberg) in einem Brief am 17. Februar 1917 bestätigt, in dem es heißt:

»Aus einer Übersicht der dem Heere in den letzten 12 Monaten zugeführten Masken und Einsätze entnehme ich, daß rund 30 000 000 Drei-Schichten-Einsätze zur Verwendung gelangt sind.
Die Berichte der Truppe sind dauernd günstig gewesen. Der Drei-Schichten-Einsatz, dessen Fertigung auf den wissenschaftlichen Arbeiten beruht, die Euer Hochwohlgeboren im Herbst 1915 im Kaiser-Wilhelm-Institut für physikalische Chemie und Elektrochemie, Berlin-Dahlem, ausgeführt haben, hat sich darnach als höchst wichtige Abwehrwaffe bewährt. Ich nehme darum Anlaß, Euer Hochwohlgeboren den Dank der Heeresverwaltung für die ebenso wertvolle wie uneigennützige Hilfe auszusprechen, die Sie ihr durch Ihre Mitarbeit bei der Ausrüstung des Heeres geleistet haben[242]*.«*

Am 4. September 1915 erfolgte die Ernennung Willstätters zum Münchner Ordinarius und Direktor des »Chemischen Laboratoriums« des Staates, wo er in einem seiner chemischen Kolloquien im ersten Friedensjahr von einem Kriegsteilnehmer gefragt wurde, wie er es eigentlich angestellt habe, zur Entgiftung von Phosgen gerade auf *»eine so entlegene Substanz wie Urotropin«* zu kommen. Willstätter lüftete das Geheimnis: *»Es fällt einem ein*[242].«

Nach dem Abschluß des Versailler Friedensvertrages avisierte sich bei Willstätter der britische General und zeitweilige Leiter des dortigen Gasschutzdienstes Harold Hartley. Es stellte sich heraus, daß es sich um den Hartley handelte, der 1898 nach München gekommen war, Willstätters Vorlesungen gehört und bei ihm verkehrt hatte. Später wurde er Dozent für physikalische Chemie in Oxford und General beim Gasdienst. Willstätter berichtete über dieses Treffen:

»Der General erzählte mir, der deutsche Atemeinsatz sei von den Alliierten bald analysiert worden. Ein gewisser Bestandteil war unentdeckt geblieben, was

vielleicht die geringere Qualität der von den Alliierten hergestellten Einsätze erklärte[242]*.«*

Nach dem Krieg vertauschte der geadelte Sir Harold seine Dozentur übrigens mit einer leitenden Stellung bei den Londoner Gaswerken, dann mit der des Vizepräsidenten der »London, Midland and Scottish Railway Co.«, bemühte sich aber auch um die Wissenschaftsentwicklung in seinem Land. Willstätter traf ihn in den folgenden Jahren nochmals in London und Chicago[242].

Für die Einführung und Optimierung des deutschen Gasschutzes sowie die Instruktion der Soldaten an den Fronten war bis Mitte 1916 der »Medizinische Dienst« verantwortlich, und die »Stabsoffiziere Gas« (Stogas) waren der Leitung diese Dienstes berichtspflichtig, der sie vor allem mit bürokratischer Schreibtischarbeit eindeckte. Dies änderte sich 1916, nachdem einige Mängel im deutschen Gasschutz offensichtlich wurden und der in der 6. Armee wirkende Stogas Fuchs energisch darauf aufmerksam gemacht hatte. Ein diesbezüglicher Report Habers führte nun auch bei der Obersten Heeresleitung und den Kommandeuren der Armeen zu einem Umdenken. Die Stellung der »Stabsoffiziere Gas« beim Armee-Hauptquartier wurde gestärkt. Jede Division erhielt einen über chemische Kenntnisse verfügenden Stogas. Im Herbst 1916 wurde der gesamte, etwa 200–250 Personen umfassende Gasschutzdienst der Haberschen Abteilung A 10 übertragen[245].

Von Habers Mitarbeitern betreute Gasschulen befanden sich in Berlin und Leverkusen, wobei die Ausbildung für Gasoffiziere und Kommandeure bedeutend gründlicher war als für Infanterieoffiziere.

Auf die sehr vielfältigen Gasschutzmasken der Alliierten, die in ihrer Gesamtwirkung aber längere Zeit hinter den deutschen Entwicklungen zurückstanden, soll hier nicht im einzelnen eingegangen werden.

Sie reichten in **Frankreich** zunächst von der mit Natriumthiosulfat getränkten Mullbinde »Tampon P« über den »Appareil T (Tambuté)«, »T. N.« und »T. N. H. (Hutchinson)«, der zum erstenmal Atem- und Augenschutz vereinigte, bis zum »Appareil M2« (auch »Masque Gravereaux« oder »Masque Martin«), bei dem durch Verwendung von Acetatcellulose das Beschlagen der Augenfenster verhindert werden sollte. Der nachfolgende »Appareil Tissot« verfügte erstmals über eine auf der trockenen Ad- und Absorption beruhenden Filterbüchse mit einer Holzkohle-Soda-Schicht. Später kamen eine zusätzliche Ätzkalk-Stahlspäne-Schicht und ein Ergänzungsfilter für »Maskenbrecher« hinzu. Die auf französischer Seite endgültig verwendete »Masque A.R.S.« (»Appareil respiratoire spécial«) mit zwei Ventilen und einem Dreischichtenfilter (Baumwolle/Aktivkohle/Aktivkohle-Natronkalk, getränkt mit in Glycerin gelöstem Zinnoxid) ähnelte der deutschen Maske. Sie wurde im Herbst 1916 von Prof. Lebeau und Major Dr. Saulnier entwickelt und im November 1917 an die Truppe ausgeliefert. Im Mai 1918 waren alle Frontsoldaten mit der Maske ausgerüstet. Insgesamt produzierte Frankreich bis zum Kriegsende etwa 3,7 Millionen A.R.S.-Masken[243]. Später schlug Lebeau auch den Einsatz eines Baumwollfilters zum Schutz gegen Blaukreuz vor (Maske »Étoile Noire«), was vermutlich jedoch nicht mehr in größerem Umfang realisiert wurde.

Die französischen Gasschulungen fanden in Paris statt. Dabei zeichnete sich besonders der Pharmazeut und Colonel Eugène Tassily (1867–1940) aus, der ab

August 1916 an der »École de Pharmacie« entsprechende Vorlesungen hielt, wobei jeweils bis zu 300 Personen anwesend waren. In den letzten beiden Kriegsjahren sollen etwa 14 000 Offiziere und Kommandeure an diesen Schulungen teilgenommen haben[245].

In **Großbritannien,** wo sich das »Royal Army Medical College« in Millbank zum Zentrum der Gasschutz-Forschung entwickelte, produzierte man auf Vorschlag von Hauptmann E. R. Macpherson und Prof. William Watson zunächst den »Hypo-Helmet H.H.«, der bis September 1915 in einer Stückzahl von 2,5 Millionen gefertigt wurde. Das Einatmen erfolgte direkt durch den mit einer Lösung von Natriumthiosulfat oder Natriumhyposulfit (daher auch Hypo-Helmet) getränkten feuchten Stoff der Schutzhaube, das Ausatmen über ein röhrenförmiges Lippenventil. Ab Sommer 1915 kamen für die Imprägnierung Mischungen aus Natriumthiosulfat, Natriumphenolat, Soda, Glycerin und Seife zum Einsatz. Aufgrund des Phenol-Zusatzes bezeichnete man diesen Helmet als P.H. Eine weitere Verbesserung durch Zusatz von Urotropin (die von den Russen übernommen worden sein soll) erfolgte im Januar 1916. Insgesamt wurden 14 Millionen »P.H.-Hauben« gefertigt. Das Gerät »P.H.G.« war eine spezielle Augenschutzmaske.

Von Colonel Edward Frank Harrison und seinen Mitarbeitern stammt die Entwicklung der ersten britischen Gasmaske, des »Large Box Respirators« (oder Harrisons Tower), dem Vorläufer des auf der trockenen Absorption beruhenden »Small Box Respirators« (S.B.R.).

Zur Bindung der Giftstoffe diente ein Schichtensystem aus Aktivkohle/Permanganat-Natronkalk-Kügelchen/Aktivkohle, das unter wesentlicher Beteiligung von Major Bertrand Lambert (einem Schüler John Scott Haldanes) entwickelt wurde. Insgesamt sollen die Briten bis zum Waffenstillstand 13 Millionen »S.B.R.« an die Truppen ausgeliefert, weitere 4,5 Millionen bevorratet haben[243].

Die von Bertrand Lambert und H. S. Raper zum Schutz vor Blaukreuz für den Atemfilter konstruierten Schutzhüllen aus einem Cellulosewatte-Gewebe, die gegen 10 ppm (= 110 mg/m^3 Clark schützten, wurden ab April 1918 an der Front eingeführt. Ab September produzierte man den »S.B.R. Green Band«, in dem der Blaukreuzfilter innerhalb der Atembüchse untergebracht war[243].

Die erste Gasschule der britischen Expeditionsstreitkräfte wurde im Januar 1916 eingerichtet. Nach und nach erhielt jede Armee und jedes Korps eine eigene Schulungseinrichtung. Die dort ausgebildeten Kommandeure vermittelten ihr Wissen auf Divisionsebene. Weitere Kurse liefen für die Regimentsoffiziere.

Die **Amerikaner** griffen nach wenig erfolgreichen eigenen Versuchen zunächst auf die vorhandenen französischen und englischen Gasmasken zurück und entschieden sich für den englischen »Small Box Respirator«, den sie, in einigen Einzelheiten durch Major Connel verändert, ab November 1917 in Amerika produzierten (»Connels Mask«). Aufgrund der Fronterfahrungen, besonders bei Lost-Beschuß, wurden einige wesentliche Veränderungen des Box-Respirators vorgenommen, die in den »Respirator R.F.K.« (Richardson-Flory-Kops) mündeten. Er wurde im Februar 1918 entwickelt und in einer Stückzahl von mehr als 3 Millionen gefertigt[48 246].

Noch vor dem Waffenstillstand begannen die USA auch mit der Herstellung von 500 000 Stück zweier verbesserter Masken vom Tissot-Typ (»Akron-Tissot – A. T.« und »Kops-Tissot – K. T.«), die bequemer, von geringerem Atemwiderstand und effektiver waren. Unmittelbar vor dem Waffenstillstand lief des weiteren die Produktion der »Maske 1919« an, die aus einer Kombination von Spezialgummi/Baumwollgewebe gefertigt war, mit unzerbrechlichen Sichtgläsern, die durch das Vorbeileiten der kühlen Einatmungsluft trocken gehalten wurden, sowie mit einem sehr wirksamen Filz-Filter gegen Maskenbrecher ausgerüstet war.

Auf allen kriegführenden Seiten arbeitete man auch intensiv an einer ständigen Verbesserung weiterer Gasschutzmaßnahmen. Bereits im Sommer 1916 installierte die deutsche Heeresleitung die ersten Frontlaboratorien, deren Aufgabe in der raschen Analyse der Kampfstoffe des Gegners und seiner Schutzausrüstungen bestand. Meteorologische Meß- und Auswertesysteme fanden Eingang in den Frontalltag, ebenso ein permanentes Beobachtungs- und Warnsystem für die typischen Vorbereitungen des Einsatzes chemischer Kampfstoffe.

Zur Erkennung vergifteter Luft wurden auch Tiere gehalten, die schon bei geringen Konzentrationen Vergiftungserscheinungen zeigten und dadurch eine behelfsmäßige Warnung ermöglichten. So erwiesen sich Hauskatzen als besonders empfindlich gegen Phosgen, während Kanarienvögel schon auf Spuren von Blausäure und Kohlenstoffmonoxid reagierten. Amerikanische Truppen führten teilweise kleine Schneckenkäfige mit sich, da diese Weichtiere schon auf geringste Mengen Lost mit der Absonderung eines milchigen Sekrets antworteten.

Wichtige Unterstände erhielten Aktivkohlefilter oder zumindest Behelfsfilter aus trockener, lockerer Erde und Sand, und die »Gasdisziplin« beim Anlegen der Schutzmasken hatte, besonders auf deutscher Seite, eine große Bedeutung. Auch die schnelle Dezentralisierung der Truppe im Fall eines Gasangriffes gehörte zu den wirkungsvollen Abwehrmaßnahmen.

Höhepunkt und Ende des Gaseinsatzes

Mit dem Eintritt Amerikas in die Kriegshandlungen erfolgte auch eine personelle Verstärkung der alliierten Gastruppen. Am 26. Dezember 1917 wurden die ersten beiden Kompanien des Ingenieur-Regiments 31, jetzt 1. Gasregiment, nach Europa entsandt, wo sie sich mit der englischen »Special Brigade« der »Royal Engineers« zusammenschlossen. Zwei weitere Kompanien folgten am 27. Februar 1918, so daß nun mindestens 1000 amerikanische Spezialisten zur Verfügung standen. Im Juli 1918 trafen die letzten beiden vorgesehenen Kompanien ein. Eigene Gasgeschosse konnten die Amerikaner jedoch nicht mehr zum Einsatz bringen, wenngleich 450000 7,5-cm-Granaten (150000 Yperitgranaten, 300000 NC-Granaten) noch vor Kriegsende verschifft wurden[230].

Insgesamt produzierten die Amerikaner von Juli 1918 bis Kriegsende 2009 Phosgengranaten, 424771 NC-Granaten (Chlorpikrin/Zinntetrachlorid), 155025 Yperitgranaten sowie 25689 Phosgen-Livens-Minen[230].

Die monatliche Füllkapazität der Vereinigten Staaten betrug zu Kriegsende 2,4 Millionen 7,5-cm-, 450000 12-cm-, 180000 15,2-cm-, 540000 15,5-cm-Gasgranaten, 30000 Livens-Gasminen und 750000 Gas-Handgranaten[230].

Auf dem Seeweg nach Europa befanden sich auch die ersten 150 Tonnen eines neuen, im Frühjahr 1918 von Winford Lee Lewis (1878–1943) an der Katholischen Universität in Washington entwickelten, in der Wirkung dem Senfgas vergleichbaren arsenorganischen Kampfstoffes. Chemisch handelte es sich um 2-Chlorvinylarsinchlorid, das die Amerikaner als »Lewisit« bezeichneten. Die Verbindung wurde bereits 1916 von dem deutschen, an der Universität Straßburg tätigen Chemiker Friedrich Karl Johannes Thiele (1865–1918) synthetisiert und eingehend auf ihre chemischen und physiologischen Wirkungen untersucht.

Von den Bayer-Laboratorien war der Abteilung Wieland im Haberschen Institut eine Probe dieses Stoffes, den man allerdings weniger wirksam als Ethylarsindichlorid einschätzte, übergeben worden. Heinrich Wieland und A. Bloemer, die sich näher mit dieser Verbindung befaßten, verwarfen ebenfalls ihren Einsatz, vermutlich, weil man zu diesem Zeitpunkt voll auf das hochwirksame Gelbkreuz setzte[232].

Auch die Produktion eines neuen, effektiven Tränenreizstoffes war in den USA aufgenommen worden. Es handelte sich dabei um das erstmals 1871 von dem deutschen Chemiker Carl Graebe (1841–1927) synthetisierte (später auch als Polizeikampfstoff bekannt gewordene) ω-Chloracetophenon (CN).

Gegen Ende 1917 kam es auf deutscher Seite zu einer Reorganisation der Gastruppen, die nun vor allem mit dem Gaswerferschießen beauftragt wurden und zur Verstärkung ein neues Gaspionier-Bataillon erhielten. Ende September bestanden nach Ludwig F. Haber acht Bataillone mit einer theoretischen Stärke von 8000 Mann (praktisch wurden in der letzten Kriegsphase nach seinen Angaben jedoch nur 5000 Mann erreicht). Zur gleichen Zeit verfügten die alliierten Streitkräfte über insgesamt etwa 8000–9000 Mann für Blasangriffe und Gaswerferoperationen[233].

Nach Augustin Mitchell Prentiss (geb. 1890) verfügte Deutschland über neun Bataillone mit insgesamt 7000 Mann, Frankreich, Großbritannien und die USA über insgesamt 13 Bataillone mit 12665 Mann (vgl. dazu auch Tabelle 1)[234].

Tabelle 1: Chemische Truppen im Ersten Weltkrieg (1918) (nach A. M. Prentiss, 1937)[234]

Land	Bataillone	Kompanien	Truppenstärke	Anteil an Gesamtstärke in %	Organisation
Deutschland	9	36	7000	2,0	4 Regimenter zu je 2 Bataillonen zu je 4 Kompanien; 1 zusätzliches Bataillon
Großbritannien	5	21	7365	6,9	1 Brigade mit 5 Bataillonen zu je 4 Kompanien, 1 Spezialkompanie
Frankreich	6	18	3600	2,0	6 Bataillone zu je 3 Kompanien
USA	2	6	1700	2,0	1 Regiment mit 2 Bataillonen zu je 3 Kompanien
Italien	1	3	500	0,3	1 Bataillon mit 3 Kompanien
Rußland	7	14	2800	1,1	7 Bataillone zu je 2 Kompanien
Österreich	1	4	800	1,1	1 Bataillon mit 4 Kompanien

Im Kriegsjahr 1918 erreichte der Kampfstoffeinsatz auf allen Seiten seinen Höhepunkt, was sich auch an der steigenden Zahl des Anteils der »Gasverluste« an den Gesamtverlusten zeigte. Bei einigen Kampfhandlungen erreichte der Anteil der Gasmunition 50 %. Die Engländer setzten nach Foulkes ab März 1918 allein 96 000 Gaswerferflaschen und 35 000 vierzöllige Stokes-Minen mit 2245 Tonnen (vermutlich nur ca. 1600 t, d. A.) Kampfstoffen ein[144].

Bei den Deutschen erreichte der Anteil der Artillerie-Gasgranaten 25 bis 30 %, wobei weiter verbesserte Blau- und Gelbkreuzgeschosse zum Einsatz kamen[235]. Bei den Briten betrug der Anteil der Reiz- und Giftstoffgeschosse 1918 insgesamt ebenfalls maximal bis zu einem Drittel[236].

Erst gegen Kriegsende machte sich auf deutscher Seite durch fehlenden Nachschub (Rohstoff- und Arbeitskräfteknappheit) ein drastischer Mangel an Gasmunition bemerkbar. Die Kampfstoffproduktion der Alliierten hatte die deutsche erheblich überholt.

Kurz vor Kriegsschluß bereitete man daher, wie O. Lummitsch berichtet, in Breloh sogar eine Wiederaufnahme des Blasverfahrens vor:

»Auf unserem Gasübungsplatz in Breloh bei Munsterlager wurden sämtliche Raupenschlepper des Heeres zusammengezogen und auf diesen die früher verwendeten Kampfgasflaschen montiert. Mit diesen dicht bestückten Kampfwagen sollte dann unter dem Schutz der üblichen Artilleriewalze im Trichtergelände möglichst weit

vorgefahren und dann überraschend abgeblasen werden. Die hoch konzentrierte Gaswolke, vermischt mit dem maskendurchdringenden Rauch aus Büchsen, die Professor Frank (Franck, d. A.) *entwickelt hatte, wäre wahrscheinlich geeignet gewesen, unserer Infanterie den Weg zu einem entscheidenden Angriff freizumachen*[81]*.«*

Für die geplante Frühjahrsoffensive 1919 wurde von Mitarbeitern Habers, darunter auch Otto Hahn, auf der Halbinsel Hela (polnische Ostseeküste) auch eine größere Anzahl Blaukreuz-Gasschweltöpfe (Gasbüchsen?, vgl. S. 77) erprobt[185].

Als Kennzeichen für die Bedeutung der Gasgeschosse insgesamt führte Haber später an, daß sie 1918 auf dem Höhepunkt des Gaskrieges auf deutscher Seite ein Viertel aller verschossenen Munition ausmachten, eine Folge effektiver Zusammenarbeit von Militär, Wissenschaft und chemischer Industrie oder, wie Joseph Borkin formuliert:

»Die Farbenindustrie und das Kaiser-Wilhelm-Institut fungierten als chemische Kampftruppe*[27]*.«

Über die Art der zum Einsatz gekommenen chemischen Kampfstoffe wurde während des Krieges aus Geheimhaltungsgründen naturgemäß nichts publik. Die in der offenen deutschen Fachliteratur wohl ersten Übersichten zu den während des Weltkrieges angewandten chemischen Kampfstoffe finden sich in der Chemiker-Zeitung Nr. 74 vom 19. Juni 1919 (S. 365–367) und im Septemberheft 1919 der Zeitschrift für das gesamte Schieß- und Sprengstoffwesen (S. 384–385), wobei man sich allerdings selbst dort auf alliierte Angaben bzw. einen am 17. Januar 1918 von dem Mitglied der englischen Militärmission in den Vereinigten Staaten, Major S. J. Auld, vor der »American Chemical Society« in Washington gehaltenen und im April 1918 im »Journal of Industrial and Engineering Chemistry« veröffentlichten Vortrag bezieht[247]. Die Chemiker-Zeitung vom 12. August 1919 berichtete in einem nicht namentlich gekennzeichneten Beitrag ferner über eine Rede Herbert Levinsteins vor der »Society of Chemical Industry«. Dabei gab man unter Bezug auf William Jackson Pope an, daß Deutschland nach dem Verfahren von Viktor Meyer Senfgas produziert habe, während Großbritannien Ethylen direkt mit Dischwefeldichlorid umsetzte. Das Verfahren sei auch Frankreich (vgl. aber S. 90) und den USA mitgeteilt worden, wo man ebenfalls große Anlagen betrieben habe. Bei Abschluß des Waffenstillstandes sollen die Alliierten täglich so viel produziert haben wie die Zentralmächte in einem Monat[228].

Da der Stiftungsrat des »Kaiser-Wilhelm-Institutes für physikalische Chemie und Elektrochemie« unter Leitung von Leopold Koppel der militärischen Unterstellung nur bis Kriegsende zugestimmt hatte, suchte man bereits während des Krieges nach Möglichkeiten, auch danach die militärchemischen Arbeiten fortführen zu können. In einem Brief vom 4. Juli 1916 schlug Koppel dem preußischen Kriegsminister daher die Gründung einer »Kaiser-Wilhelm-Stiftung für Kriegstechnische Wissenschaft« vor, welche die weitere Zusammenarbeit zwischen Heer, Marine und Wissenschaft gewährleisten sollte. Kaiser Wilhelm II. genehmigte die Stiftung am 17. November 1916 in seinem Großen Hauptquartier. Einer der sechs vorgesehenen Fachausschüsse sollte sich mit chemischen Kampfstoffen, Sprengstoffen und Pulvern befassen[248].

Da die Stiftung über keine eigenen Laboratorien verfügte, beantragte das Kriegsministerium (von Wrisberg, auf Veranlassung Habers) beim Kultusministerium am 13. Februar 1917, in Berlin ein gesondertes Forschungsinstitut für Gaskampf- und Gasabwehrmittel zu errichten, um das während des Krieges *»erworbene Erfahrungskapital«* auch in Friedenszeiten weiter zu nutzen, *»damit die bestehende Überlegenheit unserer Ausrüstung nicht verloren geht«*.

Zu diesem Zwecke sollte *»wenigstens ein Teil der Personen, welche mit diesem Gegenstande im Kriege durch dauernde Arbeit verbunden sind, der Fortarbeit erhalten«* bleiben. Diese Einrichtung könnte dann auch die vielfältige Problematik der Schädlingsbekämpfungsmittel bearbeiten, die als offizielle Hauptaufgabe deklariert werden sollte[249 250].

Der Senat der Kaiser-Wilhelm-Gesellschaft stimmte dem Vorhaben grundsätzlich zu, wandte in einer Sitzung am 11. Mai 1917 jedoch ein, daß die wissenschaftliche Erprobung von Gaskampfmitteln *»abseits der eigentlichen Aufgaben der Kaiser-Wilhelm-Gesellschaft»* läge[251].

Auch auf die Mitglieder von Kuratorium und Verwaltungsrat des neuen Institutes hatte man sich bereits geeinigt. Im Kuratorium sollten der Chef des »Allgemeinen Kriegsdepartments«, Oberst Ernst von Wrisberg, der Chef des Zivilkabinetts des Kaisers, Rudolf von Valentini, Oberstleutnant Max Bauer und zwei weitere höhere Offiziere, Ministerialdirektor Friedrich Schmidt-Ott (1860–1956) vom Kultusministerium, die Leiter von sechs militärischen Prüfungskommissionen sowie die Wissenschaftler Fritz Haber, Emil Fischer, Walther Nernst, Prof. Fritz Wüst (1860–1938) von der Technischen Hochschule Aachen und die Professoren Alois Riedler (1850–1936) und Heinrich Müller-Breslau (1851–1925) von der Technischen Hochschule Berlin-Charlottenburg sitzen. Für den Verwaltungsrat waren als Vorsitzender Leopold Koppel, als Geschäftsführer Oberstleutnant Max Bauer und als Mitglieder Adolf von Harnack (1851–1930), Präsident der »Kaiser-Wilhelm-Gesellschaft zur Förderung der Wissenschaften«, sowie die Professoren Otto Diels (1876–1954) und Roethe von der »Preußischen Akademie der Wissenschaften« vorgesehen[252].

Auf Bitte Adolf von Harnacks legte Haber am 18. September 1917 eine Denkschrift vor, in der es u. a. heißt:

»Es ist nicht zu sehen, welche Änderung die chemischen Kampfmittel entbehrlich machen könnte, solange Kriege zwischen Völkern gleicher technischer Entwicklungsstufe geführt werden. Im Gegenteil! Die verhältnismäßige Bedeutung der chemischen Kampfstoffe wird . . . weiter steigen, weil ihre Kenntnis und Ausbildung erst am Beginn steht.«

Ferner hebt Haber hervor,

»daß die Heeresverwaltung auch nach Beendigung des gegenwärtigen Krieges dem Gaskampf und Gasschutz besondere Aufmerksamkeit selbst dann wird zuwenden müssen, wenn, wie manche hoffen, internationale Vereinbarungen den künftigen Krieg oder doch die Verwendung chemischer Kampfmittel in einem künftigen Krieg zu hindern versuchen sollte.«

Weiterhin fordert er, daß in Friedenszeiten

»die Erforschung der naturwissenschaftlichen Grundlagen (des Gaskampfes, d. A.) *aber an ein neues wissenschaftliches Institut abgegeben und das KWI für physika-*

lische und Elektrochemie seiner ursprünglichen Bestimmung zugeführt werden müsse[98]*.«*

Als Namen für eine solche neue Einrichtung, deren leitende Stellen von Männern seines Institutes besetzt werden sollten, die für den Gaseinsatz tätig waren, schlägt er *»Kaiser-Wilhelm-Institut für angewandte physikalische und Biochemie«* vor. Es sollte aus einer chemischen, einer biochemischen sowie einer physikalischen Abteilung bestehen und auch die für zivile Zwecke (z. B. Schädlingsbekämpfung) notwendigen toxikologischen Forschungen übernehmen. Durch das während des Krieges erprobte interdisziplinäre Zusammenwirken von Chemikern, Physikern und Medizinern könnten auf diese Weise *»aus Mitteln der Vernichtung Quellen eines neuen Wohlstandes gemacht werden«*. Haber selbst erklärt sich bereit, ehren- und nebenamtlich die vorläufige Leitung zu übernehmen[98].

Am 19. Oktober 1917 lehnte die Kaiser-Wilhelm-Gesellschaft nochmals eine direkte Beteiligung an praktischen Gaskampfversuchen ab[251] (wobei besonders der Heidelberger Internist Ludolf Krehl, 1861–1937, immer wieder zu besonderer Vorsicht mahnte[253]), und es konnte keine Einigung über ein derartiges neues Kaiser-Wilhelm-Institut erzielt werden.

Aus diesem Grund beschloß das Kriegsministerium im Juli 1918, dem Haberschen Institut für physikalische und Elektrochemie über die Koppel-Stiftung nochmals sechs Millionen Mark zur Fortführung der Gaskriegsforschung zur Verfügung zu stellen. Der Stiftungsrat erklärte sich in diesem Zusammenhang und in Übereinstimmung mit dem Kultusministerium (Friedrich Schmidt-Ott) bereit, dem Institut zur Erfüllung dieser Aufgabe verschiedene Abteilungen für *»angewandte Wissenschaften«* anzugliedern, für die in der Nähe des bestehenden Institutsgebäudes ein gesondertes Gebäude errichtet werden sollte.

Am 24. September 1918 bedankte sich der preußische Kultusminister beim Kriegsminister für die Überweisung der sechs Millionen Mark und sicherte gleichzeitig zu, *»die mit dem Gegenstand im Kriege durch dauernde Arbeit verbundenen Personen der Wissenschaft zu erhalten«*[254].

Diese Bemerkung bezog sich speziell auf die von Haber benannten Professoren Herbert Freundlich, Ferdinand Flury, Wilhelm Steinkopf und Paul Friedländer.

In einem Entwurfspapier vom 10. September 1918 regte Haber allerdings nochmals die Schaffung einer separaten Einrichtung an, die er *»Institut für reine und angewandte Chemie«* nannte. Dort sollten auf der Basis der im Kriege gemachten Erfahrungen die naturwissenschaftlichen Grundlagen des Gaskampfes und seiner Abwehr erforscht werden[255].

In den letzten Kriegswochen, als die deutsche Niederlage nicht mehr abwendbar war, berieten Haber, das Kultus- und das Kriegsministerium mehrfach darüber, wie das bereitgestellte Geld auch nach einem verlorenen Krieg für den angestrebten Zweck genutzt werden könnte. Man kam überein, zum Erhalt des vorhandenen *»Erfahrungskapitals«* die wissenschaftliche Bearbeitung biologisch hochaktiver Stoffe zum offiziellen Gegenstand der Forschung zu machen, die entweder direkt als Schädlingsbekämpfungsmittel genutzt oder zu Arzneimitteln weiterverarbeitet werden können – und im Bedarfsfall auch militärisch von Bedeutung sein könnten.

Bereits im Frühjahr 1917 hatte man unter Habers Vorsitz einen »Technischen Ausschuß für Schädlingsbekämpfung« gegründet und als zugleich wirtschaftsführender Behörde dem Preußischen Kriegsministerium angegliedert. Diese Richtung dürfte von der chemischen Industrie, deren Vertreter dem Ausschuß ebenso angehörten wie Vertreter des Staates, des Militärs und der Wissenschaft, nach Kräften gefördert worden sein. Mußte man doch auch hier an die Weiterentwicklung der Produktion in den Nachkriegsjahren denken. Die Doppelfunktion verschiedener Gifte als zivile Produkte (Zwischenprodukte, Schädlingsbekämpfungsmittel) und Kampfstoffe, die schon zu Beginn des Weltkrieges geschickt ausgenutzt wurde (man denke nur an Chlor und Phosgen), sollte Ende der dreißiger Jahre am Beispiel der von Gerhard Schrader (1903–1990) synthetisierten phosphororganischen Nervengifte besonders deutlich werden.

Während des Krieges hatte man ferner die Bedeutung der chemischen Schädlingsbekämpfung, vor allem der Läuse und Wanzen im militärischen und der Mehlmotte im zivilen und militärischen Bereich, erkannt. Dabei arbeiteten die »Medizinalabteilung« sowie die »Chemische Abteilung« des Kriegsministeriums und der »Technische Ausschuß für Schädlingsbekämpfung« eng zusammen, wobei sich der Entomologe Albrecht Hase bei der Entwicklung und Anwendung der Blausäurebegasung besondere Verdienste erwarb. Wissenschaftlich unterstützt wurde er dabei vom Haber-Institut und praktisch von einer »Kompanie für Schädlingsbekämpfung«, die aus erfahrenen Gassoldaten bestand[250 256].

Albrecht Hase selbst wies später darauf hin:

»Wenn sich das Blausäureverfahren (zur Schädlingsbekämpfung, d. A.) *von 1917 an überraschend schnell in Deutschland eingebürgert hat, gebührt der Dank in erster Linie Haber und seinen Mitarbeitern[256].«*

Eine Realisierung derartig getarnter Experimente an potentiellen chemischen Kampfstoffen erwies sich nach Kriegsende jedoch in größerem Umfang als kaum möglich, da die alliierte Kontrollkommission, welche die Einhaltung der Bedingungen des Versailler Friedensvertrages überwachte, natürlich ein besonderes Interesse an den Arbeiten im Haberschen Institut zeigte.

Haber, der zweifelsohne die zentrale Person des deutschen Gaskrieges war, faßte seine Vorstellungen, Arbeiten und Bewertungen zum Kampfstoffeinsatz nach dem Krieg in mehreren Vorträgen zusammen, von denen der am 11. November 1920 vor Offizieren des Reichswehrministeriums gehaltene Vortrag »Die Chemie im Kriege«[257], der Vortrag »Zur Geschichte des Gaskrieges« vor dem parlamentarischen Untersuchungsausschuß des Deutschen Reichstages am 1. Oktober 1923[258] und der Vortrag »Die deutsche Chemie in den letzten 10 Jahren« vor dem deutschen Klub in Buenos Aires am 4. Dezember 1923 besonders hervorzuheben sind[259].

Leider ist bis heute kein persönlicher Briefwechsel Habers vollständig bekannt geworden[333], und es ist auch kaum damit zu rechnen, da sein persönlicher Nachlaß im Pariser Haus seines Sohnes Hermann Haber (1902–1946) durch die Ereignisse des Zweiten Weltkrieges teilweise vernichtet wurde.

Die Deutschland während des Ersten Weltkrieges in einem relativ kurzen Zeitraum gelungenen Entwicklungen hochwirksamer chemischer Kampfstoffe sowie ihrer Einsatzmittel (Blasflaschen, Kampfstoff-Minen, Kampfstoff-Granaten und Wurfkörper), die Realisierung der technischen Produktion und die Erarbeitung günstiger und praktikabler Laborierungsmethoden für diese schwer handhabbaren Verbindungen wurde auf dem Wege einer relativ unbürokratischen und damit effektiven Zusammenarbeit aller erforderlichen Kräfte, vom Wissenschaftler im Labor über den verantwortlichen Industriellen und den zuständigen Ingenieur bis zum Gasoffizier und -soldaten, erreicht.

Auch die großen deutschen Chemieunternehmen arbeiteten während des Krieges – wenn auch nicht ohne Konkurrenz – auf dem Kampfstoffsektor eng und erfolgreich zusammen. Victor Lefebure berichtete 1921 in seinem Buch »The Riddle of the Rhine«, daß die Vertreter der chemischen Industrie und des Kriegsministeriums vor der Einführung eines neuen Giftstoffes in Berlin zu Konferenzen zusammenkamen, wo besonders bei mehrstufigen Herstellungsverfahren festgelegt wurde, in welcher Weise die Produktion aufgeteilt werden solle, um die Kapazitäten und Erfahrungen der einzelnen Firmen optimal zu nutzen (vgl. auch S. 34). Dabei wurden das Militär und die Wissenschaft unmittelbar mit einbezogen. In den Firmen waren ständig größere Gruppen Offiziere und Soldaten anwesend, die man an Ort und Stelle mit den Eigenschaften und der Anwendung der Kampfstoffe vertraut machte. Bei Leverkusen entstand ferner eine spezielle Gaskriegsschule[260].

Die Wissenschaftler aus dem Kaiser-Wilhelm-Institut wurden zur Lösung spezieller wissenschaftlich-technischer Probleme in der Industrie sowie zur Ausbildung der Gassoldaten und Beratung der Offiziere an der Front herangezogen. Das Ergebnis war ein insgesamt erfolgreich funktionierendes Zusammenwirken industrieller, militärischer und wissenschaftlicher Kräfte[261].

Nach den Angaben des Physikochemikers Paul Günther (geb. 1903) kann man davon ausgehen, daß der allergrößte Teil der deutschen Naturwissenschaftler (aber auch der Wissenschaftler in den alliierten Staaten, d. A.) zur Mitarbeit an Fragen des chemischen Krieges bereit war:

»Die Abwendung von der rein wissenschaftlichen Forschung zur Behandlung von Kriegsproblemen galt am Anfang bei den großen Naturwissenschaftlern nicht als Selbstverständlichkeit, aber allmählich vollzogen sie sie fast alle[15]*.«*

Die meisten Wissenschaftler sahen im Krieg lediglich eine Form des internationalen Wettbewerbes der Forscher und Ingenieure und feierten jede deutsche Entwicklung als Sieg und Überlegenheit des deutschen Forschungsstandes und der deutschen Leistungsfähigkeit. Dies offenbart sich sehr deutlich in einer (vermutlich unter Habers Mitwirkung) bei Kriegsende entstandenen Stellungnahme zu dem für Deutschland bevorstehenden Verbot chemischer Waffen:

»Der Fortschritt der technischen Kultur besteht darin, daß die geistige Überlegenheit, gestützt auf die Hilfsmittel der Naturwissenschaft, die Entscheidung bringt. Ein Verbot der chemischen Kampfmittel würde diesem Grundsatz technischer Kulturentwicklung widersprechen[262]*.«*

Die Haltung der Naturwissenschaftler zeigte sich auch, als der Physiologe Emil Abderhalden (1877–1950) dem Rektor der Universität Halle-Wittenberg am 26. April 1917 Fritz Haber zur Ernennung als Ehrendoktor der Medizin vorschlug. Von der Festversammlung wurde der Akt mit brausendem Beifall aufgenommen[262].

Der Pazifist Albert Einstein (1879–1955), seit 1914 Direktor des »Kaiser-Wilhelm-Instituts für Physik«, berichtet über das Engagement der deutschen Wissenschaftler während des Krieges:

»Die umfassende organisatorische Geschicklichkeit ist fast unvorstellbar. Alle an Universitäten tätigen Gelehrten haben militärische Dienste oder Aufträge übernommen[263]*.«*

Und in einem Brief an den Physiker Hendrik A. Lorentz (1853–1928) schrieb er am 3. April 1917:

»Nur ganz selten selbständige Charaktere können sich dem Druck der herrschenden Meinungen entziehen. In der Akademie scheint kein solcher zu sein[263]*.«*

Der Physiker Max Born (1882–1970, Nobelpreis für Physik 1954) äußerte später zu dieser ethisch-moralischen Problematik:

»Viele meiner Kollegen haben dabei mitgewirkt, auch Männer von hohen ethischen Überzeugungen. Genau wie Haber galt ihnen die Verteidigung des Vaterlandes als erstes Gebot. Ich fühlte schon damals einen Gewissenskonflikt. Es handelte sich nicht darum, ob Gasgranaten unmenschlicher seien als Sprenggranaten, sondern darum, ob Gift, das seit undenklichen Zeiten als Mittel des feigen Mordes galt, als Kriegswaffe zulässig sei, weil ohne eine Grenze des Erlaubten bald alles erlaubt sein würde. Aber erst viel später, nach Hiroshima, habe ich angefangen, mir klare Begriffe darüber zu machen[264]*.«*

Zu den wenigen Ausnahmen, die den Krieg und speziell den Gaskrieg öffentlich ablehnten, gehörte der Chemiker Hermann Staudinger (1881–1965, Nobelpreis für Chemie 1953). Er legte seine Meinung bereits während des Krieges (1917/1918) in der Zeitschrift »Die Friedenswarte, Blätter für zwischenstaatliche Organisation«, der »Revue International de la Croix Rouge« sowie einer Denkschrift an das deutsche Hauptquartier nieder und wandte sich in öffentlichen Vorträgen und Briefen an Fachkollegen gegen den chemischen Krieg. Allerdings tat er dies von der neutralen Schweiz aus, wo er 1912 die Nachfolge Richard Willstätters an der »Eidgenössischen Technischen Hochschule« in Zürich angetreten hatte[265][266]. Ende 1919 kam es auf Initiative Staudingers zu einem Briefwechsel mit Haber.

Dabei betonte Staudinger in seinem Brief vom 19. Oktober 1919,

»daß nämlich gerade wir Chemiker in Zukunft die Verpflichtung haben, auf die Gefahren der moderneren Technik aufmerksam zu machen, um so für eine friedliche Gestaltung der europäischen Verhältnisse zu wirken, da ein nochmaliger Krieg in seinen Verheerungen unausdenkbar wäre[265]*.«*

Am 23. Oktober antwortete ihm Haber:

»Sie sind damit (gemeint ist die Veröffentlichung in der »Revue International de la Croix Rouge«, d. A.) *Deutschland in der Zeit seiner größten Not und Hilflosigkeit in den Rücken gefallen*[265][266]*.«*

Auch den Leutnant Otto Hahn, der in vielfältiger Weise in den Gaskrieg einbezogen war (vgl. S. 22), plagten mitunter persönliche Skrupel[267]. Bereits im Januar 1915, als ihn Haber für Arbeiten zum Gaskampf heranzog, hatte er seine Bedenken geäußert:

»Mitte Januar 1915 wurde ich zu Geheimrat Haber befohlen, der im Auftrage des Kriegsministeriums in Brüssel weilte. Er erklärte mir, daß die erstarrten Fronten im Westen nur durch neue Waffen in Bewegung zu bringen seien, wobei man in erster

Linie an aggressive und giftige Gase, vor allem Chlorgas, denke, das aus den vordersten Stellungen auf den Gegner abgeblasen werden müsse. Auf meinen Einwand, daß diese Art der Kriegführung gegen die Haager Konvention verstoße, meinte er, die Franzosen hätten – wenn auch in unzureichender Form, nämlich mit gasgefüllter Gewehrmunition – den Anfang hierzu gemacht. Auch seien unzählige Menschenleben zu retten, wenn der Krieg auf diese Weise schneller beendet werden könne[267]*.«*

Nach einem Chlor-Phosgen-Blasangriff am 12. Juni 1915 bei Bolimov (vgl. S. 26), an dem Hahn teilnahm, wurde er direkt mit einer erheblichen Anzahl vergifteter Russen konfrontiert. In seiner Biographie äußert er dazu:

»Ich war damals tief beschämt und innerlich sehr erregt, denn schließlich hatte ich doch selbst diese Tragödie mit ausgelöst[267]*.«*

Auch die enge Verflechtung von Wissenschaft, Industrie und Militär wird aus der Biographie Otto Hahns deutlich sichtbar, der u. a. über seine ständig wechselnden Einsätze an der Front, Arbeiten im Berliner Institut, in der chemischen Fabrik Bayer und bei der Maskenprüfung berichtet:

»Haber teilte mir mit, daß er den Auftrag habe, eine Spezialtruppe für den Gaskampf aufzustellen. Außer mir wurde auch eine Reihe meiner früheren Kollegen, darunter James Franck, Gustav Hertz, Wilhelm Westphal und Erwin Madelung, für diese Aufgabe abkommandiert. Wir bildeten das neue Pionierregiment 36 und erhielten in Berlin die erste Spezialausbildung im Umgang mit den Gaskampfstoffen und dem dazugehörenden Gerät, darunter auch der sogenannte Drägersche Selbstretter . . . Ich gehörte nicht zum ›Gasschutz‹, sondern zum ›Gasangriff‹, und ich mußte mit meinen Kameraden, wenn wir in Berlin waren, alle möglichen Giftgase prüfen. Dabei stellte sich Phosgen als das am stärksten wirkende Gift heraus, das selbst die Blausäure noch übertraf . . . Nach meinen Arbeiten in Leverkusen kam ich an die Verdunfront, wo am 8. Mai vom Fort Douaumont aus die neuen Grünkreuzgranaten verschossen werden sollten. Ich hatte den Auftrag, einen Tag vorher im Fort den Leiter des geplanten Unternehmens über die neue Waffe aufzuklären . . . Von Douaumont kam ich wieder nach Leverkusen zurück, um die Herstellung neuer Gasgranaten zu beaufsichtigen . . . Aber der Umgang mit dem Gas war recht gefährlich. Ich hatte allein die Granaten mit dem stark gekühlten, flüssigen Phosgen zu füllen. Und obwohl ich mich den Umständen entsprechend vorsah, und mir auch eine zweckmäßige Atemtechnik angewöhnt hatte, passierte mir nach dem Füllen einiger hundert Granaten doch ein kleines Mißgeschick. Ein Phosgenspritzer kam ins Auge, und ich mußte mich, um die Verätzung durch die entstehende Salzsäure möglichst aufzuhalten, in ärztliche Behandlung begeben, was einige Zeit dauerte . . . Noch im Mai hörte meine Tätigkeit in Leverkusen auf, und ich kehrte mit meiner Frau nach Berlin zurück. Hier fand im Haberschen Institut in Dahlem mit Vertretern der Industrie eine große Besprechung über den Stand der Gaskampfstoffe statt (vgl. Lit.[111] und S. 34 f.). *Zu den mehr als 40 Teilnehmern gehörten 25 prominente Wissenschaftler des Instituts, darunter die späteren Nobelpreisträger Willstätter, Franck und Wieland, vier Beauftragte des Kriegsministeriums sowie leitende Herren der Chemischen Fabriken in Ludwigshafen, Leverkusen und Hoechst, von Cassella & Co. und von Kalle & Co. Einziger Beauftragter des Kommandeurs der Gastruppen: Leutnant Otto Hahn.*

Im Anschluß an diese Periode der Institutsarbeit tat ich wieder als Frontbeobachter Dienst . . . In den nächsten Monaten wechselte meine Tätigkeit ständig: Mal arbeitete ich als Frontbeobachter zur Vorbereitung von Gasangriffen, mal hatte ich in Berlin und Döberitz vor allem die Schutzwirkung von Gasmasken zu prüfen. Ich war eines der freiwilligen ›Versuchskaninchen‹, das die Maske solange aufzubehalten hatte, bis das Gas die Atemwege durchbrach . . . Eine Zigarette nach solchen Versuchen schmeckte abscheulich. Sie war ein untrügliches Mittel zum Erkennen des Phosgens. Auch mußten aus Gaswolken unterschiedlicher Konzentration mit evakuierten Büretten Giftproben entnommen werden, wenn die Wirkung unserer Gasmunition erprobt werden sollte. Diese Arbeit war nicht ungefährlich, war man doch dabei auf die absolute Sicherheit der eigenen Schutzmaske angewiesen. Mir passierte nichts, der Leverkusener Chemiker Dr. Günther wurde aber tödlich vergiftet, weil seine Maske verrutscht war; und auch Professor Freundlich vom Haberschen Institut exponierte sich so, daß er in Lebensgefahr geriet[267]*.«*

Den Aufschwung, den die großen Chemiefirmen durch die Aufnahme der Kampfstoffproduktion erfuhren, deutete Carl Duisberg bereits am 24. Juli 1915 in einem Brief an Bauer sehr zufrieden an:

»Sähen Sie jetzt einmal, wie es hier in Leverkusen aussieht, wie die ganze Fabrik umgekrempelt und umorganisiert ist, wie wir fast nichts mehr als Kriegslieferungen ausführen . . ., so würden Sie als der Vater und Anstifter der Fabrikation Ihre helle Freude haben[268]*.«*

In den zunächst noch neutralen Vereinigten Staaten von Amerika waren die Entwicklungen in der deutschen chemischen Industrie nicht unbeachtet geblieben. Nach Angaben Joseph Borkins[268] ermunterte das U.S.-Wehrbeschaffungsamt die Industrie zur Aufnahme der Farbstoffproduktion. Positiv reagierte vor allem Amerikas größter Chemiekonzern und wichtigster Munitionshersteller »Du Pont«, der auch mit einem britischen Farbstoffhersteller vertragliche Regelungen über den Austausch technischer Informationen und die gemeinsame Nutzung von Patenten traf. Zudem gelang es »Du Pont«, sehr zum Ärger Carl Boschs, Morris Poucher, einen Direktor der amerikanischen Vertriebsorganisation der BASF, abzuwerben. Dennoch engagierte sich der Konzern nicht in der Kampfstoff-Produktion, *da man sich davon nach dem Krieg kaum einen kommerziellen Erfolg versprach.* Aus diesem Grund schloß das »Ordnance Department« vor allem mit Betrieben der »zweiten Reihe« entsprechende Verträge. So erhielten beispielsweise die Firmen »Zinsser and Company« in Hastings-on-Hudson sowie »National Aniline and Chemical Company of Buffalo« Verträge zum Bau von 22 Tagestonnen liefernden Senfgasanlagen, was jedoch bis Kriegsende nicht realisiert werden konnte. Ab Dezember 1917 konzentrierte sich das zuständige »Ordnance Department« weitgehend auf Edgewood (vgl. S. 65).

Diese Aktivitäten wiederum ließen Duisberg für die Nachkriegszeit heftige Konkurrenz befürchten, weshalb er sich an alle deutschen Farbstoffhersteller wandte, um deren Zusammenschluß zu einer einzigen Interessengemeinschaft anzuregen, welche die Position der deutschen Chemieindustrie gegenüber der ausländischen Konkurrenz nach dem Krieg verbessern sollte. Hauptpunkte waren eine engere Zusammenarbeit zwischen den Firmen ohne Aufgabe der Unabhängigkeit, gemeinsame Nutzung von Patenten und eine Aufteilung der Erträge.

Aufbauen konnte Duisberg dabei auf den durch den Krieg erzwungenen ersten Erfahrungen einer engen Kooperation und Arbeitsteilung auf dem Gebiet der Kampfstoffproduktion oder, wie Borkin formuliert:

»In der Tat wäre sie (die Interessengemeinschaft, d. A.) *eine Institutionalisierung der Zusammenarbeit während des Giftgas-Projektes*[268]*.«*

Ihre zunächst eher ablehnende Zurückhaltung gaben die deutschen Chemiefirmen nach der Schlacht an der Somme im Sommer 1916 auf, als sie erkennen mußten, daß nicht unbedingt mit einem deutschen Sieg zu rechnen sei, mit allen denkbaren Konsequenzen für die Nachkriegszeit.

Im August des gleichen Jahres schlossen sich acht Chemiefirmen zur »Interessengemeinschaft der deutschen Teerfabriken« zusammen. Neben Bayer, BASF und Hoechst waren dies Kalle, Casella, AGFA, Ter Mer und Griesheim.

Nach der Schlacht an der Somme wurde auch General von Falkenhayn am 28. August 1916 als Chef der Obersten Heeresleitung abgelöst und als Oberbefehlshaber der 9. Armee nach Rumänien versetzt. Sein Nachfolger, Feldmarschall Paul von Beneckendorf und von Hindenburg (1847–1934), war der deutschen Industrie recht angenehm, da Falkenhayn die Ausweitung der Rüstungsproduktion nach ihrer Ansicht nur unzureichend gefördert hatte. Auch Hindenburgs Stellvertreter und 1. Generalquartiermeister, Erich Ludendorff, pflegte sehr enge Beziehungen zur Großindustrie.

Bereits drei Tage nach Übernahme der militärischen Führung legte Hindenburg ein neues Rüstungsprogramm (bekannt als Hindenburg-Programm) vor, das eine bedeutende Ausweitung der Rüstungsproduktion, darunter auch der Giftgasherstellung, umfaßte[269].

Für den 9. September 1916 hatte Bauer ein Treffen zwischen Hindenburg, Ludendorff, Duisberg und Gustav Krupp (1870–1950) arrangiert, das der Umsetzung dieses Programmes dienen sollte. Eine Woche darauf fand auf Initiative der Obersten Heeresleitung, vertreten durch Bauer, ein Treffen des Kriegsministers mit 39 bedeutenden Industrievertretern, u. a. auch der Kampfstoffe produzierenden Firmen, statt. Doch die geplanten Rüstungsziele konnten aus vielerlei Gründen letztlich nicht erreicht werden[269].

Als im April 1917 die Vereinigten Staaten von Amerika in den Krieg gegen Deutschland eintraten, befand sich der an der Entwicklung der deutschen chemischen Waffe beteiligte Physikochemiker Walther Nernst gerade zu einem Besuch in den USA, wo er auch kurzzeitig interniert wurde. Bei seiner Rückkehr nach Deutschland berichtete er Bosch und anderen Industriellen sowie Wissenschaftlern über die ungeheueren Rohstoffreserven und Produktionskapazitäten Amerikas.

Auch Haber hatte erkannt, daß der Kriegsverlauf nicht mehr zu Gunsten Deutschlands verändert werden konnte. Es spricht für ihn, daß er in einer Besprechung mit Hindenburg, Ludendorff, Peterson und Lummitsch das auch zum Ausdruck brachte.

»Seiner Ansicht nach sollte alles versucht werden, um den Krieg sobald als möglich unter einigermaßen tragbaren Bedingungen zu beenden[81]*.«*

Hugo Stoltzenberg schreibt in einer späteren brieflichen Einschätzung an Johannes Jaenicke:

»Zuletzt war Haber nur noch daran interessiert, eine Friedensausbeute aus den Kampfstoff-Ideen zu ziehen, in erster Linie die Nebel für Frostschutz einzusetzen und die Blausäuregruppe zur Schädlingsbekämpfung[270]*.«*

Am 11. November 1918 kam es zum Waffenstillstand, der Abschluß eines formellen Friedensvertrages in Versailles wurde auf deutscher Seite unter Leitung des ehemaligen deutschen Botschafters in Washington, Johann Heinrich Graf von Bernstorff (1862–1939), vorbereitet. Duisberg, der gebeten wurde, als Vertreter der chemischen Industrie an den Verhandlungen teilzunehmen, entsandte jedoch Bosch, da er Probleme um seine Person befürchtete. Daß dies nicht unbegründet war, zeigt eine Notiz in der New York Times vom 24. Dezember 1918, in der berichtet wird,

»daß Dr. Carl Duisberg aus Leverkusen, Führer der deutschen Anilinfarben-Industrie, in die Schweiz geflüchtet ist. Duisberg galt allgemein als Verbindungsmann zwischen General Ludendorff und der Industrie. Er war einer der engagiertesten Vertreter des großdeutschen Gedankens[271]*.«*

Auch Fritz Haber, der zunehmend zur Zielscheibe teils heftiger Angriffe der ausländischen Presse und internationaler Wissenschaftler wurde, flüchtete (angeblich mit tarnendem Vollbart) vorübergehend nach St. Moritz/Schweiz.

Im besetzten Rheinland begannen Chemie-Experten der Alliierten mit Nachforschungen über die geheimen Produktionsverfahren der Farbenindustrie für chemische Kampfstoffe, Sprengstoffe und Nitrate, wobei vor allem Frankreich auf ein hartes Vorgehen drängte.

Naturgemäß stieß dies auf den erbitterten Widerstand der I.G.-Gesellschaften.

Auf Initiative der moderateren Briten und Amerikaner erhielten die Kontrollbeamten der alliierten Friedenskommission die Order, sich bei ihren Untersuchungen auf den Kampfstoffsektor, d. h. Produktionsanlagen für Giftgase und andere chemische Kampfstoffe, Kampfstoffmunition und Gasmasken, zu beschränken.

Doch die Untersuchungen der Giftgasherstellung brachten für die Alliierten relativ enttäuschende Ergebnisse. Die Wissenschaftler der Vereinigten Staaten berichteten, daß sie nichts über Giftgase erfahren hätten, was der Wissenschaft nicht schon bekannt gewesen wäre. Sie stellten fest, daß die Deutschen einfach nur mit viel Geschick und Einfallsreichtum (und Habers Organisationstalent) vor allem solche Stoffe verwendet hatten, die bei der Farbstoffherstellung anfielen. Die Vorteile der Deutschen resultierten aus ihrer Vormachtstellung in der zivilen Farbenindustrie, nicht aus der Erfindung neuartiger Gifte[271 272].
(Anders sah dies bei der Ammoniak- und Nitratsynthese im BASF-Werk Oppau und in den Leuna-Werken bei Merseburg aus. Oppau produzierte allein im letzten Kriegsjahr 90 000 Tonnen synthetischer Nitrate, was 20 % des zur gleichen Zeit in der gesamten übrigen Welt verbrauchten Chilesalpeters entsprach.)

Auch nach Abschluß des Waffenstillstandes waren weitere kriegerische Auseinandersetzungen und Giftgaseinsätze bei inneren Unruhen nicht völlig auszuschließen[273]. Die Alliierten drohten mit einem weiteren Vordringen über den Rhein, falls Deutschland die Friedensbedingungen nicht akzeptiere. So wurde im Truppen-Department noch im Januar 1919 eine Aufstellung vorgelegt, welche Kampfstoffe und Schlüsselvorprodukte in einem solchen Fall mobilisiert werden könnten. Dazu gehörten 461 Tonnen Perstoff = 23 Züge Grünkreuz, 233 Tonnen Phosgen = 13 Züge Grünkreuz-Brisanz, 57 Tonnen Dick = 3 Züge Grünkreuz 3, 432 Tonnen Lostgemisch = 22 Züge Gelbkreuz und Gelbbrisanz, 66 Tonnen Clark I = 11 Züge Blaukreuz, Clark II in Flaschen = 12 Züge Blaukreuz, 240 Tonnen Clark II = 40 Züge Blaukreuz sowie 114 Tonnen Dick-Oxid (= 125 Tonnen Dick = 6 Züge Grünkreuz 3), 216 Tonnen Oxol (= 310 Tonnen Lost mit 20 % Chlorbenzol = 16 Züge Gelbkreuz und Gelbbrisanz), 188 Tonnen Monosäure (= 140 Tonnen Clark II = 23 Züge Blaukreuz), 288 Tonnen Disäure (= 195 Tonnen Clark II = 32 Züge Blaukreuz)[274].

Die für die Friedensverhandlungen zusammengestellte deutsche Delegation reiste im April 1919 nach Versailles, wo sie im »Hôtel des Réservoirs« in Schutzhaft untergebracht wurde. Carl Bosch, der Gruppe offiziell als Chemie-Experte zugeordnet, sah seine wichtigste Aufgabe in der Vertretung der I.G.-Interessen, besonders der Verhinderung von Demontagen und der Rückgabe von im Krieg beschlagnahmtem I.G.-Vermögen sowie deutschen Patenten.

Die Alliierten gaben am 7. Mai ihre Bedingungen für einen Friedensvertrag bekannt; am 16. Juni überreichten sie die endgültige Formulierung. In Artikel 171 wurde Deutschland die Herstellung und Einfuhr von chemischen Kampfstoffen verboten. Im Zusammenhang mit der Giftgasproduktion während des Weltkrieges besonders wesentlich schienen auch die Artikel 168 und 228 zu sein.

Artikel 168 beinhaltete die Schließung und Demontage aller Fabriken und Anlagen, die der Herstellung, Vorbereitung, Lagerung und der Konstruktion von Waffen, Munition und anderem Kriegsgerät gedient hatten.

Marschall Ferdinand Foch (1851–1929) und Feldmarschall Sir Henry Maitland Wilson, First Lord of Libya and of Stowlangtoft (1881–1964), die militärischen Führer Frankreichs und Englands, ließen keinen Zweifel daran, daß damit auch und vor allem die Produktionsanlagen für Giftgase und Nitrate gemeint waren.

Artikel 228 kündigte an, daß Personen, die gegen die Gesetze und Gebräuche des Krieges verstoßen hätten, von Militärgerichten angeklagt werden sollten.

Damit konnten auch die Wirtschaftsführer der I.G.-Gesellschaften gemeint sein, denn *»für die Alliierten waren I.G. und Giftgas zwei Namen für die gleiche Sache«*[275].

Am 28. Juni wurde der Versailler Vertrag unterzeichnet. Nur noch einige wenige Punkte, die einer besonderen Interpretation bedurften, sollten in speziellen Expertenrunden detailliert ausgefüllt werden. Auch hier war Bosch wiederum bemüht, die harten, die I.G. betreffenden Klauseln abzumildern. Zwischen den Gesprächen reiste er kurz nach Ludwigshafen, wo er zum Generaldirektor der BASF gewählt wurde.

Auf bis heute ungeklärte Weise nahm Carl Bosch geheime Kontakte zu Joseph Frossard auf, der die französische Seite in Versailles als Chemie-Experte vertrat und die in Frankreich beschlagnahmten, zur »Compagnie Nationale des Matières Colorantes et des Produits Chimiques« vereinigten I.G.-Anlagen verwaltete[276].

Nach Joseph Borkin war Frossard eine etwas undurchsichtige Gestalt. Einige Jahre hatte er in der vom deutschen Farbstoffkartell kontrollierten russischen Textilindustrie gearbeitet. Während des Krieges tat er im Privatbüro des französischen Rüstungsministers Dienst, wo er sich speziell um die Ausweitung der Yperitproduktion (vgl. S. 90) kümmerte. Nach Kriegsende wurde er zur Kontrolle der BASF-Produktionsstätten nach Ludwigshafen beordert.

Über ihn gelang es Bosch, ein Treffen mit dem französischen General Patard zu arrangieren. In zähem Ringen erreichte der BASF-Direktor die Erhaltung der Farbstoff- und Nitrat-Anlagen. Der Preis dafür bestand in

- der Offenlegung aller Produktionsgeheimnisse (vor allem des Haber-Bosch-Verfahrens und der Salpetersäureoxidation),
- der Unterstützung Frankreichs beim Bau entsprechender Produktionsstätten sowie
- der Bereitstellung von ausgebildetem Personal zur Schulung und Einarbeitung der französischen Arbeitskräfte.

Als im Herbst 1919 bekannt wurde, daß Fritz Haber für seine Entwicklung der Ammoniaksynthese mit dem Nobelpreis für Chemie des Jahres 1918 geehrt werden sollte, entbrannte bei einer Reihe ausländischer Wissenschaftler heftiger Widerstand. Zwei französische Kandidaten erklärten, daß sie in diesem Fall die Annahme ihrer Preise verweigern würden. Die »New York Times« kommentierte deren Haltung in einem Leitartikel vom 27. Januar 1920 wie folgt:

»Obwohl Fritz Haber neben seiner Arbeit mit den Giftgasen noch andere wissenschaftliche Erfolge vorzuweisen hat, und die Schweden wahrscheinlich keine bösen Absichten verfolgten, muß man den französischen Wissenschaftlern zustimmen, die es ablehnten, in dieser Gesellschaft geehrt zu werden. Man fragt sich, warum der Nobelpreis für Literatur nicht an den Mann fiel, der General Ludendorffs tägliche Berichte verfaßte[277].«

Der erste Legationssekretär Schwedens in Washington, Dag Hammarskjöld, antwortete nur einen Tag später in einem offenen Brief an die New York Times, daß die Zuerkennung des Nobelpreises an Haber allein darauf beruhe,

»daß die Haber-Methode zur Herstellung von Ammoniak billiger sei als alle anderen bekannten Methoden, daß die Herstellung billigen Stickstoffdüngers von weltweiter Bedeutung für die Ausweitung der Nahrungsproduktion und somit Habers Erfindung von größtem Wert für die gesamte Menschheit sei . . . In der Tat wurden die Haber-Anlagen in Deutschland zum Zweck der Düngerproduktion errichtet[277].«

Das britische Wissenschaftsmagazin »Nature« gab die Stimmung in England wie folgt wieder:

»Es bleibt unvergessen, daß es Geheimrat Haber war, der vor der Schlacht von Ypern am Kaiser-Wilhelm-Institut für die Förderung der Wissenschaften seine Versuche mit Giftgas unternahm, die ein Kapitel der Kriegsführung einleiteten, in dem auf ewig die Schande der Deutschen niedergeschrieben wurde[278].«

Am 14. Februar 1920 erhielt Baron von Lersner, der Leiter der deutschen Abordnung zu den Versailler Friedensverhandlungen, aus den Händen der Alliierten eine Liste mit 900 Namen von Politikern und Militärs, die wegen Kriegsverbrechen vor Gericht gestellt werden sollten. Als einziger Wissenschaftler und Chemiker *»aus dem weiteren Einflußbereich der I.G.«*[277] stand auf dieser Fritz Haber.

Dieser selbst äußerte in einem späteren Vortrag vor dem parlamentarischen Untersuchungsausschuß des Deutschen Reichstages, daß die Geschichte der Kriegskunst *»den Beginn des Gaskampfes vom 22. April 1915 (rechnet), weil an*

Prof. Fritz Haber (1868–1934), Direktor des »Kaiser-Wilhelm-Instituts für physikalische Chemie und Elektrochemie« (im Krieg »Preußisches Militärinstitut«) und Leiter der »Chemischen Abteilung« im Preußischen Kriegsministerium (nach 1920).

Ausschnitt aus einem Brief Fritz Habers an den schwedischen Physikochemiker und Chemie-Nobelpreisträger Svante Arrhenius (1859–1927) vom 23. September 1914.

Mensch hat bei uns noch in den letzten Tagen des Juli für möglich gehalten, dass es zu diesem Krieg kommen wird. Aber jetzt sehen wir es als unsere sittliche Pflicht an, mit Einsetzung aller Kräfte die Gegner niederzuringen und zu einem Frieden zu bringen, der die Wiederkehr eines ähnlichen Krieges auf Menschenalter hinaus unmöglich macht und der friedlichen Entwicklung Westeuropas eine sichere Grundlage gibt. Ich weiss nicht, wie sich die Dinge von Schweden aus gesehen ausnehmen. Aber wenn Sie hier wären und die im Rücken des Heeres geleistete Arbeit der Verwaltung und der Industrie, die in der privaten Wohltätigkeit wirksamen Kräfte und die ganze wunderbare Ordnung und Leistungsfähigkeit sehen könnten, so würden Sie unserem Lande sicherlich Ihre Bewunderung nicht versagen. Wir, die wir es miterleben, schöpfen daraus die Zuversicht, dass unsere Sache rasch und vollständig erfolgreich sein wird.

Mit herzlichem Grusse bin ich

Ihr

aufrichtig ergebener

Haber

1 Anlage.

Prof. Carl Friedrich Duisberg (1861–1935), Vorstandsvorsitzender der Farbenfabriken Bayer und zentrale Figur der kampfstoffproduzierenden chemischen Industrie (1909).

Dr. Friedrich P. Kerschbaum (gest. 1946), Abteilungsleiter im Haberschen Institut (Erster Weltkrieg).

Prof. Herbert Freundlich (1880 bis 1941), Abteilungsleiter im Haberschen Institut (um 1920).

Prof. Ferdinand Flury (1877 bis 1947), Abteilungsleiter im Haberschen Institut.

Prof. Reginald Oliver Herzog (1878–1935), Abteilungsleiter im Haberschen Institut.

Prof. Paul Friedländer (1857 bis 1923), Abteilungsleiter im Haberschen Institut.

Prof. Heinrich Wieland (1877 bis 1957), Abteilungsleiter im Haberschen Institut.

Prof. Richard Willstätter (1872 bis 1942) entwickelte den Dreischichten-Einsatz der deutschen Gasmaske (1915).

Prof. Walther Hermann Nernst (1864–1941), Direktor des »Instituts für physikalische Chemie und Elektrochemie« an der Berliner Universität, beteiligte sich kurz nach Kriegsbeginn an der Entwicklung deutscher Reizstoff-Minen (um 1906).

Prof. Emil Fischer (1852–1919) empfahl Haber die Verwendung arsenorganischer Verbindung als Geschoßfüllung.

Prof. Otto Hahn (1879–1968) war sowohl in der Gastruppe an der Front als auch in der Forschung und Erprobung tätig.

Prof. James Franck (1882–1964) war sowohl in der Gastruppe als auch in der Forschung aktiv.

Prof. Burkhardt Helferich (1887 bis 1982) war Angehöriger der Gastruppen.

Der Chemiker Dr. Friedrich Epstein, einer der engen wissenschaftlichen Mitarbeiter Fritz Habers im Dahlemer Institut und der »Chemischen Abteilung« im Kriegsministerium (1926/27)

Dr. Hugo Stoltzenberg (1883 bis 1974) organisierte als Beauftragter Habers die Füllung von Lost-Munition in Berlin-Adlershof und Breloh (1925).

Dr. Rudolf Hanslian (geb. 1883), während des Krieges Gasspezialist im XXII. Res.-Korps und einer der bekanntesten Gaskriegspublizisten der Nachkriegsjahre.

General Erich von Falkenhayn (1861–1922), preußischer Kriegsminister und Generalstabschef des Feldheeres, der militärisch Verantwortliche des ersten deutschen Chlorangriffes vom 22. April 1915.

Oberst Max Bauer (1869–1929), Leiter der »Technischen Sektion« im Generalstab des Feldheeres und Verbindungsmann der Militärführung zu Wissenschaft und chemischer Industrie.

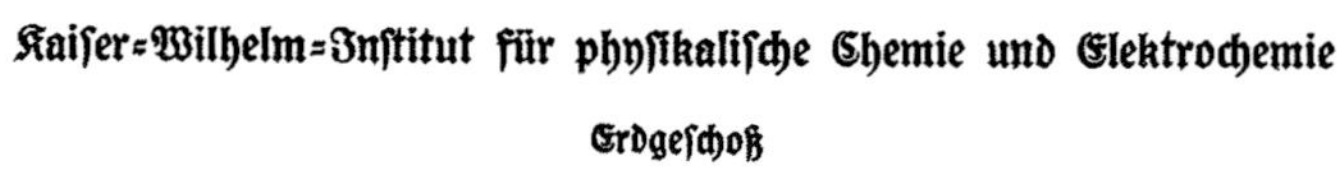

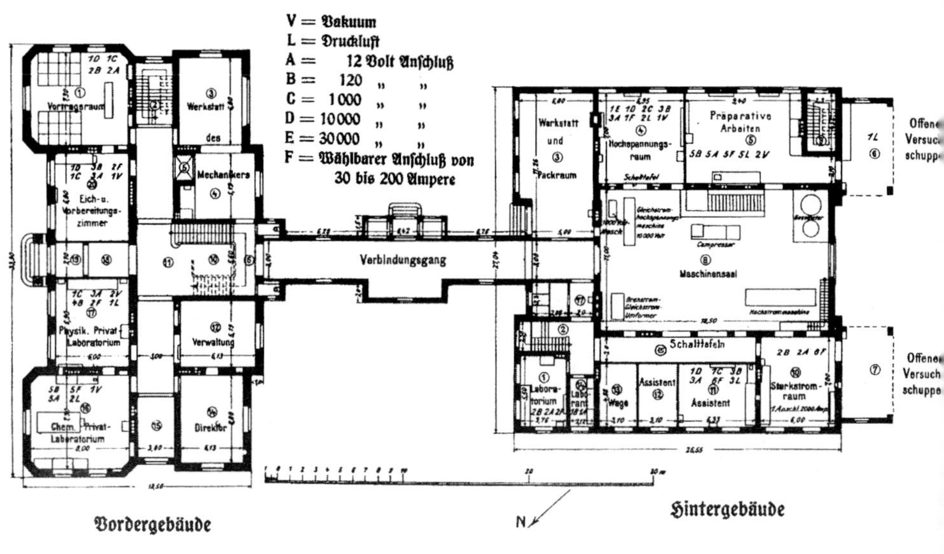

Das von Fritz Haber geleitete »Kaiser-Wilhelm-Institut für physikalische Chemie und Elektrochemie« (im Krieg »Preußisches Militärinstitut«) war das Zentrum der deutschen Gaskriegsforschung im Ersten Weltkrieg (Gebäude im Jahre 1917 und Grundriß).

Oberst Ernst von Wrisberg (1863 bis 1927), Leiter des »Allgemeinen Kriegsdepartments A« im Preußischen Kriegsministerium, dem die Habersche »Chemische Abteilung« zugeordnet war.

General Berthold von Deimling (1853–1944), Kommandeur des XV. Armeekorps, in dessen Zuständigkeit der erste deutsche Chlorangriff bei Ypern durchgeführt wurde.

General Karl von Einem (von Rothmaler, 1853 bis 1934) äußerte seine Abneigung gegen den Chloreinsatz.

Kronprinz Rupprecht von Bayern (1869–1955) fand den Gaseinsatz „unsympathisch" und „verfehlt".

Der Artillerieexperte Oberstleutnant Georg Bruchmüller (geb. 1863) entwickelte gemeinsam mit Fritz Haber das »Buntkreuzschießen«.

Der die Nord- und Nordostfront kommandierende französische General Joseph Jacques Césaire Joffre (1852–1931) forderte am 6. Januar 1915 die ersten nach Kriegsausbruch gefertigten Reizstoff-Gewehr- und Handgranaten für die vordersten Linien an.

Feldmarschall Sir Douglas Haig (1861–1928), Chef der Obersten Heeresleitung des britischen Feldheeres, veranlaßte im Januar 1916 die Aufstellung der »Special Brigade« der »Royal Engineers«.

Winston Churchill (1874–1965), ein aktiver Befürworter des Gaskrieges, übernahm 1917 die Leitung des britischen Munitionsministeriums, das für alle offensiven Fragen des Gaskrieges zuständig war.

Prof. Nikolai Dimitrijewitsch Zelinsky (1861–1953) entwickelte gemeinsam mit dem Ingenieur E. L. Kumant eine eigene russische Filtergasmaske.

Prof. Nikolai Alexandrowitsch Schilow (1872–1930) leitete das mobile russische Gasschutz-Hauptlaboratorium.

Prof. Alessandro Lustig (1857 bis 1937), einer der führenden Experten der italienischen Gasschutzforschung.

Oberst Amos Alfred Fries (geb. 1873), Leiter des U.S.-amerikanischen Gasangriffsdienstes und Organisator des chemischen Krieges.

Chlorflascheneinbau in den vordersten deutschen Gräben.

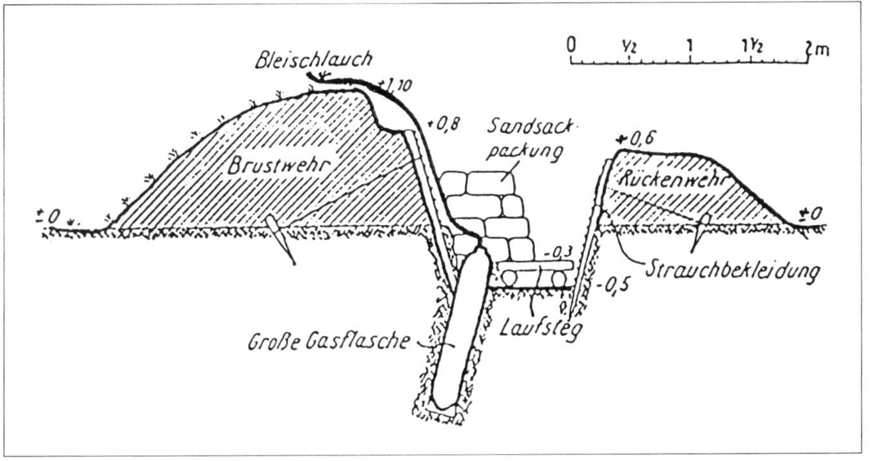

Schematische Darstellung eines Grabenquerschnittes mit eingebauter Chlorflasche.

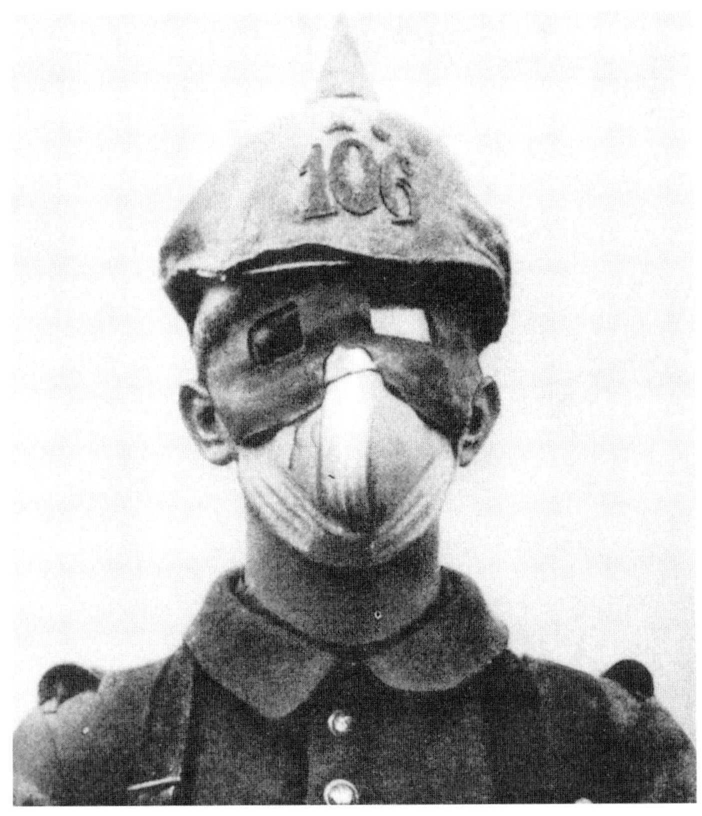

Der erste provisorische deutsche Atemschutz – eine chemikaliengetränkte Mullbinde.

Luftaufnahme des ersten deutschen Chlorblasangriffes bei Ypern am 22. April 1915.

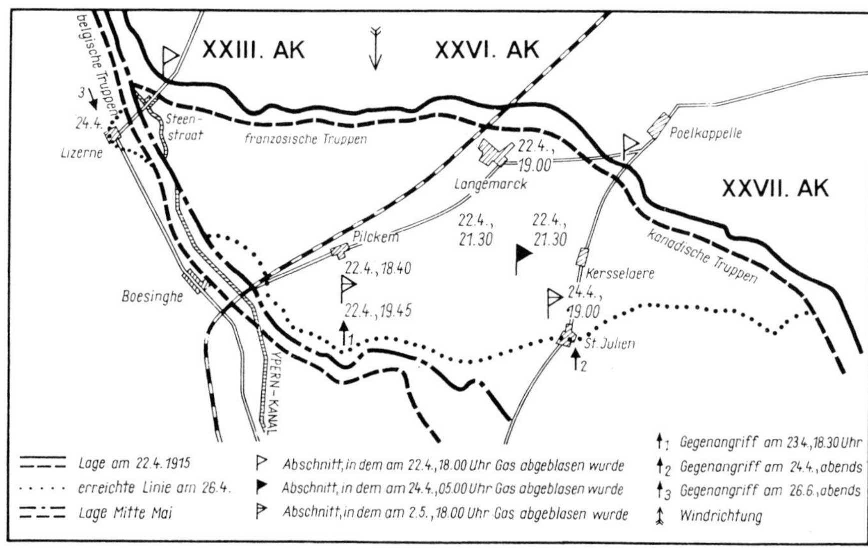

Karte der Ypern-Front vor und nach dem ersten deutschen Blasangriff.

Blasangriffe.

Blasangriff zur Vorbereitung eines Sturmtruppangriffes.

Russische Luftaufnahme eines deutschen Blasangriffes an der Ostfront.

Behelfsmäßiger französischer Atem- und Augenschutz.

(a)

(b)

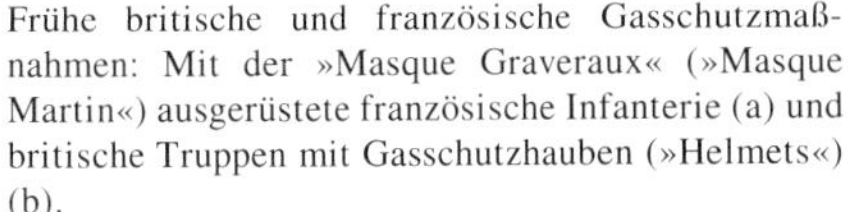

Frühe britische und französische Gasschutzmaßnahmen: Mit der »Masque Graveraux« (»Masque Martin«) ausgerüstete französische Infanterie (a) und britische Truppen mit Gasschutzhauben (»Helmets«) (b).

Einfüllen von Perstoff (Grünkreuz) in 7,7-cm-Granaten bei Bayer in Anwesenheit von Fritz Haber und Otto Hahn.

Prüfung deutscher Gasmasken im »Stinkraum«.

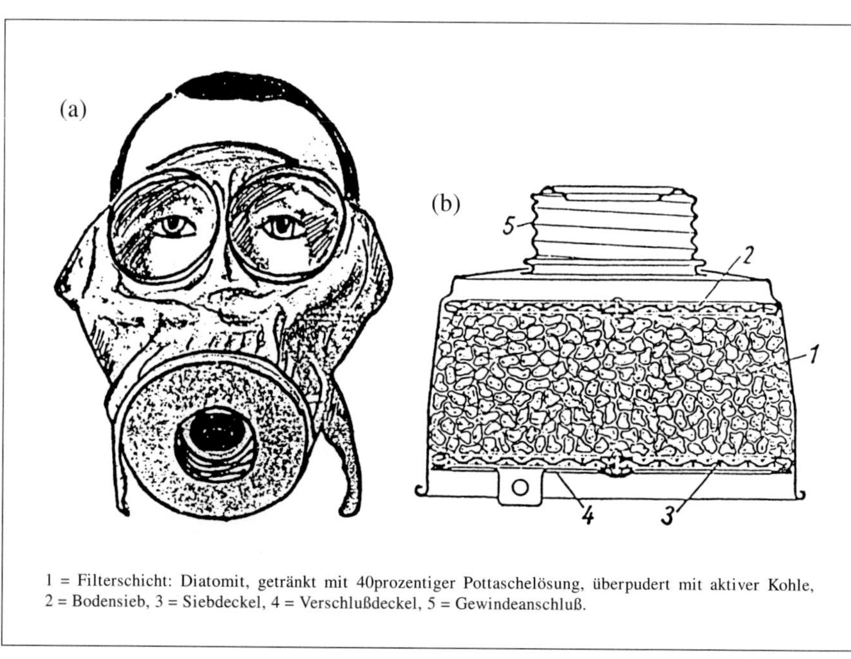

Schematische Darstellung der deutschen Gasmaske 1915 ohne Filtereinsatz (a) und des Einschichteneinsatzes 1915, Modell 21/8 (b).

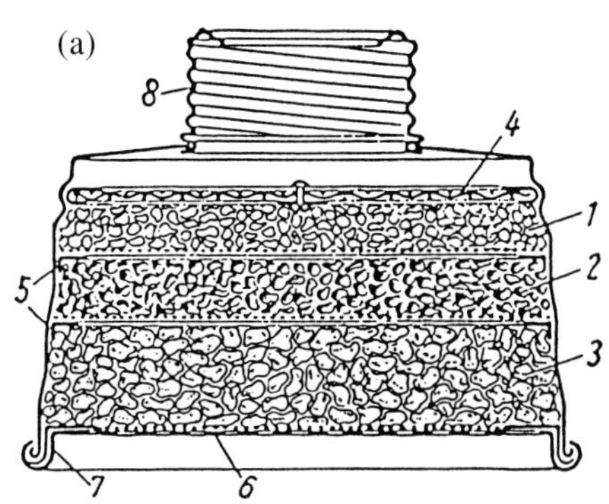

1 = Mundschichtmasse: Diatomit, getränkt mit Pottaschelösung, Urotropin (U-Stoff) und Piperazin (P-Stoff), 2 = Mittelschicht: aktive Kohle, 3 = Außenschicht: die gleiche Füllung wie beim Einschichteneinsatz 1915, 4 = Bodensieb, 5 = Sprengringe, 6 = Siebdeckel, 7 = Verschlußring, 8 = Anschlußgewinde.

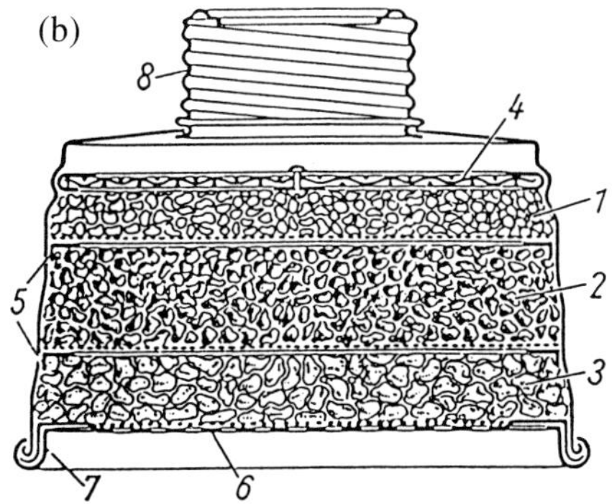

1 = Mundschichtmasse: Diatomit, getränkt mit Pottaschelösung, Urotropin (U-Stoff), Piperazin (P-Stoff)
2 = Mittelschicht: aktive Kohle
3 = Außenschicht (wie Füllung des Einschichteneinsatzes)
4 = Bodensieb
5 = Sprengringe
6 = Siebdeckel
7 = Verschlußring
8 = Anschlußgewinde

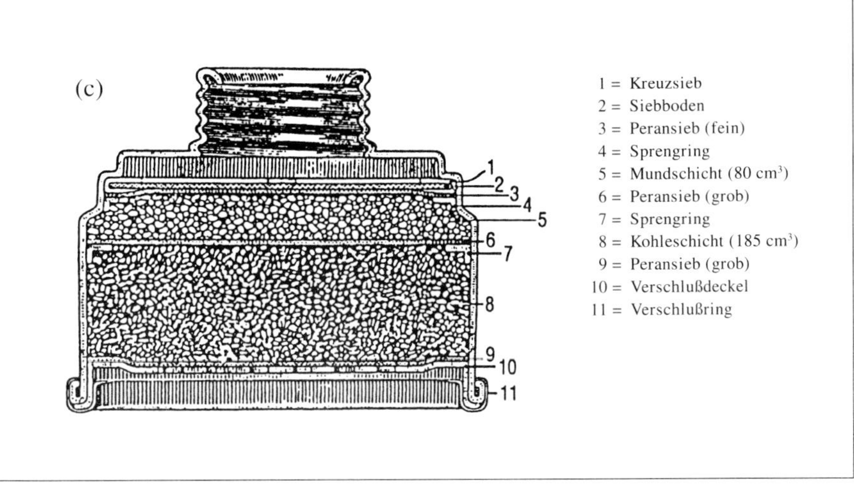

1 = Kreuzsieb
2 = Siebboden
3 = Peransieb (fein)
4 = Sprengring
5 = Mundschicht (80 cm^3)
6 = Peransieb (grob)
7 = Sprengring
8 = Kohleschicht (185 cm^3)
9 = Peransieb (grob)
10 = Verschlußdeckel
11 = Verschlußring

Der von Richard Willstätter entwickelte deutsche Dreischichteneinssatz Modell 11/11 (1916) (a) und 11/C/11 (1917) (b) sowie der als »Sonntagseinsatz« bekannt gewordene Zweischichteneinsatz 1918 (c).

Deutsche Artillerie beim »Gasschießen«.

Eingegrabene britische »Livens-Projectors«.

Britische Stokes-Gasminenwerfer (Grabenmörser) im Einsatz.

Batterie deutscher 18-cm-Gaswerfer.

Hauptmann Fritz Haber mit seinem Dienstwagen an der Front.

Fritz Haber (mit ausgestrecktem Arm) mit dem Kommandeur des Gasregimentes 36, Oberst Goslich (5. v. l.).

Inspektion in Breloh am 12. April 1918: Hauptmann Prof. Fritz Haber (2. v. l.), der Leiter des »Allgemeinen Kriegsdepartments A«, Oberst Ernst von Wrisberg (4. v. l.), der Kommandant des Gasplatzes Breloh, Oberstleutnant Ernst von Wangenheim (4. v. r.), der Kommandant der Feldmunitionsanstalt, Hauptmann Dr. Ludwig Hermann (3. v. l.) und der Abteilungsleiter im Haberschen Institut, Dr. Friedrich Kerschbaum (1. v. l.).

Deutscher Gasschutz 1916/1917: Vorführung der Gasmasken vor dem Haberschen Institut in Berlin-Dahlem (a) und Gasmasken als unentbehrliche Schutzausrüstung an der Front (b).

»Leichter« lostvergiftete, zum Teil erblindete britische Soldaten im Frühjahr 1918.

Unter den Lostvergifteten eines alliierten Angriffes auf das 16. Bayerische Reserve-Infanterie-Regiment am 14. Oktober 1918 befand sich auch der Gefreiter Adolf Hitler.

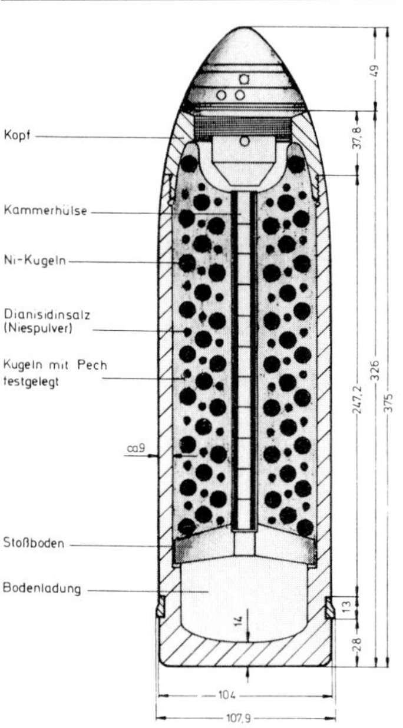

Schematische Darstellung des ersten, im Oktober 1914 erprobten deutschen Reizstoffgeschosses, des mit o-Dianisidinchlorsulfonat (Tarnbezeichnung: Niespulver) gefüllten 10,5-cm-Ni-Schrapnells.

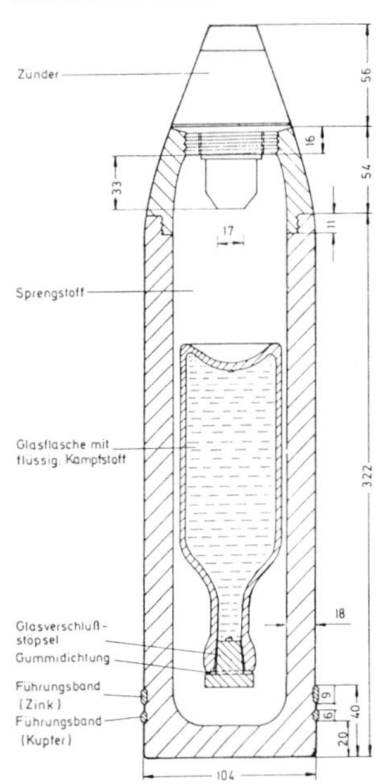

Schematische Darstellung einer deutschen 10,5-cm-Blaukreuzgranate mit eingebetteter, eine Clark-Lösung enthaltender Glasflasche.

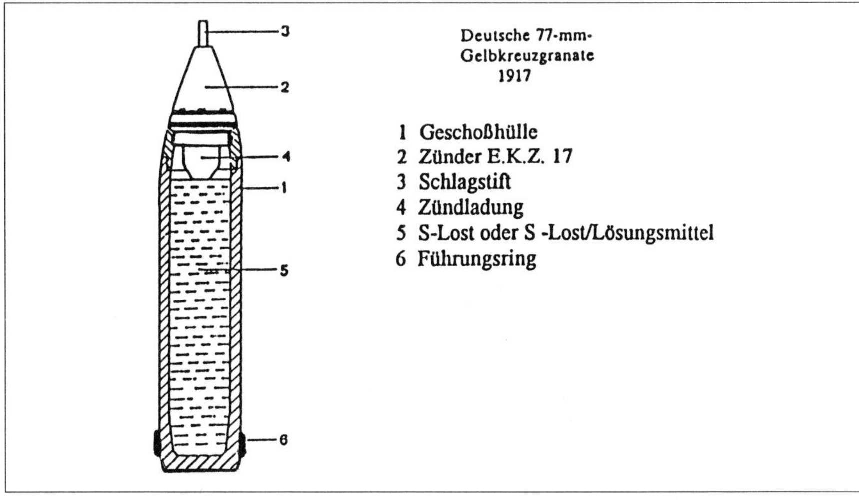

Deutsche 7,7-cm-Gelbkreuzgranate 1917.

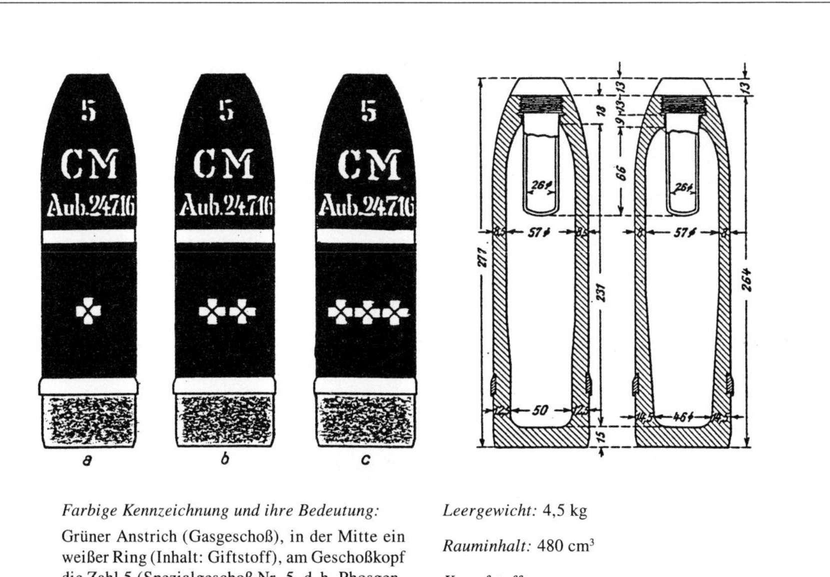

Farbige Kennzeichnung und ihre Bedeutung:

Grüner Anstrich (Gasgeschoß), in der Mitte ein weißer Ring (Inhalt: Giftstoff), am Geschoßkopf die Zahl 5 (Spezialgeschoß Nr. 5, d. h. Phosgengeschoß) und darunter CM (Collongite Marsite) = Deckbezeichnung für Phosgen und Arsentrichlorid)

Aub. (Füllort: Aubervilliers) 24. 7. 16 (Fülldatum), außerdem weiße Kreuze (ballistisches Kennzeichen)

Breite des Führungsringes: 1,3 cm

Anzahl der Züge: 24

Leergewicht: 4,5 kg

Rauminhalt: 480 cm^3

Kampfstoff:

1) Gewicht: 700–820 g
2) Zusammensetzung: 50 % Phosgen und 50 % Arsentrichlorid (Bild a, b, c)

Sprengladung:

1) Gewicht: 25 g
2) Zusammensetzung: Pikrinsäure

Französische 7,5-cm-Phosgen-Granate 1916.

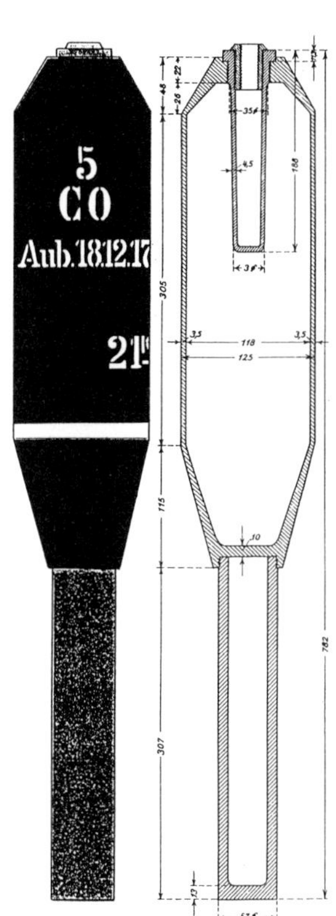

Farbige Kennzeichnung und ihre Bedeutung:

Grüner Anstrich (Gasgeschoß), über dem Ansatz der Flügel ein weißer Ring (Inhalt: Giftstoff), am Geschoßkopf in weißer Farbe die Zahl 5 (Spezialgeschoß Nr. 5), darunter CO (Inhalt: Collongite Opacite = Phosgen und Zinntetrachlorid)

Aub. (Abfüllort: Aubervilliers) 18. 12. 17 (Fülldatum) und 21 K̲ ... (Gewichtsangabe)

Leergewicht: 11,5 kg (ohne Minenstock)

Gesamtinhalt: 3900 cm³

Kampfstoff:

1) Gewicht: 5,36 kg
2) Zusammensetzung: 60 % Phosgen, 40 % Zinntetrachlorid

Sprengladung:

1) Gewicht 95 g
2) Zusammensetzung: Pikrinsäure

Mittlere französische Phosgen-Flügelmine 1918.

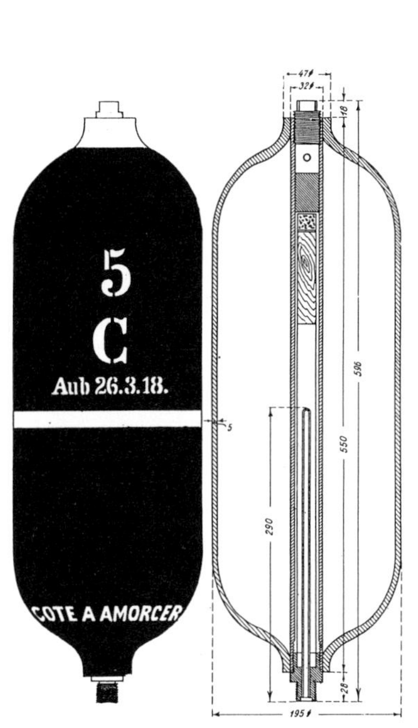

Farbige Kennzeichnung und ihre Bedeutung:

Grüner Anstrich (Gasgeschoß), in der Mitte ein weißer Ring (Inhalt: Giftstoff), die Zahl 5 (Spezialgeschoß Nr. 5, d. h. Phosgengeschoß), darunter C (Collongite = Deckbezeichnung für Phosgen)

Aub. (Füllort: Auvervilliers) 26. 3. 18 (Fülldatum); oben weiße Bemalung (Markierung der Einfüllöffnung mit Verschlußschraube), unten COTE A AMORCER (Zünderseite)

Leergewicht: 15,5 kg

Gesamtinhalt: 11000 cm³

Kampfstoff:

1) Gewicht: 13 kg
2) Zusammensetzung: reines Phosgen

Sprengladung:

1) Gewicht: etwa 100 g
2) Zusammensetzung: Trinitrotoluol

Französische 19,5-cm-Phosgen-Wurfflasche 1918.

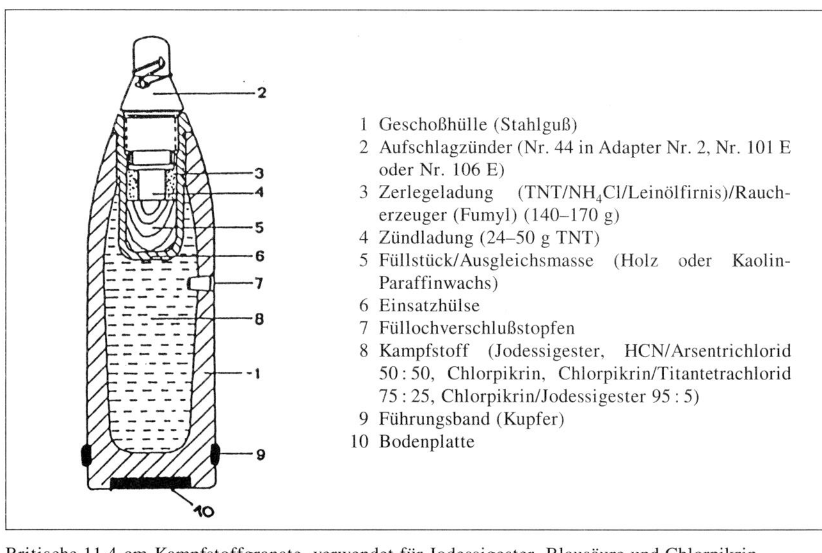

Britische 11,4-cm-Kampfstoffgranate, verwendet für Jodessigester, Blausäure und Chlorpikrin.

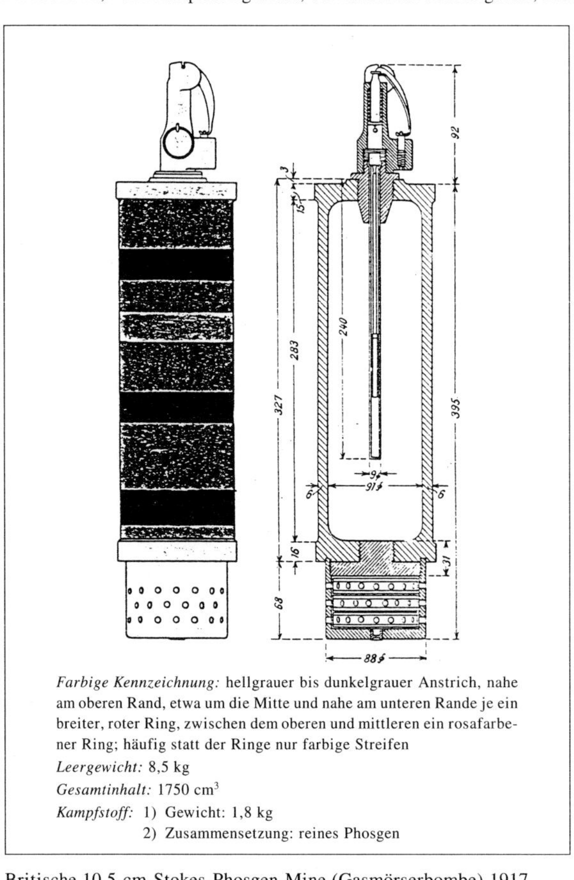

Britische 10,5-cm-Stokes-Phosgen-Mine (Gasmörserbombe) 1917.

Einer der wenigen Chemiker, die sich bereits während des Ersten Weltkrieges öffentlich gegen den Einsatz von chemischen Kampfstoffen wandten, war Prof. Hermann Staudinger (1881–1965).

diesem Tag zum erstenmal ein unbestrittener militärischer Erfolg erzielt worden ist«. Aber er wies auch darauf hin, daß der 22. April nicht der Tag war, an welchem die Gaswaffen im Weltkrieg zum ersten Mal aufgetreten sind[3].

Eine Realisierung ihrer Forderung gelang den Alliierten allerdings nicht, da einige Personen gar nicht identifiziert werden konnten, andere nicht auffindbar waren. Eine daraufhin auf 45 Personen geschrumpfte Liste verzeichnete auch den Namen Haber nicht mehr[279].

Wenngleich Deutschland unzweifelhaft der Auslöser des Masseneinsatzes von Giftgasen war, wäre eine Anklage Habers wahrscheinlich dennoch problematisch geworden, da sich auf alliierter Seite ebenso eifrige Verfechter des chemischen Krieges fanden. Genannt seien nur André Kling in Frankreich, Charles Howard Foulkes und Arthur William Crossley in Großbritannien, Amos Alfred Fries in den USA und Wladimir Ipatieff in Rußland.

Auch in diesen Staaten waren zahlreiche Wissenschaftler in die Kampfstoff-Forschung eingebunden. Ihre Zahl gibt Ludwig F. Haber[280] für 1918 wie folgt an:

- Deutschland: 150 Wissenschaftler und 1850 wissenschaftliche Hilfskräfte,
- Großbritannien: 120 Wissenschaftler und 1340 wissenschaftliche Hilfskräfte,
- Frankreich: 110 Wissenschaftler (Zahl der wissenschaftlichen Hilfskräfte unbekannt),
- USA: 1200 Wissenschaftler und 700 wissenschaftliche Hilfskräfte.

So scheiterte auch die nach Kriegsende vorgesehene Auflösung des amerikanischen »Chemical Warfare Service« am erbitterten Widerstand von »CWS«, »Chemical Foundation« und Veteranenverbänden. Ebenso stimmte das in England zur Untersuchung der chemischen Kriegführung gebildete »Holland-Komitee«, dem u. a. der zum General beförderte Foulkes angehörte, schon im Mai 1919 darin überein, daß *»Giftgas ohne den geringsten Zweifel eine legitime Kriegswaffe«* sei *»und daß seine Anwendung in der Zukunft als Selbstverständlichkeit angesehen werden kann«*[281].

Der Physiologe und Biochemiker John Burdon Sanderson Haldan (1892–1964) griff in seinem Buch »Callinicus: A Defense of Chemical Warfare« (Paul Kegan, London 1925) die *»Gruppe der Sentimentalen«* scharf an und argumentierte, daß es sicherlich nicht schlimmer, wahrscheinlich sogar zivilisierter sei, jemanden mit chemischen Stoffen zu töten oder zu verwunden als mit Granatsplittern oder Kugeln.

Die offiziellen britischen Angaben der durch chemische Kampfstoffe geschädigten (180 983) oder getöteten (6062) britischen Soldaten wurden nun möglichst niedrig angesetzt, indem man die 1915 erlittenen, nicht erfaßten Verluste (einige Tausend, da noch kein bzw. unvollkommener Gasschutz vorhanden war), die am Platze Getöteten, die dem Feind in die Hände gefallenen Gasopfer, die Gasbeschädigten und -toten unter den 250 000 Verschollenen, die an der Front verbliebenen Leichtverletzten und die nach dem Abtransport in die Heimat Erkrankten sowie Gestorbenen einfach wegließ[282].

Wie aus einer Reihe von Äußerungen Habers hervorgeht, wollte er mit seinen kriegschemischen Arbeiten *»dem Vaterland nutzen«* und betrachtete dabei vor allem die technische Seite. In seinem Vortrag vor Reichswehroffizieren am 11. November 1920 äußerte er:

»Für den Techniker ist er (der Krieg, d. A.) *ein Verfahren, um den Gegner mit*

technischen Hilfsmitteln, die der Soldat bedient, aus seinen Stellungen zu verjagen oder ihn darin zu vernichten[283]*.«*

Und vor dem parlamentarischen Untersuchungsausschuß des Deutschen Reichstages erklärte er am 1. Oktober 1923:

»Mit der völkerrechtlichen Zulässigkeit der Gaswaffen bin ich niemals befaßt worden ... Diese Seite der Sache hat der Generalstabschef und Kriegsminister v. Falkenhayn offenbar persönlich geprüft ... Die einzige in Haag für den Gaskrieg getroffene Festsetzung, durch welche Geschosse mit dem alleinigen Zweck der Verbreitung giftiger Gase verboten wurden – Deklaration –, gab mir zu einer solchen abweichenden Meinung (d. h. Annahme einer völkerrechtlichen Unzulässigkeit, d. A.) *keinerlei Anlaß*[3]*.«*

Eine Verletzung des Haager Abkommens sah Haber erst im Frühjahr 1916 durch die französische Seite:

»Eine entscheidende Wendung im artilleristischen Gaskampf bedeutete das Auftreten der französischen Phosgengeschosse ohne Sprengladung im Frühjahr 1916, denen die sehr ähnlichen deutschen Grünkreuzgeschosse nachfolgten ... die den alleinigen Zweck haben, tödliche Gase zu verbreiten[284]*.«*

Zudem konnte er in einem weiteren Vortrag im deutschen Klub in Buenos Aires am 4. Dezember 1923 auch darauf hinweisen, daß *»die Akten des Auswärtigen Amtes in Berlin nicht eine Note enthalten, in der ein feindlicher Staat gegen die Gaswaffen als Völkerrechtsverletzung protestierte«*[285].
(Lediglich das Internationale Komitee vom Roten Kreuz richtete am 6. Februar 1918 an alle kriegführenden Parteien den Appell, die Anwendung von Gaskampfstoffen einzustellen[286].)

Im Gegenteil haben sowohl die Westalliierten als auch die Russen, wenn auch teilweise nach anfänglichen Diskussionen, alles getan, um im Wettlauf bei der Entwicklung der Gaswaffe nicht ins Hintertreffen zu geraten.

Allerdings bleibt die Tatsache, daß Deutschland, aktiv unterstützt von vielen führenden Naturwissenschaftlern, an der Spitze Haber, unzweifelhaft mit dem massenhaften Einsatz von Giften als chemisches Kriegsmittel begonnen hat.

Doch Haber war nach seinen offiziellen Äußerungen und den Berichten der Zeitzeugen ganz offensichtlich der festen Meinung, mit der Entwicklung der Gaswaffe einerseits zur Erhöhung der militärischen Schlagkraft, andererseits zur Humanisierung des Krieges beigetragen zu haben, so daß er den Passus der Haager Landkriegsordnung, der Waffen, die unnötige Leiden verursachen, verbietet, nicht berührt sah.

Bei seiner Anhörung vor dem Untersuchungsausschuß erklärte er unter Bezugnahme auf den Bericht des amerikanischen Kriegsstaatssekretärs Benedict Crowell »Americas Munition«:

»Während des Jahres 1918 waren 20 bis 30 % aller amerikanischen Verluste durch Gas verursacht, woraus hervorgeht, daß die Gaskampfstoffe eines der mächtigsten Kriegsmittel bilden. Die Berichte zeigen aber, daß bei Ausrüstung der Truppen mit Masken und anderen Gasabwehrmitteln nur 3 bis 4 % der Gaserkrankungen zum Tode führen. Dies lehrt, daß sich die Gaswaffe nicht nur zu einer der wirksamsten, sondern zugleich auch der humansten Waffen ausgestalten läßt[287]*.«*

Haber konnte ferner anführen, daß sich der britische, im Gasdienst tätig gewesene General Hartley 1919 vor der »British Association« und der Chef des chemischen Dienstes im französischen Kriegsministerium, General E. Vinet, in der Nummer 11/1919 der Zeitschrift »Chimie et Industrie« in gleicher Weise geäußert hatten[288].

Diese von den Protagonisten des Gaskampfes oft wiederholte Behauptung weist der bekannte Berliner Toxikologe Louis Lewin (1850–1929) in seinem 1920 erschienenen Buch »Die Gifte in der Weltgeschichte« (Julius Springer, Berlin) entschieden zurück:

»Unter der Menschen zerstörender Mittel häßlichstes ist das Gift . . . An der Vergiftung klebt die Verachtung aller zivilisierten Völker, die bisher diesen Erdball bewohnt haben . . . Ich betone nochmals, daß nach meiner Auffassung die Verwendung von Giften niemals eine militärische Notwendigkeit werden kann . . . es kann auch kein militärischer Notstand erdacht werden, bei dem dieses Kampfmittel unerläßlich wäre.«

Der angeblichen Humanität des Gifteinsatzes widerspricht später sogar der in der Deutschen Wehrmacht als Oberstarzt tätige Verfasser des recht bekannt gewordenen »Leitfadens der Pathologie und Therapie der Kampfstofferkrankungen«, Professor Otto Muntsch (1890–1945)[289], der beispielsweise zur Phosgenvergiftung erklärt:

»Man hat seit dem Weltkrieg manches Wort über die Humanität des Gaskrieges gehört: Wer jemals einen Gaskranken in dem beschriebenen Stadium des Höhepunktes des Lungenödems gesehen hat, der muß, wenn er noch einen Funken von Menschlichkeit besitzt, verstummen[290].«

Die vielfache Ablehnung chemischer Waffen führte Haber ohne das geringste Zurückweichen von seiner Position darauf zurück, daß man im Verlauf der Geschichte neuen Waffen gegenüber stets ablehnend gewesen wäre:

»Die Mißbilligung, die der Ritter für den Mann mit der Feuerwaffe hatte, wiederholt sich bei dem Soldaten, der mit Stahlgeschossen schießt, gegenüber dem Mann, der ihm mit chemischem Kampfstoff gegenübertritt . . . Nach dem Toben der ausländischen Presse, die während des Krieges nicht auf die unparteiische Würdigung des Gegenstandes, sondern nur auf den Vorteil der eigenen nationalen Sache eingestellt sein konnte, schafft sich die richtige Beurteilung erst langsam Platz. Die im Druck vorliegenden Äußerungen von maßgebender englischer und amerikanischer Seite, persönliche Rücksprache mit den maßgebenden französischen Offizieren aber haben mich überzeugt, daß unter den Kennern der Sache über den naturwissenschaftlichen Sachverhalt keine erhebliche Meinungsverschiedenheit besteht. Die Gaskampfmittel sind ganz und gar nicht grausamer als die fliegenden Eisenteile; im Gegenteil, der Bruchteil der tödlichen Gaserkrankungen ist vergleichsweise kleiner, die Verstümmelungen fehlen und hinsichtlich der Nachkrankheiten, über die naturgemäß eine zahlenmäßige Übersicht vorerst nicht zu erlangen ist, ist nichts bekannt, was auf ein häufiges Vorkommen schließen ließe. Aus sachlichen Gründen wird man unter diesen Umständen zu einem Verbot des Gaskrieges nicht leicht gelangen.«

Die Hauptwirkung der chemischen Kampfstoffe maß Haber nicht der eigentlichen Giftwirkung, sondern dem starken psychologischen Effekt zu:

»Alle modernen Kampfmittel, obgleich sie auf den Tod des Gegners abgestellt zu sein scheinen, verdanken ihren Erfolg in Wahrheit lediglich dem Nachdrucke, mit dem sie die seelische Kraft des Gegners vorübergehend erschüttern. Die Schlachten, die über den Ausgang des Krieges entscheiden, werden nicht durch die physische Vernichtung des Gegners, sondern durch die seelischen Imponderabilien gewonnen, die in einem entscheidenden Augenblicke seine Widerstandskraft versagen und die Vorstellung des Besiegtseins entstehen lassen. Diese Imponderabilien machen aus Truppen, die ein Schwert in der Hand des Führers sind, einen Haufen verzagender Menschen. Das wichtigste Hilfsmittel der Kriegstechnik zur Hervorbringung dieser seelischen Erschütterung ist die Artillerie. Aber ihre Wirkung war begrenzt, weil die Sensation, die das Einschlagen der Granaten auf dem Zielfelde begleitet, immer von derselben Art war und eine Abstumpfung hervorbrachte. Eine Granate kann doppelt und viermal so groß sein wie eine andere, sie kann dementsprechend tiefer eindringen und fürchterlicher krachen; am Ende aber bleibt es immer dasselbe, und ein mäßiger Unterschied im Abstand von der Einschlagstelle gleicht die quantitative Verschiedenheit in der Wirkung von Detonation und Splitter aus. Die Existenz im Unterstand, den der Volltreffer durchschlagen oder verschütten kann, stellt einen entsetzlichen Anspruch an die Nerven, aber die Kriegserfahrung lehrt, daß der Anspruch ertragen wird, weil das Empfinden sich dagegen abstumpft, was als gleichartiger Reiz immer wieder auf den Menschen einwirkt. Bei den Gaskampfmitteln liegt alles umgekehrt. Das Wesentliche bei ihnen ist, daß ihre physiologische Einwirkung auf den Menschen und die Sensation, die sie hervorrufen, tausendfältig wechseln. Jede Veränderung des Eindrucks, den Nase und Mund verspüren, beunruhigt die Seele mit der Vorstellung einer unbekannten Wirkung und ist ein neuer Anspruch an die moralische Widerstandskraft des Soldaten im Augenblicke, in dem seine ganze seelische Leistung ungeteilt für die Kampfaufgabe verlangt wird[291]*.«*

Im Herbst des Jahres 1921 gingen noch einmal Nachrichten durch die westliche Presse, die über neue Giftgasversuche in Deutschland spekulierten. Ursache war ein verheerendes Explosionsunglück im BASF-Werk Oppau, bei dem am 21. September 600 Leute den Tod fanden und 2000 verletzt wurden[292].

Haber war an den Vermutungen nicht ganz unschuldig, denn von einem Reporter der New York Times nach den Explosionsursachen befragt, erklärte er, daß weder die Nitrate noch der angewendete Hochdruck Ursache sein könnten und daß eine genaue Untersuchung *»neue und schreckliche Kräfte«* ans Licht bringen könnte[293].

Verschiedene von Habers ausländischen Kollegen konnten ihm seine führende Beteiligung an der Organisation des chemischen Krieges nicht verzeihen, auch nicht, als der Jude Haber 1933 aus Deutschland emigrieren mußte.

Der Physiker Max Born, der 1933 ebenfalls als Flüchtling nach Cambridge kam, berichtet, daß der britische Physiker Lord Ernest Rutherford (1871–1937, Nobelpreis für Chemie 1908) eine Einladung in sein Haus abschlug, weil er Haber nicht die Hand drücken wollte[264]. Und dabei war Rutherford, der selbst großen Anteil an der technischen Seite der Verteidigung seines Landes gehabt hatte, durchaus kein Pazifist.

»Ergebnisse« des »Gaskrieges«

Als Kampfstoffe genutzte Chemikalien

Untersuchungen des »Internationalen Friedensforschungs-Institutes Stockholm« (SIPRI) ergaben, daß während des Ersten Weltkrieges 45 verschiedene Stoffe zum Einsatz kamen, von denen 18 »mehr tödlich«, 27 »mehr reizend« waren[294]. Nach amerikanischen Angaben wurden von mehreren tausend vorgeschlagenen Verbindungen 54 praktisch erprobt, von denen zwölf, später nur acht für den breiteren militärischen Einsatz ausgewählt wurden[295].

Die wichtigsten, während des Ersten Weltkrieges an den Fronten eingesetzten (Ersteinsatz; Anwenderstaaten) chemischen Kampfstoffe waren:

1914: Bromessigsäureethylester [Frankreich/August[a]],
o-Dianisidinchlorsulfonat [Deutschland/Oktober[b]],

1915: **Xylylbromide/Xylylenbromide** [Deutschland/Januar; Österreich-Ungarn[a]],
Chloraceton [Frankreich/März; Deutschland, Rußland[a]][296];
Benzylbromid [Deutschland/März; Frankreich[a]],
Chlor (Blasangriff) [Deutschland/April; alle kriegsteilnehmenden Staaten[c]],
Chlor-Phosgen-Gemische (Blasangriff) [Deutschland/Mai; alle kriegsteilnehmenden Staaten[c]],
Brom [Deutschland/Mai[c]],
Methylschwefelsäurechlorid (Chlorsulfonsäuremethylester) [Deutschland/Juni; Frankreich[a c]],
Monochlorameisensäurechlorethylester (Monochlormethyl-chlorformiat) [Deutschland/Juni; Frankreich[a c]],
Dichlorameisensäurechlorethylester(Dichlormethyl-chlorformiat) [Deutschland/Juni[a c]],
Ethylschwefelsäurechlorid (Chlorsulfonsäureethylester) [Frankreich/Juni[a c]],
Bromaceton [Deutschland/Juli; Frankreich, Österreich-Ungarn[a]][297],
Brommethylethylketon [Deutschland/Juli; Frankreich, Österreich-Ungarn[a]],
Jodaceton [Frankreich/August[a]],
Dimethylsulfat [Deutschland/August; Frankreich[d b c]][298],
Perchlormethylmercaptan [Frankreich/September; Rußland[c]],
Jodessigsäureethylester [Großbritannien/September[a]],
Benzyljodid [Frankreich/November; Italien[a]],
o-Nitrobenzylchlorid [Frankreich/gegen Jahresende],

1916: Acrolein [Frankreich/Januar[c]],
Phosgen in Geschossen [Frankreich/Februar; alle kriegsteilnehmenden Staaten; Produktion in den USA[c]],
Diphosgen [Deutschland/Mai[c]],
Blausäure [Frankreich/Juli; Großbritannien, Rußland[d]],

Schwefelwasserstoff [Großbritannien/Juli; Frankreich[d]],
Chlorpikrin in Geschossen [Rußland/August; Deutschland, Frankreich, Großbritannien, Italien; Produktion in den USA[c a]],
Bromcyan [Österreich-Ungarn/September; Großbritannien[d]],
Chlorcyan [Frankreich/Oktober[d]],

1917: Chlor-Chlorpikrin-Gemische (Blasangriff) [Deutschland/Januar; Großbritannien[c a]],
Phenylcarbylaminchlorid [Deutschland/Mai[c a]],
Diphenylarsinchlorid [Deutschland/Juli; Produktion in Großbritannien[b]],
Bis(2-chlorethyl)-sulfid (Lost, Yperit) [Deutschland/Juli; Frankreich, Großbritannien; Produktion in den USA[e]],
Phenylarsindichlorid [Deutschland/September[c e b]],

1918: Bis(chlormethyl)-ether [Deutschland/Januar[c]],
Bis(brommethyl)-ether [Deutschland/Januar[c]],
Ethylarsindibromid (Mischungskomponente für Ethylarsindichlorid und Bis(chlormethyl)-ether)[Deutschland/Februar[c]],
Ethylarsindichlorid [Deutschland/März[c b e]],
Methylarsindichlorid [Deutschland?/März[e c]][299],
Thiophosgen [Frankreich/März[a]],
Diphenylarsincyanid [Deutschland/Mai[b]],
Ethylcarbazol/Anthracenöl (Mischungskomponente für Clark I) [Deutschland/Juli[b]],
α-Brombenzylcyanid [Frankreich/Juli; Produktion in den USA[a]],
Phenylarsindibromid [Deutschland/September[c]],
Cyanoformatester [Deutschland[c]];
nicht mehr zum Einsatz gekommen: 2-Chlorvinylarsinchlorid (Lewisit) [USA], Phenarsazinchlorid (Adamsit) [Großbritannien, USA][299], ω-Chloracetophenon [USA].

überwiegende Wirkung[19]: a tränenreizend b Nasen-Rachen-Reizwirkung c erstickend d allgemein giftig e hautschädigend; in größerem Umfang eingesetzt = **fett** gedruckt.

Einige weitere Stoffe, die als Mischungskomponenten genutzt, in sehr geringem Umfang eingesetzt oder an der Front lediglich erprobt wurden, waren: Hexanitrodiphenylamin (Mischungskomponente für Clark I), Diphenylaminarsincyanid (Phenarsazincyanid), Phenylarsindibromid, Kohlensäure-bis(trichlormethyl)-ester (Triphosgen) [Deutschland]; Arsentrichlorid und Zinntetrachlorid (Mischungskomponenten für Chlor, Phosgen, Blausäure und Chlorpikrin; Arsentrichlorid als Lösungsmittel für Chlorcyan), Schwefelchloride (Mischungskomponente für Chlor), Benzylchlorid (Mischungskomponente für Benzyljodid), Butylmercaptan, Arsenwasserstoff [Alliierte].

Produzierte und eingesetzte Kampfstoffmengen

Während des Ersten Weltkrieges wurden die wissenschaftlichen, technischen und taktischen Grundlagen der chemischen Kriegführung geschaffen, wobei sich zeigte, daß die Leistungsfähigkeit und Flexibilität der chemischen Industrie, ein gut ausgebildeter Facharbeiterstamm, eine ausreichende Rohstoffbasis (vor allem einheimische) sowie eine unbürokratische Zusammenarbeit von Militär, Industrie und Wissenschaft entscheidende Faktoren für eine effektive militär-chemische Rüstung waren. Nur die hochentwickelten Industriestaaten Deutschland, Frankreich, Großbritannien und die USA waren in der Lage, diesen Anforderungen gerecht zu werden, während Italien, Österreich-Ungarn, Rußland sowie die übrigen Staaten nicht zu einer entscheidenden Einflußnahme auf den »Gaskrieg« befähigt waren. Nachdem Deutschland in der Entwicklung und Produktion von chemischen Kampfstoffen den weitaus größten Teil des Krieges deutlich überlegen war, machte sich 1918 vor allem die Knappheit an Rohstoffen und Arbeitskräften bemerkbar. Im Gegensatz dazu stieg bei den alliierten Mächten die Kampfstoffproduktion beträchtlich an und überrundete die deutsche Produktion um das Vielfache.

Die in der Literatur angegebenen Zahlen der insgesamt während des Ersten Weltkrieges produzierten Kampfstoffmengen reichen von 136 200 Tonnen bei SIPRI[74] über 150 000 Tonnen bei A. M. Prentiss und J. Krause, C. K. Mallory[300] sowie 156 000 Tonnen bei A. F. Bubnow[301] bis zu mindestens 176 200 Tonnen bei L. F. Haber[302].

Tatsächlich eingesetzt wurden davon nach SIPRI[74] 113 500 Tonnen, nach A. M. Prentiss und J. Krause, C. K. Mallory[300] 124 200 Tonnen.

Die Tabellen 2 und 3 zeigen die Anteile der einzelnen kriegführenden Staaten nach SIPRI[74], A. M. Prentiss und J. Krause, C. K. Mallory[300] sowie L. F. Haber[302].

Tabelle 2: Menge der während des Ersten Weltkrieges von den einzelnen kriegführenden Staaten produzierten und eingesetzten Kampfstoffe

a. nach SIPRI[74]

Land	eingesetzte Kampfstoffe in Tonnen[1]
Deutschland	52 000
Frankreich	26 000
Großbritannien	14 000
Österreich/Ungarn	7 900
Italien	6 300
Rußland	4 700
USA	1 000
Gesamt	113 000[2]

1 Die Gesamtproduktion lag nach SIPRI bei 136 200 Tonnen; davon 5 500 t Tränenreizstoffe, 6 600 t Nasen-Rachen-Reizstoffe, 112 000 t Lungengifte und 12 100 t Hautgifte.

2 Die Quelle enthält einige Rechenfehler; nach Ansicht d. A. beträgt die Gesamtmenge 113 500 t; D: 52 900 t; F. 26 300 t; GB: 14 400 t.

b. nach A. M. Prentiss / J. Krause und C. K. Mallory[300] [1]

Land	produzierte Kampfstoffe in Tonnen	eingesetzte Kampfstoffe in Tonnen
Deutschland	68 100	57 600
Frankreich	36 955	28 850
Großbritannien	25 735	15 700
USA	6 215	1 100
Rußland	3 650	5 200
Österreich/Ungarn	5 245	8 800
Italien	4 100	6 950
Gesamt	150 000[2]	124 200

1 – Nach Démolis[303] lag die Produktion von Chlor und »ähnlichen Gaskampfstoffen« in den Jahren 1917 und 1918 sowohl in Frankreich als auch Großbritannien bei mehr als 50 000 t, die Produktion von Yperit (Lost) in Frankreich bei 1986 t.
– Nach R. Hanslian[304] produzierte Frankreich 36 t Jodaceton, 8 t Nitrobenzylchlorid, 90 t Benzyljodid, 183 t Acrolein, 24 000 t Chlor, 15 800 t Phosgen, 4100 t Vincennit (Blausäure/Arsentrichlorid), 493 t Chlorpikrin, 481 t Bromaceton, 71 t Ethylschwefelsäurechlorid, 1967 t Yperit (Lost), 40 t Dimethylsulfat und Chlorsulfonsäure (insgesamt 47 269 t).
– Nach J. Poirier[145] betrug die Kampfstoffproduktion Frankreichs 50 000 t.
– Nach J. Meyer[172] lieferte Großbritannien folgende Kampfstoffmengen auf den Kontinent: 1916: 5150 t, 1917: 18 500 t, Januar–Oktober 1918: 15 500 t (insgesamt 39 150 t).
– Nach A. A. Fries und C. J. West[305] wurden 1918 im Edgewood Arsenal bis Kriegsende folgende Kampfstoffmengen produziert: 2470 t flüssiges Chlor, 1000 t gasförmiges Chlor, 2520 t Chlorpikrin, 1465 t Phosgen 645 t Lost, 454 t Brombenzylcyanid (insgesamt 8554 t) sowie 910 t Zinntetrachlorid und 164 t Titantetrachlorid. Ab November 1918 standen folgende monatlichen Produktionskapazitäten bereit: 895 t flüssiges Chlor, 1500 t gasförmiges Chlor, 1506 t Chlorpikrin, 1050 t Phosgen, 900 t Yperit (Lost), 90 t Brombenzylcyanid, 90 t Zinntetrachlorid und 30 t Titantetrachlorid.

2 Davon 6000 t Tränengase, 123 335 t Lungengifte, 13 350 t Hautgifte und 7315 t Nasen-Rachen-Reizstoffe. Nach A. F. Bubnow[301] waren von insgesamt 156 000 t Kampfstoffen 66 000 t Phosgen und 13 000 t Yperit (Lost).

c. nach L. F. Haber[302]

Land	Kampfstoffproduktion in Tonnen Chlor	Phosgen	Diphosgen	Senfgas	Chlorpikrin	Blausäure	Summe
Deutschland	58 100[1]	18 100	11 600	7 600	4 100	–	99 500
Großbritannien	20 800	1 400	–	500	8 000	400	31 100
Frankreich	12 500	15 700	–	2 000	500	7 700[2]	38 400
USA	2 400	1 400	–	900	2 500	–	7 200
Gesamt	93 800	36 600	11 600	11 000	15 100	8 100	176 200

1 Ohne die bei Griesheim-Elektron (Bitterfeld) produzierten 34 500 t; von Bayer und der BASF wurde Chlor auch für Produktionsverfahren verwendet, die nicht direkt der Kampfstoffherstellung dienten.
2 Einschließlich Vincennite (Blausäure/Arsentrichlorid)

Auch die Daten zur deutschen Kampfstoffproduktion schwanken und reichen, abhängig vor allem von der Bewertung der Chlorproduktion, bis zu mehr als 100 000 Tonnen (vgl. dazu Tabellen 4 und 5).

Tabelle 3: Während des Ersten Weltkrieges in Artilleriegeschossen eingesetzte Kampfstoffmenge nach A. M. Prentiss/J. Krause, C. K. Mallory[300]

Land	**Brisanz-geschosse** in Millionen	**Gas-geschosse** in Millionen/ Prozent	**1915**	**prozentualer Anteil am gesamten Kampfstoffverbrauch** **1916**	**1917**	**1918**	**1915–18**
Deutschland	485	33/6,4	48	84	92	98	92
Frankreich	334	16/4,6	100	79	85	96	90
Großbritannien	178	4/2,2	–	29	62	73	64
Österreich/Ungarn	170	5/2,9	–	74	39	95	91
Italien	146	4/2,7	–	78	89	95	91
Rußland	69	3/4,2	100	75	67	–	71
USA	7	1/12,5	–	–	–	91	91
Gesamt	1 389	66/4,6	53	76	84	94	87

Tabelle 4: Die deutsche Kampfstoffproduktion in Tonnen[1] nach J. Meyer[172] und J. F. Norris[35]

Kampfstoff	**Bayer**	**BASF**	**Hoechst**	**Summe**
Phosgen	–	10 682	–	10 682
Diphosgen	12 000	–	3 616	15 616
Lost	4 800	–	–	4 800
Clark I	–	–	3 000	3 000
Clark II	?	–	?	?
Chlorpikrin	6 000	–	1 127	7 127
Bromaceton/Brom-methylethylketon	–	–	1 069	1 069
Phenylcarbylaminchlorid	–	–	721	721
Bis(chlormethyl)-ether	–	–	233	233
Bis(brommethyl)-ether	–	–	69	69
Ethylarsindichlorid	?	–	?	1 092
Xylylbromid	500	–	–	500
				44 909[2]

1 J. Meyer weist darauf hin, daß diese Aufstellung nicht alle kampfstofferzeugenden Betriebe umfaßt. Zur Herstellung von Schlüsselvorprodukten werden folgende Angaben gemacht: Thiodiglycol: 7026 t (BASF), Phenylarsonsäure: 1600 t (BASF), Diphenylarsinsäure: Kapazität 150–200 Monatstonnen (Bayer), Phenylsenföl: Kapazität 15 Monatstonnen (Kalle).
Nach A. Meyer[152] wurden in Deutschland 10 700 t Phosgen, 12 000 t Diphosgen, 9000 t Lost, 4200 t Clark und 7130 t Chlorpikrin hergestellt.

2 Ohne Chlor.

Nach Angaben von O. Groehler[29] sollen allein die drei größten Hersteller (Bayer, BASF, Hoechst) 74 099 Tonnen Kampfstoffe hergestellt haben, was einen Anteil von 68,7 % an der deutschen Gesamtproduktion von 107 825 t ausgemacht haben soll, wobei Tränenreizstoffe noch gar nicht berücksichtigt sind. Die Zahlen

Tabelle 5: Die deutsche Kampfstoffproduktion des Ersten Weltkrieges (Hauptproduzenten)

a. nach O. Groehler[177]

Kampfstoff	Bayer	BASF	Hoechst	Summe	deutsche Gesamtproduktion
Chlor	14 047	23 600	–	37 647	58 097
Phosgen	938	10 682	–	11 620	17 740
Diphosgen	7 952	–	4 237	12 189	12 189
Lost	6 709	–	–	6 709	7 659
Clark	–	–	3 263	3 263	8 037
Chlorpikrin	2 671	–	–	2 671	4 103
Summe				74 099	107 825[1]

1 Ohne Chlor 49 728 t.

b. nach L. F. Haber[302]

Hersteller	Kampfstoff	Gesamtproduktion 1915–1918 in Tonnen	monatliche Kapazität in Tonnen	Produktions-beginn	maximale Produktion
Bayer	Chlor	14 047[1]	641	–	10/1918
	Diphosgen	7 952	395	06/1915	04/1918
	S-Lost	6 709	642	05/1917	03/1918
	Chlorpikrin	2 671	277	–	06/1917
	Phosgen	938	38	–	06/1918
	(Gesamt	32 317)			
BASF	Chlor	23 600[1]	1 261	vor dem Krieg	?
	Phosgen	10 682	621	vor dem Krieg	?
	Thiodiglycol[2]	7 026	552	03/1917[3]	10/1918
	Phenylarson-säure[2]	1 600	178	07/1917	08/1918
	Ethylarsinoxid[2]	840	90	04/1917	?
	(Gesamt	43 748)			
	(Gesamt – ohne Vorprodukte	34 282)			
Hoechst	Clark I	645	300?	05/1917	09/1918
	Clark II	2 526	300	05/1918	09/1918
	Ethylarsin-dichlorid	1 092	150	08/1917	07/1918
	Diphosgen	3 600	–	–	–
	(Gesamt	7 863)			
AGFA	Clark I	1 752	165	05/1917	08/1918
	Clark II	1 045	144	02/1918	08/1918
Cassella	Clark I	994	108	08/1917	08/1918
	(Gesamt	3 791)			

Griesheim-Elektron	Chlor	34 500[1]
Gesamt (ohne Vorprodukte) und ohne Griesheim		78 253[4]

1 Einschließlich des nicht für Kampfstoffzwecke genutzten Chlors; die deutsche Gesamtproduktion an Chlor gibt Haber mit 92 600 t an (vgl. Tab. 2 c).
2 Kampfstoffvorprodukt.
3 Geringe Mengen wurden bereits vor dem Krieg produziert.
4 Ohne Chlor 40 606 t.

von L. F. Haber liegen in der gleichen Größenordnung[302]. Problematisch bei der Festlegung der von 1915 bis 1918 produzierten Kampfstoffmenge ist besonders die Zuordnung des insgesamt bzw. direkt als Kampfstoff erzeugten Chlors, da dieses Gas nicht nur für Blasangriffe, sondern auch als Zwischenprodukt zur Produktion von anderen Kampfstoffen (wie Phosgen, Diphosgen), Entgiftungsmitteln (wie Chlorkalk) sowie zivilen Produkten genutzt wurde. Ohne Einbeziehung des Chlors liegen die Angaben zur deutschen Kampfstoffproduktion bei 40 000–50 000 Tonnen.

Nach Sichtung des insgesamt vorliegenden Zahlenmaterials kann man wohl davon ausgehen, daß während des Ersten Weltkrieges insgesamt mindestens 150 000 Tonnen Kampfstoffe produziert und davon etwa 125 000 Tonnen eingesetzt wurden. Deutschland dürfte an den produzierten und eingesetzten Mengen mit mehr als der Hälfte den größten Anteil gehabt haben.

Mengenmäßig steht dabei das Chlor an der Spitze, gefolgt von Phosgen/Diphosgen, Lost und Arsinkampfstoffen sowie den Tränenreizstoffen.

Insgesamt bestand die chemisch-technische Leistung der Naturwissenschaftler und der chemischen Industrie aller Seiten vor allem in der Realisierung der technischen Herstellung schwer handhabbarer toxischer Verbindungen, die im Laboratorium teilweise schon Jahrzehnte bekannt waren, sowie in der Beschaffung der erforderlichen Roh- und Hilfsstoffe oder dem Ausweichen auf Ersatzstoffe. Dabei mußten die Produktionsanlagen in kürzester Zeit geschaffen und die technischen Bedingungen optimiert werden.

Lediglich Chlor fiel in Deutschland bereits vor dem Krieg in solchen Mengen an, daß der Kriegsbedarf keine großen Probleme bereitete. Bei den Westalliierten und den Russen mußten selbst diese Kapazitäten erst geschaffen werden.

Auch Phosgen wurde schon vor dem Krieg als industrielles Zwischenprodukt hergestellt, allerdings keinerorts in den während des Krieges militärisch angeforderten Mengen.

Die Überführung der zahlreichen anderen während des Ersten Weltkrieges eingesetzten Kampfstoffe vom Laborverfahren in technische Dimensionen war häufig recht problematisch, sei es durch den Zeitdruck, zu niedrige Ausbeuten und unzureichende Qualität der Produkte, fehlende technische Erfahrungswerte oder die Notwendigkeit aufwendiger Schutzmaßnahmen bei der Verarbeitung großer Mengen. So wurden allein 1918 in den Produktionsanlagen des Edgewood-Arsenals nicht weniger als 925 Unglücksfälle gezählt (in den Nachkriegsjahren 1919 bis 1925 gingen diese auf 162 zurück)[306].

Im englischen Yperit-Hauptwerk in Avonmouth mit einer Kapazität von ca. 20 Tagestonnen und 1100 Beschäftigten wurden im Jahre 1918 innerhalb von sechs Monaten sogar über 1400 Krankheitsfälle gezählt, die mit der Arbeit in Verbindung zu bringen waren. Hinzu kamen 160 Unfälle und über 1000 Verbrennungen sowie sieben Tote[210].

Bei der Festlegung auf einen bestimmten Kampfstoff spielte immer auch die Rohstoffsituation eine entscheidende Rolle.

So war Deutschland im Besitz des Arsenerzlagers »Reicher Trost«, H. Güttler, in Reichenstein/Schlesien und dadurch bei der Produktion von Blaukreuzkampfstoffen zunächst relativ bevorzugt (im Verlaufe des Krieges wurden jedoch die gesamten vorhandenen Arsenvorräte aufgebraucht).

Schlechter stand die deutsche Situation bei der Erzeugung von halogenierten Reizstoffen aus Toluol (z. B. Benzylchlorid, Benzyljodid und Brombenzylcyanid, die deshalb, mit Ausnahme geringer Mengen Benzylbromid 1915, auf deutscher Seite nicht erschienen), das nur in vergleichsweise bescheidenen Mengen aus Steinkohlenteer gewonnen wurde und dringend als Ausgangsprodukt für den Sprengstoff Trinitrotoluol erforderlich war, bis zum Auffinden anderer geeigneter Additive auch als Zusatz zu frostbeständigen Kraftstoffen.

Dies war ein Grund, warum man sich dem nächsten Homologen, Xylol, zuwandte und die ähnlich wirkenden Xylylbromide (T-Stoff) produzierte.

Da Frankreich in größerem Maße Sprengstoffe aus den Vereinigten Staaten erhielt, stand dort mehr Toluol für die Kampfstoffproduktion zur Verfügung.

Das als Mischungskomponente von alliierter Seite eingesetzte reizerregende Zinntetrachlorid konnte von Deutschland wegen des Mangels an Zinn nicht produziert werden.

Die AGFA, Wolfen, schlug daher der Haberschen Abteilung die Verwendung von Schwefelmono- und -dichlorid als Lösungsmittel für Phosgen anstelle des von Frankreich genutzten Zinntetrachlorids vor, was aber anscheinend nicht realisiert wurde[307].

Auch bei der Verwendung von Brom gab es zunächst deutliche Unterschiede. Deutschland verfügte im Gegensatz zu Frankreich und Großbritannien mit den Staßfurter Salzlagern über eine recht ergiebige Bromquelle, denn die Endlaugen der Magnesiumchlorid-Gewinnung enthielten etwa 0,25 % Brom.

Hingegen hatte Frankreich seine bescheidenen Bromvorräte bereits zu Beginn des Krieges für die Produktion von Bromessigsäureethylester verbraucht und mußte deshalb eine Zeitlang auf Chloraceton ausweichen. Erst nach der Errichtung einer neuen Bromfabrik in Zarsis bei Tunis, die während des Krieges noch etwa 800 bis 1000 Tonnen lieferte, war wieder eine begrenzte Herstellung von bromierten Reizstoffen möglich.

In den USA wiederum standen ausreichende Mengen Bromsalze zur Verfügung, die eine uneingeschränkte Produktionsaufnahme von Brombenzylcyanid und anderen bromierten Kampfstoffen ermöglichten.

Großbritannien verfügte hingegen über ausreichend Jod aus Chilesalpeter und Meeresalgen sowie Tangen, so daß sich die dortigen Kampfstoffchemiker von Anfang an auf den Jodessigsäureethylester konzentrierten.

Aceton, das zu Kriegsbeginn sowohl auf deutscher als auch auf alliierter Seite zu Brom- und Chloraceton verarbeitet wurde, war zunächst in ausreichenden Mengen vorhanden, begann jedoch knapp zu werden, als es in steigendem Maße zur Produktion von rauchschwachen Pulvern nach dem Lösungsmittelverfahren verbraucht wurde.

Aus diesem Grunde ging Deutschland vom Bromaceton (B-Stoff) auf das Brommethylethylketon (Bn-Stoff) über, Frankreich vom Martonit (Gemisch aus Brom- und Chloraceton) auf das Homomartonit (Gemisch aus Brom- und Chlormethylethylketon).

Tabelle 6 zeigt beispielhaft die erforderlichen Ausgangsstoffe und normalen Produktionsansätze der wichtigsten deutschen Kampfstoffsynthesen nach den Akten der Farbwerke Hoechst[34].

Tabelle 6: Produktionsansätze der wichtigsten deutschen Kampfstoffe nach den Akten der Farbwerke Hoechst[34]

Xylylbromid	
1 Gewichtsteil Xylol; 1,5 Gewichtsteile Brom (Zulaufgeschwindigkeit 80–100 kg/Stunde)	
Bromaceton	
580 kg Aceton; 800–1000 kg Wasser; 215 kg Kaliumchlorat; 850 kg Brom; Ausbeute: 1200–1250 kg	
Brommethylethylketon	
720 kg Methylethylketon; 650 kg Wasser; 720 kg Brom; Ausbeute: 1100–1150 kg	
Phosgen	
47 Volumenteile Chlorgas; 54 Volumenteile Kohlenstoffmonoxid; Kontaktmasse: Tierkohle auf gelochten Graphitplatten	
Chlorpikrin	
8 kg Ätzkalk, gelöst in 40 l Wasser; 50 kg Pikrinsäure als 50%iger Preßkuchen (= Calciumpikratlösung) / 1600 l Chlorkalkaufschlämmung (10%ig)	
Diphosgen	
Verfahren I:	Chlorierung von Ameisensäuremethylester (Explosionsgefahr und unrentabel; etwa 10 % des deutschen Diphosgens wurden nach diesem Verfahren hergestellt)
Verfahren II:	**1. Stufe** – Umsetzung von Phosgen (10 % Überschuß) mit Methanol zu Chlorameisensäuremethylester; **2. Stufe** – 10 bis 20tägige Chlorierung (ca. 8000 kg/Tag) von 5000 kg Chlorameisensäuremethylester unter Bestrahlung mit 8 Osramlampen von je 4000 Kerzen

Diphenylarsinchlorid

1. Stufe – Phenylarsonsäure: 400 kg Anilin; 2500 kg Wasser; 1350 kg Salzsäure (20 °Bé) und 1500 kg Eis werden mit 742 kg Nitrit als 40%ige Lösung diazotiert und auf 6000 l verdünnt / 430 kg kalzinierte Soda in 2500 kg Wasser; 25 kg kristallines Kupfersulfat in 100 kg Wasser / 560 kg arseniger Säure (97–100%ig); 570 kg Wasser; 570 kg Natronlauge (44 °Bé) / Ausfällen der Säure mit Salzsäure (20 °Bé) und Kochsalz; Ausbeute: ca. 240 kg;

2. Stufe – Diphenylarsinoxid: 808 kg Phenylarsonsäure; 800 kg Wasser; 1500 kg Bisulfitlösung (40 °Bé); 700–750 kg Natronlauge (40 °Bé);

3. Stufe – Diphenylarsinsäure: Natronlaugelösung des Phenylarsinoxids der 2. Stufe / Diazotierungslösung aus 335 kg Anilin; 3200 kg Wasser; 1040 kg Salzsäure (20 °Bé); 620 kg Nitrit (40%ige Lsg.); Eis / 300–400 kg Natronlauge / Fällen der Säure mit 1000 kg Salzsäure; Ausbeute: 420–470 kg;

4. Stufe – Diphenylarsinchlorid: 3000 kg Diphenylarsinsäure; 3000 l Salzsäure; Einleiten von Schwefeldioxid; Ausbeute: ca. 2700 kg

Diphenylarsincyanid

2400 kg geschmolzenes Diphenylarsinchlorid; 486 kg Natriumcyanid in 1700 l Wasser; Eis; Ausbeute: ca. 2200 kg

Thiodiglycolchlorid (Dichlordiethylsulfid)

1. Stufe: Gewinnung von Ethylen durch Überleiten von Spiritusdämpfen (Ethanol) über Tonerdekatalysatoren bei 400 °C;

2. Stufe: Einleiten von Kohlenstoffdioxid, danach Ethylen in 6 m^3 Chlorkalkmilch (17 °Bé); Produkt: 20%iges Ethylenchlorhydrin;

3. Stufe: 30 m^3 20%iges Ethylenchlorhydrin; 1000 kg kristallines Natriumsulfid;

4. Stufe: 1200 kg Thiodiglycol; 3000 kg rohe Salzsäure; Einleiten von 30–40%igem Chlorwasserstoffgas

Ethylarsindichlorid

1. Stufe: Ethylarsonsäure aus 1700 kg Natronlauge; 240 kg Ätznatron (93%ig); 660 kg arsenige Säure (100%ig); 860 kg Ethylchlorid; Verdünnen mit Wasser;

2. Stufe: Abstumpfen der Ethylarsonsäure-Lösung mit Schwefelsäure; im Rieselturm wird im Gegenstrom mit Röstgasen (Schwefeldioxid) zu Ethylarsinoxid reduziert;

3. Stufe: 3500 kg Ethylarsinoxid mit etwas ethylarsindichloridhaltiger Salzsäure versetzen und etwa 40 Stunden Chlorwasserstoffgas einleiten; Ausbeute: ca. 4400 kg

Phenylcarbylaminchlorid

1. Stufe – Phenylsenföl: Thiocarbamat aus 456 kg Schwefelkohlenstoff; 495 kg Kalkbrei (30 % CaO = 165 kg 100%ig); 575 kg Anilin / 1680 kg Zinkchlorid-Lösung (50%ig); 550 kg Natronlauge (40 °Bé); Ausbeute: maximal 500 kg;

2. Stufe: Chlorierung des Phenylsenföls

Bis(chlormethyl)-ether

600 kg Paraformaldehyd; 1200 kg Schwefelsäure (70%ig); 2400 kg Chlorsulfonsäure; Ausbeute: 900–1000 kg

Bis(brommethyl)-ether

300 kg Paraformaldehyd; 2700 kg Schwefelsäure (90%ig); 1000 kg Ammoniumbromid; Ausbeute: 900 kg

Gasbeschädigte und Gastote

Zu den Gasbeschädigten und Gastoten, die der Erste Weltkrieg gefordert hat, kann nur ein summarischer Überblick verschiedener publizierter Zahlen gegeben werden (vgl. auch Tabellen 7 und 8). Dabei ist besonders zu berücksichtigen, daß sich der Anteil der Verluste durch Gasvergiftete und Gastote unterschiedlich auf die Kriegsjahre verteilt, daß die Zahl der Gasververgifteten und Gastoten bei den verschiedenen Kampfstoffen und Einsatzarten sehr unterschiedlich war, daß in den einzelnen Staaten nach verschiedenen Maßstäben gezählt wurde und daß die von den jeweiligen Staaten angegebenen eigenen und gegnerischen Verluste mit großer Vorsicht zu betrachten sind. Schwer feststellbar sind ferner die bleibenden Schäden bzw. Nachkrankheiten, kaum noch zu ermitteln die chronischen und Spätschadenwirkungen wie Krebs.

So weisen R. Harris und J. Paxman[308] bei der Bewertung der Mitte der dreißiger Jahre offiziellen, auch von H. L. Gilchrist mitgeteilten britischen Verlustzahlen (180 983 Beschädigte, von denen 6062 starben[309]) darauf hin, daß dabei die im Jahre 1915 gasvergifteten Soldaten (nach Schätzungen einige Tausend), die am Platz Getöteten, die Gasopfer, die lebend oder tot dem Gegner in die Hände fielen oder sich unter den 250 000 Vermißten befanden, die nach dem Abtransport in der Heimat oder an durch die Vergiftung verursachten Krankheiten starben und die nach Behandlung leichterer Vergiftungen im Feldlazarett zur Truppe zurückkehrten, nicht berücksichtigt wurden.

Nach dem größten Teil der publizierten Angaben[309] kann man davon ausgehen, daß im Ersten Weltkrieg (unter Waffen standen 65 bis 80 Millionen) bei Gesamtverlusten von 35 Millionen, davon 10 Millionen Toten[310], mehr als eine Million Menschen durch chemische Kampfstoffe zu Schaden kamen und 70 bis 90 000 getötet wurden.

Die Zahl der Gasbeschädigten für **Deutschland** wird dabei zumeist mit 78 663 angegeben, von denen rund 2280 (2,9 %) starben (Schätzungen von A. M. Prentiss und L. F. Haber liegen allerdings bedeutend höher, vgl. Tabellen 7 und 8)[311]. O. Muntsch nennt nach dem offiziellen deutschen Sanitätsbericht 78 663 bei der Truppe krank gemeldete Gasvergiftete, was 4,4 % der Gesamtverwundetenzahl entsprach[312]. Dabei entfielen auf 1915/1916 – 6178 Mann, auf 1916/1917 – 19 164 Mann und auf 1917/1918 – 53 321 Mann.

Für **Frankreich** werden meist 190 000 Vergiftete, von denen 8000 (4,2 %) starben, angegeben (vgl. Tabellen 7 und 8)[313]. O. Muntsch nennt als Gasverlustzahlen des amtlichen französischen Sanitätsberichtes jedoch »nur« 127 769 Vergiftete, von denen 1543 (1,2 %) starben[312]. Dabei verteilen sich die Gasverluste wie folgt auf die Kriegsjahre: 1915 - 4153 Mann, 1916 - 3182 Mann, 1917 - 21 034 Mann und 1918 - 99 400 Mann. Im Jahre 1918 lag der Anteil der Gasvergifteten an der Gesamtzahl der Verwundeten und Kranken bei 15,75 %[312]. L. F. Haber nennt 130 000 Gasvergiftete und 6300 Tote (vgl. Tabelle 8)[309].

Auch die Zahl der Vergifteten in **Großbritannien** lag bei 180 000 bis 190 000, von denen 6000 bis 8000 (etwa 3–4 %) starben (vgl. Tabellen 7 und 8)[314]. Die »Official History of the Great War« von 1931 nennt 185 706 Gasverletzte, von denen 5899 (3,2 %) starben[312 315]. Dabei verteilen sich die Gasverluste wie folgt auf die Kriegsjahre: 1915 - 12 792 (davon 307 gestorben), 1916 - 6698 (davon 1123 gestorben), 1917 - 52 452 (davon 1796 gestorben) und 1918 - 113 764 (davon 2673 gestorben)[312 315]. Der Anteil der Gasvergifteten an der Gesamtzahl der Verwundeten und Kranken lag danach 1915 bei 4,2 %, 1916 bei 1,1 %, 1917 bei 7,2 % und 1918 bei 15 % (insgesamt während des Krieges bei 7,6 %)[312 315].

Die Zahl der Gasvergifteten in den **Vereinigten Staaten von Amerika** betrug 70 000 bis 75 000, von denen 1200 bis 1400 (1,7 bis 1,9 %) starben (vgl. Tabellen 7 und 8)[316 317]. Nach dem amerikanischen Sanitätsbericht von 1918 lag die Zahl der Gasverluste bei 70 552, einschließlich der am Platz Getöteten bei 70 752[309 312]. Der Anteil der Gasvergifteten (70 552) an den insgesamt in die Lazarette aufgenommenen Verwundeten und Kranken (224 089) betrug dabei 31,5 %[312 316], eine Folge des Eintritts Amerikas in den Krieg auf dem Höhepunkt des »Gaskampfes«.

Die größten Verluste durch chemische Kampfstoffe erlitt mit möglicherweise mehr als 400 000 Vergifteten und über 50 000 (> 10 %) Toten **Rußland** (vgl. Tabelle 7)[318]. Klarheit darüber besteht jedoch nicht. O. Muntsch nennt unter Bezug auf das »Räterussische Staatsamt für Statistik« 38 599 Gastote[312]. Rechnet man mit einer Sterblichkeit von 5–10 %, die bei den unzulänglichen russischen Gasschutzmaßnahmen durchaus anzusetzen ist, kommt man auf eine Gesamtzahl an Vergifteten zwischen 386 000 und 772 000.

L. F. Haber legt sich für Rußland auf keine Verlustzahlen fest[309].

Österreich/Ungarn hatte nach A. M. Prentiss[300] 100 000 Vergiftete zu verzeichnen, von denen 3000 (3 %) starben, **Italien** 60 000 Vergiftete, von denen 4600 (7,7 %) starben. H. L. Gilchrist[309] gibt für Italien »nur« 13 300 Vergiftete an, von denen 4627 starben, was einem sehr unwahrscheinlichen Prozentsatz von 34,7 % entsprechen würde. L. F. Haber rechnet mit mehr als 10 000 Vergifteten[309].

In den anderen am Weltkrieg beteiligten Staaten waren nach A. M. Prentiss[300] insgesamt etwa 10 000 Gasverluste, davon 1000 Gastote zu verzeichnen, nach L. F. Haber etwa 20 000 Vergiftete[309].

Die anteilsmäßig größten Verluste schreibt H. L. Gilchrist[309] bei Engländern und Amerikanern dem Senfgas zu.

Die Zahl der Verluste durch Lungengifte (Chlor, Phosgen, Chlorpikrin) vom 1. August 1916 bis 15. Juli 1917 belief sich bei den Briten auf 20 013, davon 1895 (9,5 %) Todesfälle (ausschließlich der am Platz Getöteten); die Zahl der Verluste durch Senfgas vom 15. Juli 1917 bis November 1918 betrug 160 970, davon 4167 (2,3 %) Todesfälle (ausschließlich der am Platz Getöteten; Gesamtzahl: 180 983 Vergiftete, davon 6062 Tote).

Tabelle 7: Gasvergiftete und Gastote nach H. L. Gilchrist[309] und A. M. Prentiss[300]

Land	Gasvergiftete		davon Gastote	
	Gilchrist	**Prentiss**	**Gilchrist**	**Prentiss**
Deutschland	78 663	200 000	2 280 (2,9 %)	9 000
Frankreich	190 000	190 000	8 000 (4,2 %)	8 000
Großbritannien	180 983	188 706	6 062 (3,3 %)	8 109
USA	70 552*	72 807	1 221 (1,7 %)*	1 462
Österreich/Ungarn	–	100 000	–	3 000
Italien	13 300**	60 000	4 627 (34,7 %?)**	4 627
Rußland	475 340**	475 340	56 000 (11,7 %)**	56 000
Andere	–	10 000	–	1 000
Gesamt	1 008 838	1 296 853	78 190 (7,7 %)	91 198 (7 %)

* Mit den am Platze Getöteten kommt man auf Zahlen von 70 752 Gasverlusten und 1421 Gastoten (2 %); das bedeutet eine Gesamtzahl an Gasvergifteten von 1 009 038 und an Gastoten von 78 390.

** unverbindlich.

Tabelle 8: Gasvergiftete und Gastote nach L. F. Haber[309]

Land	Gasvergiftete	davon Gastote
Großbritannien	186 000	5 900
Frankreich	130 000	6 300
Deutschland	107 000	4 000
USA	73 000	1 500
Gesamt	496 000	17 700
unvollständige oder unzuverlässige Zahlen:		
Rußland	?	
Österreich-Ungarn	5 000	
Italien	> 10 000	
Andere	20 000	
Gesamt	ca. 35 000	
Total	ca. 531 000	

William Grant Macpherson (1858–1927) et al. nennen in der »Official History of the Great War« von 1923 > 7000 durch Chlor Vergiftete, von denen > 350 starben (nach C. H. Foulkes[144] waren es 10 000 Vergiftete, davon 3000 Tote); 550 durch Tränengase Vergiftete, von denen zwei starben; 4207 durch Chlor-Phosgen-Blasangriffe Vergiftete, von denen 1013 starben; > 26 940 durch Diphosgen Vergiftete, von denen > 2391 starben; ca. 18 134 durch Arsinkampfstoffe Vergiftete; sowie »nur« > 124 702 Senfgasvergiftete, von denen 2308 starben (1,85 %)[319].

Von den 70 552 Gasvergifteten der Amerikaner, davon 1221 (1,7 %) Todesfälle, entfielen 27 711 (davon 599 Tote) auf Senfgas, 6834 (davon 66 Tote) auf Phosgen/Diphosgen, 1843 (davon sieben Tote) auf Chlor, 577 (davon drei Tote) auf Arsinkampfstoffe; die Ursache für 33 587 Vergiftungen (davon 546 Tote) waren unbekannt (bzw. durch gleichzeitige Einwirkung verschiedener Kampfstoffe verursacht)[309].

Hinsichtlich der bleibenden Schäden (chronische Erkrankungen) bzw. Nachkrankheiten führt Gilchrist an, daß in England 1920 etwa 19 000 der Gasbeschädigten (ca. 12 %) wegen Arbeitsunfähigkeit Pension bezogen (davon nur 2 % infolge Gasvergiftung, 35 % infolge Wunden und Verletzungen, 65 % infolge Krankheit). In den USA erhielten 1924 etwa 20 % (interpoliert) Entschädigungen aufgrund von Nachschäden der Kampfstoffeinwirkung. Die Zahl der Invalidenrentner bzw. Entschädigten kann allerdings kaum als diesbezüglich aussagefähig herangezogen werden[309].

Speziell beim Lost stellte sich viel später heraus, daß es zu Spätschäden führen kann, die sich erst 10 bis 15 Jahre, teilweise noch später manifestieren können und sowohl genotoxischer Natur (vowiegend Lungen- und Leberkrebs!) als auch psychopathologisch-neurologischer Natur sein können. Auch von den arsenorganischen Sternuatoren, die während und nach dem Ersten Weltkrieg als relativ harmlose Reizgifte angesehen wurden, ist mittlerweile gesichert, daß sie psychopathologisch-neurologische, hepatotoxische, nephrotoxische und hämatotoxische Spätschäden induzieren. Selbst Lungengifte wie Phosgen können nach heutigem Kenntnisstand zu Spätschäden der Atmungsorgane (Bronchialasthma, Lungenemphysem), Schädigungen des Herz-Kreislauf-Systems und neuropathologischen Erscheinungen führen[320 321].

F. Flury[310] gab 1937 bei etwa 10 Millionen Weltkriegstoten weniger als eine Million Gasverletzte und 60 000 bis 70 000 Gastote an. Zu diesem Zeitpunkt, als man in Deutschland wiederum dabei war, eine Kampfstoffindustrie zu schaffen, versuchte Flury, wie auch andere, die Wirkung der »Gaswaffe« herunterzuspielen, um ihre »Humanität« zu dokumentieren:

»Der zahlenmäßige Nutzeffekt des chemischen Krieges, sein ›Wirkungsgrad‹, ist, an der Zahl der Todesfälle gemessen, minimal, er beträgt etwa 1 : 1 Million. Das heißt mit anderen Worten: Im Weltkrieg wurde die millionenfache Menge der für einen Menschen tödlichen Dosis Kampfstoff verbraucht, um einen einzigen Soldaten zu töten[310].«

(Dabei geht er rein rechnerisch von etwa 100 000 Tonnen eingesetzter Kampfstoffe und einer tödlichen Dosis von 0,1 Gramm aus, die – gleichmäßig verteilt – 100 Milliarden [1 Billion, d. A.] Menschen töten würden.)

Doch selbst Flury mußte eingestehen, daß an *»Brennpunkten des Gaskampfes«* bis zu einem Drittel der Verluste Gasvergiftete waren, von denen bis zu einem Fünftel starben.

Nach Raoul Mercier entfiel auf vier Verwundete ein Gasvergifteter. Ein solcher Anteil von 25–30 % wurde für die amerikanischen Streitkräfte auf dem Höhepunkt des Gaskampfes (1918) bestätigt, so daß allein diese Zahlen für eine Bewertung des Kampfstoffkrieges heranzuziehen sind.

Die Sterblichkeit betrug nach R. Mercier[93] bei Chlorgaswellen 26 %, bei erstickenden Geschossen 23,9 % und bei Yperit 8 %. W. G. Macpherson et al. geben als Sterblichkeitsrate bei Chlor-Phosgen-Blasangriffen 24 %, bei Diphosgen (Projektile) 6–10 % und bei Lost 1,85 % an[319].

Nach Jiři Matoušek entfiel auf 100 Brisanzgeschosse ein Verlust[19 322]; während bei Gasgeschossen das Verhältnis 45 : 1 (bei Yperitgeschossen 22,5 : 1) betrug[19 322].

Abschließende Betrachtung

Der verantwortungsbewußte Chemiker und Toxikologe muß aus heutiger Sicht und aus Kenntnis der Wirkung und Gefahren chemischer Kampfstoffe, die in ihren modernen Varianten – besonders gegenüber einer kaum schützbaren Zivilbevölkerung – den Charakter von Massenvernichtungsmitteln angenommen haben, die Entwicklung, Bevorratung, Weitergabe und erst recht den kriegerischen Einsatz entschieden und entschlossen ablehnen.

Dennoch darf bei einer Bewertung des Engagements der Wissenschaftler in allen kriegsbeteiligten Staaten für den Gaseinsatz im Ersten Weltkrieg der historische Hintergrund nicht außer acht gelassen werden. Die patriotische Welle zu Beginn des Weltkrieges machte auch und gerade vor der Wissenschaft nicht halt. Ihre prominenten Vertreter engagierten sich sowohl in Deutschland als auch bei seinen Kriegsgegnern in vielfältiger Weise für diesen ersten, mit einer ganzen Reihe neuer technischer Mittel geführten Krieg. Vor allem deutsche Naturwissenschaftler und Ingenieure werteten den Krieg auch als »Wettbewerb des Forscher- und Erfindergeistes«, für den in letzter Konsequenz die jeweiligen militärischen Oberkommandos die tatsächliche und moralische Hauptverantwortung trugen.

Dabei sah sich der bis heute umstrittene, häufig als »Vater des Gaseinsatzes« bezeichnete Haber als getaufter Jude durch die antisemitischen Strömungen im deutschen Kaiserreich besonders in die Pflicht genommen. Durch dem Vaterland nützende wissenschaftliche Leistungen strebte er sicherlich auch nach öffentlicher gesellschaftlicher Anerkennung. Diese wurde ihm in Fachkreisen bereits durch die Entwicklung der zivil und militärisch wichtigen Ammoniaksynthese zuteil, durch deren technische Realisierung er auch seine guten und festen Kontakte zur chemischen Großindustrie knüpfte. Den Krieg betrachtete er der Zeit gemäß einerseits als unausweichliches Mittel des internationalen Konkurrenzkampfes um Rohstoffe und Märkte. Andererseits meinte er, der Krieg sei *»ein großer Lehrmeister, weil er die Leistung fordert und zeitigt, die im Frieden aus wirtschaftlichen Gründen nicht leicht gewagt würde«*. Wird diese Leistung vollbracht, *»so findet das erworbene Können nach hergestelltem Frieden fruchtbare Anwendung im Wirtschaftsleben*[328]*.«*

So sah er sich in den Nachkriegs-Diskussionen, wie auch seine wissenschaftlichen Kontrahenten auf ehedem alliierter Seite, in erster Linie für die wissenschaftlich-technischen Fragen des Gaseinsatzes verantwortlich, der nach seiner Ansicht bis zum Einsatz französischer Phosgengranaten ohne Splitterwirkung nicht der Haager Landkriegsordnung widersprach.

Auch aus heutiger Sicht bewertet der überwiegende Teil der Völkerrechtler sowohl den Einsatz von Reizstoffen (mit Bromessigester begonnen durch Frankreich) als auch den Gaseinsatz durch Abblasen (mit Chlor begonnen durch Deutschland) dem Wortlaut des Haager Landkriegsrechtes nicht widersprechend[329]. Dies zeigt den diesbezüglich geringen Wert des leicht zu umgehenden Abkommens, das lediglich die Anwendung von Geschossen untersagte, *»deren einziger Zweck es ist, erstickende oder giftige Gase zu verbreiten«*[329]. Auch aus dem Verbot des Gebrauches *»von Waffen, Geschossen oder Stoffen. . ., die geeignet sind,* *unnötige Leiden zu verursachen«*, wird von den meisten Völkerrechtlern bis heute keine Völkerrechtswidrigkeit des Gaseinsatzes im Ersten Weltkrieg abgeleitet, *»da die Vorschrift den Einsatz nur solcher Kampfmittel verbietet, deren inhumanitäre Wirkung (unnötige Leiden) in einem Mißverhältnis zu ihrem militärischen Erfolg steht, der Einsatz von Gas jedoch immerhin angemessene militärische Erfolge brachte«*[329].

Ausgenommen wird nur der Gaseinsatz gegen die Zivilbevölkerung, deren Vergiftung auf den militärischen Erfolg keine Auswirkungen zeitigt.

Diesen juristischen Spitzfindigkeiten kann sich der Autor als Naturwissenschaftler nicht anschließen, da es letztendlich bedeuten würde, daß der militärische Erfolg jegliches Mittel rechtfertigt. Aus der moralischen Mitverantwortung für die qualitative und quantitative Eskalation der Kampfstoffanwendung entläßt dies Haber als geistigen Initiator sowie wissenschaftlichen und praktischen Organisator des deutschen Gaskampfes jedoch ebensowenig wie seine an entsprechender Stelle tätigen Wissenschaftler-Kollegen in Frankreich, Großbritannien, den USA und Rußland.

So sind auch Habers Äußerungen zur Gaswirkung nicht ohne Widersprüche. Einerseits propagierte er das Gas bis zu seinem Tode als humane, vorwiegend psychologisch wirkende Waffe. Andererseits bewertete er die für einen Fronteinsatz ins Auge gefaßten Giftstoffe nach der »Haberschen Tödlichkeitszahl«. Wissenschaftlich falsch und wie sich aus heutiger Sicht zeigt verhängnisvoll waren seine Äußerungen, daß man nicht angenehmer als durch Einatmung von Blausäure sterben könne[3].

Habers Argument, daß der Masseneinsatz chemischer Kampfstoffe den Krieg verkürze und damit Menschenleben rette, diente den Amerikanern 1945 nochmals zur Rechtfertigung der Atombombenabwürfe auf Hiroshima und Nagasaki.

Auch in den zwanziger Jahren, als Deutschland jeglicher Umgang mit Kampfstoffen verboten war, beteiligte sich Haber beratend an der zu einem großen Teil gemeinsam mit der »Roten Armee« Sowjetrußlands betriebenen chemischen Geheimrüstung der Reichswehr. Selbst im Sommer 1933, kurz vor dem endgültigen Verlassen Deutschlands, soll Haber der deutschen Militärführung noch Hinweise für die Produktion chemischer Kampfstoffe gegeben haben.

Den Entschluß, ins britische Exil zu gehen, faßte Haber, nachdem er im April 1933 von den Nationalsozialisten gezwungen worden war, alle jüdischen Mitarbeiter seines Instituts zu entlassen. Bereits am 29. Januar 1934 starb Haber, der sich bis zuletzt *»im Frieden der Menschheit, im Krieg dem Vaterland«* verpflichtet sah, auf der Durchreise nach Palästina in Basel.

Der Einsatz chemischer Kampfstoffe und bereits weit ins Hinterland reichender, im Jahr 1918 auf alliierter Seite schon massiert auftretender Luftstreitkräfte sowie gepanzerter Verbände, die den Stellungskrieg wieder in einen Bewegungskrieg umwandeln sollten, erwiesen sich als Warnzeichen für das Wesen künftiger Kriege – zumindest zwischen den Großmächten.

Motorisierung und Mechanisierung sowie eine Materialschlacht in bis dahin nicht gekanntem Ausmaß, vor allem aber die physischen sowie psychischen Wirkungen und Nachwirkungen des Einsatzes chemischer Waffen und Kampfmittel – der fast unsichtbare, unhörbare, lähmende oder erstickende Tod – waren die wichtigsten Faktoren dieses Menetekels.

In der Weltöffentlichkeit relativ wenig beachtet blieben die spanischen

Giftgaseinsätze 1922–1927 zur Niederringung der um ihre Unabhängigkeit kämpfenden marokkanischen Rifkabylen und der Italiener gegen die Abessinier 1935/36[330][331]. Der Ausgang beider Kriege wurde wesentlich durch den Einsatz von Lost gegen ausbildungsmäßig und technisch so gut wie wehrlose Truppen und Teile der Zivilbevölkerung beeinflußt.

Auch zu Beginn des Zweiten Weltkrieges waren die Armeen aller beteiligten Staaten auf den Einsatz sowie die Abwehr von chemischen Kampfstoffen vorbereitet und für einen Gaskrieg, der zum Glück nicht stattfand, ausgebildet[332]. Die Erinnerung an das Grauen und die Schrecken des Ersten Weltkrieges, zumindest auf diesem Gebiet, aber auch die weitgehende Schutzlosigkeit der Zivilbevölkerung und die Furcht vor gleichartigen, möglicherweise sogar effektiveren Vergeltungsmaßnahmen dürften hier zur Vorsicht geraten haben. Alle politischen Führungen hatten sich den Einsatz der chemischen Kampfstoffe zwar ausdrücklich vorbehalten, zumindest als Gegenschlag. Freigegeben haben sie ihn jedoch nie, auch nicht auf Drängen mancher Militärs und einzelner Politiker!

Es ist zu hoffen und vorstellbar, daß auch heute noch die Rückbesinnung auf den Ersten Weltkrieg, in dem der Einsatz der Gaskampfstoffe vergleichsweise nur ein (wenn auch gigantisches) »Experiment« war, den chemischen Krieg, zumindest zwischen den Großmächten, die ihre Armeen politisch fest in der Hand haben, für alle Zeiten verhindern kann.

Die im Januar 1993 in Paris erfolgte Unterzeichnung des »Übereinkommens über das Verbot der Entwicklung, Herstellung, Lagerung und des Einsatzes chemischer Waffen und über die Vernichtung solcher Waffen« ist dafür eine wichtige Etappe.

Letztlich werden aber kaum ethisch-moralische Bedenken oder die Rücksichtnahme auf entsprechende Abkommen die Triebfeder eines Verzichtes auf chemische Waffen sein, sondern eher die Angst vor einer nicht verhinderbaren sofortigen Vergeltung. So wie die Angst aller vor dem Einsatz von Atomwaffen langsam, aber doch stattfindend, deren Einsatz immer unwahrscheinlicher werden läßt.

Anmerkungen und Quellen

1 Vgl. Burkhardt, E.: Zur Entstehung der Haager Erklärung über ein Verbot von Gasgeschossen. Gasschutz und Luftschutz 6 (1936), 70–72; Hanslian, R.: Die Gaswaffe auf internationalen Konferenzen. Gasschutz und Luftschutz 1 (1931), 19–22; Hanslian, R.: Die Gaswaffe und das Völkerrecht im Weltkriege 1914/1918; N. N.: Welcher kriegführende Staat hat sich durch den Gebrauch von Kampfgas als Waffe im Weltkriege einer offenen Verletzung des Völkerrechts schuldig gemacht? Z. ges. Schieß- u. Sprengstoffwesen 25 (1930), 480–481; Baum, E.: Welcher kriegführende Staat hat mit dem Gebrauch von Kampfgas als Waffe im Weltkriege angefangen? Z. ges. Schieß- u. Sprengstoffwesen 28 (1933), 267–268; Kunz, J. L.: Gaskrieg und Völkerrecht. Julius Springer, Wien 1927; Berliner, A.: Zur Beteiligung deutscher Gelehrter an der Ausbildung von Kampfmitteln. Die Naturwissenschaften 1919 (Heft 43), S. 793–795; Bell, J. (Hrsg.): Das Werk des Untersuchungsausschusses der Verfassunggebenden Deutschen Nationalversammlung und des Deutschen Reichstages 1919–1928. Das Völkerrecht im Weltkrieg. Dritte Reihe im Werk des Untersuchungsausschusses. Vierter Band: Der Gaskrieg / Der Luftkrieg / Der Unterseebootkrieg / Der Wirtschaftskrieg. Deutsche Verlagsgesellschaft für Politik und Geschichte, Berlin 1927.

2 Volkart, W.: Der Giftgaskrieg und seine Entstehung. Allgem. schweiz. Militärzeitung 72 (1926), 72 f.

3 Zitiert bei Haber, F.: Zur Geschichte des Gaskrieges. Vortrag vor dem parlamentarischen Untersuchungsausschuß des Deutschen Reichstages am 1. Oktober 1923. In: Haber, F.: Fünf Vorträge aus den Jahren 1920–1923. Julius Springer, Berlin 1924, S. 76–77, 82–83.
Zu der ersten Anweisung zum Gebrauch der »obus lacrymogènes« von September 1914 und den Fronteinsätzen französischer Reizstoffe (Bromessigsäureethylester, Chloraceton) im März 1915 vgl. u. a. auch Volkart, W.[2], S. 69–78.

4 Hanslian, R. (Hrsg.): Der chemische Krieg. 3. völlig neubearbeitete Auflage. Mittler & Sohn, Berlin 1937, S. 12; zu den sogenannten Turpinit-Geschossen vgl. auch Volkart, W.[2], S. 69–78; Berliner, A.: Zur Beteiligung deutscher Gelehrter an der Ausbildung von Kampfmitteln. Die Naturwissenschaften 1919 (Heft 43), S. 793–795.

5 N. N.: Mercier: Der Soldat im Kampfe mit den Gasen (übersetzte Auszüge nach Mercier, R.: Revue d'Artillerie. Juni 1929). Z. ges. Schieß- u. Sprengstoffwesen 25 (1930), 339–342, 381–385; Schwarz, F.: Zur Toxikologie der Sprenggase. Technische Mitteilungen für Sappeure, Pontoniere und Mineure (Zürich) 4 (1939), Nr. 3/4 (vgl. zusammenfassendes Referat in: Z. ges. Schieß- und Sprengstoffwesen 35 (1940), 181–182).
Bereits 1873 wurde ein Vorfall in Graudenz (heute Grudziadz/Polen) bekannt, wo acht Soldaten gelegentlich einer Belagerungsübung durch Sprenggase von Minen sehr rasch tödliche Vergiftungen erlitten, bei denen es sich nach Leut um Kohlenstoffmonoxid und Schwefelwasserstoff gehandelt haben soll (vgl. Leut: Rauchvergiftungen, deren Werden und Wesen. Z. ges. Schieß- u. Sprengstoffwesen 37 (1942), 174–175).

6 Bereits im Jahre 1812 hatte der britische Kapitän Thomas Cochrane (X. Earl of Dundonald, 1775–1860) nach einem Besuch der sizilianischen Schwefelfelder den Vorschlag ausgearbeitet, brennenden Schwefel bzw. die dabei entstehenden reizenden Schwefeloxid-Dämpfe militärisch einzusetzen, und am 12. April 1812 in einer Denkschrift an den Prinzregenten überreicht. Dieser ließ den Plan von einer Kommission, die aus Lord Keith, Lord Exmouth und General Congreve (später Sir William) bestand, vorlegen. Da die Idee sehr günstig beurteilt wurde, *»geruhte Seine König-*

liche Hoheit anzuordnen, daß alles geheimgehalten werden solle«. Im Jahre 1855 holte der nunmehr 80jährige Admiral Dundonald seine Pläne wieder aus der Schublade, um sie im Krimkrieg zu verwirklichen. Nach heftigen Diskussionen in mehreren speziell gegründeten Komitees kam man zu dem Schluß, daß an der Wirkung nicht zu zweifeln sei, diese aber so schrecklich wäre, daß kein anständiger Soldat das Mittel gebrauchen würde. Unter Vorsitz des Chemikers Lord Playfair, Baron of St. Andrew (1818–1898), Staatssekretär im Wissenschaftsministerium, wurde daher schließlich empfohlen, den Plan abzulehnen und zu vernichten. Dies ist offensichtlich jedoch nicht geschehen, denn 1908 wurde der geheime Plan des Angriffs auf die Festung Sewastopol bekannt (»The Panmure Papers«).

Nach Ausbruch des Ersten Weltkrieges griff Douglas Mackinson Baillie Hamilton Cochrane, XII. Earl of Dundonald, noch einmal auf die Pläne seines Großvaters zurück und wandte sich zunächst an den Kriegsminister, Lord Kitchener, der ihn mit der Begründung abwies, daß diese nicht für den Landkrieg in Frage kämen, da sie von einem Admiral stammten. Aber auch der daraufhin angesprochene 2. See-Lord, Admiral Sir Frederick Hamilton, fühlte sich nicht zuständig und verwies Dundonald an Winston Churchill, der sich sehr dafür interessierte, aber die Sache anscheinend auch nicht voranbringen konnte. Anfang März 1915 begab sich Dundonald daher persönlich auf den Kontinent, um Feldmarschall Sir French die Vorteile einer »Rauchwand« zu schildern. Dieser soll davon recht beeindruckt gewesen sein und schlug vor, während der Schlacht von Neuve-Chapelle die Methode vor Ort im Graben zu prüfen, wobei jedoch die Rauchtarnung in den Vordergrund trat. Nach weiteren daraus hervorgegangenen Memoranden ernannte Churchill Dundonald zum Vorsitzenden eines »Admiralitäts-Komitees für Rauchtarnung«, das bis zum 6. Juli 1915 tätig war. Vgl. dazu Thomas, Tenth Earl of Dundonald. G. C. B., Admiral of the red; Rear Admiral of the fleet etc. etc., Autobiography of a seaman. London. Band I, 1858, Band II, 1860; Kapitel XXXIX: My Secret Plans; Speter, M.: Zur Geschichte des Gaskrieges. Die Cover of smoke-fumes of sulphur-»Secret Plans« des X. Earl of Dundonald (1812, 1847, 1854/55) und die Smoke Screens-»Secret Plans« seines Enkels, des XII. Earl of Dundonald (1914/15). Z. ges. Schieß- und Sprengstoffwesen 31 (1936), 64–68, 101–104; Generalleutnant Earl of Dundonald XII. My Army Life. 2. Auflage. London 1934 (ausführliche deutsche Inhaltsangabe in: Gasschutz und Luftschutz 5 (1935), 328–330).

7 Trumpener, U.: The Road to Ypres. The Beginning of Gas Warfare in World War I. The Journal of Modern History 1975 (Nr. 3), S. 262–263.
Allerdings soll Sir William Ramsay bereits während des Russisch-Japanischen Krieges (1904/05) auf japanischer Seite mit Tränengasen experimentiert haben (vgl. Frucht, A.-H., Zepelin, J.: Die Tragik der verschmähten Liebe. In: Fischer E. P. (Hrsg.): Mannheimer Forum 94/94. Piper, München, Zürich, S. 87).

8 Im September/Oktober 1914 empfahl Sir William Ramsay den Mitgliedern des chemischen Subkomitees im »War Committee« der »Royal Society« das als tränenreizend und toxisch bekannte Acrolein als Tränengas, was jedoch wegen dessen sehr leichter Oxidierbarkeit zur Acrylsäure zurückgewiesen wurde. Etwa zur gleichen Zeit begannen am »Imperial College« J. F. Thorpe und H. B. Baker mit experimentellen Arbeiten an Tränengasen, wobei Thorpe, wiederum ohne Resonanz, auf (das nur zwei Monate später von den Deutschen eingesetzte) o-Xylylenbromid orientiert haben soll. Im November und Dezember untersuchte man als »Stinkstoffe« eine Reihe von Benzylverbindungen, die aufgrund der diesbezüglich ungünstigen Rohstoffsituation ebenfalls »durchfielen«. Nach der Herstellung und Prüfung einiger Dutzend chemischer Verbindungen entschied man sich unter Hinzuziehung von Louis Jackson aus dem Kriegsministerium für den aus vorhandenen Rohstoffen recht gut zugänglichen

Jodessigsäureethylester, der nach dem Ort des Thorpeschen Labors (dem Londoner Stadtteil South Kensington) die Tarnbezeichnung »SK« erhielt (vgl. Haber, L. F.: The Poisonous Cloud. Chemical Warfare in the First World War. Clarendon Press, Oxford 1986, S. 23).

9 Allerdings hatten die Farbwerke in Höchst (Direktor Albrecht Schmidt) bereits im Jahre 1906 dem Reichsmarine-Amt die Füllung von Geschossen mit Tränenreizstoffen wie Benzylchlorid, Bromaceton und Bromtoluol empfohlen, was zwar grundsätzlich gut geheißen, aber *»für die Zwecke der Marine«* am 5. Juli 1909 abgelehnt wurde, da man nicht bereit war, *»die innere Einrichtung«* der vorhandenen Geschosse abzuändern. Gemeinsam mit der Firma Ehrhardt (Rheinische Metallwaren- und Maschinen-Fabrik) unternahmen die Höchster Farbwerke in der Folgezeit dennoch verschiedene Versuche.
Anläßlich eines Nebelschießens der Artillerie in Kummersdorf am 25. September 1914 empfahl man den anwesenden Herren der Artillerie-Prüfungs-Kommission wiederum Bromaceton als Geschoß-Füllmittel, was auch hier abgelehnt wurde. Am 29. Januar 1915 wandte sich Schmidt während eines Schießens der Pioniere noch einmal an Hauptmann Garke von der Artillerie-Prüfungs-Kommission II.
Als sich bei einem Pionierschießen am 25. März 1915 in Wahn, das in Anwesenheit des preußischen Kriegsministers stattfand, eine im Vergleich zum T-Stoff bessere Wirkung des B-Stoffes zeigte, wurden durch Major Giese von der Artillerie-Prüfungskommission I umgehend 300 7,5-cm-Granaten in Höchst bestellt, jedoch, angeblich wegen des zu kleinen Kalibers, nicht verschossen. Nach einer weiteren Vorführung vor Generalleutnant Anton J. H. von Kersting, dem Chef der Artillerierüfungskommission, am 30. Oktober 1915 in Kummersdorf, schien das Militär endgültig von einer breiteren Einführung der tränenreizenden Bromaceton-Geschosse überzeugt. Da die dort verschossenen Granaten von der Berliner Firma Kahlbaum mit aus den Leverkusener Farbwerken stammendem Bromaceton gefüllt worden waren, wandten sich die Höchster Farbwerke am 10. November 1915 mit einer Darstellung des hier geschilderten Sachverhaltes an das Preußische Kriegsministerium, um das Recht der Fertigung für sich in Anspruch zu nehmen (vgl. Brief von Albrecht Schmidt [Firma Hoechst] an das Reichsmarine-Amt vom 28. Dezember 1906. Archiv zur Geschichte der Max-Planck-Gesellschaft (im folgenden Archiv der Max-Planck-Gesellschaft) Abt. V, 13, 2223, und Brief der Firma Hoechst an das Königliche Kriegsministerium, Allgemeines Kriegs-Department vom 10. November 1915. Archiv der Max-Planck-Gesellschaft, Abt. V, Rep. 13, 515).
Auch nach einem Vortrag Carl Duisbergs »Die Reizstoffe für den Gaskampf und die Mittel seiner Abwehr« (Vortragsmanuskript Mai 1916. Bibliothek des Deutschen Museums, München, Standnummer 3467) hatten sich die Artillerie-Prüfungskommission bzw. das Militärversuchsamt sowie die Flieger- und Luftschifferabteilung der Armee und Marine *»seit vielen Jahren und zuletzt noch kurz vor dem Krieg«* mit der Verwendung giftiger Chemikalien als Kriegsmittel beschäftigt, wenn auch ohne praktische Erfolge. *»Selbst die unangenehmsten Substanzen, wie z. B. flüssiges Brom, hatten in freier Luft nicht oder wenigstens nicht genügend gewirkt. Auch mit großen Mengen aus Cyankali und Salzsäure entwickelter Blausäure hatte man gearbeitet, aber alles vergebens.«*

10 Haber, F.: Die Chemie im Kriege. Vortrag vor Offizieren des Reichswehrministeriums am 11. November 1920. In: Haber, F.: Fünf Vorträge aus den Jahren 1920–1923. Julius Springer, Berlin 1924, S. 29.

11 Graf Kessler, H.: Walther Rathenau. Sein Leben und sein Werk. Berlin 1928, S. 187 ff.; Bericht über einen Vortrag W. Rathenaus »Deutschland, Rohstoffversorgung« in: Z. ges. Schieß- und Sprengstoffwesen 11 (1916), 273; Rathenau, W.:

Deutschlands Rohstoffversorgung. Vortrag am 20. Dezember 1920. In: Rathenau, W.: Gesammelte Schriften. Band 5. Berlin 1925, S. 26 ff.; Hermann, A.: Wie die Wissenschaft ihre Unschuld verlor. DVA, Stuttgart 1982, S. 95.

12 Zwehl, H. von: Erich von Falkenhayn. Mittler & Sohn, Berlin 1926; N. N.: General der Infanterie a. D. Erich von Falkenhayn. Zu dessen Tode auf Schloß Lindstedt bei Potsdam am 8. April 1922. Wissen und Wehr 1922, S. 221–225 (gekennzeichnet: H. v. G.).
Zu den Anfeindungen durch Ludendorff, von Moltke und von Hindenburg vgl. u. a. Zechlin, E.: Ludendorff im Jahre 1915: Unveröffentlichte Briefe. Historische Zeitschrift 211 (1970), 316–353.

13 Vgl. Stoltzenberg, D.: Fritz Haber. Chemiker, Nobelpreisträger, Deutscher, Jude. VCH, Weinheim u. a. 1994, S. 237–238.

14 Vgl. von Wrisberg, E.: Wehr und Waffen 1914–1918. K. F. Koehler, Leipzig 1922, S. 168–169.
Nach Angaben J. Jaenickes in einem Brief an das Militärgeschichtliche Forschungsamt (1958) war Haber zunächst Leiter der »Zentralstelle für chemische Fragen« (ZCh), später »Chemische Abteilung« (A 10). Archiv der Max-Planck-Gesellschaft, Abt. V, Rep. 13, 285. Vgl. auch Hermann Geyer: Der Gaskrieg. In: Schwarte, M. (Hrsg.): Der Weltkampf um Ehre und Recht. Band 4. Ernst Finking, Leipzig (1922), S. 493, ebenfalls »Chemische Abteilung«.

15 Günther, P.: Fritz Haber, ein Mann der Jahrhundertwende. Abhandlungen und Berichte des Deutschen Museums 37 (1969), Nr. 2, S. 4–29.
Bereits im Oktober 1914 hatten 96 Professoren, darunter auch Naturwissenschaftler wie Adolf von Baeyer, Carl Engler, Emil Fischer, Fritz Haber, Walther Nernst, Wilhelm Ostwald, Max Planck, Wilhelm Röntgen, Richard Willstätter, Wilhelm Wien und Philipp Lenard, den berüchtigten, von H. Sudermann verfaßten und M. Erzberger verbreiteten Aufruf »An die Kulturwelt« (Text vgl. Nicolai, G. F.: Die Biologie des Krieges. 2. Auflage. Band 1. Zürich 1919, S. 7) unterschrieben und den deutschen Militarismus als Retter der deutschen Kultur verteidigt. Einige (z. B. M. Planck und E. Fischer) taten dies angeblich, ohne den Text gelesen zu haben (A. Einstein in einem Brief vom 2. August 1915 an H. A. Lorentz; vgl. Nathan, O., Norden, H. (Hrsg.): Albert Einstein, Über den Frieden. Herbert Lang, Bern 1975, S. 28). Im Verlaufe des Krieges distanzierten sich Planck und Fischer von ihrer Unterschrift (vgl. Stiller, H.: Chemiker über Chemiker. Berlin 1986, S. 44; Hoesch, K.: Emil Fischer. Ber. dtsch. chem. Ges. 54 (1921), 178, 181), und Nernst soll sogar beim Kaiser vorgesprochen haben, um ihn zum Frieden zu bewegen (vgl. Jaenicke, M.: 100 Jahre BUNSEN Gesellschaft. Steinkopff, Darmstadt, S. 73).

16 Vogt, A.: Oberst Max Bauer. Generalstabsoffizier im Zwielicht. 1868–1929. Biblio Verlag, Osnabrück 1974, S. 43.

17 *»Sofort wurde der damals als Mitglied des Kaiserlich Freiwilligen Automobil-Korps bei dem Armee-Oberkommando Kluck befindliche Professor für physikalische Chemie an der Universität Berlin, Geheimer Regierungsrat Dr. Nernst, ins Hauptquartier berufen, um mit ihm diese Angelegenheit zu besprechen. Als Geheimrat Nernst die an ihn gestellte Frage, ob dieses Problem zu lösen sei, bejahte, wurde er beauftragt, zusammen mit dem damaligen Adjutanten des Generals der Fussartillerie im Grossen Hauptquartier, Major Michaelis, als artilleristischem Sachverständigen und dem Unterzeichneten, als Vertreter der chemischen Industrie, diesbezügliche Versuche auf dem Schießplatz in Wahn bei Cöln zu machen, bei denen Oberstleutnant Bauer, der oft vom Grossen Hauptquartier herüber kam, uns mit wertvollem Rat zur Seite stand«* (nach C. Duisberg[9]).
Haber wurde zur Bauerschen Kommission aus Nernst und Duisberg auf Vermittlung

von Major Koeth (dem späteren Nachfolger Rathenaus als Leiter der Kriegsrohstoffabteilung) hinzugezogen (vgl. Frucht, A.-H., Zepelin, J.[7], S. 88).

18 Bauer, M.: Der große Krieg in Feld und Heimat. Erinnerungen und Betrachtungen. 3. Auflage. Osiandersche Buchhandlung, Tübingen 1922, S. 67 ff.
Im Referat eines Kursus am Kaiser-Wilhelm-Institut für physikalische Chemie und Elektrochemie am 28. Juni 1916 »Schaffung neuer Reizstoffe« (Archiv der Max-Planck-Gesellschaft, Abt. V, Rep. 13, 516) wird die Sprengstoffknappheit als unmittelbare Veranlassung zur Einführung von Reizstoffen bezeichnet.

19 Matoušek, J.: 70 Jahre nach dem ersten Masseneinsatz chemischer Waffen. Obrana vlasti 17 (1985), Nr. 2.

20 Duisberg, C.[9], S. 6.

21 Die Versuche waren von Oberst Gerhard Tappen angeordnet worden, da es verschiedene Militärexperten zunächst als unmöglich ansahen, flüssigkeitsgefüllte Granaten zu verschießen (Persönliches Tagebuch Gerhard Tappens [6., 8., 9. und 11. November 1914]. Nachlaß Gerhard Tappens. Bundesarchiv/Militärarchiv Freiburg; vgl. Trumpener, U.[7], S. 465).

22 Justrow, K.: Die Entwicklung der deutschen Gasgranate im Weltkriege. Gasschutz und Luftschutz 5 (1935), 291–292; Hanslian, R., 1937[4], S. 53.

23 Denkschrift Fritz Habers über die Aufgaben und die Einrichtung eines KWI für angewandte physikalische Biochemie an das Ministerium für Unterricht vom 18. September 1917. Archiv der Max-Planck-Gesellschaft, Abt. V, Rep. 13, 1904; vgl. dazu auch Ehrhardt, R. (Hrsg.): ». . . im Frieden der Menschheit, im Krieg dem Vaterlande . . .« – 75 Jahre Fritz-Haber-Institut der Max-Planck-Gesellschaft. Berlin 1986.

24 Der Terminus Gas (oder Gaskampfstoffe) ist eigentlich falsch, da es sich bei den eingesetzten Verbindungen nicht nur um gasförmige Stoffe, sondern auch feinverteilte Feststoffe und Flüssigkeiten handelte – richtig ist es, von **chemischen Kampfstoffen** zu sprechen; der Begriff wird in vorliegender Arbeit dennoch häufig verwendet, da er während des Ersten Weltkrieges eine feststehende Bezeichnung war.

25 Haber, F.[10], S. 37.

26 »Denkschrift, betreffend den Gaskampf und Gasschutz« von Oberst Max Bauer aus dem Jahre 1919. Bundesarchiv, Nachlaß Bauer, Nr. 35 (als Dokument 1 in: Brauch, H. G., Müller, R.-D. (Hrsg.): Chemische Kriegführung – Chemische Abrüstung. Berlin Verlag Arno Spitz, Berlin 1985, S. 69–82).

27 Borkin, J.: Die unheilige Allianz der I. G. Farben. Campus Verlag, Frankfurt 1990, S. 23 f. (Originalausgabe: The Crime and Punishment of I. G. Farben. The Free Press, New York 1978).
Joseph Borkin leitete 1938 bis 1946 die Patent- und Kartellabteilung der Anti-Trust-Behörde des amerikanischen Justizministeriums und zeichnete verantwortlich für die Ermittlungen gegen die amerikanischen Tochterfirmen der I.G. Farben.

28 Brief vom 3. März 1915, BA Koblenz, zitiert bei Borkin, J.[27], S. 23.

29 Groehler, O.: Der lautlose Tod. Rowohlt, Reinbek 1989, S. 24; 1. Auflage. Verlag der Nation, Berlin 1978.

30 Hanslian, R., 1937[4], S. 15.

31 Vgl. Jaenicke, J.: Notiz über ein Gespräch mit Dr. Hans Tappen vom 31. Mai 1958. Archiv der Max-Planck-Gesellschaft, Abt. V, Rep. 13, 1507; ebenso die Informationen von H. Tappen an Georg Bruchmüller, enthalten in: Bruchmüller, G.: Die Artillerie beim Angriff im Stellungskrieg. Verlag Offene Worte, Berlin 1926, S. 27–28.

32 Nowak, K. F. (Hrsg.): Die Aufzeichnungen des Generalmajors Max Hoffmann. 2 Bände. Verlag für Kulturpolitik, Berlin 1929, Bd. 2, S. 92–93; Foerster, W. (Hrsg.): Mackensen: Briefe und Aufzeichnungen des Generalfeldmarschalls. Bibliographisches Institut, Leipzig 1938, S. 125; Geyer, H.: Der Gaskrieg. In: Schwarte, M.

(Hrsg.): Der Weltkampf um Ehre und Recht. Band 4. Ernst Finking, Leipzig 1922, S. 497, 509, 524.
Die Aussage Borkins, daß es sich beim ersten von deutscher Seite unter der Tarnbezeichnung T-Mischung eingesetzten Giftgas um *»ein Chlorkohlenoxyd aus den Bayer-Laboratorien«* gehandelt habe[27], ist unrichtig.

33 Haber, L. F.[8], S. 26.

34 Fabrikationsvorschriften der wichtigsten deutschen Kampfstoffe des Ersten Weltkrieges nach den Akten der Farbwerke Hoechst. Archiv der Max-Planck-Gesellschaft, Abt. V, Rep. 13, 533.

35 Norris, J. F.: Die Herstellung von Kampfgas in Deutschland in den Farbenfabriken (nach: Revue générale des matières colorantes 1920, S. 28, bearbeitet von Dr. K. S.). Z. ges. Schieß- u. Sprengstoffwesen 15 (1920), 187–189; Norris, J. F.: The manufacture of wargases in Germany. The Journal of Industrial and Engineering Chemistry 11 (1919), 817.

36 Haber, L. F.[8], S. 157.

37 Der in den Hoechster Farbwerken als Direktor tätige Albrecht Schmidt beschwerte sich in einem Brief vom 1. Juli 1917 an seinen Vetter Friedrich Schmidt-Ott (1860 bis 1956) vom Preußischen Kultusministerium darüber, daß Nernst allgemein als Erfinder der Gasminen, speziell der B-Mine, angesehen wird, wofür er auch das EK I erhalten habe: *»Nernst hat lediglich die Sache damals aufgehalten, ist mit dem ersten Gasbataillon als ›wissenschaftlicher Berater‹ ausgezogen, hat sich dazu aufgedrängt usw. usw.«* (Archiv der Max-Planck-Gesellschaft, Abt. V, Rep. 13, 516).
In einem Brief an Nernst vom 24. September 1917 (möglicherweise nicht abgeschickt) weist Schmidt auch diesen darauf hin, daß er bereits 1906 dem Reichsmarineamt entsprechende Vorschläge unterbreitet habe, vgl. Lit.[9]. In den Jahren 1912 und 1913 habe er ferner Geheimrat Ehrhardt von Düsseldorf sowohl die Nebel-Idee als auch die Idee der Gaskampfstoffe, insbesondere des B-Stoffes, *»klar auseinandergesetzt und ihm Versuche vorgeführt«*. Noch vor Ausbruch des Krieges habe er in Unterlüß bei Celle unter Hinzuziehung der »Rheinischen«, insbesondere des Direktors Völler, intensive Versuche, einschließlich Schießversuche, mit B-Stoff durchgeführt, wobei er auch die Konstruktion der B-Stoff-Mine mit Einhängerohr und wenig Sprengstoff einführte. Am 29. Dezember 1914 habe er zusammen mit der Rheinischen in Unterlüß eine Schießvorführung von mittleren B-Minen, mittleren Nebelminen und Hand-Nebel- sowie Hand-Gas-Bomben B vor Pionieren veranstaltet, an welcher u. a. der Generalinspekteur der Pioniere Berlin Dingeldeyn (Dingeldein, Ludwig?), der Chef des Königlichen Ingenieur-Komitees, General Hauffe, Major Werdelmann von der Generalinspektion der Pioniere sowie Major Schlottmann und Prof. Poppenberg vom Königlichen Ingenieur-Komitee teilnahmen. Von den anwesenden Herren wurde verfügt, daß die mittleren B- und Nebel-Minen mit aller Beschleunigung an die Front gebracht werden sollten. Die leichten B- und Nebel-Minen sowie die Hand-Nebel- und Hand-Gas-Bomben B gingen bereits ab Januar 1915 in großer Zahl an die Front, die mittleren wegen Verzögerungen der Produktion der Hüllen und Einhängerohre bei der Firma Lanz erst im Frühjahr. Diese wurden dann, zusammen mit den von Leverkusen später entwickelten (nach dem gleichen Prinzip funktionierenden) C-Minen, vor ihrem Abgang an die Front im Beisein von Nernst geprüft (Archiv der Max-Planck-Gesellschaft, Abt. V, Rep. 13, 516).

38 Hanslian, R., 1937[4], S. 56 ff.

39 Weinberg, A. von: Emil Fischers Tätigkeit während des Krieges. Die Naturwissenschaften 1919 (Heft 46), S. 868–873.

40 Nach Stoltzenberg, D.[13], S. 269 f., soll Emil Fischer allerdings im Jahre 1916 Haber vorgeschlagen haben, eine Reihe arsenorganischer Verbindungen zu untersuchen;

dabei wurde man auf die nasen- und rachenreizenden Eigenschaften einiger Vertreter aufmerksam und bemerkte auch, daß diese gewöhnliche Aktivkohle-Filtereinsätze durchdringen.
In seinem Memorandum zu Haber weist Harold Hartley darauf hin, daß Fischer Kakodylchlorid als Kampfstoff vorgeschlagen habe (vgl. Brief von H. Hartley an Coates vom 21. Januar 1935 mit dem Memorandum als Anlage. Archiv der Max-Planck-Gesellschaft. Abt. V, Rep. 13, 1379).

41 C. Duisbergs Briefwechsel befindet sich im Archiv der Firma Bayer; der Brief E. Fischers vom 20. Dezember 1914 ist zitiert nach Jaenicke, W.: 100 Jahre BUNSEN Gesellschaft. Steinkopff, Darmstadt 1994, S. 71–72.

42 Das »Kaiser-Wilhelm-Institut (KWI) für physikalische Chemie und Elektrochemie« wurde nach dem KWI für Chemie im Jahre 1911 als Stiftung des preußischen Staates und der Koppel-Stiftung gegründet und durch Kaiser Wilhelm II. am 23. Oktober 1912 eröffnet. Zum Direktor wurde auf Vorschlag des Bankiers und Gründers der Auer-Gasglühlicht-Gesellschaft Leopold Koppel (1854–1933) und eines Gutachtens des schwedischen Physikochemikers und Nobelpreisträgers (1903) Svante August Arrhenius (1859–1927) Fritz Haber berufen, der seit 1906 an der TH Karlsruhe den Lehrstuhl für physikalische Chemie innehatte.

43 Nachdem es Haber gelungen war, bis zum Kaiser vorzudringen und *»ihm seine Sorgen vorzutragen»* (so in: Flechtner, H.-J.: Carl Duisberg – vom Chemiker zum Wirtschaftsführer. Econ, Düsseldorf 1959, S. 275).

44 Meyer, J.: Der Gaskampf und die chemischen Kampfstoffe. S. Hirzel, Leipzig 1925, S. 39.

45 Haber, L. F.[8], S. 20.

46 Beike, H., Hirsch, H., Tröber, A.: Zur Rolle von Fritz Haber und Carl Bosch in Politik und Gesellschaft. Wissenschaftliche Zeitschrift der Technischen Hochschule für Chemie Leuna-Merseburg 3 (1960/61), Nr. 1, S. 55–72.

47 Harris, R., Paxman, J.: Eine höhere Form des Tötens. Die geheime Geschichte der B- und C-Waffen. dtv, München 1985 (Originalausgabe: A Higher Form of Killing. The Secret Story of Chemical and Biological Warfare. New York, London 1982), S. 24.

48 Chlopin, W. G.: Militärische und sanitäre Grundlagen des Gasschutzes. Z. ges. Schieß- u. Sprengstoffwesen 22 (1927), 192–194, 227–230, 262–266, 297–302, 333–336, 369–372; 23 (1928), 29–33; als Sonderabdruck unter dem Titel »Grundlagen des Gasschutzes«, München 1928.

49 Lefebure, V.: The Riddle of the Rhine: Chemical Strategy in Peace and War. Collins, London 1921 (New York 1923), S. 35.

50 Haber, F.[10], S. 31.

51 Aktennotiz Fritz Habers vom 3. 1. 1915. Archiv der Max-Planck-Gesellschaft, Abt. V, Rep. 13, 1669.

52 Nach einem Vortrag von Dietrich Stoltzenberg, am 8. Februar 1995 an der Universität Halle, fanden erste versuchsweise Chloreinsätze auch an der Ostfront statt.

53 Haber, F.[3], S. 88.

54 Frauenholz, E. von (Hrsg.).: Kronprinz Rupprecht von Bayern: Mein Kriegstagebuch. 3 Bände. Mittler & Sohn, Berlin 1929, Band 1, S. 304–305.

55 Kriegstagebuch Karl von Einem, 27. April 1915 (Nachlaß K. von Einem. Bundesarchiv/Militärarchiv Freiburg; vgl. Trumpener, U.[7], S. 473).

56 Obkircher, W. (Hrsg.).: General Erich von Gündell. Aus seinen Tagebüchern. Hanseatische Verlagsanstalt, Hamburg 1939, S. 169.

57 Kaehler, S. (Hrsg.).: Albrecht von Thaer: Generalstabsdienst an der Front und in der O.H.L. Abhandlungen der Akademie der Wissenschaften in Göttingen. Philologisch-historische Klasse. Vandenhoeck u. Ruprecht, Göttingen 1958, S. 33.

[58] Deimling, B. von: Aus der alten in die neue Zeit. Ullstein, Berlin 1930.

[59] Brief von B. Helferich an J. Jaenicke vom 7. 6. 1961. Archiv der Max-Planck-Gesellschaft, Abt. V, Rep. 13, 187.

[60] Vgl. Frucht, A.-H., Zepelin, J.[7], S. 95.

[61] Haber, L. F.[8], S. 30, gibt als Namen Otto Peterson an.
Ein im Nachlaß von Otto Hahn befindliches Mitglieder-Verzeichnis des Offiziers-Vereins der ehemaligen Gastruppen e.V. verzeichnet allerdings nur einen Generalmajor a. D. Max Peterson (Archiv der Max-Planck-Gesellschaft, Abt. V, Rep. 13, Nachtrag 2311).

[62] Dr. Richardt (Angehöriger des Gasregiments 35): Notizen über meine Arbeiten unter Haber im Frieden und im Krieg 1914–1918. Archiv der Max-Planck-Gesellschaft, Abt. V, Rep. 13, 1494; Bericht von O. Lummitsch (Adjutant von Peterson). Meine Erinnerungen an Geheimrat Prof. Dr. Haber. Archiv der Max-Planck-Gesellschaft, Abt. V, Rep. 13, 1480.
Dem Mitglieder-Verzeichnis des Offiziers-Vereins der ehemaligen Gastruppen e.V. (aus dem Nachlaß Otto Hahns) sind weitere Namen zu entnehmen. Archiv der Max-Planck-Gesellschaft, Abt. V, Rep. 13, Nachtrag 2311.

[63] Westphal, W. H.: Erinnerungen an Fritz Haber. Archiv der Max-Planck-Gesellschaft, Abt. V, Rep. 13, 1511.
Haber rechnete beim Lost mit einem deutschen Vorsprung von einem halben Jahr (vgl. Frucht, A.-H., Zepelin, J.[7], S. 94).

[64] Hanslian, R., 1937[4], S. 87; Trumpener, U.[7], S. 471–472.

[65] Die bei Hanslian, R., 1937[4], S. 16, angegebenen rund 30 Tonnen sind falsch; nach Harris, R., Paxman, J.[47], S. 14, 160 Tonnen.
Legt man die von Hanslian, R. in »Der chemische Krieg« 2. Auflage. Mittler & Sohn, Berlin 1927, S. 87, selbst angegebenen, zum Einsatz gekommenen 1600 großen und 4130 kleinen Flaschen zugrunde, kommt man auf 146,6 Tonnen.
Nach Harris, F., Paxmann, J.[47], S. 24, wurden zwischen dem 22. April und dem 24. Mai 1915 von deutscher Seite aus 20 000 Gaszylindern insgesamt 500 Tonnen Chlor abgeblasen.

[66] Nach Hanslian, R.: Der chemische Krieg. 2. Auflage. Mittler & Sohn, Berlin 1927, S. 12 und S. 87, sowie 3. Auflage. Mittler & Sohn, Berlin 1937, S. 16 und S. 87; Kerschbaum, F.: Die Gaskampfmittel. In: Schwarte, M.: Die Technik im Weltkriege. Mittler & Sohn, Berlin 1920.
Darstellungen des ersten deutschen Chlor-Blasangriffes finden sich bei Hanslian, R.: Der deutsche Blasangriff bei Ypern am 22. April 1915. Gasschutz und Luftschutz 4 (1934), 98–101, 123–126, 155–158, 184–187, 207–210; N. N.: Der deutsche Blasangriff bei Ypern am 22. April 1915. Stellungnahme von Augenzeugen (und zwar General von Tschischwitz, Oberstleutnant Graf von Tattenbach, Generalleutnant von Hülsen, Generalmajor Peterson, Prof. B. Helferich, Prof. Woltersdorf). Gasschutz und Luftschutz 4 (1934), 233–240; Lichnock: Der erste deutsche Gasangriff am 22. April 1915. In: Heinrici, P. (Hrsg.).: Das Ehrenbuch der Deutschen Pioniere. Wilhelm Kolk, Berlin 1932, S. 565–568; N. N.: Zur Geschichte des Gaskrieges. Der erste Blasangriff im Weltkriege in englischer Darstellung (übersetzte Auszüge aus: Tommy at War. Personnel Records of the Great War by English Soldiers. J. M. Dent & Sons). Z. ges. Schieß- u. Sprengstoffwesen 31 (1936), 30–32; Mordacq, H. L.: Le Drame de l'Yser. Paris 1933; Schreiner, W.: Der Tod von Ypern. J. F. Steinkopf, Stuttgart 1937; Blond, G.: Verdun. Paul Zsolnay, Hamburg, Wien 1962; Joffre, J.: Mémoires du Maréchal Joffre. 2 Bände, Paris 1932, Band 2, S. 32 ff., 72.

[67] Sowohl nach alliierter wie auch späterer deutscher Einschätzung wurde der dabei erzielte taktische Durchbruch (eine sechs Kilometer breite Bresche zwischen Lange-

marck und Bixschoote war offen) von der deutschen militärischen Führung nicht strategisch genutzt.

R. Hanslian schreibt später, daß der 22. April nicht nur für die Alliierten ein *»schwarzer Tag«* gewesen sei, sondern auch für die Deutschen und meint, daß es besser gewesen wäre, wenn der Angriff in dieser Form nicht stattgefunden hätte. Als Hauptgründe führt er an:

- daß General von Falkenhayn die Wirkungsmöglichkeit der Gaswaffe nur gering einschätzte und deshalb dem Oberkommando der 4. Armee die Bereitstellung einer Division zum Aufrollen des Ypernbogens nach dem Gasangriff verweigerte, trotzdem aber auf den raschen Einsatz des Chlors drängte,
- daß der in nahezu vollem Umfang gelungene Chlorangriff mit seinen örtlich ungeheueren Auswirkungen durch die unklare Zielsetzung der Obersten Heeresleitung nicht strategisch genutzt werden konnte,
- daß die Verlustzahlen von alliierter Seite *»künstlich hochgetrieben«* wurden, wodurch Deutschland ein großer, lang andauernder moralischer Schaden im neutralen Ausland erwuchs,
- daß der deutsche Generalstabschef *»mit unzulänglichen chemischen Mitteln, mit unzureichenden militärischen Kräften, ohne eigenen Glauben an die Wirkung«* den Gasangriff befahl und damit dem Gegner eine neue Waffe enthüllte, die bei *»genügender Vorbereitung und entsprechenden Modifizierungen durchaus befähigt war, Deutschland einen großen taktischen, in seiner weiteren Auswirkung womöglich strategischen Erfolg im Weltkriege zu schenken«.* Vgl. Hanslian, R.: Der deutsche Blasangriff bei Ypern am 22. April 1915. Gasschutz und Luftschutz 4 (1934), S. 210.

In seinem Buch »Die Oberste Heeresleitung 1914–1916 in ihren wichtigsten Entscheidungen«. Mittler & Sohn, Berlin 1920, vermeidet Falkenhayn jegliche Stellungnahme zum Gaskrieg.

68 Nach Hanslian, R.[67], S. 101, wurden am 30. Januar die ersten Dräger-Geräte bestellt, von denen am 24. März 1000 und am 22. April 3000 Stück an der Front waren.

69 Oberstabsarzt Nieheus (Medizinalabteilung des Kriegsministeriums): Die allerersten Anfänge des Gaskampfes. Archiv der Max-Planck-Gesellschaft, Abt. V, Rep. 13, 514.

70 Mordacq, J. H.: Le Drame de l'Yser. Paris 1933 (übersetzte Auszüge bei: Hanslian, R.[57], S. 123–124).

71 Hanslian, R., Bergendorff, F.: Der chemische Krieg. Mittler & Sohn, Berlin 1925; Hanslian, R.: Der chemische Krieg. 2. umgearbeitete und wesentlich vermehrte Auflage. Berlin 1927; Hanslian, R. (Hrsg.): 3. völlig neubearbeitete Auflage. Berlin 1937.

72 Hanslian, R.[67], S. 186–187.

73 Trumpener, U.[7], S. 460.

74 SIPRI: The problem of chemical and biological warfare. A study of historical, technical, military, legal and political aspects of CWB and possible disarmament measures. Vol. 1: The Rise of CB Weapons. Stockholm, New York 1971, S. 30.

75 Macphail, H.: The Medical Services. Official History of the Canadian Forces in the Great War. Ottawa 1925, S. 300.

76 Zitiert nach Harris, R., Paxman, J.[47], S. 18.

77 Zitiert nach Harris, R., Paxman, J.[47], S. 16.

78 Diese Tatsachen wurden erstmals durch die Veröffentlichung des Generals Ferry »Ce qui s'est passé sur l'Yser« in der »Revue de Vivants« vom Juli 1930 bekannt (vgl. dazu übersetzte Auszüge in: Hanslian, R.: Zur Geschichte des Gaskrieges. Gasschutz und Luftschutz 1 (1931), 49–22). Die Veröffentlichung hatte Folgen für den Kraftfahrer August Jäger, der daraufhin angeklagt und am 17. Dezember 1932 vom

4. Strafsenat des Reichsgerichtes in Leipzig wegen Kriegsverrates zu 10 Jahren Zuchthaus und 10 Jahren Ehrenrechtsverlust verurteilt wurde (vgl.: Der Verrat des deutschen Gasangriffes bei Ypern nach 17 Jahren gesühnt. Gasschutz und Luftschutz 3 (1933), 21, gekennzeichnet Hn).

79 Zitiert nach Harris, R., Paxman, J.[47], S. 17.
Nach Haber, L. F.[8], S. 33, soll Oberst Louis Jackson in der ersten Aprilhälfte das »War Office« vor einer chemischen Attacke der Deutschen gewarnt und entsprechende Schutzvorbereitungen gefordert haben, wobei er die Anwendung von Arsenverbindungen vermutete.

80 Haber, F.[3], S. 77.
Im Rahmen der nach dem Ersten Weltkriege in und zwischen den beteiligten Staaten geführten Diskussionen über die völkerrechtliche Zulässigkeit der Giftstoffanwendung wurde auch ein parlamentarischer Untersuchungsausschuß im Deutschen Reichstag gebildet, der Haber am 4. Oktober 1923 als »Kronzeugen« anhörte und am 13. Oktober 1923 seine Tätigkeit mit einer Entschließung beendete, die auf einem Gutachten des Geheimen Rates Dr. Johannes Kriege (geb. 1859) beruhte, das sich seinerseits die von Haber vorgetragenen Argumente zu eigen machte. Vgl. dazu: Vernehmung Habers vor dem Untersuchungsausschuß des Deutschen Reichstages am 4. Oktober 1923. In: Bell, J. (Hrsg.): Das Werk des Untersuchungsausschusses der Verfassunggebenden Deutschen Nationalversammlung und des Deutschen Reichstages 1919–1928. Verhandlungen, Gutachten, Urkunden. 3. Reihe: Völkerrecht im Weltkriege. Band 4. Deutsche Verlagsgesellschaft für Politik und Geschichte, Berlin 1927, S. 14 ff.; vgl. auch Kunz, J. L.: Gaskrieg und Völkerrecht. Julius Springer, Wien 1927, S. 10 ff.; Kruse, H.: Gaskrieg. In: Schlochauer, H. J. (Hrsg.): Wörterbuch des Völkerrechts. 3 Bände. Walter de Gruyter, Berlin 1960–1962, Band 1 (1960), S. 615–616.

81 Bericht von O. Lummitsch: Meine Erinnerungen an Geheimrat Prof. Dr. Haber. Archiv der Max-Planck-Gesellschaft, Abt. V, Rep. 13, 1480.

82 Hanslian, R., 1937[4], S. 91; zu den deutschen Blasangriffen an der Ostfront vgl. auch Noskoff, A. A. (im Weltkrieg Generalstabschef der III. russischen Armee): Der deutsche Blasangriff gegen russische Stellungen bei Baranowitschi in der Nacht vom 24. zum 25. September 1915. Gasschutz und Luftschutz 5 (1935), 128–133, 153–156; Heber, K.: Zur Geschichte des Gaskrieges. Weltkriegserfahrungen eines Gas-Pionieroffiziers. Gasschutz und Luftschutz 11 (1941), 13–17, 38–41; Adelheim, R.: Zur Geschichte des Gaskrieges. Der deutsche Blasangriff bei Üxküll am 25. September 1916. Z. ges. Schieß- u. Sprengstoffwesen 27 (1932), Nr. 2, S. 65–66.
Nach L. F. Haber[8], S. 37 und S. 88, standen bei den ersten Angriffen an der Ostfront zwei Aufgaben: das gemeinsame Vorgehen von Gastruppen und Infanterie sowie die Erprobung eines Chlor-Phosgen-Gemisches, wobei er einen Phosgenanteil von 5 oder von 20 % für möglich hält. Später wurden auch Mischungen aus 50 % Chlor und 50 % Phosgen verblasen.

83 Nach Haber, L. F.[8], S. 37 f., zählten die Deutschen am 31. Mai 56 Gasvergiftete, am 12. Juni 350 und am 6. Juli 1450 (von denen 138 starben).

84 Heber, K.: Zur Geschichte des Gaskrieges. Weltkriegserfahrungen eines Gas-Pionieroffiziers. Gasschutz und Luftschutz 11 (1941), 13–17, 38–41.

85 Chlopin, W. G.[48].
Nach Harris, R., Paxman, J.[47], S. 25 und S. 276, berichtete der damalige britische Botschafter in Petrograd, W. L. Wicks, daß nach dem zwanzigminütigen Angriff 7800 gasvergiftete russische Soldaten abtransportiert wurden und 1100 Tote auf dem Schlachtfeld zurückblieben.

86 SIPRI, 1971[74], S. 32, unter Bezug auf eine Privatmitteilung des russischen Chemikers Michail Michailowitsch Dubinin (geb. 1901).

87 Nach Harris, R., Paxman, J.[47], S. 32; vgl auch Haber, L. F.[8], S. 61.

88 Flury, F., Zernik, F.: Schädliche Gase, Dämpfe, Nebel, Rauch- und Staubarten. Julius Springer, Berlin 1931, S. 521.
Nach L. F. Haber[8], S. 25, experimentierten die Deutschen wahrscheinlich auf Nernsts Vorschlag schon im zeitigen Frühjahr 1915 mit Minen, die Phosgen oder Phosgen-Chlor-Mischungen enthielten. Am 25. März soll Haber in Wahn eine Demonstration dieser Geschosse organisiert haben.

89 Giman, A.: Advances in Military Medicine. Brown & Co., Boston 1948.

90 Hanslian, R., 1937[4], S. 23 und S. 99.

91 Haber, L. F.[8], S. 89 und S. 38–39.
Bei dem Angriff am 6. Juli zwischen Humin und Borzymów mit 9000 Flaschen (180 t Gas) sollen nach diesen Angaben durch ein Rückschlagen der Gaswolke 1450 deutsche Soldaten gasvergiftet worden sein, von denen 139 starben.

92 Haber, L. F.[8], S. 178.

93 Nach Raoul Mercier soll der letzte deutsche Angriff am 31. Januar 1917 in der Champagne mit 500 Tonnen der größte gewesen sein. Vgl. N. N.: Mercier: Der Soldat im Kampfe mit den Gasen (übersetzte Auszüge nach Mercier, R.: Revue d'Artillerie. Juni 1929). Z. ges. Schieß- u. Sprengstoffwesen 25 (1930), 339–342, 381–385.

94 SIPRI, 1971[74], S. 32; Hanslian, R., 1937[4], S. 23–25.

95 Haber, L. F.[8], S. 158–159 und S. 170.

96 Schreiben des preußischen Kriegsministers an den preußischen Kultusminister vom 7. November 1916. Archiv der Max-Planck-Gesellschaft, Abt. I, Rep.1 a, KWG Generalverwaltung; zitiert in: Stoltzenberg, D.: Zur Geschichte des Kaiser-Wilhelm-Institutes für physikalische Chemie und Elektrochemie. Zur geplanten Veränderung des Instituts in eine Forschungs- und Entwicklungsstätte des Heeres für den Gaskampf und Gasschutz auch in Friedenszeiten 1916 und nach 1933. Berichte zur Wissenschaftsgeschichte 14 (1991), 15–23.

97 Bonhoeffer, K.-F.: Fritz Habers wissenschaftliches Werk. Z. Elektrochem. 57 (1953), 2–6.

98 Denkschrift Fritz Habers vom 18. September 1917. Archiv der Max-Planck-Gesellschaft, Abt. I, Rep.1 a, 1971; zitiert bei Stoltzenberg, D.[96]; vgl. auch Abt. V, Rep. 13, 1904.

99 Nach Haber, L. F.[8], S. 107, waren in der Gaskriegsforschung tätig:
in Deutschland: 150 Akademiker und 1850 technische Kräfte,
in Großbritannien: 120 Akademiker und 1340 technische Hilfskräfte,
in Frankreich: 110 Akademiker (die Zahl der technischen Hilfskräfte ist nicht bekannt),
in den USA: 1200 Akademiker und 700 technische Hilfskräfte.

100 Nach Mac Leod, R.: The Chemists go to War: The Mobilization of Civilian Chemists and the British War Effort, 1914–1918. Annales of Science 50 (1993), 455–481.

101 Haber, L. F.[8], S. 139–141.

102 Telephonliste der Angehörigen des Kaiser-Wilhelm-Institutes für physikalische Chemie und Elektrochemie; Gliederung des Kaiser-Wilhelm-Institutes für physikalische Chemie und Elektrochemie. Archiv der Max-Planck-Gesellschaft, Abt., I. Rep. 1 a, 1158.
Von L. F. Haber[8], S. 114, wird noch eine Sektion K erwähnt, die Erich Regener Ende 1917/Anfang 1918 übertragen wurde und sich (im Zusammenhang mit den Blaukreuzkampfstoffen) der Aerosolforschung widmete.

103 Geschichtlicher Abriß zum Kaiser-Wilhelm-Institut für physikalische Chemie und Elektrochemie von J. Jaenicke vom 28. November 1958, angefertigt für M. von Laue. Archiv der Max-Planck-Gesellschaftft, Abt. V, Rep. 13, 249.

[104] Muntsch, O.: Ferdinand Flury – 60 Jahre. Gasschutz und Luftschutz 7 (1937), 129; Personal-Notizen in: Z. ges. Schieß- u. Sprengstoffwesen 23 (1928), 211.

[105] Kaiser-Wilhelm-Institut für physikalische Chemie und Elektrochemie/ Fritz-Haber-Institut der Max-Planck-Gesellschaft. In: Dahlem – Domäne der Wissenschaft. Max-Planck-Gesellschaft – Berichte und Mitteilungen 3/1993, S. 69–74; Fritz-Haber-Institut der Max-Planck-Gesellschaft Berlin. Max-Planck-Gesellschaft – Berichte und Mitteilungen 7/1986.

[106] Flury, F.: Über den chemischen Krieg. Gasschutz und Luftschutz 7 (1937), 57–63. Fritz Haber äußerte nach dem Krieg gegenüber Harold Hartley, daß man allein etwa 15 Lost-Analoge und über 100 Arsenverbindungen untersucht habe. Vgl. Haber, L. F.[8], S. 109.

[107] Von den Wolfener AGFA-Werken wurden 1916/1917 beispielsweise folgende Testverbindungen hergestellt: Kakodylchlorid, Kakodylcyanid, Dichlordiphenylarsindichlorid, Methyl-p-nitrophenyl-arsinchlorid, Dibrom-nitroethan, Kohlensäure-Rhodanid, F.F.-Stoff (Styroldibromid/Rhodankalium/Alkohol), p-Nitrophenylarsindichlorid (Para), 2,5-Dichlor-phenylarsindichlorid, Methylarsinsulfid, Methylarsindisulfid, Methylarsindichlorid, Ethylarsindichlorid, Phenylarsindichlorid, Nitrosobenzol (vgl. Landesarchiv Merseburg. IG Farbenindustrie, Farbenfabrik Wolfen. Nr. 756 (1916/17). Reiz- und Wirkstoffe, Schriftwechsel 1916–1917. Verschiedene Briefe).

[108] Stoltzenberg, D.[13], S. 332.

[109] Als Harold Hartley im Rahmen einer Inspektionsreise der alliierten Kontrollkommission Fritz Haber aufsuchte, soll ihn dieser mit den Worten empfangen haben: *»Warum sind Sie nicht eher gekommen? Ich wollte alle unsere Unterlagen mit Ihnen diskutieren, aber es hat ein sehr unglückliches Feuer stattgefunden, und sie wurden alle zerstört.«* Notes of the Royal Society 24, S. 112 (zitiert bei Stoltzenberg, D.[13], S. 332). Auch nach J. Jaenicke sollen die Akten bereits nach Kriegsende vernichtet worden sein, um sie dem Zugriff der alliierten Kontrollkommission zu entziehen (vgl. Lit.[103]).

[110] Nach Stoltzenberg, D.[13], S. 332, kann die Frage, ob wirklich alle Akten vernichtet wurden, erst nach Einsichtnahme in die russischen (ehemals sowjetischen) Militärarchive endgültig beantwortet werden.

[111] Protokoll der Besprechung mit den Vertretern der Industrie über den Stand der Gaskampfstoffe vom 15. Mai 1918. Archiv der Max-Planck-Gesellschaft, Abt. V, Rep. 13, 522.

[112] Bericht über die am 3. Juni 1916 vormittags 10 Uhr im Kaiser-Wilhelm-Institut für physikalische Chemie und Elektrochemie, Berlin-Dahlem, stattgefundene Besprechung über Reizstoffe. Landesarchiv Merseburg. IG Farbenindustrie, Farbenfabrik Wolfen. Nr. 756 (1916/17). Reiz- und Wirkstoffe. Schriftwechsel 1916–1917. Bl. 242–244.

[113] Bericht über die Sitzung im Kaiser-Wilhelm-Institut (Dahlem) am 9. Oktober 1916, 10 Uhr vormittags. Landesarchiv Merseburg. IG Farbenindustrie, Farbenfabrik Wolfen. Nr. 3190 (1916/17). Chemische Kampfstoffe, allgemein, Clark I. Bl. 306–311.

[114] Besprechung im Kriegsministerium am 31. Oktober 1916. Landesarchiv Merseburg. IG Farbenindustrie, Farbenfabrik Wolfen. Nr. 756 (1916/17). Reiz- und Wirkstoffe. Schriftwechsel 1916–1917. Bl. 114–115.

[115] Protokoll der Besprechung bei der Chemischen Abteilung des Kriegsministeriums am 20. September 1917. Landesarchiv Merseburg. IG Farbenindustrie, Farbenfabrik Wolfen. Nr. 3191 (1916/17). Chemische Kampfstoffe, Clark II (1917–1918) Bl. 314–316.

[116] Hammann, Rudolf: Angaben zum Personalbestand der Abteilung A des Kaiser-

Wilhelm-Institutes für physikalische Chemie und Elektrochemie zu Kriegsende 1918 (21. August 1976). Archiv der Max-Planck-Gesellschaft, I, Generalverwaltung 1A, 1158.

117 Brief von Dr. Hans Pick an Prof. J. E. Coates, Swansea (England) vom 9. April 1935. Archiv der Max-Planck-Gesellschaft, Abt. V, Rep. 13, 1491.

118 Franke, S. u. a.: Militärchemie. Band 1. Militärverlag, Berlin 1977, S. 21–34 und S. 116–122.

119 Franke, S.: Chemie der Kampfstoffe. Gesellschaft für Kampfmittelbeseitigung Dr. Koehler mbH, Munster, Burg 1994.

120 Daunderer, M. : Klinische Toxikologie. Kapitel Kampfstoffe. Ecomed-Verlag, Landsberg, Ergänzungslieferungen 1990/91.

121 Vgl. dazu die Ausführungen Fritz Kerschbaums im Protokoll der Besprechung mit den Vertretern der Industrie über den Stand der Gaskampfstoffe 1918 (Lit.[111]).

122 Franke, S. u. a.[118], S. 86.

123 Stoltzenberg, D.[13], S. 264, unter Bezug auf Briefe seines Vaters Hugo Stoltzenberg aus den Jahren 1917 und 1918.

124 Nach Haber L. F.[8], S.127; Tätigkeitsbericht des Kaiser-Wilhelm-Institutes für physikalische Chemie und Elektrochemie, Oktober 1915 bis Dezember 1916. Archiv der Max-Planck-Gesellschaft, Abt. A1, 1135; Dezember 1916 bis Oktober 1919, Krupp-Archiv, IV E 258. Vgl. Burchardt, L.: Die Kaiser-Wilhelm-Gesellschaft im Ersten Weltkrieg. In: Vierhaus, R., vom Brocke, B. (Hrsg.): Forschung im Spannungsfeld von Politik und Wirtschaft. Geschichte und Struktur der Kaiser-Wilhelm-/Max-Planck-Gesellschaft. DVA, Stuttgart 1990, S. 165.

125 Willstätter, R.: Aus meinem Leben. Verlag Chemie, Weinheim 1949, S. 249 ff.; zu Fritz Haber vgl. auch Willstätter, R.: Fritz Haber zum sechzigsten Geburtstag. Die Naturwissenschaften 1928 (Nr. 50), S.1053–1060; Freundlich, H.: Fritz Haber im Karlsruher und Dahlemer Laboratorium. Die Naturwissenschaften 1928 (Nr. 50), S. 1060–1062; weitere Angaben zu Haber finden sich in der Monographie seines Sohnes: Haber, L. F.: The Poisonous Cloud. Clarendon Press, Oxford, 1986; der Lebensbeschreibung seiner ersten Frau Clara Haber, geborene Immerwahr (1870–1915) in: von Leidner, G.: Der Fall Clara Immerwahr. C. H. Beck, München 1993; der Biographie seiner zweiten Frau: Haber, Ch.: Mein Leben mit Fritz Haber. Econ, Düsseldorf, Wien 1970; im Memorandum H. Hartleys über F. Haber, vgl. Brief von H. Hartley an Coates vom 21. Januar 1935 mit dem Memorandum als Anlage. Archiv der Max-Planck-Gesellschaft. Abt. V, Rep. 13, 1379;
ferner bei: Stoltzenberg, D.: Fritz Haber. Chemiker, Nobelpreisträger, Deutscher, Jude. VCH, Weinheim 1994; Goran, M. H.: The Story of Fritz Haber. University of Oklahoma Press, Norman 1967; Lohs, K.: Fritz Haber. Ein Exponent der bürgerlichen Wissenschaft. Zeitschrift für Geschichte der Naturwissenschaften, Technik und Medizin 1962 (Nr. 4), S. 37 ff.; Lohs, K.: Fritz Haber und der chemische Krieg. Zeitschrift für Militärgeschichte 10 (1971), 432–444; Lohs, K.: Fritz Haber – Handlungen und Wandlungen. In: Tschirner, M., Göbel, H.-W. (Hrsg.): Wissenschaft im Krieg – Krieg in der Wissenschaft. Ein Symposium an der Philipps-Universität Marburg. 50 Jahre nach Beginn des II. Weltkrieges. S. 237–239; Smandek, B.: Fritz Haber – Wissenschaft zwischen Sprengstoff, Kunstdünger und Giftgas. Ebenda S. 241–247; Miles, W.: Fritz Haber – father of chemical war. US-Armed Forces Chemical Journal 1960 (Nr. 1), S. 28 ff.; Sachsse, H.: Fritz Haber 1868–1934. Chemie in unserer Zeit 1968 (Nr. 5), S. 145–148; Wendel, G.: Zur Würdigung unseres nationalen wissenschaftlichen Erbes. Dargestellt am Leben und Wirken des Physikochemikers Fritz Haber (1868–1934). Informations- und Studienmaterial der Zentralen Forschungsstelle. Technische Hochschule für Chemie Leuna-Merseburg 1962; Frucht, A.-H., Zepe-

lin, J.: Die Tragik der verschmähten Liebe. Die Geschichte des deutsch-jüdischen Physikochemikers und preußischen Patrioten Fritz Haber. In: Fischer, E. P. (Hrsg.): Mannheimer Forum 94/95. Piper, München, Zürich, S. 63–111; Burchardt, L.[124], S. 163–196.

126 Erinnerungen an Fritz Haber von James Franck (1958). Archiv der Max-Planck-Gesellschaft, Abt. V, Rep. 13, 1449.

127 Zitiert bei Laue, M. von: Eröffnungsrede zur Enthüllung der Haber-Gedenktafel im Kaiser-Wilhelm-Institut für physikalische Chemie und Elektrochemie, Berlin-Dahlem, am 9. Dezember 1952. Z. Elektrochem. 57 (1952), 1–2.

128 Bericht von Dr. Kaltwasser an die Direktion der AGFA über einen am Kaiser-Wilhelm-Institut vom 21.–24. Juni 1916 abgehaltenen Kursus über Reizmittel und deren Anwendung vom 30. Juni 1916. Landesarchiv Merseburg. IG Farbenindustrie, Farbenfabrik Wolfen. Nr. 756 (1916/17). Reiz- und Wirkstoffe. Schriftwechsel 1916–1917. Bl. 221–226.

129 Vgl. z. B. Brief Habers an R. von Valentini vom 15. Januar 1916. Archiv der MPG, Abt. V, Rep. 13, 1623; zitiert bei Stoltzenberg, D.[13], S. 250.

130 Nach den Aufzeichnungen Rudolf Hanslians in seinem persönlichen Kriegstagebuch waren die deutschen militärischen Dienststellen in einer Besprechung am 20. Mai 1915 in Gistelles bei Ostende vorwiegend der Ansicht, daß *»der Gegner uns diesen Blasangriff nicht nachmachen könne«*. Hingegen rechneten die deutschen Chemiker mit einer Vergeltung in etwa 6 Monaten, womit sie sich nur um einen Monat irrten. Hanslian wies in der gleichen Besprechung darauf hin, daß *»der beste Chemiker auf dem Gebiet der Gase«*, Sir William Ramsay, in London sitze (vgl. Hanslian, R.[67], S. 209).

131 Die Gaswaffe im Weltkriege in englischer Darstellung (nach Foulkes, C. H.: Gas! The Story of the Special Brigade. William Blackwood & Sons, Edinburgh and London 1934). Z. ges. Schieß- u. Sprengstoffwesen 30 (1935), Nr. 6, S. 194–197; Nr. 7, S. 221–225; Nr. 8, S. 252–256; Nr. 9, S. 285–289; Nr. 10, S. 320–323; Nr. 11, S. 356–358; Nr. 12, S. 382–384.

132 Haber, L. F.[8], S. 121–122.

133 Harris, R., Paxman, J.[47], S. 23.

134 Haber, L. F.[8], S. 51.

135 N. N.: Die Gaswaffe im Weltkriege in englischer Darstellung[131]; Harris, R., Paxman, J.[47].

136 Rudge, E.: Chemists at war. Chemistry in Britain 20 (1984), 139–140.

137 Haber, L. F.[8], S. 107–108 und S. 128–129.

138 Haber, L. F.[8], S. 124–125 und S. 144–149.

139 Zitiert nach Harris, R., Paxman, J.[47], S. 26.

140 Nach L. F. Haber[8], S. 63, entwickelte der Feuerwerker F. A. Brock auf Initiative der Admiralität auch ein Verfahren, das wäßrige Blausäure unter Zusatz von Chloroform und Celluloseacetat zu einem Sirup andickte, den man als »Jellite« bezeichnete. In Stratford wurden vom 13. bis 23. September 1915 120 Glasgefäße mit je 15 kg dieses Stoffes hergestellt, kamen jedoch nicht zum Einsatz. Auch die ab Juli 1916 von der Admiralität mit Gemischen aus Jellite und Chloriden gefüllten Geschosse kamen nicht zum Verschuß. Nach langem Zögern entschied sich das Kriegsministerium im Dezember 1917 gegen Blausäure. Die Produktion wurde eingestellt, die vorhandenen Geschosse vernichtet.

141 Harris, R., Paxman, J.[47], S. 35.

142 Haber, L. F.[8], S. 92 und S. 178.

143 Hanslian, R., 1937[4], S. 23–24 und S. 124.

144 Foulkes, C. H.: Gas! The Story of the Special Brigade. William Blackwood & Sons,

Edinburgh, London 1934 (ausführliche Rezension in: Gasschutz und Luftschutz 5 (1935), 165–167, gekennzeichnet Hn.); N. N.: Die Gaswaffe im Weltkriege in englischer Darstellung[131].

145 Mehl, H.-G.: Ein französischer Beitrag zur Entwicklung der chemischen Waffe im Weltkriege (deutsche Inhaltsangabe nach Poirier, J., unter Beratung von Kling, A.: La Chimie meurtrière des Belligérants au Cours de la Guerre 1914/18. 15 Fortsetzungen in: La France Militaire. Juli bis Oktober 1931). Z. ges. Schieß- u. Sprengstoffwesen 29 (1934), Nr. 7, S. 213–216; Nr. 8, S. 250–252; Nr. 9, S. 279–281; Nr. 10, S. 316–318; Nr. 12, S. 390–391.

Nach L. F. Haber[8], S. 53, schloß Louis Jackson bereits im September 1915 mit den Franzosen einen Vertrag, nach dem die Briten in Runcorn pro Woche 50 t Chlor für die französischen Truppen in Blasflaschen verfüllen und weitere 2 t pro Woche nach Calais liefern wollten.

146 Haber, L. F.[8], S. 163 und S. 169–170.

147 Haber, L. F.[8], S. 78 und S. 133.

148 Mehl, H.-G.[145]; Harris, R., Paxman, J.[47], S. 36 und S. 58–59.

149 Zur Geschichte der britischen Kampfstoffentwicklungen im Ersten Weltkrieg vgl. Thuillier, H. F.: Das Gas im nächsten Krieg. Scientia A.G., Zürich, Albert Nauck & Co., Berlin 1939; Foulkes, C. H.[144]; N. N.: Die Gaswaffe in englischer Darstellung[131]; Harris, R., Paxman, J.[47].

150 Haber, L. F.[8], S. 126.

151 Haber, L. F.[8], S. 62.

152 Mehl, H.-G.: André Meyer: Les »Gas de Combat«. Z. ges. Schieß- u. Sprengstoffwesen 32 (1937), 361–362; zur Geschichte der französischen Kampfstoffentwicklungen vgl. Mehl, H.-G.: Ein französischer Beitrag zur Entwicklung der chemischen Waffe im Weltkriege[145]; Le Wita, H.: Die Beseitigung des chemischen Krieges (übersetzte Auszüge aus Le Wita, H.: Autour de la guerre chimique. Comment éviter ce fléau. 5⁰ édition chez Jules Tallandier, Paris). Z. ges. Schieß- u. Sprengstoffwesen 24 (1929), 313–316, 363–366, 406–409, 454–459, 497–501; Hanslian 1937[4], S. 17–19.

153 Haber, L. F.[8], S. 160 und S. 169.

154 Nach Hanslian, R., 1937[4], S. 123; vgl. auch Welte, F.: Der chemische Krieg. Überblick über die 3. Auflage des gleichnamigen Werkes von Dr. Rudolf Hanslian. Z. ges. Schieß- u. Sprengstoffwesen 32 (1937), Nr. 7, S. 191; Haber, L. F.[8], S. 93–94.

155 Haber, L. F.[8], S. 137.

156 Haber, L. F.[8], S. 102.

157 Zur Geschichte der russischen Kampfstoffentwicklung vgl. Krause, J., Mallory, C. K.: The Role of Chemical Weapons in Soviet Military Doctrine. Westview Press, Boulder, San Francisco, Oxford 1992, Kapitel 1. Russian Experience with Chemical Weapons During and After the First World War; Chlopin, W. G.[48]; Fürst Awaloff, J.: Zur Geschichte der russischen Gasmaske. Z. ges. Schieß- u. Sprengstoffwesen 29 (1934), 150–155; Ipatieff, W. N.: The Life of a Scientist. Stanford 1946.

158 N. N.: Die Gaswaffe in italienischer Beleuchtung (übersetzte Auszüge aus Prof. Pagniello: L'Arma Chimica.). Z. ges. Schieß- u. Sprengstoffwesen 23 (1928), Nr. 3, S. 101–102; Nr. 4, 145–146; Nr. 6, S. 209–211; Nr. 7, S. 244–250; Nr. 8, S. 287–290.

159 Harris, R., Paxman, J.[47], S. 50.

160 Haber, L. F.[8], S. 167–168.

161 Le Wita, H.: Die Beseitigung des chemischen Krieges (übersetzte Auszüge aus Le Wita, H.: Autour de la guerre chimique. Comment éviter ce fléau. 5° édition chez Jules Tallandier, Paris). Z. ges. Schieß- u. Sprengstoffwesen 24 (1929), 313–315, 363–366, 406–409, 454–459, 497–501.

162 Haber, L. F.[8], S. 149.

163 Haber, F.[3], S. 89.
Übersichtsdarstellungen über den Verlauf des Gaskrieges von 1914–1918 finden sich bei Hanslian, R., 1937[4]; in: Der Weltkrieg 1914–1918. Bearbeitet im Reichsarchiv. 14 Bände. Mittler & Sohn, Berlin 1925–1944.; Meyer, J.: Der Gaskampf und die chemischen Kampfstoffe. S. Hirzel, Leipzig 1925; Seeßelberg, F.: Der Stellungskrieg 1914–1918 (8. Teil. Die Gaswaffe). Mittler & Sohn, Berlin 1926; Geyer, H.: Wie sich der Gaskrieg entwickelte; in: Felger, F. (Hrsg.): Was wir vom Weltkrieg nicht wissen. Wilhelm Andermann, Berlin, Leipzig 1930, S. 298–316; Geyer, H.: Der Gaskrieg; in: Schwarte, M. (Hrsg.): Der Weltkampf um Ehre und Recht. Band 4. Ernst Finking, Leipzig 1922, S. 485–528; von Tempelhoff, F.: Gaswaffe und Gasabwehr. Mittler & Sohn, Berlin 1937; Thuillier, H. F.: Das Gas im nächsten Krieg. Scientia A.G., Zürich, Albert Nauck & Co., Berlin 1939; Müller, U.: Die chemische Waffe im Weltkrieg und – jetzt. 12.–16. Auflage, Verlag Chemie, Berlin 1943; Official History of the War. Medical Services. Diseases of the War. Vol. II. London 1923; Lefebure, V.: The Riddle of the Rhine. London 1921; Fries, A. A., West, C. J.: Chemical Warfare. New York, London 1921; Prentiss, A. M.: Chemicals in War. New York 1937; SIPRI: The Problem of Chemical and Biological Warfare. Vol. I. Stockholm, New York 1971; Foulkes, C. W.: Gas! The Story of the Special Brigade. William Blackwood & Sons, Edinburgh, London 1934; Stegemann, H.: Geschichte des Krieges. Band III. DVA, Stuttgart, Berlin 1919; Justrow, K.: Der technische Krieg. Rudolf Claasen, Berlin 1938; Utermark, W.: Die chemischen Kampfstoffe und die Industriegiftstoffe. 2. Auflage. Otto Meißners Verlag, Hamburg 1937; Remy, H.: Die Chemie im Weltkrieg (Reihe: Der Weltkrieg Nr. 102). Sekretariat sozialer Studentenarbeit 1918; Haber, L. F.: Gas Warfare 1915–1945. The Legend and the Facts. Bedford College, University of London 1976; Haber, L. F.: The Poisonous Cloud. Chemical Warfare in the First World War. Clarendon Press, Oxford 1986; Spiers, E. M.: Chemical Warfare. University of Illinois, Urbana and Chicago 1986; Brauch, H. G.: Der chemische Alptraum. J. H. W. Dietz Nachf., Berlin, Bonn 1982; Groehler, O.: Der lautlose Tod. Verlag der Nation, Berlin 1978, Rowohlt, Reinbek 1989; Harris, R., Paxman, J.: Eine höhere Form des Tötens. Die geheime Geschichte der B- und C-Waffen. dtv, München 1985.

164 N. N.: Zur Geschichte des Gaskrieges. Die Gaswaffe im Kampfe vor Verdun 1916. Gasschutz und Luftschutz 10 (1940), 189–191, 204–208, 258–261; Hanslian, R., 1937[4], S. 20.
Nach L. F. Haber[8], S. 95, fand ein erstes Versuchsschießen mit Phosgengeschossen bereits im Dezember 1915 bei Sartory statt. Die Ergebnisse flossen in weitere versuchsweise Einsätze am 19. und 21. Februar 1916 ein. Der erste größere Einsatz soll (nach Angaben General E. Vinets) im März östlich Verduns gegen die Truppen von Deimlings stattgefunden haben.

165 Haber, L. F.[8], S. 84–85 und S. 161.

166 Schroth, A.: Gas im Graben. Bilder aus dem Leben der Gaspioniere. Der 3. württembergischen Kompagnie des Pionierregiments 35 zum Gedächtnis. Tuttlingen 1936.

167 Hanslian, R., 1937[4], S. 21.

168 Haber, L. F.[8], S. 96.

169 N. N.: Zur Geschichte des Gaskrieges[164]; Hanslian, R., 1937[4], S. 21.

170 Franke, S.[119], S. 186.
Nach dem Krieg meinte Harold Hartley, daß die nahezu ausschließliche Fixierung der Deutschen auf Diphosgen (statt Phosgen) den Briten eine große Zahl von Gasverlusten erspart habe. Er leitete dies aus der größeren tödlichen Wirkung (»killingpower«) des Phosgens ab, das im beschossenen Gebiet bedeutend rascher hohe (tödliche bzw. die Kapazität der Atemschutzfilter erschöpfende) Konzentrationen als das

seßhaftere Diphosgen (im Sommer bis 3, im Winter bis 12 Stunden) erreichte. Möglicherweise war die toxische Wirksamkeit zusätzlich durch die relativ hohen Anteile an niedriger chlorierten Verbindungen (Mono- und Dichlormethyl-chlorformiat) eingeschränkt.

171 Zur Produktion von Phosgen in den verschiedenen Staaten vgl. auch Konowalow, A.: Das Phosgen-Gas. Z. ges. Schieß- u. Sprengstoffwesen 22 (1927), 152–155.

172 Meyer, J.: Der Gaskampf und die chemischen Kampfstoffe. 3. Auflage. S. Hirzel, Leipzig 1938, S. 244–251.

173 Haber, L. F.[8], S. 157–159, S. 164 und S. 168–170.

174 Stoltzenberg, D.[13], S. 295.

175 Hamerla, K.: Geschichte, Geschichten und Bilder aus der Raubkammer. Wehrwissenschaftliche Dienststelle der Bundeswehr für ABC-Schutz, Munster 1989. 3. Auflage 1991; Hamerla, K.: Vom Gasplatz Breloh zur Heeresversuchsstelle Munster-Nord, 1916–1945. Zeitschrift für Heereskunde 39 (1975), Nr. 257.

176 N. N.: Kampfgase. Z. ges. Schieß- u. Sprengstoffwesen 22 (1927), 155–156 (übersetzte Auszüge aus Pascal, P.: Explosifs, poudres, gaz de combat).

177 Groehler, O.[29], S. 64.

178 Hanslian, R., 1937[4], S. 24.

179 Nach L. F. Haber[8], S. 93, S. 120 und S. 186, machte Livens seine ersten Versuche mit ölgefüllten Geschossen bereits im Juli 1916 an der Somme; verbesserte, mit Chlor gefüllte Geschosse wurden am 26. September 1916 bei der Einnahme von Thiépval und am 13. November bei der Einnahme von Beaumont-Hamel erprobt. Ein weiteres Versuchsschießen mit 40 Projektilen fand im März 1917 statt. Zum ersten Fronteinsatz vgl. S. 186.

180 Neumann, E.: Englischer Gaswerfer Cal/20 cm. Z. ges. Schieß- u. Sprengstoffwesen 14 (1919), 13–14; Hanslian, R., 1937[4], S. 24.

181 Haber, L. F.[8], S. 182.

182 Haber, L. F.[8], S. 187; Hanslian, R. 1937[4], S. 168 ff.

183 Groehler, O.[29], S. 49.

184 Versen, M. von: Der Gasangriff im Rahmen der Offensive von Tolmein im Oktober 1917. Gasschutz und Luftschutz 9 (1939), 147–152, 179–182; Heydendorff, W.: Der Gaswerferangriff bei Flitsch am 24. Oktober 1917. Militärwissenschaftliche Mitteilungen 1934 (Aprilheft); Stuhlmann, F.: Die Artillerie des Alpenkorps in der Durchbruchsschlacht von Tolmein am 24. Oktober 1917. Wehr und Waffen 1935 (Nr. 1), S. 31–41; (Nr. 2), S. 67–74; Kraft von Dellmenfingen, K.: Die Durchbruchsschlacht am Isonzo. Teil 1: Die Schlacht von Tolmein und Flitsch (24.–27. 10. 1917). Stalling, Oldenburg 1926.

185 Hahn, O.: Mein Leben. 2. Auflage. F. Bruckmann, München 1968, S. 126.

186 Im artilleristischen Gebrauch wurde der Begriff »Clark« im allgemeinen für flüssigen Blaukreuzkampfstoff (Diphenylarsinchlorid oder -cyanid in Phenylarsindichlorid = Blaukreuz 1 sowie Diphenylarsinchlorid in Phosgen/Diphosgen = Grünkreuz 2) verwandt, während man mit »Blaukreuz« festes Diphenylarsinchlorid (Clark I) oder Diphenylarsincyanid (Clark II) bezeichnete (vgl. Hanslian, R., 1937[4], S. 54 f.).

187 Hanslian, R., 1937[4], S. 26.

188 Hanslian, R.: Der chemische Krieg. 2. Auflage. Mittler & Sohn, Berlin 1927, S. 163 und S. 334.

189 Sturniolo, G., Bellinzoni, G.: Boll. Chim. Pharm. 58 (1919), 409.

190 Vgl. Landesarchiv Merseburg. IG Farbenindustrie, Farbenfabrik Wolfen. Nr. 3193 (1918). Chemische Kampfstoffe, Clark IV; Nr. 3209 (Clark-Vorschriften).

191 Haber, L. F.[8], S. 159.

192 Haber, L. F.[8], S. 190.

193 Norris, J. F.[35]; Sartori, M. F.: Die chemischen Kampfstoffe. Vieweg, Braunschweig 1940, S. 319–320.

194 Nach L. F. Haber[8], S. 114–115, wurde Erich Regener, der im September 1917 ans Habersche Institut kam, wenige Monate später mit der Sektion K betraut, deren Aufgabe es war, die physikalische Natur der Clark-Aerosol-Teilchen, die günstigsten Möglichkeiten ihrer Erzeugung und die effektivsten Möglichkeiten ihrer Adsorption (Filtrierung) zu untersuchen. Im Gespräch mit Harold Hartley (der Regener als wenig mitteilsam charakterisierte) gab er als ein Ergebnis der Arbeiten die Entwicklung eines Sublimators, der sogenannten »Gasbüchse«, an, die Partikelgrößen von 10^{-6} mm erzeugt haben soll. Ludwig F. Haber bezweifelt diese Angaben, da Regener nur ein absolutes Minimum seines Wissens preisgab und keine näheren Angaben machte.

195 Nach Hanslian, R., 1927[188], S. 96; Hanslian, R. 1937[4], S. 99, war im August 1917 unter dem Decknamen »Sommerernte« beabsichtigt, zwischen Vaudesincourt und Rouvroy in zwei kurz aufeinanderfolgenden Wellen eine Nebelwolke aus Diphenylarsinchlorid und Chlor/Phosgen einzusetzen und somit auch im Blasverfahren sogenannte »bunte Räume« zu schaffen. Die Clarkwolke wollte man mittels Erhitzungsapparaten (Nebelkerzen), die das Clark aus einer Mischung von Eisenfeilspänen und Schwefel verschwelten, erzeugen. Von französischer Seite wurden die Aktivitäten bemerkt und die Einbauten durch Artilleriebeschuß zerstört.
L. F. Haber[8], S. 344, berichtet unter Bezug auf Hartley, daß der Prototyp der »Gasbüchse« im August 1917 in Wahn erprobt wurde, wobei ein Gemisch aus Clark I und Bimsstein kurzzeitig intensiv erhitzt wurde. Durch die hohen Temperaturen entstanden jedoch Konvektionen, durch die es zu einer zu raschen Verteilung der Teilchen kam. Eine überarbeitete Version wurde an der Ostfront erprobt, brachte aber auch keine zufriedenstellenden Ergebnisse. Ein weiterer Feldversuch in Frankreich (der von Hanslian erwähnte?) schlug ebenfalls fehl. Die Oberste Heeresleitung verlor deshalb ihr Interesse an der weiteren Entwicklung.

196 Stoltzenberg, D.[13], S. 270, nach einem in seinem Besitz befindlichen Bericht über die Arbeiten der Abteilung D des Kaiser-Wilhelm-Instituts für physikalische Chemie und Elektrochemie vom 1. 10. 1917 bis 9. 11. 1918.

197 Haber, L. F.[8], S. 166.

198 O. Groehler[29], S. 57, gibt unter Bezug auf R. Hanslian, 1927[188], S. 115, an, daß 50 000 Granaten mit 125 t Lost verschossen wurden. Diese Zahlen sind bei Hanslian jedoch nicht nachweisbar. Geht man von 50 000 Granaten aus, wäre die Menge von 125 t zu hoch gegriffen. Vermutlich lag die Zahl der verschossenen Granaten bedeutend höher (um 150 000).
Zu den britischen und französischen Überlegungen vgl. Hanslian, R.: Zur Geschichte des Gaskrieges. Gasschutz und Luftschutz 1 (1931), 49–52; Sollman: A. Manual of Pharmacology (zitiert bei Stade, K.: Pharmakologie und Klinik synthetischer Gifte. Militärverlag, Berlin 1964, S. 130 und S. 461); Haldane, J. B. S.: Chem. Warfare Bull. 24 (1937), 7; vgl. auch Haber, L. F.[8], S. 117.

199 Harris, R., Paxman, J.[47], S. 42.

200 Hanslian, R., 1937[4], S. 29; Hanslian, R.: Der Gaskampf im artilleristischen Verfahren. Die chemischen Kampfstoffe und die Arten des Gasschießens. In: Seeßelberg, F.: Der Stellungskrieg 1914–1918. Mittler & Sohn, Berlin 1926, S. 423.

201 Haber, L. F.[8], S. 192.

202 Haber, L. F.[8], S. 192, in der Übersetzung von Stoltzenberg, D.[13], S. 298.

203 Brauch, H.-G.: Der chemische Alptraum. J. H. W. Dietz Nachf., Berlin, Bonn 1982, S. 70 f.

204 Brief von W. Lommel an J. Jaenicke vom 18. März 1955. Archiv der Max-Planck-

Gesellschaft, Abt. V, Rep. 13, 1478; Lommel gibt auch die Kurzbezeichnung VM-Stoff an.

205 Zitiert nach Hanslian, R.: Vom Gaskampf zum Atomkrieg. Die Entwicklung der wissenschaftlichen Waffen. Verlag der Chemiker-Zeitung, Stuttgart, Berlin 1951, S. 38.

206 Haber, L. F.[8], S. 187.

207 N. N.: Mercier: Der Soldat im Kampfe mit den Gasen[93], S. 340 f.

208 Zitiert nach Harris, R., Paxman, J.[47], S. 40.

209 Bericht des Sanitätsleutnants Templeton im Feldlazarett Nr. 44 (zitiert nach Harris, R., Paxman, J.[47], S. 41–42).

210 Harris, R., Paxman, J.[47], S. 43–44.

211 Nach Sartori, M. F.: Die Chemie der Kampfstoffe. Vieweg, Braunschweig 1940, S. 228, und anderen wird als Quelle Despretz, C. M.: Ann. Chim. Phys. 21 (1822), 428 angegeben; jedoch ist in den Registerbänden zu Ann. Chim. Phys. T. 1–30, 1818–1825 (publ. 1831) und T. 31–60, 1826–1835 (publ. 1840) keine entsprechende Publikation aufzufinden. Der Chemiker Eugène Cattelain (1887–1955) weist in seiner Veröffentlichung »Le physicien César Despretz et la découverte de l'ypérite« im Journal de Pharmacie et de Chimie 1er décembre 1935, p. 512, 8e série, t. XXII darauf hin, daß der Archivar der Pariser Akademie der Wissenschaften, Dr. Paul Dorveaux (geb. 1851), einen ungedruckt gebliebenen, am 2. Dezember 1822 der Akademie der Wissenschaften präsentierten und von Chaptal und Thenard am 30. Dezember rapportierten Vortrag von Despretz »Sur les Composés triples du chlore« aufgefunden habe. Diese Dokumente liegen dem Autor als Kopie der handschriftlichen Ausarbeitung vor.
Nach Despretz wurde die Substanz nochmals von Riche hergestellt: Riche, A.: Recherches sur le combinaisions chlorées dérivées des sulfures de méthyle et d'éthyle. Ann. Chim. Phys. 43 (1855), 283–304.

212 Niemann, A.: Über die Einwirkung des braunen Chlorschwefels auf Elaylgas. Annalen der Chemie und Pharmacie 113 (1860), 288–292.

213 Guthrie, F.: Über einige Derivate der Kohlenwasserstoffe C_nH_n. Annalen der Chemie und Pharmacie 113 (1860), 266–288; vgl. auch Guthrie, F.: On some derivatives from the olefins. Quart. J. Chem. Soc 12 (1860), 109 ff.; 13 (1860/61), 129 ff.

214 Meyer, V.: Über Thioglykolverbindungen. Ber. dtsch. chem. Ges. 19 (1886), 628–632, 1886 ff., 3259–3266.

215 Leber, Th.: Die Entstehung der Entzündung und die Wirkung der entzündungserregenden Schädlichkeiten. Leipzig 1891, S. 338.

216 Clarke, H. T.: 4-Alkyl-1,4-thiazines. J. Chem. Soc. 101 (1912), 1583–1590.

217 Vgl. Landesarchiv Merseburg. IG Farbenindustrie, Farbenfabrik Wolfen. Nr. 756 (1916–1917). Reiz- und Wirkstoffe, Schriftwechsel 1916/17. Blatt 74, 114–115.
Nach einem Bericht des BA Koblenz und MA Freiburg »Fertigung, Lagerung und Beseitigung chemischer Kampfstoffe unter besonderer Berücksichtigung des Territoriums der Bundesrepublik Deutschland«, zitiert als Dokument 75 in: Brauch H. G., Müller, R.-D.: Chemische Kriegführung – chemische Abrüstung. Dokumente und Kommentare, Berlin Verlag Arno Spitz, Berlin 1985, S. 284, wurden in Griesheim bei Darmstadt 950 t Lost erzeugt.

218 Nach D. Stoltzenberg soll auch schon die Umsetzung von Ethylenoxid mit Schwefelwasserstoff zur Herstellung von Thiodiglycol genutzt worden sein (vgl. Stoltzenberg, D.[13], S. 266 f.), was anderweitig nicht bestätigt ist.

219 Woodward, F. N.: New organic sulphur vesicants. Part I. J. Chem. Soc. 1948, S. 35–38.

220 Rosen, R., Reid, E. E.: Sesqui-mustard gas or bis-ß-chloro-ethyl ether of ethylene dithioglycol. J. Am. Chem. Soc. 44 (1922), 634–636.

221 Gasson, E. J., McCombie, H., Williams, A. H., Woodward, F. N.: New organic sulphur vesicants. Part IV. J. Chem. Soc. 1948, S. 44–46.

222 Vgl. Stoltzenberg, D.,[13] S. 290–292, der sich auf die Wochenberichte Dr. Hugo Stoltzenbergs vom 10. Juni 1917 und 10.–17. Juni 1917 bezieht (Privatarchiv von D. Stoltzenberg).

223 Bericht über eine Besichtigung der Feldmunitionsanstalt 3 in Adlershof, Füllstellen für Lost (Teilnehmer und Datum sind nicht angegeben). Vgl. Landesarchiv Merseburg. IG Farbenindustrie, Farbenfabrik Wolfen. Nr. 2677 (1917–1919). Korrespondenz über Delostversuche. Blatt 269–275.

224 Bericht über die Arbeiten der Abteilung D des Kaiser-Wilhelm-Institutes für physikalische Chemie und Elektrochemie vom 1. Oktober 1917 bis 9. November 1918; zitiert bei Stoltzenberg, D.[13], S. 268 (in dessen Privatbesitz sich das Dokument befindet). Die Besonderheit des im KWI entwickelten Laborverfahrens bestand darin, daß man das in Chlorbenzol oder Tetrachlormethan gelöste, durch Chlorierung von Schwefel über das Schwefelmonochlorid gewonnene Schwefeldichlorid in einer Reaktorschlange im Gegenstrom zu überschüssigem Ethylen führte, wobei der obere Teil gekühlt, der untere Teil auf 100 °C erhitzt wurde, wodurch enthaltenes bzw. gebildetes Dischwefeldichlorid (Schwefelmonochlorid, Schwefelchlorür; in der Praxix verhält sich Schwefeldichlorid wie eine Lösung von Chlor in einem Gemisch aus Schwefelmono- und -dichlorid, vgl. Franke, S. u. a.[118], S. 280–282) vollständig entfernt (Bildung von Lost und Schwefel) und das Lösungsmittel abdestilliert werden konnte. Vgl. IX. und X. Delost-Bericht (X. vom 31. August 1918). Landesarchiv Merseburg. IG Farbenindustrie, Farbenfabrik Wolfen. Nr. 2677 (1917–1919). Korrespondenz über Delostversuche. Blatt 191–194; XII. Delostbericht vom 28. September 1918. Landesarchiv Merseburg. IG Farbenindustrie, Farbenfabrik Wolfen. Nr. 3070. Korrespondenz über die Produktion von Delost (1919), Blatt 110–112.

225 Conant, J. B., Hartshorn, E. B., Richardson, G. O.: The mechanism of the reaction between ethylene and sulfur chloride. J. Am. Chem. Soc. 42 (1920), 585–595.

226 Am 15. Februar 1918 konferierte der stellvertretende Leiter der Abteilung D des Haberschen Institutes, Prof. Kurt Hans Meyer, mit Direktor Dr. Geldermann vom Wolfener AGFA-Werk, der ihm die Übernahme der weiteren technischen Delost-Entwicklung zusagte. Meyer sicherte zur wissenschaftlichen Unterstützung die Abkommandierung des KWI-Chemikers Dr. Wesche nach Wolfen zu. Einen Tag später berichtete Geldermann darüber in einem Brief an seinen Vorstandsvorsitzenden, Geheimrat Franz Oppenheim (1852–1929). Den schriftlichen Auftrag der Haberschen Abteilung A 10 zur Produktion von 500 Monatstonnen Delost erhielt Wolfen am 12. September 1918 nachgereicht. Darin wurde zugesichert, daß die der AGFA entstehenden Unkosten für die Apparaturen und Montage durch einen entsprechenden Preisaufschlag auf das Fertigprodukt beglichen werden sollen. Einen besonderen Schub erfuhren die Arbeiten durch zwei sogenannte »Rückläufer«, Wilhelm Bodenstein und Unteroffizier Josef Klutzny, die als deutsche Gefangene im französischen Yperitwerk Roussillon zur Arbeit eingesetzt worden waren. Nach ihren ersten Vernehmungen am 11. und 16. August 1918 wurden sie von Prof. Meyer am 21. August nach Wolfen gebracht, wo die beiden zuständigen Bearbeiter, Dr. S. Schneider und Chefingenieur Chavoen, zu dem Ergebnis kamen, daß man in Frankreich bereits nach dem Delostverfahren produzierte.
Bei Kriegsende waren in Wolfen zwei Verfahren erprobt, das korrosionsempfindliche Pumpenverfahren und das kontinuierliche Turmverfahren, daß auf dem im KWI entwickelten Verfahrensprinzip beruhte. In einem ersten Rieselturm (gefüllt mit Raschigringen aus Blei oder Porzellan) wurde die mit Eiswasser auf 0 °C gekühlte Lösung von Schwefeldichlorid in Tetrachlormethan im Gegenstrom zu getrocknetem

Ethylen geführt, in einem zweiten, beheizten Rieselturm erfolgten die Entfernung von Dischwefeldichlorid und die Verdampfung des Lösungsmittels, das in den Prozeß zurückgeführt wurde. Dabei erhielt man ein Produkt, das als direkt in Geschossen verwendbar bewertet wurde. Der geplante Großversuch konnte jedoch nicht mehr ausgeführt werden. Am 11. November 1918 wurde der Auftrag zur Delostproduktion von der Haberschen Abteilung A 10 per Militärtelegramm widerrufen. Am 13. November beziffert die AGFA in einem Schreiben an das Kaiser-Wilhelm-Institut die ihr im Zusammenhang mit dem Delost-Auftrag entstandenen Kosten auf 485 000 Mark. Vgl. dazu die Vernehmungen der Rückläufer Bodenstein und Klutzny vom 11., 16. und 21. August (Wolfen). Landesarchiv Merseburg. IG Farbenindustrie, Farbenfabrik Wolfen. Nr. 3070. Korrespondenz über die Produktion von Delost (1919), Blatt 186–190, 205–211, 212–216; Niederschrift über die Besprechung betr. Delost am 2. November 1918 (KWI: Prof. Friedländer, Prof. Meyer, Dr. Kalischer; AGFA: Chefing. Chavouen, Dr. Schneider). A. a. O., Blatt 72–73; Verfahren zur Herstellung von Delost (Bericht Dr. Schneiders vom 30. Dezember 1921 für F. Oppenheim). A. a. O., Blatt 6–8; Brief Dr. Geldermanns (Wolfen) an Geheimrat F. Oppenheim (Heiligendamm) vom 22. August 1918 zum französischen Verfahren und dem Stand des Delostverfahrens in Wolfen. IG Farbenindustrie, Farbenfabrik Wolfen. Nr. 2677 (1917–1919). Korrespondenz über Delostversuche, Blatt 234–236.

227 Haber, L. F.[8], S. 113 und S. 161–162.

228 Hanslian, R., 1937[4], S. 29; N. N.: Die Herstellung von Kampfgas in England. Z. ges. Schieß- u. Sprengstoffwesen 15 (1920), 145–146 (nach Revue générale des matières colorantes 1920, S. 8); Haber, L. F.[8], S. 167–168.
In einem Vortrag, den Herbert Levinstein Mitte Juli 1919 auf der Generalversammlung der »Society of Chemical Industry« hielt, beklagte er sich, daß die Produktion von Senfgas in Großbritannien viel zu lange ein *»Vorrecht der wissenschaftlichen Berater der Regierung«* gewesen sei. Dadurch wurde zunächst gar nichts produziert. Erst als die britische Farbenindustrie die Sache aufgenommen und ein neues Verfahren (nicht das deutsche und nicht das von Pope vorgeschlagene) eingeführt habe, kam man in England und den USA zu einer erfolgreichen Produktion. Leider habe die Regierung nicht genügend Aufträge erteilt (vgl. N. N.: Der Völkerbundgeist in der englischen Farbstoffindustrie. Chemiker-Zeitung Nr. 97 vom 12. August 1919, S. 509).

229 Haber, L. F.[8], S. 164–166.

230 Hanslian, R., 1937[4], S. 35, 74 ff.

231 Mehl, H.-G.: Ein französischer Beitrag zur Entwicklung der chemischen Waffe im Weltkriege[145]; nach Hanslian, R., 1927[188], S. 72, waren es 1967 Tonnen.

232 N. N.: Versenktes Giftgas. Schlesische Zeitung Nr. 554 vom 30. Oktober 1929; vgl. dazu die Stellungnahme von Prof. Julius Meyer in: Z. ges. Schieß- u. Sprengstoffwesen 24 (1929), Nr. 12, S. 501.

233 Haber, L. F.[8], S. 220.

234 Prentiss, A. M.: Chemicals in War. A treatise on chemical warfare. With Chapters on the Protection of Civil Population and International Situation by G. J. B. Fisher. McGraw-Hill Book Company, New York, London 1937; vgl. auch Krause, J., Mallory, C. K.: The Role of Chemical Weapons in Soviet Military Doctrine. Westview Press, Boulder, San Francisco, Oxford 1992.

235 Hanslian, R., 1937[4], S. 31.

236 Haber, L. F.[8], S. 209.

237 Bereits um 1500 empfahl Leonardo da Vinci (1452–1519), den Feind mit Rauch zu vergiften und sich dabei selbst durch vor Nase und Mund gebundene feuchte Tücher zu schützen. Auf diesem Prinzip beruhten dann auch die ersten provisorischen Gas-

schutzmaßnahmen auf deutscher und alliierter Seite, die aus chemikaliengetränkten Mullpäckchen bestanden.

1785 legte der lothringische Chirurg Jean Francois Pilátre de Rozier der Pariser Akademie der Wissenschaften einen »Respirator« vor, der durch ein auf dem Rücken zu tragendes Luftbehältnis das Betreten giftgasgefüllter Räume, z. B. Höhlen, erlauben sollte. Es handelte sich dabei also um einen frühen Vorläufer bzw. die Idee eines Isoliergerätes (Sauerstoffatmer). Schließlich führte der britische Chemiker John Stenhouse im Jahre 1854 der »Königlichen Gesellschaft für Wissenschaft und Künste« einen Holzkohle-Respirator vor, welcher das Prinzip der im Ersten Weltkrieg eingeführten Filtergeräte zur Grundlage hatte (vgl. dazu Langhans: Geschichtstafeln zur Geschichte der Wehrchemie. Z. ges. Schieß- u. Sprengstoffwesen Sonderbeilage 1938/1939; N. N.: Der Erfinder der Gasmaske im 18. Jahrhundert. Z. ges. Schieß- u. Sprengstoffwesen 28 (1933), 34).

238 Vgl. beispielsweise das Schreiben Habers an die Medizinal-Abteilung des Kriegsministeriums vom 28. September 1915 zur Beschleunigung der Gasmaskenproduktion. Archiv der Max-Planck-Gesellschaft, Abt. V, Rep. 13, 856; das Schreiben Habers an Duisberg vom 14. August 1915 und 28. September 1915; die Einladung Habers (Zentralstelle für chemische Fragen im Kriegsministerium) vom 30. Juni 1916 zu einer Besprechung zur Frage der Senkung des Atemwiderstandes der Filtereinsätze. Archiv der Max-Planck-Gesellschaft, Abt. V, Rep. 13, 962.

Nachdem der Gasschutz zunächst der Medizinalabteilung des Kriegsministeriums unterstand, der Gasangriff dem Generalstab, erfolgte im Laufe des Jahres 1916 eine Zuordnung beider zu der nunmehr aus 5 Unterabteilungen zusammengesetzten »Chemischen Abteilung« (A 10) des Kriegsministeriums unter Haber (vgl. u. a. Memorandum H. Hartles über F. Haber. Anlage eines Briefes von H. Hartley an Coates vom 21. Januar 1935. Archiv der Max-Planck-Gesellschaft. Abt. V, Rep. 13, 1379).

239 Stellungnahme von Dr. Heinrich Dräger (geb. 1898) zu den Erinnerungen an Geheimrat Haber von Otto Lummitsch vom 19. September 1955, einschließlich des Auszuges aus einer Aktennotiz von Dr. Bernhard Dräger über eine Unterredung mit Fritz Haber in den ersten Monaten des Jahres 1915 (aufgezeichnet am 10. Oktober 1955). Archiv der Max-Planck-Gesellschaft, Abt. V, Rep. 13, 1445; Schreiben von Haber an Dräger vom 25. März 1916. Archiv der Max-Planck-Gesellschaft. Abt. V, Rep. 13, 856.

240 Duisberg, C.[20], 2. Teil: Abwehrmittel.

241 Brief von C. Duisberg an die Medizinalabteilung des Kriegsministeriums vom 28. September 1915 und Brief an Fritz Haber vom 8. Oktober 1915. Archiv der Max-Planck-Gesellschaft, Abt. V, Rep. 13, 961.

242 Willstätter, R.: Aus meinem Leben. Verlag Chemie, Weinheim 1949, S. 230 ff.

243 Haber, L. F.[8], S. 200 f.

244 Flechtner, H.-J.: Carl Duisberg – vom Chemiker zum Wirtschaftsführer. Econ, Düsseldorf 1959, S. 276.

245 Haber, L. F.[8], S. 136–138.

246 N. N.: Amerikanische Gasmasken (nach »Army Ordnance« 14 (1933), Nr. 81, S. 150–155). Z. ges. Schieß- und Sprengstoffwesen 29 (1934), 87–89.

247 In der Chemiker-Zeitung werden unter Bezug auf alliierte Angaben und ohne namentliche Kennzeichnung des Beitrages erstmals die wichtigsten auf deutscher Seite eingesetzten Kampfstoffe und Anwendungstechniken genannt, wobei Gelbkreuz jedoch fälschlicherweise als Diäthylsulfid charakterisiert wird. Bereits im 2. Septemberheft 1918 der Z. ges. Schieß- u. Sprengstoffwesen, S. 331, wurde dieser Vortrag unter der Überschrift »Ueber giftige Gase im Kriege« mitgeteilt; das erwähnte Aprilheft 1918 des »Journal of Industrial and Engineering Chemistry« mit der Veröffentlichung des

Vortrages wurde jedoch nicht nach Europa versandt. Erst nachdem auch die französische »Revue des Produits chimiques« vom Januar 1919 einen ausführlichen Bericht gebracht hatte, wurde diese Darstellung, in der auch die zum Einsatz gekommenen chemischen Kampfstoffe aufgelistet werden, in Deutschland publiziert.

248 Schreiben von L. Koppel an den preußischen Kriegsminister vom 4. Juli 1916. Archiv der Max-Planck-Gesellschaft, Abt. I, Rep.1a, 1789 (zitiert bei Stoltzenberg, D.[96]). Man sah eine solche spezielle Einrichtung als erforderlich an, da es dem Personal der vorhandenen militärischen Stellen an der notwendigen naturwissenschaftlichen Qualifikation fehlte; die Kapazitäten an den Hochschulen wiederum waren für eine derartige Aufgabe zu zersplittert, und die erforderliche Geheimhaltung war vermutlich nicht gesichert.

249 Schreiben Ernst von Wrisbergs, Preußisches Kriegsministerium, an den preußischen Kultusminister vom 13. Februar 1917. Archiv der Max-Planck-Gesellschaft, Abt. I, Rep.1 a, 1789 (zitiert bei Stoltzenberg, D.[96]).
Bau und Betriebsfinanzierung eines derartigen Institutes wollte das Kriegsministerium übernehmen, forderte dafür aber sehr weitgehende Kontrollrechte.

250 Szöllösi-Janze, M.: Von der Mehlmotte zum Holocaust. Fritz Haber und die chemische Schädlingsbekämpfung während und nach dem Ersten Weltkrieg. In: Kocka, J., Puhle, H.-J., Tenfelde, K. (Hrsg.): Von der Arbeiterbewegung zum modernen Sozialstaat. Saur, München u. a. 1994, S. 658–682.

251 Vgl. Frucht, A.-H., Zepelin, J.[7], S. 99–100.

252 Stoltzenberg, D.[13], S. 303.

253 Burchardt, L.[124], S. 189–190.

254 Schreiben des preußischen Kultusministers an den preußischen Kriegsminister vom 24. September 1918, Staatsbibliothek Preußischer Kulturbesitz, Akte KWG XXVII, 1 (zitiert bei Stoltzenberg, D.[96]).

255 Entwurf einer Ergänzung zu dem Stiftungs-Geschäft betr. Gründung des KWI für physikalische Chemie und Elektrochemie von F. Haber vom 10. September 1918. Staatsbibliothek Preußischer Kulturbesitz, Akte KWG XXVII, 1 (zitiert bei Stoltzenberg, D.[96]).

256 Albrecht Hase: Warum und wie ich in das Institut von F. Haber kam. Archiv der Max-Planck-Gesellschaft, Abt. V, Rep. 13, 546.

257 Haber, F.[10], S. 25–41.

258 Haber, F.[3], S. 76–92.

259 Haber, F.: Die deutsche Chemie in den letzten 10 Jahren. Aus Leben und Beruf. Aufsätze, Reden, Vorträge. Julius Springer, Berlin 1927, S. 7–24.

260 Sasuly, R.: IG-Farben. Volk und Welt, Berlin 1952, S. 53.

261 Lefebure, V.[49], S. 85 und S. 144.

262 Vgl. Frucht, A.-H., Zepelin, J.[7], S. 94–95.

263 Nathan, O., H. Norden (Hrsg.): Albert Einstein, Über den Frieden. Herbert Lang, Bern 1975, S. 35 und S. 38.

264 Born, H., Born, M.: Der Luxus des Gewissens. Erlebnisse und Einsichten im Atomzeitalter. Nymphenburger Verlagshandlung München 1969, S.186–187.

265 Krüll, C.: Die Kontroverse Haber-Staudinger um den Einsatz chemischer Kampfstoffe im 1. Weltkrieg. Nachrichtenblatt der deutschen Gesellschaft für Geschichte der Medizin, Naturwissenschaft und Technik (nicht veröffentlichtes Manuskript); zitiert bei Stoltzenberg, D.[13], S. 313.

266 Nach dem Vortrag »Geschichte der Chemie-Waffen und die Verantwortung des Naturwissenschaftlers« von Kneser, H. auf dem Mainzer Kongreß »Naturwissenschaftler warnen vor chemischen und biologischen Waffen« am 17./18. November 1984; publiziert in: Dosch, W., Herrlich, P. (Hrsg.): Ächtung der Giftwaffen. Natur-

wissenschaftler warnen vor chemischen und biologischen Waffen. Fischer Taschenbuch, Frankfurt 1985.

Aber auch später trat Staudinger gegen den Krieg auf. So rief er, an der Universität Freiburg i. Br. tätig, in seinem 1947 erschienenen Buch »Vom Aufstand der technischen Sklaven« (v. Chamier, Essen) zur Schaffung eines dauerhaften Friedens auf.

267 Hahn, O.[185], S. 117 ff. und S. 122 ff.

Dennoch blieb Hahn in vielfältiger Weise aktiv am Gaskrieg beteiligt, ab Dezember 1916 sogar als Mitarbeiter im Großen Hauptquartier (vgl. Frucht, A.-H., Zepelin, J.[7], S. 92).

268 Zitiert bei Borkin, J.[27], S. 26 f.

269 Feldman, G. D.: Army, Industry, and Labor in Germany 1914–1918. Princetown 1966, S. 152; Geyer, M.: Deutsche Rüstungspolitik 1860–1980. Suhrkamp, Frankfurt 1984, S. 98 ff.

270 Brief H. Stoltzenbergs an J. Jaenicke vom 15. April 1959. Archiv der Max-Planck-Gesellschaft, Abt. V, Rep 13, 374.

271 Zitiert nach Borkin, J.[27], S. 32 f.

272 Untersuchungsprotokolle der alliierten Kontrollkommission (Aufzeichnungen von Harold Hartley, 1921). Archiv der Max-Planck-Gesellschaft, Abt. V, Rep. 13, 528.

273 In einer Weisung an alle General-Kommandos vom 17. September 1918 forderte der preußische Kriegsminister, General Hermann von Stein (1854–1927), für den Fall innerer Unruhen, alle verfügbaren und geeigneten Kräfte heranzuziehen. *»Hierzu gehören auch Flugzeuge und Abwurfmunition (in erster Linie Gasbomben, erst in schweren Fällen Brisanzmunition).«* Vgl. Bundesarchiv/Militärarchiv Freiburg, N 23/5, S. 136 (zitiert als Dokument 6 in: Brauch, H. G., Müller R.-D.: Chemische Kriegführung – Chemische Abrüstung. Dokumente und Kommentare. Berlin Verlag Arno Spitz, Berlin 1985, S. 86).

274 Vortrag des TD-Direktors beim Kriegsminister am 22. Januar 1919. Bundesarchiv/Militärarchiv Freiburg, Kampfstoffe: Herstellung RH 12–4/v.38, Lfd. Nr. 1.

275 Borkin, J.[27], S. 35.

276 Borkin, J.[27], S. 37.

277 Zitiert nach Borkin, J.[27], S. 38 f.

278 Goran, M.: The Story of Fritz Haber. Oklahoma 1967, S. 83.

279 Geschichte der deutschen chemischen Gesellschaft 1934 (Nr. 67) A, S. 22.

280 Haber, L. F.[8], S. 107.

281 Zitiert nach Harris, R., Paxman, J.[47], S. 50.

282 Harris, R., Paxman, J.[47], S. 50–51.

283 Haber, F.[10], S. 25.

284 Haber, F.[3], S. 90.

285 Haber, F.[259], S. 17.

286 Riesenberger, D.: Der Kampf gegen den Gaskrieg. In.: Steinweg, R.: Lehren aus der Geschichte. Suhrkamp, Frankfurt 1990, S. 250.

287 Vernehmung Habers vor dem Untersuchungsausschuß des Deutschen Reichstages am 4. Oktober 1923. In: Bell, J. (Hrsg.): Das Werk des Untersuchungsausschusses der Verfassunggebenden Deutschen Nationalversammlung und des Deutschen Reichstages 1919–1928. Verhandlungen, Gutachten, Urkunden. 3. Reihe: Völkerrecht im Weltkriege. Band 4, Deutsche Verlagsgesellschaft für Politik und Geschichte, Berlin 1927, S. 14 ff.; Kunz, J. L.: Gaskrieg und Völkerrecht. Julius Springer, Wien 1927, S. 10 ff.

288 Haber, F.[3], S. 78 f.

289 Kästner, I., Hahn, S.: Der Toxikologe Otto Muntsch (1890–1945) und die deutsche Kampfstofforschung. 1999 9 (1994), Nr. 3, S. 42–50.

290 Muntsch, O.: Leitfaden der Pathologie und Therapie der Kampfgaserkrankungen. 1. Auflage. G. Thieme, Leipzig 1932, 3. neubearb. u. vermehrte Auflage 1935, 5. verbesserte und vermehrte Auflage (Leitfaden der Pathologie und Therapie der Kampfstofferkrankungen), Leipzig 1939, 12. Auflage, Leipzig 1944, S. 43–44.

291 Haber, F.[10], S. 36 f.

292 N. N.: Explosionsunglück in der Ammoniakfabrik Oppau der Badischen Anilin- und Sodafabrik. Z. ges. Schieß- u. Sprengstoffwesen 16 (1921), 160.

293 Borkin, J.[27], S. 40; New York Times vom 25. September 1921.

294 SIPRI, 1971[74]; vgl auch Wöhrle, D.: Die neue Chemie-Waffen-Konvention. Nachr. Chem. Tech. Lab. 41 (1993), 291–296.

295 Welte, F.: »Der chemische Krieg«. Überblick über die 3. Auflage des gleichnamigen Werkes von Dr. Rudolf Hanslian. Z. ges. Schieß- u. Spengstoffwesen 32 (1937), Nr. 6, S. 162.

296 Nach SIPRI, 1971[74], S. 42, wurde Chloraceton bereits im November 1914 durch Frankreich eingesetzt.

297 Nach Albrecht Schmidt/Hoechst (Lit.[9]) dürften Bromaceton-Granaten erst im Spätherbst 1915 eingeführt worden sein, wesentlich früher vermutlich B-Stoff-Minen (vgl. Lit.[37]).

298 Nach Hanslian R., 1927[188].
Müller, U. verneint in seinem Buch »Die chemische Waffe im Weltkrieg und jetzt« (2. Auflage. Verlag Chemie, Berlin 1935) den Einsatz von Dimethylsulfat auf deutscher Seite.

299 Der Einsatz von Methylarsinchlorid durch Deutschland wird lediglich von J. Matoušek und I. Tomaček angegeben. Die gleichen Autoren behaupten ferner, daß Adamsit im September 1918 durch Frankreich eingesetzt wurde (vgl. Matoušek, J., Tomaček, I.: Die Analyse synthetischer Gifte. Deutscher Militärverlag, Berlin 1965; S. 21–29).

300 Prentiss, A. M.[234], übernommen von Krause, J., Mallory, C. K.[234].

301 Bubnow, A. F.: Chimitscheskaja Strodstwa Borby. Technika i Woorushenie 1935 (Nr. 2), S. 68 ff.; zitiert bei Groehler, O.[29], S. 294.

302 Haber, L. F.[8], S. 157–171; vgl auch Groehler, O.[29], S. 59.

303 Démolis: La Démilitarisation des Industries Chimiques et Eronautiques et le Danger Aérien. Genf 1932; kurze Inhaltsangabe in Z. ges. Schieß- u. Sprengstoffwesen 28 (1933), 102.

304 Hanslian, R., 1937[4], S. 71.

305 Fries, A. A.: West, C. J.: Chemical Warfare. New York, London 1921 (zitiert bei Meyer, J.[172]).

306 Meyer, J.[172], S. 245–251.

307 Brief der AGFA, Wolfen, an die Zentralstelle für chemische Fragen des Kriegsministeriums vom 30. Mai 1916. Landesarchiv Merseburg. IG Farbenindustrie, Farbenfabrik Wolfen. Nr. 756 (1916–1917). Reiz- und Wirkstoffe, Schriftwechsel 1916/17.

308 Harris, R., Paxman, J.[47], S. 51.

309 Nach Gilchrist, H. L.: A comparative study of world war casualities from gas and other weapons. Edgewood Arsenal, Maryland 1928 (übersetzte Auszüge: Eine Vergleichsstudie über Verluste durch Kampfgase und durch andere Waffen im Weltkriege. Z. ges. Schieß- u. Sprengstoffwesen 26 (1931), 171–174, 207–210, 242–245, 281–283, 316–319, 353–355, 388–391): 1 009 038 Vergiftete, von denen 78 390 (7,7 %) starben;
- nach Prentiss, A. M.[300], S. 653, 1 296 853 Vergiftete, von denen 91 198 (7 %) starben;
- nach Flury, F.[106], S. 61, < 1 Million Vergiftete, von denen 60 000–70 000 (ca. 6 bis 7 %) starben;

- nach Hanslian, R., 1927[188], S. 24, 880 000 Vergiftete; nach Hanslian, R., 1951[205], 524 477 Vergiftete (Deutschland, Frankreich, Großbritannien, USA; ohne Rußland), 56 408 Tote (Deutschland, Frankreich, Großbritannien, USA, Rußland);
- nach SIPRI, 1971[74], S. 129 (vgl. auch Wöhrle, D.: Die neue Chemie-Waffen-Konvention. Nachr. Chem. Tech. Lab. 41 (1993), Nr. 3, S. 291–296), > 1,297 Millionen Vergiftete, von denen > 91 000 starben;
- nach Haber, L. F.[8], S. 243–244, 496 000 Vergiftete (Großbritannnien, Frankreich, USA, Deutschland), von denen 17 700 (3,6 %) starben; die gesamten Gasverluste schätzt Haber auf 531 000, nennt diese Zahl aber unvollständig.

310 Flury, F.[106], S. 61.

311 Gilchrist, H. L.[309]; Prentiss, A. M.[300]; Hanslian, R., 1937[4], S. 36; Hanslian, R., 1951[205], S. 40; nach Haber, L. F.[8] 107 000 Vergiftete, von denen 4000 starben.

312 Muntsch, O.: Welche Schlußfolgerungen erlauben die Gasverluste des Weltkrieges? Gasschutz und Luftschutz 9 (1939), 202–207.

313 Gilchrist, H. L.[309]; Prentiss, A. M.[300]; Hanslian, R., 1937[4], S. 36; Hanslian, R., 1951[205], S. 40; Haber, L. F.[8].

314 Gilchrist, H. L.[309]; Prentiss, A. M.[300]; Haber, L. F.[8];
Hanslian, R., 1937[4], S. 36, und Hanslian, R., 1951[205], S. 40, nennen 181 035 Vergiftete und 6109 Tote.

315 Mitchell, T. J., Smith, G. M.: Official History of the Great War: Medical Services: Casualities and Medical Statistics of the Great War. London 1931, zitiert nach SIPRI, 1971[74], S. 130.

316 Gilchrist, H. L.[309]; Prentiss, A. M.[300]; Haber, L. F.[8];
Hanslian, R., 1937[4], S. 36, und Hanslian, R., 1951[205], S. 40, nennen 74 779 Gasvergiftete (27,3 % der gesamten Verluste, die er auf 274 217 beziffert), von denen 1400 (1,9 %) starben. Gilchrist[309] gibt insgesamt 258 338 Verwundete an (von denen 34 249 auf dem Schlachtfeld starben, davon 200 durch Gas); die übrigen 224 089 kamen in Lazarette. Geht man von der Gesamtverwundetenzahl aus, beträgt der Anteil der Gasverluste (70 752) 27,4 %.

317 Hanslian, R., 1937[4], S. 36.

318 Nach Gilchrist, H. L.[309] und Prentiss, A. M.[300] etwa 475 300 Vergiftete, von denen 56 000 starben; nach Hanslian, R., 1937[4], S. 36, und Hanslian, R., 1951[205], S. 40, 38 599 Tote; nach Groehler, O.[29], S. 59, 250 000 Vergiftete, von denen 38 599 starben.

319 Macpherson, W. G. et al.: Official History of the Great War: Medical Services: Diseases of the War. Vol. 2. London 1923, Chapter 9 (zitiert in: SIPRI, 1971[74], S. 130).

320 Muntsch, O.: Ueber Spätfolgen nach Kampfgaserkrankungen. Deutsche Medizinische Wochenschrift 1931 (Nr. 6), S. 233–236.

321 SIPRI (Lohs, K.): Delayed Toxic Effects of Chemical Warfare Agents. Almqvist and Wiksell, Stockholm, New York 1975; Spiegelberg, U.: Psychopathologisch-neurologische Schäden und Einwirkungen synthetischer Gifte. Wehr und Wissen Verlagsgesellschaft, Stuttgart 1963; Lohs, K.: Schwefel-Lost (2,2'-Dichlordiethylsulfid) noch immer toxikologisch aktuell. Z. ärztl. Fortbild. 87 (1993), 659–664; Lohs, K.: Spätschäden durch chemische Kampfstoffe. Z. ärztl. Fortbildung 88 (1994), Nr. 6.

322 Matoušek, J.[19]; Matoušek, J., Tomaček, I., S.[299].
Nach Adam: Gaskrieg. Wissen und Wehr 1929, S. 624–627, waren die Verluste durch Gase an den Gesamtverlusten (Tote, Verwundete, Kranke) auf deutscher Seite zu 1,1 %, auf französischer Seite zu 2,8 %, auf englischer Seite zu 6,1 % und auf amerikanischer Seite zu 27,4 % beteiligt; die Letalität der Gaskranken betrug bei den Deutschen 3 %, bei den Franzosen 4,1 %, bei den Engländern 3,35 % und bei den Amerikanern 2 %.

[323] Mitglieder-Verzeichnis des Offiziers-Vereins der ehemaligen Gastruppen e.V. (aus dem Nachlaß Otto Hahns). Archiv der Max-Planck-Gesellschaft, Abt. V, Rep. 13, Nachtrag 2311.

[324] Erweiterte Zusammenstellung auf der Basis von Bretschneider, W.: Tarnbezeichnungen, Begriffe und Abkürzungen chemischer Kampfstoffe. Anhang in: Lohs, K., Spyra, W.: Chemische Kampfstoffe als Rüstungsaltlasten. EF-Verlag Berlin 1992; Flury, F., Zernik, F.[88], S. 516–517; Hanslian, R., 1937[4], S. 56–7.

[325] Flury, F., Zernik, F.[88], S. 519 f.

[326] Meyer, J.[172], S. 85.

[327] Memorandum H. Hartles über F. Haber. Vgl. Brief von H. Hartley an Coates vom 21. Januar 1935 mit dem Memorandum als Anlage. Archiv der Max-Planck-Gesellschaft. Abt. V, Rep. 13, 1379.

[328] Haber, F.: Die deutsche Chemie in den letzten 10 Jahren. Vortrag im Deutschen Klub in Buenos Aires am 4. Dezember 1923. In: Haber, F.: Fünf Vorträge aus den Jahren 1920–1923. Julius Springer, Berlin 1924, S. 7–24.

[329] Wörterbuch des Völkerrechts. Begründet von Prof. Dr. Karl Strupp, in völlig neu bearbeiteter 2. Auflage herausgegeben von Dr. jur. Hans-Jürgen Schlochauer. 1. Band. Walter de Gruyter, Berlin 1960, S. 615–616.

[330] Kunz, R., Müller, R.-D.: Giftgas gegen Abd el Krim. Deutschland, Spanien und der Gaskrieg in Spanisch-Marokko 1922–1927. Rombach, Freiburg 1990.

[331] Volkart, W.: Die Gaswaffe im italienisch-abessinischen Krieg 1935/1936. Allg. Schweizer Militärzeitung 116 (1950), 744–887; 117 (1951), 47–110.

[332] Gellermann. G. W.: Der Krieg, der nicht stattfand. Möglichkeiten, Überlegungen und Entscheidungen der deutschen Obersten Führung zur Verwendung chemischer Kampfstoffe im Zweiten Weltkrieg. Verlag Bernard & Graefe, Koblenz 1986.

[333] Veröffentlicht ist lediglich der Schriftwechsel Habers mit Willstätter (1910–1934); vgl. Werner, P., Irmscher, A. (Hrsg.): Fritz Haber. Briefe an Richard Willstätter. Verlag für Wissenschafts- und Regionalgeschichte, Berlin 1995.

Anhang

1. Gliederung und Arbeitsgebiete des »Kaiser-Wilhelm-Institutes für physikalische Chemie und Elektrochemie« 1918
2. Telefonverzeichnis des »Kaiser-Wilhelm-Institutes für physikalische Chemie und Elektrochemie« 1918
3. Personalbestand der Abteilung A bei Kriegsende
4. Mitgliederverzeichnis des Offiziersvereins der ehemaligen Gastruppen e.V. (ohne Jahresangabe)
5. Kurzbezeichnungen und Decknamen der von Deutschland und den Alliierten eingesetzten Kampfstoffe
6. Unerträglichkeitsgrenzen
7. Tränenerregende Konzentrationen
8. Relative Toxizitäten im Vergleich mit Chlor
9. Habersche Tödlichkeitsprodukte
10. Die Kampfstoffmunition des Ersten Weltkrieges

1. Gliederung und Arbeitsgebiete des »Kaiser-Wilhelm-Institutes für physikalische Chemie und Elektrochemie« 1918[102]

Abteilung A

Leitung:	Prof. Dr. Reginald Oliver Herzog
Arbeitsgebiete:	Überwachung der Fabrikation deutscher Gasmasken; Ausarbeitung neuer Gasschutzgeräte
Personal:	29 Beamte und wissenschaftliche Mitarbeiter, 65 Unteroffiziere und Mannschaften, 35 Arbeiter, 6 weibliche Hilfskräfte, 1017 Arbeiterinnen
Standort:	Berlin, Warschauer Straße 8

Abteilung B

Leitung:	Dr. Friedrich P. Kerschbaum
Arbeitsgebiete:	Ausarbeitung deutscher Gaskampfmittel; Prüfung feindlichen Gaskampf- und Gasschutzgerätes
Personal:	2 Offiziere, 32 Beamte und wissenschaftliche Mitarbeiter, 7 Arbeiter, 14 weibliche Hilfskräfte, 5 Arbeiterinnen
Standort:	Berlin-Dahlem, Faradayweg 4

Abteilung C

Leitung:	Dr. Ludwig Hans Pick
Arbeitsgebiete:	Chemische Fragen des Gasschutzes
Personal:	4 Offiziere und Sanitätsoffiziere, 23 Beamte und wissenschaftliche Mitarbeiter, 24 weibliche Hilfskräfte, 4 Soldaten, 36 Arbeiter und Arbeiterinnen
Standort:	Berlin-Dahlem, Boltzmannstraße (im KWI für Biologie)

Abteilung D

Leitung:	Prof. Dr. Heinrich Wieland
Arbeitsgebiete:	Darstellung neuer Kampfstoffe
Personal:	9 Beamte und wissenschaftliche Mitarbeiter, 1 weibliche Hilfskraft, 4 Arbeiter und Arbeiterinnen
Standort:	Berlin-Dahlem, Thielallee

Abteilung E

Leitung:	Prof. Dr. Ferdinand Flury
Arbeitsgebiete:	Tierversuche; gewerbehygienische Fragen (Toxikologie der Kampfstoffe)
Personal:	2 Sanitätsoffiziere, 5 Beamte und wissenschaftliche Mitarbeiter, 5 weibliche Hilfskräfte, 6 Arbeiter, 4 Arbeiterinnen
Standort:	Berlin-Dahlem, Faradayweg 4

Abteilung F

Leitung:	Prof. Dr. Herbert Freundlich
Arbeitsgebiete:	Überwachung der Fabrikation deutscher Atemeinsätze
Personal:	21 Beamte und wissenschaftliche Mitarbeiter, 5 Soldaten, 56 weibliche Hilfskräfte und Arbeiterinnen
Standort:	Berlin-Dahlem, Faradayweg 4

Abteilung G

Leitung:	Prof. Dr. Wilhelm Steinkopf
Arbeitsgebiete:	Überwachung der Fabrikation von Geschossen und Zündern für die Gasmunition
Personal:	5 Offiziere, 5 Beamte und wissenschaftliche Mitarbeiter, 1 Soldat, 4 weibliche Hilfskräfte, 1 Arbeiterin
Standort:	Berlin-Steglitz, Königin-Luise-Str. 2

Abteilung H

Leitung:	Prof. Dr. Otto Poppenberg
Arbeitsgebiete:	Sprengstoffe (in Verbindung mit Kampfstoffen)
Personal:	4 Beamte und wissenschaftliche Mitarbeiter, 2 Arbeiter, 1 Arbeiterin
Standort:	Berlin-Charlottenburg, Fasanenstr. 87

Abteilung J

Leitung:	Prof. Dr. Paul Friedländer
Arbeitsgebiete:	Überwachung der Fabrikation von Gaskampfstoffen (Zusammenarbeit mit den Firmen Bayer, BASF, Hoechst, Kahlbaum, Agfa, Kalle, Chem. Fabrik Heyden)
Personal:	9 Beamte und wissenschaftliche Mitarbeiter, 2 Soldaten, 2 weibliche Hilfskräfte, 1 Arbeiter, 2 Arbeiterinnen
Standort:	Steglitz, Königin-Luise-Str. 2

2. Telefonverzeichnis des »Kaiser-Wilhelm-Institutes für physikalische Chemie und Elektrochemie« 1918[102]

A

A. E.-Lager Abt. C.	I/20
A. E. Prüfstelle	II/3

B

Bailleul, cand. chem.	II/19
Bartels, Dipl.-Ing.	I/16
Blechprüfstelle	II/3
Bloemer, Dr.	I/14
Boas, Dipl.-Ing.	II/14
Boeckmann, Frl.	I/21
Börnstein, Dr.	II/14
Borzinski, Frl.	I/1
B-Raum	II/5
Bruckhoff, Frl.	II/8
Buttermilch, Abt. C	II/11

C

Chlorhaus, Boden	II/9
Chlorhaus, kleines	II/23

D

Direktion	I/3
Direktion, Vorzimmer	I/2
Dreierraum	II/17
Drohmann, Frl.	I/16

E

Eberle, Dr.	II/13
Engemann, Leutn.	I/3
Eyck, Frl.	II/12

F

Felheim, Dr.	II/11
Feuerwerkerei	I/11
Freise, Dr.	II/13
Freundlich, Prof.	II/18
Friedländer, Prof.	I/14

G

Gasraum, Dr. Kniepen	I/24

Granatfüllstation I/13
Genth, Leutn. I/3
Gruhl, Dr. II/24

H
Hammerschlag,
Beamtenstellv. II/7 u. II/15
Hartmann, B. Stellv. II/4
Hausverwaltung I/10
Hellwig, Frl. Gertrude,
Abt. D I/14
Hellwig, Frl. Friedel,
Abt. B I/23
Hermsdorf, Dr. II/1
Henze, Frl. I/1
Herzog, Dr. II/14
Heuser, B. Stellv. II/8
Husse, B. Stellv. II/14

I
Institut für Chemie I/14

J
Jaenicke, Dr. II/12
Jeroch, Dr. II/21

K
Kalischer, Dr. I/14
Kämpfer, Dr. II/15
Kantorowicz, Dr. II/17
Kasse I/19
Kegel, cand. chem. II/I
Keller, Vorderhaus II/4
Kerschbaum, Dr. I/9
Klein, Ing. I/11
Klub (Küche) II/2
Kniepen, Dr. I/24
Knipping, Dr. I/22
Kühn, Vizefeldw. I/13
Kühne, B. Stellv. I/7
Kuhlenkampff, Leutn. I/14
Kunze, Frl. I/25
Knobloch, Dr. I/14

L
Laboratorium, Abt. C II/13
Lecher, Dr. I/14
Lehmann, Dr. I/5
Levy, Frl. II/22
Lieck, Dr. II/3
Lütge, Mechaniker I/12

M
Materialverwaltung II/7 u. II/15
Mechanikerwerkstatt I/12
Metzener, Dr., Abt. B I/5 u. I/18
Meyer, Dr. Fr. II/19
Meyer, Prof. Kurt I/14
Mielenz, Dr. I/22
Mikrosk. Laboratorium II/22
Militärische Verwaltung I/2
Müller, Frl. I/5 u. I/18
Müller, Dr. Ernst I/8
Müller, Dr. Hans II/13
Müller, Dr. Ullrich II/13

O
Ochs, Dr. I/14
Oettinger, Dr. II/12

P
Paulus, Dr. II/13
Personalabteilung I/7
Pfannenstiel, Dr. II/13
Pick, Dr. II/10
Prandtl, Prof. I/14
Pummerer, Dr. I/14

R
Radel, cand. chem. I/5
Regener, Prof. I/5
Rehmann, Ing. I/10
Remané, B. Stellv. II/12
Richter, Feldw. II/25
Rosin, Untffz. II/9
Reubert II/11
Ruthe, Frl. I/25

S
Sieverts, Prof. I/6
Simon, cand. chem. II/3
Sommer, Dr. I/8
Splettstösser, Dr. II/17

Sch
Schaefer, Dr. (Schäfer, d. A.) I/5
Schepang, Dr. II/13
Schering, Dr. II/7 u. II/15
Schick, Dr. II/19
Schreibzimmer
Prof. Sieverts I/23
Schreibzimmer
Hausverwaltung I/25

Schuhmann, Dr.	II/19
Schultze, Dr.	II/13

St

Steibelt, Dr.	I/5
Stern, Dr.	II/21
Stirm, Dr.	II/13
Stoehr, Dr. (Stöhr, d. A.)	II/17
Struth, Dr.	II/14

T

Tappen, Leutn.	I/3
Tesch, Dr.	I/8
Theberath, Dipl.-Ing.	I/15 u. I/6

U

Ullmann, B. Stellv.	I/2

V

Verpflegungsabtg.	II/20
Verwaltung Abt. B	II/8
Verwaltung Abt. C	II/11
Viererraum	I/15

W

Warenverkehrsstelle	II/16
Wagemann, Zahlmeister	I/19
Weigert, Dr.	II/17
Weigert, Prof.	II/13
Weishut, Dr.	I/17
Wesche, Dr.	I/14
Wieland, Prof.	I/14
Wirth, Dr.	I/15
Wollring, Dr.	II/5
Wreschner, Frl.	II/14

Z

Zaar, Dr.	I/24
Zeichenraum	
Zelle (Flur pt.)	I/4
Zelle (Flur 2. Etg.)	I/22
Zentrale	I/1
Zisch, cand. chem.	II/6
Zoellner, Dr.	I/14

Abt. A Prof. Herzog	Alex 2880
Abt. E Prof. Flury, Dr. Wachtel	Stegl. 257
Abt. J Prof. Friedländer	Stegl. 1591/1592
Abt. G Prof. Steinkopf	Stegl. 1591/1592
Abt. H Prof. Poppenberg	Steinplatz 4000
Feld-Mun.-Anstalt III	Adlershof 116

Nachschaltungen

Steglitz 1084	Dr. Kerschbaum
Steglitz 1085	A. E. Prüfstelle, Prof. Freundlich
Steglitz 1086	Dr. Pick
Steglitz 1087	Militärverwaltung
Kriegsministerium	Leutn. Tappen

3. Personalbestand der Abteilung A bei Kriegsende

(nach Rudolf Hammann, 21. August 1976, ohne Anspruch auf Vollständigkeit)[102]

Abteilungsvorstand: Prof. Dr. Reginald Oliver Herzog
Ing. Brecheler
Dr. Brauer
Dr. Geiger
cand. chem. Heumann
Dr. von der Heyde
Dr. Hildesheimer
cand. phys. Willi Jancke
Dr. Koref
Dr. Lohmann

Dr. Medicus
Dr. Kurt Piorkowski
Dr. Reiche
Dr. Runze
cand. chem. Schneider
Dr. Schweitzer
Dr. Stein
Dr. Hugo Stoltzenberg
Oberstabsapotheker Ostermann
Michaelson (Zeichner u. Photograph)

Nachtrag zum Personalbestand 1918:
Kriegsministerium, Referat Gasschutz: Major Schober
Außenstellen des Institutes (Abt. A):

a) Chlorhaus auf dem Hochhaus der Auergesellschaft
b) Hauptgasschutzlager Adlershof
c) Hauptgaslager Breloh (bei Soltau)
d) Maskenprüfstelle Lübeck (bei Fa. Dräger)
e) Maskenprüfstelle München (bei Fa. Metzeler)
f) Maskenprüfstelle Neumünster (bei einer großen Feinlederfabrik, deren Name mir entfallen ist).

Die Prüfstelle für die bei der Auergesellschaft gefertigten Masken war der Abt. A angegliedert, ebenso auch die Prüfstelle für die von der AGFA (Berlin-Treptow und Wolfen) gefertigten Klarscheiben.
Prüfstelle für Atemeinsätze siehe Telefonverzeichnis Dahlem.

4. Mitgliederverzeichnis des Offiziersvereins der ehemaligen Gastruppen e. V. (ohne Jahresangabe)

1	Pi. 37	Ahrens, Hermann, Hptm. d. L., Reg.- u. Steuerrat, Breslau
2	Pi. 38	Angenlahr, Hans, Lt. d. R., Lehrer, Moyland b. Cleve
3	Pi. 36	Apprecht, Erich, Lt. d. R., Dipl.-Ing., Castrop-Rauxel
4	Pi. 39	Baack, Ernst, Lt. d. R., Architekt, Berlin-Friedenau
5	Pi. 36	von Baeger, Otto (vermutlich von Baeyer, Otto, d. A.), Lt. d. L., Prof. an der Landwirtsch. Hochsch. Berlin
6	Pi. 36	von Bassewitz-Levetzow, Graf Werner, Oblt. a. D., Landwirt, Kläden, Kreis Stendal
7	Tel. B.1	Berthold, Carl, Major a. D., Berlin
8	Pi. 36	Beumelburg, Carl, Major d. R., Katasterdirektor, Eltville a. Rhein
9	Pi. 36	Bliesener, Adolf, Major d. R., Branddirektor, Kassel
10		Buchholz, Oberst a. D., Coburg
11		Blum, Max (Blume?, Max, d. A.), Oberst a. D., Freiburg (Breisgau)
12	Pi. 36	Brackmeyer, Alfred, Lt. d. R., Ingenieur, Dortmund
13	Pi. 94	Burmeister, Wilhelm, Dr., Lt. d. R., Oberstudiendir., Schwerin
14	Pi. 39	Cramer, Johannes, Oberarzt d. R., Dr. med., Breslau
15	Pi. 95	Dessin, Hans, Feldhilfsarzt, Dr. med., Dresden
16	Pi. 36	Dickhäuser, Fritz, Dr., Lt. d. R., Gutsbesitzer, Gut Lindenau, Post Kissing (Oberbayern)

17	Pi. 39	v. Dorrien, Christian, Oblt. d. R., Ingenieur, Bochum
18	Pi. 37	Dupuis, Bruno, Lt. d. R., Kaufmann, Hamburg
19	Pi. 35	Eckert, Fritz, Dr., Lt. d. R., Dozent a. d. Techn. Hochsch., Berlin-Lichterfelde-Ost
20	Pi. 38	Eimer, Karl, Privatdoz. u. Oberarzt a. d. Med. Klinik, Marburg, Lahn
21	Pi. 38	Fechtrupp, Reinhard, Lt. d. R., Dipl.-Ing., Münster i. Westf.
22	Pi. 94	Filzhut, Carl, Lt. d. R., Bankvorsteher
23	Pi. 38	Fischer, Wilhelm, Lt. d. R., Dr.-Ing., Chemiker, Ludwigshafen
24	Pi. 36	Frank, James (Franck, James, d. A.), Universitätsprof., Göttingen
25	Pi. 95	Froboese, Victor, Dr., Reg.-Rat i. Reichsgesundheitsamt, Berlin
26	Pi. 39	Geiger, Hans, Hptm. d. L., Univ.-Prof., Tübingen
27		Geilmann, Dr. phil.
28	Pi. 35	Geissert, Eugen, Veterinär a. D., Dr. med. vet., Eisenach
29	Pi. 39	Gewiese, Karl, Lt. d. R., Bautechniker, Wuppertal-Barmen
30	Pi. 36	Glatzer, Robert, Lt. d. R., Fabrikant, Berlin-Neukölln
31	Pi. 37	Gorol, Paul, Lt. d. R., Dipl.-Ing., Tarnowitz O. S.
32	Pi. 38	Gramberg, Erich, Lt. d. R., Dipl.-Ing., Ziegeleibesitz., Maly Tarpno b. Grudziadz, Pom., Polen
33	Pi. 35	Grebe, L., Oblt. d. R., Dr. phil., Prof., Bonn
34	Pi. 37	Grohmann, Wilhelm, Lt. d. R., Ingenieur, Kiel
35	Pi. 35	Haake, Otto, Lt. d. R., Prof., Oberstudienrat i. R., Plauen i. V.
36		Haber, Geh. Reg.-Rat, Berlin-Lichterfelde
37		Hahn, Otto, Lt. d. R., Univ.-Prof., Berlin-Dahlem
38	Pi. 36	Hähner, Arthur, Feldw.-Lt. a. D., Reichsbankbeamter, Leipzig
39		Hannemann, Curt, Lt. d. R., Dr. med. dent., Berlin-Friedenau
40	Pi. 95	Heber, Karl, Lt. d. R., Dr. phil., Apoth.-Besitzer, Magdeburg
41	Pi. 95	Heck, Fritz, Lt. d. R., Dr. med., Mannheim
42	Pi. 95	Heinrich, Werner, Lt. d. R., Zahnarzt, Berlin-Wilmersdorf
43	Pi. 36	Heinze, Ernst, Lt. d. R., Dr.-Ing., Chemiker, Wiesdorf (Niederrhein)
44	Pi. 35	Herrmann, Ludwig (Hermann, Ludwig, d. A.), Hptm. d. L., Fabrikdir., Frankfurt-M. Süd
45		Heydenreich, Prokurist, Kassel
46		Hinrichs, Walther Th., Hptm. d. R., Legationsrat, Mexiko
47	Pi. 38	Hülsen, Johannes, Batl.-Arzt, Dr. med., Blumenthal (Mark)
48	Pi. 36	Iwan, Richard, Lt. d. R., Architekt, Berlin-Nickolassee
49	Pi. 36	Jacobsen, Carl, Major d. R., Verlagsbuchhändler, Hannover
50		Jensen, Gartenbauarchitekt
51	Pi. 37	Jesse, Ernst, Oberstlt., Kdr. d. Pi.-Batl. 5, Ulm (Donau)
52		Jordan, W., Obering.
53	Pi. 38	Jung, Walter, Lt. d. R., Oberbahnhofsvorsteher, Berlin-Karlshorst
54	Pi. 94	Kehlmann, Georg, Lt. d. R., Architekt, Dortmund
55	Pi. 35	Keller, Richard, Lt. d. R., Hauptlehrer, Freiburg (Breisgau)
56	Pi. 94	Klass, Johannes, Lt. d. R., Mag.-Baurat, Erfurt
57		Kleemann, Bruno, Oblt. d. R., Dr. jur., Direktor, Delmenhorst
58		v. Klitzing, Hans Joachim
59		Knoch, K., Professor, Dr., Berlin-Friedenau
60	Pi. 35	König, Willi, Dr., Lt. d. R., Prof. a. Pr. meteorolog. Inst., Berlin-Charlottenburg
61	Pi. 94	Korn, Karl, Lt. d. L., Zollassistent, Wesermünde-G.
62	Pi. 38	Kränzlein, Hermann, Oblt. d. R., Dipl.-Ing., Berlin-Charlottenburg
63		Krauer, Fritz

64	Pi. 36	Kuhler, Carl, Lt. d. R., Architekt, Gevelsberg i. W.
65	Pi. 39	Kunze, Gerhard W., Lt. d. R., Ingenieur, Hamburg
66		Kyrieleis, W., Hptm. d. R., Dr.-Ing., Berlin
67		Langbein, Hptm. d. R., Dr. phil., Berlin-Charlottenburg
68		Laschke, Major a. D., Berlin
69	Pi. 39	Lenz, Hans, Hptm. d. L., Rittergutsbes., Kl. Kiesow, Post Gr. Kiesow, Kr. Greifswald
70	Pi. 95	Lindenau, Georg, Lt. d. R., Kaufmann, Kreuzburg (Ostpr.)
71	Pi. 94	Loest, Werner, Lt. d. R., Dr. phil., Reg.-Rat, Berlin-Steglitz
72	Pi. 38	Lorentz, Rudolf, Dr. med., prakt. Arzt, Lucka, Kr. Altenburg
73	Pi. 35	Lohse, Karl Christian, Oblt. a. D., Schiffsreeder, Flensburg
74		Lübbert, Dr. med.
75	G. H.	Lummitsch, Otto, Lt. d. R., Vorst. d. Techn. Nothilfe, Berlin-Zehlendorf
76	Pi. 39	Lüpke, Eberhard, Feldunterarzt, Dr. med., Zantoch (Neumark), Kr. Landsberg/Warthe
77		Mach, Fritz
78		Mähnert, Dr.
79	Pi. 37	Malzacher, Alfred, Lt. d. R., Hauptlehrer, Oberwiehl, Amt Waldshut (Baden)
80	Pi. 94	Manns, Willi, Lt. d. R., Landesbaurat, Hanau a. M.
81		Marten, Wilhelm, Hptm. d. L., Prof. Dr. phil., Potsdam
82		Martin, Gerhard, Lt. d. R., Gutsbesitzer, Stabeshöhe, Post Warthe (Uckermark)
83		Masermann
84		Mass, Oberstlt. a. D., Anklam
85	Pi. 38	Matthes, Curt, Feldhilfsarzt, Dr. med., leit. Arzt d. St. Benno-Stifts, Arnsdorf i. Riesengebirge
86	Pi. 39	Mayer, Ernst Andreas, Lt. d. R., Baurat, Hamburg
87	Pi. 35	Meffert, Friedrich, Hptm. d. L., Patentanwalt, Berlin-Lichterfelde-Ost
88	Pi. 95	Meisenheimer, Jakob, Hptm. d. R., Univ.-Prof., Tübingen
89		Menshausen, Arnim, Berlin
90	Pi. 35	Menzel, Herbert, Lt. d. R., Dr. jur., Fabrikbes., Berlin-Tempelhof
91	Pi. 95	Metaschk, August, Lt. d. R., Lyc.-Oberlehrer, Berlin-Wilmersdorf
92		Meyer, Eduard, Stud.-Assessor
93	Pi. 35	Moench, F., Lt. d. R., Postrat im Tel.-tech. Reichsamt, Berlin-Schöneberg
94	Pi. 37	Nolte, Anton, Feldhilfsarzt, Dr. med., Warburg (Westf.)
95	Pi. 95	Padberg, Heinrich, Lt. d. R., Grubenbeamter
96		Pellhammer, Franz Xaver, Hauptlehrer
97		Peterson, Max, Gen.-Major a. D., Berlin-Wilmersdorf
98	Pi. 39	Pieper, Otto, Lt. d. L., Fabrikbesitzer, Schivelbein i. Pom.
99	Pi. 38	v. Plessen, Magnus Baron, Oblt. a. D., Gutsbesitzer, Lindholm P. Roskilde (Dänemark)
100		Polte, Julius, Reg.-Baurat, Stolp i. Pommern
101	Pi. 36	Richard, Franz (Richardt, Franz?, d. A.), Lt. a. D., Direktor, Kassel
102	Pi. 38	Richter, Albert, Lt. d. R., Techn. Reichsbahninspektor, Erfurt
103	Pi. 35	Rilling, August, Oblt. d. R., Eisenbahn-Landmesser, Karlsruhe
104	Pi. 38	Rodeck, Franz, Lt. d. R., Dr., Studienrat, Gladbeck/Westf.
105	Pi. 36	Roth, Heinz, Vizefeldw., Offiz.-Asp., Dr. phil. nat.
106	Pi. 38	Sigismund, Georg, Lt. d. L., Zollsekretär, Neu-Bentschen b. Meseritz

107	Pi. 35	Schächterle, Georg, Lt. d. R., Fabrikant, Stuttgart
108		Schindler, Erich, Berlin-Charlottenburg
109	Pi. 38	v. Schlick, Albert, Oberstlt. a. D., Rittergutsbesitzer, Müsselmow b. Bruel (Mecklenbg.)
110	Pi. 37	Schönfeld, Paul, Maj. d. R., Masch.-Dir. d. Verein. Stahlw. A.-G., Dortmund
111		Schulz, R., Major a. D., Dr. rer. pol., Berlin
112	Pi. 36	Schulze, Wilhelm (Schultze? d. A.), Lt. d. L., Dr. phil., Chemiker, Betr.-Direkt., Bitterfeld, Salzbergwerk Neustaßfurt
113	Pi. 36	Spieß, Herrmann, Lt. d. R., Maurer- u. Zimmermeister
114	Pi. 35	Sprenger, Walter, Lt. d. R., Ingenieur
115	Pi. 36	Stamm, Karl, Oblt. a. D., Fabrikdirektor, Berlin-Südende
116	Pi. 37	Stier, Wilhelm, Lt. d. R., Studienrat
117		Stör, Hermann, Dipl.-Ing.
118	Pi. 36	v. Stumm, Herbert, Oblt. d. R., Gutsbesitzer, Rohlstorf b. Bad Segeberg (Holstein)
119	Pi. 35	Terjung, Werner, Lt. d. R., Kaufmann, Mühlheim/Ruhr
120	Pi. 38	Thielen, Hanspeter, Ass.-Arzt d. L., Dr. med., prakt. Arzt, Berlin-Zehlendorf
121	Pi. 37	Trahndorff, Franz, Lt. d. R., Lehrer, Berlin-Dahlem
122	Pi. 38	Trappe, Oskar, Hptm. a. D., Bad Ems
123		Tübben
124		Tütken, Wilhelm
125		Ulbrichs, Steuerinspektor
126	Pi. 37	Umlandt, Adalbert, Lt. d. R., Reg.-Baurat, Genthin
127	Pi. 37	Untiedt, Josef, Lt. d. R., Baurat, Münster i. Westf.
128	Pi. 36	Vigener, Karl, Lt. d. R., Dipl.-Ing., Direkt. d. Zentr.-Verb. d. Pr. Dampfkessel-Überwachungs-Vereins, Halle a. S.
129	Pi. 38	Vogel, Curt, Oblt. a. D., Studienrat, München
130	Pi. 36	Wagner, Ernst, Lt. d. R., Eisenbahning., Berlin-Friedenau
131	Pi. 35	Walter, Karl, Lt. d. R., Gewerbeoberlehrer
132	Pi. 36	Waltz, Otto, Hptm. a. D., Reg.-Baumeister
133		v. Wangenheim, Alex. Freiherr, Oberst a. D., Rittergutsbes., Sundhausen b. Gotha
134	Pi. 35	Weissenfels, Robert, Lt. d. R., Dipl.-Ing., Neu-Rössen b. Merseburg
135	Pi. 38	Werbelow, Willi, Lehrer, Gohlitz, Kr. Weststernberg, Post Frauendorf
136	Pi. 38	Widmayer, Wilhelm, Lt. d. R., Bauing., Mitinh. d. Fa. Höfchen & Peschke, Eisenbetonbau, Berlin
137	Pi. 39	Wilkens, Ernst, Lt. d. R., Dr., Prof., Weinheim/Bergstraße
138	Pi. 38	Wildhagen, Max, Lt. d. R., Dr.-Ing., Mannheim
139		Willamowski, Walter, Dr. med.
140	Pi. 38	Winkler, Richard, Lt. d. R., Sparkassendirekt., Neusalz (Oder)
141	Pi. 39	Wischer, Franz, Dr., Lt. d. R., Verbandsgeschäftsführer, Hamburg
142	Pi. 35	Wolfes, Otto, Lt. d. L., Dr. phil., Chemiker, Darmstadt
143		Wussow, Gustav, Hptm. d. R., Dr. phil., Observator a. Pr. meteorolog. Inst., Berlin-Zehlendorf
144		Wüst, Georg, Dr., Berlin
145	Pi. 36	Ziethen, Curt, Lt. d. R., Oberbeamt. d. Dtsch. Girozentr., Berlin
146		Zilian, Fritz, Reg.-Sekr.
147	Pi. 38	Zipfel, Wilhelm, Lt. d. R., Dr., Chemiker, Berlin-Lichterfelde

verstorben:

Pi. 38	Blank, Otto, Hptm. a. D.,
	v. Berkheim, Freiherr
	Dormann, Otto, Dr.,
Pi. 38	Exner, Hubert, Lt. d. R., Obering.
Pi. 38	Gehrmann, Josef, Dr. med.
	Graether, Hans, Dr.-Ing.
Pi. 35	Uhlig, Max, Oberst a. D.
	Weber, Ludwig, Geh. Reg.-Rat, Oberreg.-Rat i. R.

ausgetreten:

Beck, Studienrat, Berlin
Franceson, Paul, Landgerichtsrat, Berlin-Charlottenburg
Quandt, Major a. D.
Romminger, Kurt, Studienrat

5. Kurzbezeichnungen und Decknamen der von Deutschland und den Alliierten eingesetzten Kampfstoffe (nach Lit.[324], ergänzt)

AC	Blausäure, USA
Adamist(e)	Diphenylaminarsinchlorid (Phenarsazinchlorid), Alliierte/USA, Deutschland
Aquinite	Chlorpikrin/Zinntetrachlorid, Frankreich
A-Stoff	Chloraceton, Deutschland
BA	Bromaceton, USA
BB	Lost, Großbritannien
BBC	Brombenzylcyanid/Benzylcyanid, Großbritannien
BBN	Brombenzylcyanid, Großbritannien
Berthollite	Chlor, Frankreich
Be-Stoff	Bromaceton in Granaten, Österreich, Deutschland
Bibi	Bis(brommethyl)-ether, Frankreich (soll auch für Bromcyan verwendet worden sein), Deutschland
BK	Bromcyan, USA
Blaukreuz	als Gruppe für Nasen-Rachen-Reizstoffe (Sternuatoren), Deutschland
Blaukreuz	Diphenylarsinchlorid, Deutschland
Blaukreuz 1	Diphenylarsincyanid/Phenylarsindichlorid, Deutschland
Blind-X	Phenylaminarsinchlorid/Bromessigsäureethylester, USA
Blister Agent	Bis(2-chlorethyl)-sulfid, USA
Blistering Gas	Bis(2-chlorethyl)-sulfid, Großbritannien/USA
Blotite	Bromaceton, Frankreich
Blue Star	Chlor/Schwefelchlorid, Großbritannien
Bn-Stoff	Brommethylethylketon, Deutschland
Brechgas	Chlorpikrin, Deutschland
Bretonite	Jodaceton/Zinntetrachlorid, Frankreich
B-Stoff	Bromaceton und bromierte Ketone oder Brommethylethylketon in Minen, Deutschland

Buntkreuz	Blaukreuz (Clark I)/Grünkreuz (Phosgen/Diphosgen), Deutschland
C I und II	Diphenylarsinchlorid und -cyanid, Deutschland
CA	Brombenzylcyanid, USA
Camite	Brombenzylcyanid, Frankreich
Campiellite	Bromcyan und Bromcyan/Bromaceton, Italien
CAP	Chloracetophenon, Großbritannien
CB	Bromcyan, Großbritannien
CBR	Phosgen/Arsentrichlorid, Großbritannien
CC	Chlorcyan, Großbritannien
CDA	Diphenylarsincyanid, USA
Ce-Stoff	Bromcyan in Granaten, Österreich
Cedenite	Nitrobenzylchlorid, Frankreich
Cederite	Benzylchlorid/Zinntetrachlorid, Frankreich
CG	Phosgen, USA/Großbritannien
Cici	Bis(chlormethyl)-ether, Frankreich, Deutschland
Cipalite	Monochlormethyl-chlorformiat/Zinntetrachlorid, Frankreich
CK	Chlorcyan, USA
Clairsite	Perchlormethylmercapten bzw. Thiophosgen/Chlor, Frankreich
Clausius	Clark, Deutschland
Clark I	Diphenylarsinchlorid, Deutschland
Clark II	Diphenylarsincyanid, Deutschland
Clark III:	Diphenylaminarsincyanid (Phenarsazincyanid), Deutschland
CN	Chloracetophenon, USA
Collongite	Phosgen, Phosgen/Zinntetrachlorid, Frankreich
C-Stoff	Chlorameisensäureester (Mono-und Dichlormethylchlorformiat in Minen), Deutschland (auch für Methylschwefelsäurechlorid in Minen)
Cyclite	Benzylbromid/Titantetrachlorid, Frankreich
Cyclon	Methyl- und Ethyl-cyanformiat
D	Dimethylsulfat, USA (Deutschland)
DA	Diphenylarsinchlorid, USA
DC	Diphenylarsincyanid, USA
Delius	aus Ethylen und Schwefeldichlorid erzeugtes Lost, Deutschland
Delost	aus Ethylen und Schwefeldichlorid erzeugtes Lost, Deutschland
Dew of Death	2-Chlorvinylarsinchlorid, USA
Dick	Ethylarsindichlorid, Deutschland
Diphosgen	Perchlorameisensäuremethylester (Trichlormethyl-chlorformiat), Deutschland
DJ	Phenylarsindichlorid, Großbritannien
DL	Ethylarsindichlorid, Großbritannien
DM	Diphenylaminarsinchlorid (Phenarsazinchlorid), USA
Dora	Diphenylarsincyanid, Deutschland
DP	Diphosgen, USA
D-Stoff	Phosgen oder Diphosgen in Minen, Deutschland
EBA	Bromessigsäureethylester (Ethylbromacetat), Alliierte
ED	Ethylarsindichlorid, USA
Elder Gas	Xylylbromide/Xylylenbromide, Großbritannien
E-Stoff	Bromcyan, Deutschland
Flavol	Diphenylaminarsinchlorid, Deutschland
Fliedergas	Xylylbromide/Xylylenbromide, Deutschland

F-Öl	Phosgen, Deutschland
Forestite	Blausäure, Frankreich
Fraisinite	Benzylcyanid, Frankreich
Fraissite	Benzylchlorid/-jodid/Zinntetrachlorid, Frankreich
Gaz Moutarde	Bis(2-chlorethyl)-sulfid, Frankreich
Gelbkreuz	als Gruppe für hautschädigende Kampfstoffe, Deutschland
Gelbkreuz	Bis(2-chlorethyl)-sulfid, Deutschland
Gelbkreuz 1	später als Grünkreuz 3 bezeichnet, siehe dort
Gelbkreuzbrisanz	2/3 Lost und 1/3 TNT, Deutschland
Green Cross	Phenylcarbylaminchlorid, USA (auch für Diphosgen verwendet)
Green Star	Schwefelwasserstoff/Chlorpikrin, Großbritannien (nicht eingesetzt)
Grünkreuz	als Gruppe für lungenschädigende Kampfstoffe, Deutschland
Grünkreuz	Diphosgen, Deutschland
Grünkreuz 1	Diphosgen/Chlorpikrin, Deutschland
Grünkreuz 2	Phosgen/Diphosgen/Diphenylarsinchlorid, Deutschland
Grünkreuz 3	Bis(chlormethyl)-ether/Ethylarsindichlorid/-dibromid, Deutschland
Grünkreuzbrisanz	2/3 Diphosgen und 1/3 TNT, Deutschland
Grünkreuzstoff	Chlorpikrin/Diphosgen, Deutschland
H	Lost nach dem Levinsteinprozeß, USA
HD	Lost, destilliert, USA
Hexastoff	Kohlensäure-bis(trichlormethyl)-ester (Triphosgen), Deutschland
HL	Lost/Lewisit, USA
Homomartonite	Brommethylethylketon/Chlormethylethylketon/Zinntetrachlorid, Frankreich
HS (hun stuff)	Bis(2-chlorethyl)-sulfid, Großbritannien
IL	Blausäure/Tetrachlormethan, Großbritannien
Iperit	Bis(2-chlorethyl)-sulfid, Rußland
JBR	Blausäure/Arsentrichlorid/Chloroform, Großbritannien
Jellite	Blausäure/Chloroform/Celluloseacetat, Großbritannien
JL	Blausäure/Chloroform, Großbritannien
Kazwei-Stoff	Phenylcarbylaminchlorid, Deutschland
KJ	Zinntetrachlorid, Großbritannien
Klop	Chlorpikrin und Chlorpikrin/Chlor, Deutschland
Klopper	Chlorpikrin, Deutschland
KO-Gas	Phenylaminarsinchlorid/Bromessigsäureethylester, USA
KSK	Jodessigsäureethylester/Ethylacetat/Ethanol, Großbritannien
K-Stoff	Chlorameisensäuremethylester (Mono- und Dichlormethyl-chlorformiat in Granaten), Deutschland
K_2-Stoff	Phenylcarbylaminchlorid, Deutschland
L	2-Chlorvinylarsinchlorid (Lewisit), USA/Großbritannien
Labyrinthiques	Bis(chlormethyl)-ether, Frankreich
Lachrimators	Bis(brommethyl)-ether, Frankreich
Lacrimite	Thiophosgen, Frankreich
Lacrymator	Benzylbromid, Großbritannien
Levinsteinlost	70 % Lost/25 % Polysulfide/5 % Schwefel, USA/Großbritannien
Lewisite	2-Chlorvinylarsinchlorid, Alliierte/USA
Lost	Bis(2-chlorethyl)-sulfid, Deutschland
M oder M 1	2-Chorvinylarsinchlorid, USA
M 0	Lost, USA
MA	Phenylarsindichlorid, Großbritannien
Manganite	Blausäure/Arsentrichlorid, Frankreich

Marsite	Arsentrichlorid, Frankreich
Martonite	Bromaceton/Chloraceton/Zinntetrachlorid, Frankreich
Maskenbrecher	Phenylarsindichlorid und -cyanid, Deutschland
Mauguinite	Chlorcyan, Frankreich
MD	Methylarsindichlorid, USA
Medikus	Methylarsindichlorid, Deutschland
Methyl-Dick	Methylarsindichlorid, Deutschland
Mithrithe	Arsenwasserstoff, Frankreich
Mustard Gas	Bis(chlormethyl)-sulfid, Großbritannien/USA
NC-Mixture	Chlorpikrin/Zinntetrachlorid, Großbritannien
NG	Schwefelwasserstoff, Großbritannien
NG 2	Schwefelwasserstoff, Schwefelkohlenstoff, Frankreich
Niespulver	Dianisidinchlorsulfonat, Deutschland
Ni-Stoff	Dianisidinchlorsulfonat, Deutschland
Öl-F	Diphosgen, Deutschland
Omega-Salz	Choracetophenon, Deutschland (später)
Opacite	Zinntetrachlorid, Frankreich
Palit	Mono-/Dichlormethyl-chlorformiat, Großbritannien,
Palite	Monochlormethyl-chlorformiat/Zinntetrachlorid, Frankreich
Papite	Acrolein/Zinntetrachlorid, Frankreich
PD	Phenylarsindichlorid, USA
Perstoff	Perchlorameisensäuremethylester (Trichlormethyl-chlorformiat, Diphosgen), Deutschland
Pfiffikus	Phenylarsindichlorid, Deutschland
PG	Chlorpikrin, Großbritannien/USA
PG-Mixture	Phosgen/Chlorpikrin, Großbritannien
PS	Chlorpikrin, USA/Großbritannien
Rationite	Dimethylsulfat/Chlorsulfonsäure, Frankreich
Red Star	Chlor, Großbritannien
Red Star 2	Schwefelwasserstoff, Großbritannien
SA	Arsenwasserstoff, USA
Senfgas	Bis(2-chlorethyl)-sulfid, Deutschland
SK	Jodessigsäureethylester, Großbritannien
Sneezing Gas	Diphenylarsinchlorid und -cyanid, Großbritannien/USA
Sternite	Diphenylarsinchlorid und -cyanid, Frankreich
Sulvinite	Ethylschwefelsäurechlorid (Chlorsulfonsäureethylester)/Zinntetrachlorid), Frankreich
Superpalite	Perchlorameisensäuremethylester (Trichlormethyl-chlorformiat), USA
Surpalite	Perchlorameisensäuremethylester (Trichlormethyl-chlorformiat), Frankreich
T-Grün-Stoff	Xylylbromide, Xylylenbromide/Bromaceton oder Brommethylethylketon in T-Granaten/grün, Deutschland
T-Stoff	Xylylbromide, Xylylenbromide in T-Granaten/schwarz, Deutschland
Tonite	Chloraceton, Großbritannien (auch für Dianisidinchlorsulfonat verwendet)
Vaillantite	Methylschwefelsäurechlorid (Chlorsulfonsäuremethylester), Frankreich
Villanite	Methylschwefelsäurechlorid (Chlorsulfonsäuremethylester), Frankreich

Vincennite	Blausäure/Arsentrichlorid/Zinntetrachlorid, Frankreich
Vitrite	Chlorcyan/Arsentrichlorid, Frankreich
VM-Stoff	Bis(2-chlorethyl)-sulfid, Deutschland
VN	Blausäure/Arsentrichlorid/Zinntetrachlorid (Vincennite), Großbritannien
VOG	Chlor/Phosgen, Italien
Vomiting Gas	Chlorpikrin oder Chlorpikrin/Schwefelwasserstoff, Großbritannien
Weißkreuz	Phenylcarbylaminchlorid, Deutschland (auch für andere Tränenreizstoffe verwendet)
White Star	Chlor/Phosgen, Großbritannien
Yellow Star	Chlor/Chlorpikrin, Großbritannien
Yperite	Bis(2-chlorethyl)-sulfid, Frankreich
Yc	Bis(2-chlorethyl)-sulfid/Chlorbenzol, Frankreich
Yt	Bis(2-chlorethyl)-sulfid/Tetrachlormethan, Frankreich
Zusatz	Phosgen (für Blasangriffe), Deutschland.

6. Unerträglichkeitsgrenzen

Die Unerträglichkeitsgrenzen, d. h. die niedrigsten Konzentrationen, die für einen normalen Menschen nicht länger als eine Minute ertragbar sind, geben F. Flury und F. Zernik[325] (neuere Angaben vgl. Lit.[119 120]) für die wichtigsten im Ersten Weltkrieg eingesetzten Verbindungen mit Reizstoffcharakter wie folgt an (was allerdings keine Reihenfolge der Giftigkeit bedeutet):

Kampfstoff	**mm³/m³ Luft**
Diphenylarsincyanid	0,25 mg/m³
Diphenylarsinchlorid	1–2 mg/m³
Ethylarsindichlorid	5–10
Phenylarsindichlorid	10
Benzyljodid	15
Xylylbromid	15
Methylarsindichlorid	25
Bromaceton	30
Phenylcarbylaminchlorid	30
Methylschwefelsäurechlorid	30–40
Benzylbromid	35–40
Bromessigsäuremethylester	45
Ethylschwefelsäurechlorid	50
Chlorcyan	> 50
Chlorpikrin	60
Jodessigsäureethylester	60
Acrolein	70
chlorierte Ameisensäuremethylester	75
Bromessigsäureethylester	80
Bromcyan	85
Chloraceton	> 100
Jodaceton	> 100
Arsentrichlorid	> 100
Chlor	> 120

7. Tränenerregende Konzentrationen

Viel niedrigere Konzentrationen waren ausreichend, um den ungeschützten Soldaten mehr oder weniger kampfunfähig zu machen. So können nach den Erkenntnissen des Ersten Weltkrieges (neuere Angaben vgl. Lit. [119 120]) bereits folgende Konzentrationen in mg/m^3 Luft eine tränenerregende Wirkung entfalten[325]:

0,3 mg/m^3	Brombenzylcyanid
1,2 mg/m^3	bromierte Ketone
1,4 mg/m^3	Jodessigsäureethylester
1,5 mg/m^3	Bromaceton
1,8 mg/m^3	Xylylbromid
4,0 mg/m^3	Benzylbromid
11,0 mg/m^3	Brommethylethylketon (nach neueren Angaben 1,6 mg/m^3 [119])
18,0 mg/m^3	Chloraceton,
19,0 mg/m^3	Chlorpikrin
(0,3 mg/m^3	Chloracetophenon[119])
(7,0 mg/m^3	Acrolein[119])

8. Relative Toxizitäten im Vergleich mit Chlor

Für die Giftwirkung führen F. Flury und F. Zernik[325] eine von W. G. Chlopin aufgestellte Liste an, welche die relative Toxizität im Verhältnis zu Chlor angibt, das gleich 1 gesetzt wurde:

Perchlorethylmercaptan	1,0
Jodessigester	1,3
Arsentrichlorid	1,5
Chlorpikrin	2,2
Methylschwefelsäurechlorid (rein)	2,5
Chlorameisensäuremethylester	3,0
Bis(2-chlorethyl)-sulfid	8,0
Chorcyan	13,5
Diphosgen (technisch)	16,0
Blausäure	16,5
Diphosgen (rein)	27,0
Bis(2-chlorethyl)-sulfid (amerik. Angaben)	15–30

9. Habersche Tödlichkeitsprodukte

Julius Meyer[326] gibt folgende Liste (erweitert) mit den Haberschen Tödlichkeitsprodukten ($mg \cdot min/m^3$) der im Ersten Weltkrieg verwendeten Kampfstoffe an:

Phosgen[1]	450
Diphosgen[2]	500
Lost[3]	1500
Lewisit[4]	1500
Jodessigester	1500
Bromcyan	2000
Chlorpikrin[5]	2000
Chloraceton	3000
Bromaceton	4000
Chloracetophenon[9]	4000
Clark I[10]	4000
Clark II[11]	4000
Chlorcyan[12]	4000
Benzylbromid	6000
Xylylbromid	6000
Brombenzylcyanid[13]	7500

Bromessigester	3000	Chlor	7500
Benzyljodid	3000	Kohlenstoffmonoxid	70 000
Methylarsindichlorid[6]	3000	Adamsit[14]	–
Ethylarsindichlorid[7]	3000	Phenylarsindichlorid[15]	–
Blausäure[8]	1000–4000		

abweichende neuere Angaben als LCt_{50}, d. h. diejenige Dosis, bei der 50 % der betroffenen Individuen getötet werden (50%ige Tötungswahrscheinlichkeit):

[1] 3200 mg · min/m³ inhalativ, nach M. Daunderer[120]

[2] 3200 mg · min/m³ inhalativ, nach S. Franke[119]

[3] 1000 mg · min/m³ inhalativ, > 10 000 mg · min/m³ dermal, nach M. Daunderer[120]; 1500 mg · min/m³ inhalativ (in Ruhe) bzw. 400 mg · min/m³ inhalativ (bei physischer Belastung), 10 000 mg · min/m³ dermal, nach S. Franke[119]; bereits 10 mg/m³ können nach einer Expositionszeit von 15 Minuten schwere Augenschädigungen hervorrufen; 0,5 mg Lost-Flüssigkeit pro cm² Haut führen zur Bildung großer Blasen, nach S. Franke[119]

[4] 1200–1500 mg · min/m³ inhalativ, 10 000 mg · min/m³ dermal; 800 mg · min/m³ bewirken schwere Vergiftungen mit mehrwöchiger Handlungsunfähigkeit; tödliche Dosis der Flüssigkeit: 20 mg/kg dermal, nach S. Franke[119]

[5] 20 000 mg · min/m³ inhalativ, nach S. Franke[119]

[6] 500 mg · min/m³ inhalativ, 100 000 mg · min/m³ dermal, nach S. Franke[119]

[7] 4000 mg · min/m³ inhalativ, 100 000 mg · min/m³ dermal, nach S. Franke[119]

[8] 5000 mg · min/m³ inhalativ, nach M. Daunderer[120]

[9] 8500 mg · min/m³ inhalativ, nach M. Daunderer[120]

[10] 15 000 mg · min/m³ inhalativ, nach M. Daunderer[120]

[11] 10 000 mg · min/m³ inhalativ, nach M. Daunderer[120]

[12] 11 000 mg · min/m³ nach M. Daunderer[120];

[13] 3500 mg · min/m³ nach M. Daunderer[120]

[14] 30 000 mg · min/m³ inhalativ, nach M. Daunderer[120]; 15 000 mg · min/m³ inhalativ (für kurze Expositionszeiten 30 000 mg · min/m³, nach S. Franke[119]

[15] 2600 mg · min/m³ inhalativ, 100 000 mg · min/m³ dermal, nach S. Franke[119]

Harold Hartley, der als Mitglied der alliierten Untersuchungskommission auch Fritz Haber befragte, gibt in seinem Memorandum dazu[327] folgende dabei ermittelten Haber-Zahlen (mg · min/m³) an:

Phosgen	300	Chlorpikrin	1000
Lost	300	Blausäure	1000–1500
Diphosgen	500	Phenylcarbylaminchlorid	1500
Bis(chlormethyl)-ether	500	Ethylarsindichlorid	1500

10. Die Kampfstoffmunition des Ersten Weltkrieges

Während des Ersten Weltkrieges wurden in Deutschland folgende Grundprinzipien für chemische Munition entwickelt:

a) Reizstoffe, die mit dem Eisen der Geschoßhülse reagierten, konnten nicht direkt in diese eingefüllt werden. Man verwendete daher Blei-, Eisen- und Porzellanbüchsen, die mit Magnesiakitt an der Geschoßwandung fixiert wurden. Eine mit Zünder versehene, entsprechend starke Sprengladung sorgte für die Verteilung des Kampfstoffes beim Aufschlag. Verwendet wurden diese Geschosse für T-, B- und K-Stoff (Xylylbromid, Bromaceton, Chlorameisensäurechlormethylester).

b) Der flüssige Kampfstoff wurde direkt durch das Mundloch in die Eisenhülse gefüllt. Da sich die Abdichtung des Mundlochgewindes als schwierig erwies, ging man dazu über, das Mundloch vor dem Füllen mit Kampfstoff zu schließen und abzudichten und den Kampfstoff über ein gesondertes Fülloch einzubringen. Die Zerlegung der Geschoßhülse erfolgte lediglich durch einen Sprengzünder, dessen Gewinde ebenfalls sorgfältig abgedichtet wurde. Nahezu der gesamte Raum verblieb zur Füllung mit Kampfstoff. Lediglich ein kleiner Leerraum für die Ausdehnung des Kampfstoffes bei Temperaturschwankungen mußte vorgesehen werden. Verwendet wurden diese Geschosse für Grün- und Gelbkreuz (Diphosgen und Lost).

c) Der flüssige oder gelöste Kampfstoff wurde wie bei b) direkt in die Eisenhülse gefüllt. Die Sprengladung befand sich in einer zentralen, axialen Hülse, die etwa in der Weite des Mundlochgewindes bis zum Geschoßboden reichte. Verwendet wurden diese Geschosse für Blaukreuz (Clark I oder II in Phenylarsindichlorid oder in Phosgen/Diphosgen).

d) Der feste Kampfstoff (teilweise auch Lösungen) wurde in einer gesonderten Flasche (Glas oder Eisenblech) im Geschoß durch Sprengstoff und Magnesiakitt fixiert. Verwendet wurden die Geschosse für Blaukreuz (Clark I und II).

e) Der Kampfstoff wurde im rückwärtigen Teil der Geschoßhülse untergebracht und durch einen Zwischenboden aus Eisenblech von dem sich unterhalb des Zünders befindlichen Sprengstoff getrennt. Als günstigstes Verhältnis erwies sich eine Mischung aus 1 Teil Sprengstoff und 3–4 Teilen Kampfstoff (Zwischenbodengeschosse für Grün- und Gelbkreuz-Brisanz-Geschosse).

Die wichtigsten deutschen Kampfstoffgeschosse des Ersten Weltkrieges sind in den Tabellen a bis c zusammengestellt.

Tabelle a: Die deutschen Kampfstoffgranaten des Ersten Weltkrieges – allgemeine Einteilung der deutschen Gasgranaten entsprechend der Kampfstoff-Füllung, nach R. Hanslian[71]

Bezeichnung	Füllung
10,5-cm-Ni-Schrapnell	o-Dianisidinchlorsulfonat
15-cm-T-Granate/schwarz	Xylyl- und Xylylenbromide
15-cm-T-Granate/grün	Xylyl- und Xylylenbromide/Brommethylethylketon oder Bromaceton
K-Granate	Chlormethyl- und Dichlormethyl-chlorformiat
Grünkreuz-Granate	Diphosgen
Grünkreuz-1-Granate	Diphosgen/Chlorpikrin
Grünkreuz-2-Granate	Phosgen/Diphosgen/Diphenylarsinchlorid
Grünkreuz-3-Granate	Bis(chlormethyl)ether/Ethylarsindichlorid/Ethylarsindibromid
Blaukreuz-Granate	Diphenylarsinchlorid (und Gemische mit Anthracenöl [N-Ethylcarbazol])
Blaukreuz-1-Granate	Diphenylarsincyanid (und Gemische mit Phenylarsindichlorid)
Gelbkreuz-Granate	Bis(2-chlorethyl)-sulfid/Chlorbenzol, Nitrobenzol oder Tetrachlormethan
Gelbkreuz-1-Granate	ältere Bezeichnung der Grünkreuz-3-Granate

Tabelle b: Die wichtigste deutsche Kampfstoffmunition des Ersten Weltkrieges, nach R. Hanslian[71]

Kaliber	Kennzeichnung	Kampfstoff-menge	Art der chemischen Füllung
		Gasgranaten	
7,7-cm-Feldkanone	1 grünes Kreuz (Grünkreuz)	0,585 l	Diphosgen (Perstoff)
	1 grünes Kreuz (Grünkreuz 1)	0,610 l	30–70 % Diphosgen, 70–30 % Chlorpikrin
	1 blaues Kreuz (Blaukreuz-Brisanz)	0,124 kg	unreines Diphenylarsinchlorid, eingebettet in 0,651 kg TNT
	1 gelbes Kreuz (Gelbkreuz)	0,610 l	80–90 % S-Lost in 20–10 % Tetrachlormethan oder Chlorbenzol
10,5-cm-leichte Feldhaubitze	1 grünes Kreuz (Grünkreuz 1)	1,340 l	30–70 % Diphosgen, 70–30 % Chlorpikrin
	1 blaues Kreuz (Blaukreuz-Brisanz)	0,410 kg	Diphenylarsinchlorid, eingebettet in 1,3 kg TNT
	1 blaues Kreuz (Blaukreuz–Variation)		55 % Diphenylarsinchlorid, 41 % Anthracenöl (N-Ethylcarbazol)
	1 gelbes Kreuz (Gelbkreuz)	1,2 l	80–90 % S-Lost, 20–10 % Tetrachlormethan oder Chlorbenzol
	1 gelbes Kreuz (Gelbkreuz-Variation)	1,2 l	S-Lost und Bis(chlormethyl)-ether in Tetrachlormethan
	1 gelbes Kreuz (Gelbkreuz-Variation)	1,2 l	77,5 % S-Lost, 11,5 % Nitrobenzol, 9 % Chlorbenzol
	2 gelbe Kreuze (Gelbkreuz 1, später Grünkreuz 3)	1,2 l	2, 4, 35 oder 47 % Ethylarsindichlorid, 98, 96, 65 oder 53 % Bis(chlormethyl)-ether
	ohne Kennzeichen		nahezu reines Phenylcarbylaminchlorid
	1 grünes Kreuz (Grünkreuz 3)	1,2 l	37 % Ethylarsindichlorid, 45 % Ethylarsindibromid, 18 % Bis(chlormethyl)-ether
10-cm-Kanone	1 grünes Kreuz (Grünkreuz 1)	1,33 l	30–70 % Diphosgen, 70–30 % Chlorpikrin
15-cm-schwere Feldhaubitze	1 grünes Kreuz (Grünkreuz)	3,9 l	Diphosgen
	1 grünes Kreuz (Grünkreuz-Variation)	3,9 l	Diphosgen, Brommethylethylketon
	1 grünes Kreuz (Grünkreuz-Variation)	3,9 l	Brommethylethylketon
	1 grünes Kreuz (Grünkreuz-Variation)	3,9 l	Phenylcarbylaminchlorid
	1 grünes Kreuz (Grünkreuz 1)		30–70 % Diphosgen, 70–30 % Chlorpikrin

	2 grüne Kreuze (Grünkreuz 2, Grünkreuz-Brisanz)	3,2 l	60 % Phosgen, 28 % Diphosgen, 12 % Diphenylarsinchlorid, 0,187 kg TNT
	1 blaues Kreuz (Blaukreuz-Brisanz)	1,35 kg	Diphenylarsinchlorid, eingebettet in 3,47 kg TNT
	1 oder 2 blaue Kreuze (Blaukreuz 1)		Diphenylarsincyanid (bzw. Gemische mit Phenylarsindichlorid)
	1 gelbes Kreuz (Gelbkreuz-Brisanz)	2,88 l	80 % S-Lost, 20 % Chlorbenzol, 0,7 kg TNT
	1 gelbes Kreuz (Geschoß mit falscher Haube, Gelbkreuz)		72 % S-Lost, 28 % Nitrobenzol
	2 gelbe Kreuze (Gelbkreuz-Variation)		80 % S-Lost, 20 % Bis(chlormethyl)-ether
	1 gelbes Lothringer Kreuz (Gelbkreuz-Brisanz)		S-Lost und TNT, getrennt durch Zwischenboden
15-cm-Kanone	1 gelbes Kreuz (Gelbkreuz-Brisanz)	3,08 l	80 % S-Lost, 20 % Chlorbenzol, 0,7 kg TNT
21-cm-Mörser	1 grünes Kreuz (Grünkreuz)	8,0 l	95 % Diphosgen, 5 % Chlorpikrin
	2 grüne Kreuze (Grünkreuz 2, Grünkreuz-Brisanz)	8,0 l	60 % Phosgen, 28 % Diphosgen 12 % Diphenylarsinchlorid 0,878 kg TNT
	1 grünes Kreuz (Gelbkreuz 1, später Grünkreuz 3)		37 % Ethylarsindichlorid, 45 % Ethylarsindibromid, 18 % Bis(chlormethyl)-ether
	1 gelbes Kreuz (Gelbkreuz)	8,0 l	75 % S-Lost, 15 % Chlorbenzol, 5 % Bis(chlormethyl)-ether, 5 % Formaldehyd
	1 oder 2 gelbe Kreuze (Gelbkreuz 1, später Grünkreuz 3)		2 oder 53 % Ethylarsindichlorid, 98 oder 47 % Bis(chlormethyl)-ether
		Gasminen	
26-cm-schwere Gasmine	1 gelber Ring (B-Mine)	ca. 20 kg	Bromaceton
	2 gelbe Ringe (C-Mine)	ca. 20 kg	Monochlormethyl-chlorformiat
	ohne Kennzeichen	ca. 20 kg	Brommethylethylketon
17-cm-mittlere Gasmine	1 weißer Ring (B-Mine)	11,5 kg	Brommethylethylketon
	2 weiße Ringe (C-Mine)	ca. 10 kg	Monochlormethyl-chlorformiat oder Methylschwefelsäurechlorid
	3 weiße Ringe (D-Mine)	8,5 l	Phosgen oder Perstoff
	weißes G (G-Mine)	12,5 kg	57,5 % Phosgen oder 41,5 % Perstoff, Chlorpikrin zu 100 %
	2 gelbe Kreuze	10,7 kg	83 % S-Lost, 12 % Chlorbenzol, raucherzeugende Substanz (roter Phosphor, Paraffin, Arsen)

7,6-cm-leichte Gasmine	1 gelber Ring (B-Mine)	0,75 kg	Xylyl- und Xylylenbromide
	2 gelbe Ringe (C-Mine)	0,54 l	Monochlormethyl-chlorformiat
	3 gelbe Ringe (D-Mine)	0,7 l	Phosgen oder Diphosgen
	2 gelbe Kreuze (?)	ca. 0,8 l	S-Lost
	Gaswerferflaschen (Gaswurfminen)		
18-cm-Gaswerfer-flasche	Blaukreuz	5,24 kg	48 % Diphenylarsinchlorid, 51 % Hexanitrodiphenylamin
	kein Kennzeichen		100 % Phosgen
	kein Kennzeichen		62 % Phosgen, 34 % Diphosgen, 2 % Monochlormethyl-chlor-formiat
16-cm-Gaswerfer-flasche	kein Kennzeichen		Phosgen mit Rauchzylinder
	Gashandgranaten		
Kugel-handgranate	ohne Kennzeichen		Bromaceton
	ohne Kennzeichen		Chlorsulfonsäure (zur Rauch-erzeugung)
	rotes »B«		Brommethylethylketon
	rotes »C«		95 % Methylschwefelsäure-chlorid, 5 % Dimethylsulfat
Stockhandgranate	blaues »C«		40 % Diphenylarsinchlorid, 50 % Sprengstoff

Tabelle c: Die wichtigsten deutschen »Gaskampfgeschütze« und ihre Munition bei Kriegsende, nach R. Hanslian[71 *]

Geschütz	Kaliber in cm	Geschoßart	Geschoßgewicht in kg / Kampfstoffmenge in l / Sprengstoffmenge in g**
F. K. 16[1]	7,7	K. Gr. 16 (Grün-, Blau- und Gelbkreuz)	7,0 / 0,5 / 30
		lg. F. K. Gr. (Blau- und Gelbkreuz)	7,0 / 0,7 / 30
		7,7-cm-C-Geschosse (Gelbkreuz-Brisanz)	7,0 / 0,3 / 100
l. F. H. 16[2]	10,5	lg. F. H. Gr. (Grün-, Blau- und Gelbkreuz)	16,0 / 1,0 / 60
10-cm-K. 17[3]	10,5	10-cm-Gr. 15 (Grün-, Blau- und Gelbkreuz)	16,0 / 1,0 / 60

lg. s. F. H. 13[4]	15	15-cm-Gr. 12 (Blaukreuz, Grün- und Gelbkreuz-Brisanz)	42,0 / 2,5 / 1000
lg. Mrs.[5]	21	21-cm-Gr. 96 n/A (Grün- und Gelbkreuz-Brisanz)	118,0 / 8,0 / 4000
l. M. W.[6]	7,6	l. Gas-Min. (Grün-, Blau- und Gelbkreuz)	4,2 / 0,8 / 30
m. M. W.[7]	17	m. Gas-Min. (Grün-, Blau- und Gelbkreuz)	38,0 / 8,0 / 60
s. M. W.[8]	25	1/2 s. Gas.-Min. (Phosgen)	65,0 / 15,0 / 60***

* Bei Kriegsende vorbereitet, aber nicht mehr eingesetzt wurde die Gasmunition für die 15-cm-Kanone 1916 und die 24-cm-schwere Kanone L/40.

** Der Rauminhalt der Geschosse sowie das spezifische Gewicht und das Gewicht der Kampfstoffe und Sprengstoffe schwankten ständig. Die Zahlen können daher nur als Anhalt dienen. Im allgemeinen gingen 1/10 bis 2/10 des Geschoßinhaltes für den Kampfstoffbehälter und die Kittmasse bzw. für den Zwischenboden verloren. Der Rest des Inhaltes verteilte sich bei den Gasbrisanzgranaten zu etwa 1/4 auf den Sprengstoff und zu 3/4 auf den Kampfstoff. Bei den »reinen« Gasgranaten dagegen wurde nur ein kleiner, hochbrisanter Sprengkörper eingesetzt, so daß fast der ganze Raum im Geschoß für den Kampfstoff verblieb. Lediglich ein kleiner Leerraum für die Ausdehnung des Kampfstoffes bei Temperaturschwankungen mußte vorgesehen werden.

*** Die Geschosse dieser Kaliber lagen bereits an der Grenze der Verwendbarkeit für Gasschießen, weil die große Flüssigkeitsmenge den Geschoßflug zu unregelmäßig beeinflußte und Anlaß zu großen Streuungen gab. Das Schießen war daher nur unter besonderen Einschränkungen gestattet.

1 Feldkanone 1916
2 Leichte Feldhaubitze 1916
3 10-cm-Kanone 1917
4 Lange schwere Feldhaubitze
5 Langer Mörser
6 Leichter Minen-Werfer
7 Mittlerer Minen-Werfer
8 Schwerer Minen-Werfer

Neben der Kampfstoff-Munition (»Gasmunition«) kamen auf deutscher Seite auch Nebelgeschosse unterschiedlichen Kalibers (annähernd 100%iges festes Schwefeltrioxid), Nebelhandgranaten (Chlorsulfonsäure) und Nebelapparate (60 % Schwefeltrioxid, 40 % Chlorsulfonsäure) sowie verschiedene Brandgeschosse zum Einsatz.

In den Tabellen d und e ist die wichtigste britische und französische Kampfstoffmunition des Ersten Weltkrieges zusammengestellt.

Tabelle d: Die wichtigste britische Kampfstoffmunition im Ersten Weltkrieg, nach R. Hanslian[71] *

Gasgranaten **

Kaliber in cm	**Inhalt** in cm³/ **Kampfstoffmenge** in kg	**Kampfstoff**
11,4	650 / 0,87	Jodessigester
	650 / 0,85	70 % Jodessigester, 30 % Alkohol und Essigester
	650 / 1,0	Chlorpikrin (später NC Mixture)
	1000 / 1,5	Chlorpikrin oder 85 % Chlorpikrin, 15 % Jodessigester
	1000 / ?	80 % Jodessigester, 20 % Alkohol und Essigester

	1000 / 0,89	55 % Blausäure, 45 % Arsentrichlorid
	1075 / 1,64	78 % Chlorpikrin, 22 % Zinntetrachlorid
	1250 / 1,52	75 % Jodessigester, 25 % Alkohol und Essigester
	1250 / 1,85	90 % Chlorpikrin, 10 % Jodessigester
	1250 / 1,85	76 % Chlorpikrin, 24 % Zinntetrachlorid
	1250 / 1,60	50 % Phosgen, 50 % Arsentrichlorid
11,9	1000 / 1,4	Chlorpikrin (später NC Mixture)
12,7	1440 / ?	Jodessigester
	1440 / 2,0–2,1	Chlorpikrin (später NC Mixture)
	1600 / 2,0	70 % Jodessigester, 30 % Alkohol und Essigester
	1600 / 2,4	53 % Phosgen, 47 % Arsentrichlorid
	1440 / 1,8	75 % Chlorpikrin, 25 % Zinntetrachlorid
	1440 / 1,5	50 % Blausäure, 50 % Arsentrichlorid
	1600 / 2,4	53 % Phosgen, 47 % Arsentrichlorid
	Stokes-Gasminen	
10,5	2360 / ?	Jodessigester
	1750 / 1,8	Phosgen
	2360 / 3,0	Chlorpikrin (später NC Mixture)
	2360/ ?	75 % Chlorpikrin, 25 % Phosgen
	Livens-Gaswurfminen	
20,0	11 000 / 13,0	Phosgen
	11 000 / 16,0	80 % Chlorpikrin, 20 % Zinntetrachlorid
	11 000 / ?	75 % Chlorpikrin, 25 % Phosgen
22,0	12850 / 17,0	50 % Chlor, 50 % Phosgen
	Gashandgranaten	
	240 / 0,27	70 % Jodessigester, 30 % Alkohol und Essigester
	230 / 0,27	Jodessigester oder 70 % Jodessigester, 30 % Alkohol und Essigester
	?	80 % Chlorpikrin, 20 % Zinntetrachlorid
	?	S-Yperit (Ende 1918)

* Daneben kamen auch Brandgranaten und -minen, Brandhandgranaten (weißer Phosphor) verschiedenen Kalibers, Thermit-Minen sowie Rauchminen (roter Phosphor) zum Verschuß. Die Thermo-Generatoren (M-Behälter), die entweder Clark I + Brandsatz oder Adamsit + Brandsatz enthielten, wurden an der Front nicht mehr eingesetzt.

** Außerdem für alle Kaliber: 75 % Chlorpikrin, 25 % Phosgen; im Herbst 1918 auch Yperit.

Tabelle e: Die wichtigste französische Kampfstoffmunition im Ersten Weltkrieg, nach R. Hanslian[71] *

Kaliber in cm	Inhalt in cm^3/ Kampfstoffmenge in kg	Kampfstoff
	Kampfstoff-Granaten	
7,5	480 / 0,75	50–60 % Phosgen, 50–40 % Zinntetrachlorid oder Arsentrichlorid
	480 / 0,45	50 % Blausäure, 50 % Arsentrichlorid
	480 / 0,67–0,82	60 % Phosgen, 40 % Zinntetrachlorid (oder 50 % / 50 %)
	440 / 0,95	50 % Jodaceton, 50 % Zinntetrachlorid
	480 / 0,54–0,56	80 % Dichlordiethylsulfid, 15 % Tetrachlormethan, 5 % Zersetzungsprodukte
	335 / 0,55; mit Tauchrohr 46	80 % Chlorameisensäurechlormethylester, 20 % Chlorameisensäuretrichlormethylester; im Tauchrohr Zinntetrachlorid
	335 / 0,3–0,33; im Tauchrohr 0,06–0,075	60 % Benzyljodid, 40 % Benzol, Toluol, Xylol; im Tauchrohr Titantetrachlorid
12	1150 / 1,8	60 % Phosgen, 40 % Arsentrichlorid
	1150 / 1,1	46 % Blausäure, 54 % Arsentrichlorid
14,5	2050 / 3,2	65 % Phosgen, 35 % Zinntetrachlorid
15,5	2700 / 4,4–4,5	50 % Phosgen, 50 % Arsentrichlorid oder 60 % Phosgen, 40 % Zinntetrachlorid
	2700 / 2,6	50 % Blausäure, 50 % Arsentrichlorid
	6200 / 10,3	50 % Phosgen, 50 % Arsentrichlorid
	Gasminen und Gaswurfminen	
	4000 / 4,5	Ethylschwefelsäurechlorid
	4000 / 6,4	71 % Phosgen, 29 % Zinntetrachlorid
	3900 / 5,36	60 % Phosgen, 40 % Zinntetrachlorid
	3800 / 3,75	50 % Blausäure, 50 % Arsentrichlorid
	11 000 / 13,0	Phosgen oder Phosgen/Zinntetrachlorid
	Gashandgranaten	
	170 / 0,15–0,16	Chloraceton, Bromessigester oder Acrolein
	30 / 0,025	Chloraceton
	100 / 0,09	Chloraceton
	Gasgewehrgranaten	
	40 / 0,035	Bromessigester oder Chloraceton

* Daneben kamen auch Brandgranaten verschiedenen Kalibers, Brandbomben und Brand-Handgranaten (hauptsächlich weißer Phosphor oder Phosphor/Schwefelkohlenstoff) zum Einsatz.

Tabelle f umfaßt die von der mit Deutschland verbündeten Österreich-Ungarischen Monarchie sowie von Italien und Rußland eingesetzten chemischen Waffen, die in ihrer Bedeutung jedoch nicht an die deutschen, britischen und französischen Waffen bzw. Einsätze heranreichten.

Tabelle f: Die wichtigste, im Ersten Weltkrieg von Österreich-Ungarn, Italien und Rußland eingesetzte Kampfstoffmunition, nach R. Hanslian[71]

Kaliber	**Inhalt in** cm³/ **Kampfstoffmenge** in kg	**Kampfstoff**
	ÖSTERREICH-UNGARN[1]	
8-cm-Kanone	– / 0,4	Bromcyan[2]
8-cm-Kanone	– / 0,4	Bromaceton[2]
15-cm-Haubitze	?	Bromcyan[2]
15-cm-Haubitze	?	Bromaceton[2]
15-cm-Mörser	?	Bromcyan[2]
15-cm-Mörser	?	Bromaceton[2]
alle Kaliber	?	Xylylbromid oder Brommethylethylketon
9-cm-, 14-cm-, 22,5-cm- und 25,5-cm-Minen	?	Brommethylethylketon oder Monochlormethyl-chlorformiat
22,5-cm-Gaswurfminen	15 l / –	Phosgen
Gashandgranate	?	Xylylbromid oder Phosgen/Chlorpikrin

[1] Von Österreich-Ungarn verschossene Grün-, Blau- und Gelbkreuz-Munition stammte aus Deutschland.
[2] Zu Anfang wurden Gemische aus 25 % Bromcyan, 25 % Bromaceton und 50 % Benzol verwendet, die sich jedoch als begrenzt lagerfähig erwiesen, so daß man auf die Einzelkomponenten auswich.

	ITALIEN[3]	
7,5 cm	260 / 0,465	Chlorpikrin
	250 / 0,27–0,32	70 % Benzyljodid, 30 % Benzol
10,5 cm	700 / 0,8	91 % Phosgen, 5 % Schwefelkohlenstoff, 4 % chlorierte Methankohlenwasserstoffe
	950 / 1,5	Chlorpikrin
14,9 cm	4250 / 5,55	Phosgen
	3220 / 3,95	Chlor

	1425 / 2,3	Chlorpikrin
	1440 / 1,9	93 % Phosgen, 5 % Schwefelkohlenstoff, 2 % chlorierte Methankohlenwasserstoffe
21 cm	9700 / 9,3	93 % Phosgen, 5 % Schwefelkohlenstoff, 2 % chlorierte Methankohlenwasserstoffe
	9700 / 10,5	89 % Phosgen, 11 % Chlor
	7400 / 8,0	93 % Phosgen, 5 % Schwefelkohlenstoff, 2 % chlorierte Methankohlenwasserstoffe
	7400 / 8,7	87 % Phosgen, 13 % Chlor

[3] Ende 1918 eingesetztes Yperit wurde aus Frankreich bezogen.

RUSSLAND[4]

7,6 cm	?	Chloraceton
	?	Perchlormethylmercaptan, Schwefelchlorid
	490 / 0,71	56 % Chlorpikrin, 44 % Sulfurylchlorid
	490 / 0,75	45 % Chlorpikrin, 35 % Sulfurylchlorid, 20 % Zinntetrachlorid
	490 / 0,72	Phosgen, Zinntetrachlorid
	490 / 0,50	50 % Blausäure, 50 % Arsentrichlorid
15,2 cm	2520 / 3,75	60 % Phosgen, 40 % Zinntetrachlorid
	2520 / 3,60	60 % Phosgen, 5 % Chlorpikrin, 35 % Zinntetrachlorid

[4] Außerdem wurden Blaszylinder mit Chlor, Chlor/Phosgen sowie Chlor/Chlorpikrin sowie Thermit-Brandgranaten eingesetzt.

Personenregister

Abderhalden, Emil (1877–1950); ab 1911 an der Universität Halle/S. tätiger Schweizer Physiologe 105
Achard, Charles (geb. 1860); franz. Mediziner 59
Adams, H. T.; Nachrichtenoffizier der brit. »Special Brigade« 55
Adams, Roger (1889–1971); amer. Chemiker 78
Addison, Christopher, 1. Viscount, Baron of Stallingborough (1869–1951); Politiker, zeitw. brit. Munitionsminister 51; 56 f.
Ahrens, Hermann; Offizier der Gastruppe 167
Aimé, Ernest Jean (geb. 1858); franz. General 25
Akron; amer. Gasschutz-Entwicklung 97
Albrecht von Württemberg (geb. 1865); General, später Generalfeldmarschall 20
Albrecht, Carl (1862–1937); Chemiker (Fa. Kalle) 35
Ames, Joseph (1864–1943); amer. Physiker 65
Angeli, Angelo (1864–1931); ital. Chemiker 64
Angenlahr, Hans; Offizier der Gastruppe 167
Apprecht, Erich; Offizier der Gastruppe 167
Arend; Chemiker (KWI) 36
Arkadiew, Wladimir Konstantinowitsch (1884 bis 1953); russ. Chemiker 62
Arrhenius, Svante August (1859–1927); schwed. Physikochemiker 141
Aschoff, Ludwig (1866–1942); Pathologe (Gasforschung) 33
Asquith, Herbert Henry, Earl of Oxford and Asquith (1852–1928); Politiker, brit. Premierminister 1908–1916 51
Atkinson, E. J.; Colonel, Kommandeur der amer. Gastruppen in Europa 66
Auld, S. J.; brit. Major 101
Awaloff, Josef Fürst; russ. Gasschutz-Entwicklung 63

Baack, Ernst; Offizier der Gastruppe 167
Bacharach, M.; Gasforschung 33
Baeyer, Adolf von (1835–1917); Chemiker 48; 86; 138
Baeyer, Otto von (1877–1946); Physiker, Offizier der Gastruppe 22; 167
Bailleul; cand. chem. (KWI) 164
Baker, Herbert Bereton (1862–1935); brit. Chemiker 48 ff; 79; 136
Bakunin, Marussia (1873–1960); ital. Chemiker 63
Barcroft, Joseph (1872–1947); brit. Physiologe 24; 49
Barley, Lesly John (1890–1979); brit. Chemiker 55
Bart, H.; Chemiker 77
Bartels; Diplom-Ingenieur (KWI) 32; 164
Bassewitz-Levetzow, Graf Werner von; Offizier der Gastruppe 167
Bauer, Max (1869–1929); Oberst 12; 14 f.; 16; 18; 20; 22; 29 f.; 43; 71; 102; 108 f.; 138
Baurath (Baurat?); Chemiker (Fa. Kahlbaum) 13; 36
Bayliss, William Maddock (1860–1924); brit. Physiologe 49
Beck; Offizier der Gastruppe 171
Beckmann, Ernst Otto (1853–1923); Chemiker 41
Beilby, Georg Thomas (1850–1924); brit. Chemiker 48; 50 f.
Bellinzoni, G.; ital. Chemiker 76
Berkheim, Freiherr von; Offizier der Gastruppe 171
Bernstorff, Johann Heinrich Graf von (1862 bis 1939); Diplomat 110
Berthold, Carl; Offizier der Gastruppe 167
Berthollet, Claude Louis von (1748–1822); franz. Chemiker 72
Bertolini; ital. Vizeadmiral 63
Bertrand, Gabriel (1867–1962); franz. Chemiker 90
Beumelburg, Carl; Offizier der Gastruppe 167
Bickel, Adam; Chemiker 36
Bingham, F. R.; brit. General (Ministry of Munitions) 57 f.
Blank; Gasforschung 33
Blank, Otto; Hauptmann (Gastruppe) 171
Blasi, Dante de (geb. 1873); ital. Mediziner 63
Bliesener, Adolf; Offizier der Gastruppe 167
Bloemer, A.; Chemiker (KWI) 32; 99; 164
Blum(e), Max; Oberst (Gastruppe) 75; 167
Boas, (Hans Adolf? geb. 1869, Ingenieur); KWI 32; 164
Bödecker, Friedrich (geb. 1883); Physikochemiker 93
Bodenstein, Wilhelm; Soldat 154

Boeckmann; Frl. (KWI) 164
Bollaert; franz. »Direction du Matériel Chimique de Guerre« 61
Boltmann; Oberarzt, Feldmunitionsanstalt Adlershof 84
Borkin, Joseph; amer. Justizbeamter, Autor 14; 19; 101; 108 f.; 111; 139 f.
Born, Max (1882–1970); Physiker 106; 116
Börnstein, (Ernst? 1854–1932, Chemiker); KWI 32; 164
Borzinski; Frl. (KWI) 164
Bosch, Carl (1874–1940); Chemiker, Ingenieur 11 f.; 108 ff.; 112
Boycott, Arthur Edwin (geb. 1877); brit. Pathologe 49
Brackmeyer, Alfred; Offizier der Gastruppe 167
Bragg, William Henry (1862–1942); brit. Physiker, Chemiker 51
Brauer, (Kurt? 1888–1950, Chemiker); KWI 32; 166
Brecheler; Ingenieur (KWI) 166
Brock, F. A.; brit. Feuerwerker 148
Bruchmüller, Georg (geb. 1863); Oberstleutnant 76; 139
Bruckhoff; Frl. (KWI) 164
Bubnow, A. F.; russ. Chemiker 119 f.
Buchholz; Oberst (Gastruppe) 167
Bunsen, Robert Wilhelm (1811–1889); Chemiker 19
Burmeister, Wilhelm; Offizier der Gastruppe 167
Burrell, Georg Arthur (1882–1957); amer. Chemiker 66
Busch, M. (Max? 1865–1941, Chemiker); KWI 33
Buttermilch; KWI 164

Cadman, John; brit. »Ministry of Munitions« 51; 57
Cane, J. P. du; brit. »Ministry of Munitions« 57
Cattaneo; ital. Ingenieur 63
Cattelain, Eugène (1887–1955); franz. Chemiker 153
Chaptal, Jean Antoine Claude, Graf von Chanteloup (1756–1832); franz. Chemiker 153
Chavoen; Chefingenieur (Fa. AGFA) 154 f.
Chevalier; franz. Oberstabsarzt 79
Chlopin, Witalij Grigorjewitsch (1890–1950); russ. Chemiker 19; 27; 62; 176
Churchill, Winston (eigentl. Leonard Spencer, 1874–1965), Politiker, 1917 brit. Munitions-, 1918 Heeres- und Luftwaffenminister 51 ff.; 58; 87 f.; 136
Ciamician, Giacomo (1857–1922); ital. Chemiker, Senator 63 f.
Clarke, Hans Thacher (geb. 1877); brit. Chemiker 83
Clausius; Chemiker (Fa. AGFA) 36
Cochrane, Douglas Mackinson Baillie Hamilton, XII. Earl of Dundonald; brit. Generalleutnant 136
Cochrane, Thomas, X. Earl of Dundonald (1775–1860); brit. Kapitän, später Admiral 10; 21; 135 f.
Conant, James Bryant (1893–1978); amer. Chemiker 65; 86; 90
Congreve, Sir William; brit. General 135
Connel; amer. Major (Gasschutz-Entwicklung) 97
Cramer, Johannes; Arzt, Offizier der Gastruppe 167
Crookes, Sir William (1832–1919); brit. Physikochemiker 49
Crossley, Arthur William (1869–1927); brit. Chemiker, Colonel, Leiter der Kampfstoffversuche in Porton 49 f.; 51 ff.; 57; 113
Crowell, Benedict; Politiker, amer. Kriegsstaatssekretär 114
Cummins, Stevenson Lyle (geb. 1873); brit. Oberst, Leiter des Gasschutzdienstes 55 f.
Cuvelette; franz. »Direction du Matériel Chimique de Guerre« 61

Dahl; Chemiker (Fa. Bayer), Feldmunitionsanstalt Adlershof 84 f.
Dale, Henry Hallet (1875–1968); brit. Biochemiker 48
Daunderer, Max; Toxikologe 177
Davy, Humphry (1778–1829); brit. Chemiker 68
Deimling, Berthold von (1853–1944); General 20 f.; 70; 150
Démolis; franz. Chemiker 120
Despretz, César Mansuète (1792–1863); franz. Physiker, Chemiker 82; 153
Dessin, Hans; Feldhilfsarzt (Gastruppe) 167
Dickhäuser, Fritz; Offizier der Gastruppe 167
Diels, Otto (1876–1954); Chemiker 102
Dingeldeyn (Dingeldein, Ludwig? geb. 1855); General, Generalinspekteur der Pioniere 140
Dorrien, Christian von; Offizier der Gastruppe 168
Dormann, Otto; Offizier der Gastruppe 171
Dorveaux, Paul (geb. 1851); franz. Archivar (Medizingeschichte) 153
Douglas, Claude Gordon (1882–1963); brit. Physiologe (Royal Army Medical Corps) 49

Dräger, Bernhard (1870–1928); Industrieller 23; 46; 92; 156
Dräger, Heinrich (geb. 1898); Industrieller 156
Drohmann; Frl. (KWI) 164
Dscherschkowych, A. A.; russ. Oberst 62
Dubinin, Michail Michailowitsch (geb. 1901); russ. Chemiker 144
Duden, Paul (1868–1954); Chemiker (Fa. Hoechst) 35
Duisberg, Carl Friedrich (1861–1935); Chemiker, Vorstandsvorsitzender der Fa. Bayer 12 ff.; 16 ff.; 20; 22; 35; 38; 43; 46; 70; 92 f.; 108 ff.; 137 f.; 141; 156
Dundonald; siehe Cochrane
Dupuis, Bruno; Offizier der Gastruppe 168

Eberle; Dr. (KWI) 32; 164
Eckert, Fritz; Offizier der Gastruppe 168
Edkins, John Sidney (geb. 1863); brit. Physiologe 49
Ehrhardt, Heinrich (geb. 1840); Industrieller 137; 140
Eimer, Karl; Offizier der Gastruppe 168
Einem, Karl von (1853–1934); General 21
Einstein, Albert (1879–1955); Physiker 105; 138
Ellinger, (Philipp? 1887–1952, Pharmakologe); Gasforschung 33
Engemann; Leutnant (KWI) 164
Engler, Carl (1842–1925); Chemiker 46; 138
Epstein, Friedrich; Chemiker (KWI) 16; 31 f.; 34; 36
Erzberger, Matthias (1875–1921); Politiker, 1918 Staatssekretär 138
Exmouth, (Edward Fleetwood John Pellew? 1796–1899, Admiral); brit. Regierungsberater 135
Exner, Hubert; Offizier der Gastruppe 171
Eyck; Frl. (KWI) 164

Fabry, de; franz. Major 23
Falkenhayn, Erich von (1861–1922); 1913 bis 1915 preuß. Kriegsminister, 1914–1916 Generalstabschef des Feldheeres 10 f.; 12; 15 f.; 18; 20 f.; 109; 114; 138; 143
Fechtrupp, Reinhard; Offizier der Gastruppe 168
Fehlheim (Felheim?); Dr. (KWI) 32; 164
Fenton, Henry John Horstman (1854–1929); brit. Chemiker 48
Ferry, Edmont-Victor (1861–1936); franz. General 25; 143
Filzhut, Carl; Offizier der Gastruppe 168
Fischer, Emil (1852–1919); Chemiker 11; 18; 41; 46; 49; 76; 83; 102; 138; 140 f.
Fischer, Wilhelm; Chemiker, Offizier der Gastruppe 22; 168
Fletcher, Walter Morley (geb. 1873); brit. Physiologe 49
Flory; amer. Gasschutz-Entwicklung 97
Flury, Ferdinand (1877–1947); Pharmakologe (KWI) 27; 31 f.; 33; 35 f.; 38; 41; 44 f.; 103; 130; 163; 166; 175 f.
Foch, Ferdinand (1851–1929); franz. Marschall 111
Forster, Martin Onslow (1872–1945); brit. Chemiker 49
Foulkes, Charles Howard (1875–1969); Colonel, später General, Chef des britischen »Gas Service« 24; 52 ff.; 55 f.; 58; 68; 72; 74 f.; 79; 113; 129
Francesconi, Luigi (1864–1939); ital. Chemiker 63
Franceson, Paul; Offizier der Gastruppe 171
Francis, Ernest Francis (1871–1941); brit. Chemiker 88
Franck, James (1882–1964); Physiker (KWI), Offizier der Gastruppe 22; 34; 42; 101; 107; 168
Franke, Siegfried; Chemiker 177
Frankland, Percy Faraday (1858–1946); brit. Chemiker 49; 55
Freimuth (Freymuth?); Chemiker, Assistent Flurys (KWI) 32
Freise, (Eduard? geb. 1882, Pathologe); KWI 32; 164
French, Sir John (Denton Pinkstone, Earl of Ypres, 1852–1925); brit. Feldmarschall, Oberkommandierender des brit. Feldheeres 48; 53; 136
Freudenberg, Carl; Industrieller 94
Freundlich, Herbert (1880–1941); Physikochemiker (KWI) 31; 37 f.; 93; 103; 108; 163 f.; 166
Friedländer, Paul (1857–1923); Chemiker (KWI) 31; 35; 38; 103; 155; 164; 166
Fries, Amos Alfred (geb. 1873); Oberst, später Brigadegeneral, Kommandeur der Gastruppen im amer. »Chemical Warfare Service«, später dessen Chef 66 f.; 81; 113; 120
Froboese, Victor (geb. 1886); Chemiker, Offizier der Gastruppe 22; 168
Fromm, Emil (1865–1928); Biochemiker (Heeresgasschule) 32; 35
Frossard, Joseph; franz. Chemiker 89 f.; 111
Fuchs; Stabsoffizier Gas 96
Fürth; Betriebsleiter (Fa. Bayer) 13

Garelli, Felice (1869–1936); ital. Chemiker 63
Garke; Hauptmann 13; 137
Gattner, J.; Gasforschung 33
Gehrmann, Josef; Arzt, Offizier der Gastruppe 171
Geiger, Hans (1882–1945); Physiker (KWI), Offizier der Gastruppe 22; 32; 166; 168
Geilmann; Offizier der Gastruppe 168
Geissert, Eugen; Veterinär, Offizier der Gastruppe 168
Geldermann; Chemiker, Direktor (Fa. AGFA) 35; 154 f.
Gellerman, Günther (geb. 1930); Politologe, Autor 7
Genth; Leutnant (KWI) 165
Gewiese, Karl; Offizier der Gastruppe 168
Geyer, Hermann (1882–1946); Major, später General 15; 17; 30; 43
Gibson, Charles Stanley (1884–1950); brit. Chemiker 88
Giese; Major 137
Gilchrist, Harry Lorenzo (geb. 1870); Militärmediziner, Oberst (Chemical Warfare Service) 66; 127 ff.
Gildemeister, Martin (1876–1943); Physiologe (Gasforschung) 32 f.
Glatzer, Robert; Offizier der Gastruppe 168
Glazebrook, R.; brit. Physiker 51
Gorol, Paul; Offizier der Gastruppe 168
Gosio, Bartolomeo (geb. 1863); ital. Physiologe 63
Goslich; Oberst (Kommandeur des Gasregiments 36) 26; 85
Graebe, Carl (1841–1927); Chemiker 99
Graether, Hans; Offizier der Gastruppe 171
Graeves, Robert; brit. Autor 54
Gramberg, Erich; Offizier der Gastruppe 168
Gravereaux; franz. Gasschutz-Entwicklung 96
Grebe, Leonhard (geb. 1883); Physiker 22; 168
Green, Arthur Georg (1864–1941); brit. Chemiker 89
Grignard, Victor Auguste Francois (1871 bis 1935); Chemiker 59
Groehler, Olaf; Historiker, Autor 73; 77; 83; 121 f.
Grohmann, Wilhelm; Offizier der Gastruppe 168
Gros, O. (Oscar? 1877–1947, Pharmakologe); Gasforschung 33
Gruber, L.; Prof., Offizier der Gastruppe 22
Gruhl; Dr. (KWI) 32; 165
Guareschi, Icilio (1847–1918); ital. Chemiker 63
Gündell, Erich von (1854–1924); General 21
Günther (gest. 1917); Chemiker (Fa. Bayer) 108
Günther, Paul (geb. 1903); Physikochemiker 105
Guthrie, Frederick (1833–1886); brit. Chemiker 83; 86 f.; 88
Güttler, H.; Dr. (Fa. Arsenikhütte Reichenstein) 36; 124
György, P.; Gasforschung 33

Haake, Otto; Offizier der Gastruppe 168
Haber, Charlotte, geb. Nathan (1889–1978); zweite Frau Fritz Habers 147
Haber, Clara, geb. Immerwahr (1870–1915); erste Frau Fritz Habers 147
Haber, Fritz (1868–1934); Physikochemiker, Direktor des »Kaiser-Wilhelm-Institutes für physikalische Chemie und Elektrochemie«, Leiter der »Chemischen Abteilung« im Preuß. Kriegsministerium 10 ff.; 15 ff.; 19 ff., 26 f.; 29 ff.; 32; 34; 36 f.; 40 ff.; 46; 49; 53; 68 f.; 70; 72; 76 ff.; 80; 82; 84 ff.; 91 ff.; 95 f.; 99; 102 ff.; 105 ff.; 108 ff.; 112 ff.; 116; 124; 132 f.; 138; 140 ff.; 144 ff.; 156; 161; 168; 176 f.
Haber, Hermann (1902–1946); Sohn Fritz Habers 104
Haber, Ludwig (Lutz) F. (geb. 1920); Sohn Fritz Habers, Wirtschaftshistoriker, Autor 17; 24; 27 f.; 30; 38; 52; 56 ff.; 60 f.; 71 ff.; 75; 77; 80; 83; 87; 90 f.; 99; 113; 119 f.; 122 f.; 127 ff.; 149 ff.
Haeuser, Adolf (1857–1938); Chemiker, Jurist (Fa. Hoechst) 35
Hagemann, Carl (1867–1940); Chemiker (Fa. Bayer) 35
Hahn, Otto (1879–1968); Physiker (KWI), Offizier der Gastruppe 22; 34; 36; 75; 101; 106 f.; 142; 158; 168
Hähner, Arthur; Offizier der Gastruppe 168
Haig, Sir Douglas, First Earl, Viscount of Darwick, Baron of Bemersyde (1861–1928); General, Chef der brit. Obersten Heeresleitung 55
Haigh, E. V.; brit. »Ministry of Munitions« 53; 58; 67
Haldane, John Burdon Sanderson (1892–1964); brit. Biochemiker, Physiologe 113
Haldane, John Scott (1860–1936); brit. Physiologe 48 f.; 79; 97

Hale, George Ellery (1868–1938); Astrophysiker, Präsident der amer. »National Academy of Sciences« 64
Hamilton, Sir Frederick; brit. Admiral 136
Hammann, Rudolf; Dr. (KWI) 166
Hammarskjöld, Dag; schwed. Diplomat 112
Hammerschlag; KWI 164
Hammond, J. H.; amer. Ingenieur-Chemiker 10
Hannemann, Curt; Offizier der Gastruppe 168
Hanslian, Rudolf (geb. 1883); Chemiker, Publizist 24; 27; 61; 77; 79; 90; 120; 142 f.; 148; 152; 178 ff.
Hardy, William Bate (1864–1934); brit. Physiologe 51
Harnack, Adolf von (1851–1930); Theologe, Präsident der »Kaiser-Wilhelm-Gesellschaft« 102
Harris, Robert; brit. Historiker, Autor 19; 79; 82; 127
Harrison, Edward Frank (1869–1918); brit. Colonel (Ministry of Munitions) 49 f.; 52 f.; 57 f.; 79; 89; 97
Hartley, Harold (1878–1972); Chemiker, General, Chef des brit. Gasschutzdienstes 55 f.; 80; 95 f.; 115; 141; 146; 150; 152; 158; 177
Hartmann; KWI 164
Hase, Albrecht (1882–1962); Entomologe 30; 104
Hauffe; General, Chef des »Königlichen Ingenieur-Komitees« 140
Heber, Karl (gest. 1939); Chemiker, Apotheker, Offizier der Gastruppe 22; 168
Heck, Fritz; Offizier der Gastruppe 168
Hedrich; Diplom-Ingenieur (KWI) 34
Heim, F.; Gasschutz-Entwicklung 58
Heimann; Chemiker (Fa. Bayer) 35
Heinrich, Werner; Offizier der Gastruppe 168
Heinze, Ernst; Chemiker, Offizier der Gastruppe 22; 168
Heitzmann, Otto; Pathologe (Gasforschung) 32 f.
Helbig; Chemiker 73
Helferich, Burkhardt (1887—1982); Chemiker, Offizier der Gastruppe 21 f.; 142
Hellwig; Friedel; KWI 165
Hellwig, Gertrude; KWI 165
Hentschel, Willibald (geb. 1858); Chemiker 70
Henze; Frl. (KWI) 165
Hermann, Ludwig (1882–1938); Chemiker (Fa. Hoechst), Offizier der Gastruppe, Kommandeur der Feldmunitionsanstalt Breloh 22; 72; 168
Hermsdorf; Dr. (KWI) 32; 165
Herold, Julius; Chemiker; Assistent Steinkopfs (KWI) 32
Herre (oder Heere?); Chemiker (Fa. Bayer) 44
Hertz, Gustav (1887–1975); Physiker, Offizier der Gastruppe 22; 107
Herzberg; Chemiker (Fa. AGFA) 36
Herzog; Dr. (KWI) 165
Herzog, Reginald Oliver (1878–1935); Chemiker (KWI) 31; 38; 92 f.; 163; 166
Heubner, Wolfgang (1877–1957); Pharmakologe (KWI) 32 f.
Heumann; cand. chem. (KWI) 166
Heuser; KWI 165
Heydenreich; Offizier der Gastruppe 168
Hildesheimer; Dr. (KWI) 32; 166
Hill, Leonhard Erskine (geb. 1866); brit. Physiologe 49; 88
Hindenburg, Paul von Beneckendorf und von (1847–1934); Generalfeldmarschall, 1916 Generalstabschef des Feldheeres, später Politiker und Reichspräsident 43; 109; 138
Hinrichs, Walther Th.; Offizier der Gastruppe 168
Hitler, Adolf (1889–1945); Gefreiter, später Politiker 91
Hoffmann, Meinhard (1853–1936); Chemiker (Fa. Cassella) 35
Hohenborn, Adolf Wild von (1860–1925); General, Jan. 1915–Okt. 1916 preuß. Kriegsminister 16
Hopkins, Frederick Gowland (1861–1947); Biochemiker 49
Horrocks, Sir William; brit. General (War Office) 49; 56 f.
Hügel, Otto Freiherr von (1853–1928); General 23
Hülsen, Johannes; Bataillonsarzt (Gastruppe) 168
Hülsen, Walter von (geb. 1863); Generalleutnant 142
Husse; KWI 165
Hutchinson; franz. Gasschutz-Entwicklung 96

Ihne, Oberbaurat 43
Ilse, Emil (geb. 1864); General 20
Immerwahr, Clara; siehe Haber, Clara
Ipatieff, Wladimir (1867–1952); russ. Chemiker, Organisator der russ. Kampfstoffproduktion 62; 113

Irvine, James Colquhoun (1877–1952); brit. Chemiker 50; 52 f.; 87
Iwan, Richard; Offizier der Gastruppe 168

Jackson, Louis C.; brit. Colonel, später General (Ministry of Munitions) 48 ff.; 52; 56 f.; 136; 144; 149
Jackson, Sir Henry; brit. Admiralität 49
Jacobsen, Carl; Offizier der Gastruppe 168
Jaenicke, Johannes (1888–1984); Chemiker (KWI) 32; 109; 138; 146; 165
Jäger, August; Gefreiter 25; 143
Jancke, Willi; cand. chem. (KWI) 166
Jensen; Offizier der Gastruppe 168
Jeroch; Dr. (KWI) 32; 165
Jesse, Ernst; Oberstleutnant (Gastruppe) 168
Job, Paul (1886–1957); franz. Chemiker 90
Joffre, Joseph Jacques Césaire (1852–1931); franz. General 9
Jonas; Chemiker (Fa. Bayer) 16
Jones, B. Mouat; brit. Chemiker, stellv. Chef des Zentrallaboratoriums des »Gas Service« 55; 79
Jordan, W.; Offizier der Gastruppe 168
Julius, Paul (1862–1931); Chemiker (Fa. BASF) 35
Jung, Walter; Offizier der Gastruppe 168
Just, Gerhard (geb. 1877); Chemiker (KWI) 20; 31 f.; 34
Justin-Mueller, Edouard (1867–1955); franz. Chemiker 19
Justrow, Karl; Hauptmann, später Oberstleutnant 13

Kalischer, (Georg? 1873–1938, Chemiker); KWI 32; 35; 155; 165
Kaltwasser; Chemiker (Fa. AGFA) 44
Kämpfer; Dr. (KWI) 32; 165
Kantorowicz; Dr. (KWI) 32; 165
Kap Herr, Jacques de; franz. Chemiker 90
Kast, Hermann (1869–1927); Chemiker (Militärversuchsamt) 18
Kathen, Hugo von (1855–1932); General 23
Kegel; cand. chem. (KWI) 165
Kehlmann, Georg; Offizier der Gastruppe 168
Keith, (George Skene? 1819–1910, Professor); brit. Regierungsberater 135
Keller, Richard; Offizier der Gastruppe 168
Keogh, Sir Alfred; brit. General, Chef des »Royal Army Medical Service« 48 f.; 56
Kerb, J.; Gasforschung 33
Kerschbaum, Friedrich (Fritz) P. (1887–1946); Chemiker (KWI) 16; 22; 29; 31; 34; 36 ff.; 42; 44; 46; 84 f.; 146; 163; 165 f.
Kersting, Anton J. H. von (geb. 1849); General 13; 137
Kipping, Frederic Stanley (1863–1949); brit. Chemiker 88
Kirchhoff; Chemiker (Fa. AGFA) 36
Kitchener, Horatio Herbert, Earl of Khartoum and of Broome (1850–1916); Politiker, brit. Kriegsminister 48; 56; 136
Klass, Johannes; Offizier der Gastruppe 168
Kleemann, Bruno; Offizier der Gastruppe 168
Klein; Ingenieur (KWI) 165
Kling, André (1872–1947); franz. Chemiker 9; 58 f.; 61; 113
Klingenberg, Georg (1870–1925); Elektrotechniker (Fa. AEG), Mitarbeiter Rathenaus 11
Klitzing, Hans Joachim von; Offizier der Gastruppe 168
Kluck, Alexander von (1846–1934); Generaloberst 138
Klutzny, Josef; Unteroffizier 154
Kniepen; Dr. (KWI) 32; 34; 164 f.
Knietsch, Rudolf Th. J. (1854–1906); Chemiker 19
Knipping, (Paul C. M.? 1883–1935, Physiker); KWI 32; 165
Knobloch; Dr. (KWI) 32; 165
Knoch, Karl (geb. 1883); Meteorologe, Offizier der Gastruppe 22; 168
Koch, H.; Gasforschung 33
Kochinke; Dr. (Oberhüttenamt) 36
Koeth; Major, Nachfolger Rathenaus in der Kriegsrohstoffbehörde 139
König, Wilhelm (1884–1955); Meteorologe, Offizier der Gastruppe 22; 75; 168
Koppel, Leopold (1854–1933); Industrieller, Bankier 29; 43; 92; 101 ff.; 141
Kops; amer. Gasschutz-Entwicklung 97
Koref, (Fritz? geb. 1884, Physikochemiker); KWI 32; 166
Korn, Karl; Offizier der Gastruppe 168
Kränzlein, Georg (1881–1943); Chemiker (Fa. Hoechst) 35
Kränzlein, Hermann; Offizier der Gastruppe 168
Krauer, Fritz; Offizier der Gastruppe 169
Krause, Joachim; Historiker, Autor 119 ff.
Krehl, Ludolf (1861–1937); Internist 103
Krekeler, Carl (1865–1947); Chemiker (Fa. Bayer) 35
Kriege, Johannes (geb. 1859); Geheimer Regierungsrat, Gutachter 144
Krupp, Gustav (1870–1950); Industrieller 109

Krylow, I. A.; General 62
Kuhlenkampff, A.; Leutnant (KWI) 165
Kuhler, Carl; Offizier der Gastruppe 169
Kühn; Vizefeldwebel (KWI) 165
Kühne; KWI 165
Kumant, E. L., russ. Ingenieur (Gasschutz-Entwicklung) 63
Kunze; Frl. (KWI) 165
Kunze, Gerhard W.; Offizier der Gastruppe 169
Kyrieleis, W.; Offizier der Gastruppe 169

La Coste, Wilhelm (1854–1885); Chemiker 76
Lambert, Bertrand; brit. Major (Gasschutz-Entwicklung) 97
Langbein; Offizier der Gastruppe 169
Lapworth, Arthur (1872–1941); brit. Chemiker 49; 88
Laqueur, Ernst (1880–1947); Pharmakologe (Gasforschung) 32 f.
Laschke; Major (Gastruppe) 169
Lebeau, Paul Marie Alfred (1868–1959); franz. Chemiker 59; 62; 69; 72; 96
Leber, Theodor (1840–1917); Mediziner (Ophthalmologe) 83
Lecher, (Hans? geb. 1887, Chemiker); KWI 32; 165
Lefebure, Victor; brit. Hauptmann, Autor 19; 66; 105
Lehmann, (Erich? geb. 1878, Chemiker); KWI 32; 165
Leitner; Physikochemiker 37
Lelean, P. S.; brit. Physiologe 49; 56
Lenard, Philipp (1862–1947); Physiker 138
Lenz, Hans; Offizier der Gastruppe 169
Lersner, Baron Kurt Freiherr von (geb. 1883); Diplomat 112
Leut; Mediziner 135
Levinstein, Herbert; brit. Industrieller 86; 88 ff.; 101; 155
Levy; Frl. (KWI) 165
Lewin, Louis (1850–1929); Toxikologe 115
Lewis, Winford Lee (1878–1943); amer. Chemiker 99
Liebig, Justus (1803–1873); Chemiker 83
Liebrecht; Chemiker (Fa. Hoechst) 44
Lieck; Dr. (KWI) 32; 165
Lindenau, Georg; Offizier der Gastruppe 169
Linker; Meteorologe, Offizier der Gastruppe 22
Linne; Chemiker (Fa. Kahlbaum) 44
Linnemann, Eduard (1841–1886); Chemiker 17
Lipschitz, N.; Gasforschung 33
Livens, William Howard (1889–1964); brit. Major, Ingenieur, Konstrukteur der Livens-Werfer 74; 151
Lloyd George, David, Earl of Dwyfor (1863 bis 1945); Politiker, zeitw. brit. Munitionsminister, Premierminister 1916–1922 51 f.; 56
Loest, Werner; Offizier der Gastruppe 169
Loewe, S. (Siegfried? geb. 1884, Pharmakologe); Gasforschung 33
Lohmann; Dr. (KWI) 32; 167
Lohse, Karl Christian; Offizier der Gastruppe 169
Lommel, W. (geb. 1878); Chemiker (Fa. Bayer) 35; 44 f.; 47; 80; 92; 95; 153
Lorentz; Hendrick A. (1853–1928); Physiker 106; 138
Lorentz, Rudolf; Arzt, Offizier der Gastruppe 169
Lothes (im Weltkrieg gefallen); Major (Gasminenwerfer) 18
Loucheur, Louis; Politiker, franz. Rüstungsminister 59; 61; 66; 90
Lübbert; Arzt, Offizier der Gastruppe 169
Ludendorff, Erich (1865–1937); General, später Generalquartiermeister 29; 81; 109 f.; 112; 138
Lummitsch, Otto; Adjutant Petersons (Gastruppe) 22; 26; 100; 109; 156; 169
Lüpke, Eberhard; Feldunterarzt (Gastruppe) 169
Lustig, Alessandro (1857–1937); ital. Pharmakologe (Gasschutz-Entwicklung) 64
Lütge; Mechaniker (KWI) 165

Maaß, Th. A.; Chemiker (KWI) 32 f.; 35
Mach, Fritz; Offizier der Gastruppe 169
Mackensen, August von (1849–1945), General, später Generalfeldmarschall 17
Macpherson, E. R.; brit. Hauptmann, später Major (Gasschutz-Entwicklung) 97
Macpherson, William Grant (1858–1927); Autor der brit. »Official History of Great War« 129 f.
Madelung, Erwin (1881–1972); Physiker, Offizier der Gastruppe 22; 107
Magnus, Rudolf (1873–1927); Pharmakologe, Physiologe 32 f.
Mähnert; Offizier der Gastruppe 169
Mallory, Charles K.; Historiker, Autor 119 ff.
Malzacher, Alfred; Offizier der Gastruppe 169
Manning, V. H.; Direktor (U.S. Bureau of Mines) 64
Manns, Willi; Offizier der Gastruppe 169

Marten, Friedrich Wilhelm (1874–1949); Meteorologe, Offizier der Gastruppe 22; 169
Martin; franz. Gasschutz-Entwicklung 96
Martin, Gerhard; Offizier der Gastruppe 169
Masermann; Offizier der Gastruppe 169
Mass; Oberstleutnant (Gastruppe) 169
Matoušek, Jiři; tschech. Chemiker 131; 159
Matthes, Curt; Feldhilfsarzt (Gastruppe) 169
Mauguin, Charles; franz. Chemiker 72
Mayer, A. (Adolf? 1843–1943, Chemiker); Gasforschung 33
Mayer, André (1875–1956); franz. physiol. Chemiker (Paris) 59; 79
Mayer, Ernst Andreas; Offizier der Gastruppe 169
McCombie, Hamilton (1880–1962); brit. Chemiker 55
McNee (John William? geb. 1887, kanad. Pathologe); Sanitätsleutnant 24
Meakins (Makins, George Henry? geb. 1853, brit. Chirurg) 49
Medicus; Dr. (KWI) 32; 167
Meffert, Friedrich; Offizier der Gastruppe, Verwaltungsleiter im KWI 29; 84; 169
Mehl, Heinz-Günther; Regierungsbaurat, Autor 73
Meisenheimer, Jakob (1876–1934); Chemiker, Offizier der Gastruppe 22; 169
Meldola, Raphael (1849–1915); brit. Chemiker 49
Menozzi, Angelo (1854–1947); ital. Chemiker 63
Menshausen, Arnim; Offizier der Gastruppe 169
Menzel, Herbert; Offizier der Gastruppe 169
Mercier, Raoul; Mediziner 10; 81; 130; 145
Metaschk, August; Offizier der Gastruppe 169
Metzener, Walther; Chemiker (KWI) 32; 34; 46; 165
Meyer, André (geb. 1883); franz. Pharmakologe (Dijon) 60 f.; 121
Meyer, Eduard; Offizier der Gastruppe 169
Meyer, Fr. (Friedrich? 1886–1933, Chemiker); KWI 32; 165
Meyer, Julius (geb. 1876); Chemiker (Berater des KWI) 32; 71; 121; 176
Meyer, Kurt Hans (1883–1952); Chemiker (KWI) 32; 35; 40; 154 f.; 165
Meyer, Victor (1848–1897); Chemiker 83; 87 f.; 90; 101
Michaelis; Major 13; 15; 138
Michaelis, Karl Arnold (1847–1916); Chemiker 76
Michaelson; Zeichner, Photograph (KWI) 167
Mielenz, Walther; Chemiker (KWI) 32; 165
Millerand, Alexandre (1859–1943); Politiker, franz. Kriegsminister 61
Miolati, Arturo (geb. 1869); ital. Chemiker 63
Mittasch, Alwin (1869–1953); Chemiker 12
Moench, F.; Offizier der Gastruppe 169
Molinari, Ettore (1867–1926); ital. Chemiker 63
Möllendorf, Wichard von (1881–1937); Mitarbeiter Rathenaus, später Staatssekretär 11
Moltke, Helmuth Graf von (1848–1916); General, bis zur Marneschlacht (Sept. 1914) Generalstabschef des Feldheeres 11; 138
Momberger; Chemiker (Fa. Cassella) 36
Montague, Edwin Samuel (1879–1924); Politiker, zeitw. brit. Munitions-Minister 51; 56
Mordacq, Jean Henry (1868–1943); franz. General 23; 25
Moreland, Henry; brit. »Ministry of Munitions« 53; 57 f.; 67
Morgan, Gilbert Thomas (1870–1940); brit. Chemiker 50; 88
Moulton, John Fletcher; brit. »Ministry of Munitions« 51; 53; 56 ff.
Moureu, Charles (1863–1929); franz. Chemiker 59 f.; 79
Müller; Frl. (KWI) 165
Müller, Carl (1857–1931); Chemiker (Fa. BASF) 35
Müller, Ernst (1881–1945)?; Chemiker (KWI) 32; 165
Müller, Friedrich von (geb. 1858); Physiologe (Gasforschung) 33
Müller, Hans; Dr. (KWI) 32; 165
Müller, Kurt; Dr. (KWI) 34
Müller, Ullrich; Chemiker (KWI) 32; 159; 164
Müller-Breslau, Heinrich (1851–1925); Techniker (TH Berlin-Charlottenburg) 102
Münch; Chemiker (Fa. BASF) 35; 44
Muntsch, Otto (1890–1945); Mediziner, Pharmakologe 115; 127 f.

Nathan, Charlotte; siehe Haber, Charlotte
Nernst, Walther Hermann (1864–1941); Physikochemiker 11 ff.; 15 f.; 17 f.; 29; 46; 102; 109; 138; 140; 145
Neuberg, Carl (1877–1956); Physikochemiker 36; 38
Nicolardot; franz. Chemiker, Offizier (Section Technique de l'Artillerie) 19

Niemann, Albert (1834–1861); Chemiker 83
Nolte, Anton; Feldhilfsarzt (Gastruppe) 169
Norris, James Flack (1871–1940); amer. Chemiker 17; 71; 73; 76 f.; 83; 87; 121
Noskoff, A. A.; Generalstabschef der 3. russ. Armee 144

Ochs; Dr. (KWI) 32; 165
Oettinger; Dr. (KWI) 32; 165
Oppenheim, Franz (1852–1929); Chemiker, Industrieller (Fa. AGFA) 154 f.
Ostermann; Oberstabsapotheker (KWI) 32; 167
Ostwald, Wilhelm (1853–1932); Physikochemiker 93; 138
Ott, Philipp (1861–1947); Chemiker (Fa. Bayer) 35
Ourbin; Chemiker 73
Ozil; General, Chef der »Direction du Matériel Chimique de Guerre« 59; 61; 66 f.

Padberg, Heinrich; Offizier der Gastruppe 169
Panmure, Lord (Fox Maul Ramsay, Earl of Dalhouse, 1801–1874); brit. Politiker, Mitte 19. Jh. Staatssekretär im Kriegsministerium 136
Papon; franz. »Direction du Matériel Chimique de Guerre« 61
Parravano, Nicola (1883–1938); ital. Chemiker 63
Pascal, Paul (1880–1968); franz. Chemiker 72 f.; 91
Patard; franz. General 112
Paternò di Sessa, Emanuele (1847–1935); ital. Chemiker, Senator 63 f.
Paulus; Dr. (KWI) 32; 165
Paxman, Jeremy; brit. Historiker, Autor 19; 79; 82; 127
Pellhammer, Franz Xaver; Offizier der Gastruppe 169
Penna, L.; ital. Ingenieur, Oberst 64
Peratoner, Alberto (1862–1925); ital. Pharmazeut 63
Perkin Jr., William Henry (1860–1929); brit. Chemiker 48 f.
Perret; franz. General (Direction du Matériel Chimique de Guerre) 59; 61
Pesci, Leone (1852–1917); ital. Pharmakologe 63
Peterson, Max (Otto?); Oberst, später Generalmajor, Kommandeur der Gastruppen 22 f.; 27; 29; 75; 109; 142; 169
Pfannenstiel, Adolph; Chemiker, Assistent Willstätters 32; 94; 165
Pfeil, Graf; Major (Gaswerfer) 75
Pick, Ludwig Hans (geb. 1884); Chemiker (KWI) 31; 34; 38; 46; 76; 92; 163; 165 f.
Pieper, Otto; Offizier der Gastruppe 169
Piorkowski, Kurt; Dr. (KWI) 32; 167
Piutti, Arnaldo (1857–1928); ital. Chemiker 63 f.
Planck, Max (1858–1947); Physiker 138
Playfair, Lyon, Baron of St. Andrew (1818 bis 1898); brit. Chemiker, Politiker, Mitte 19. Jh. Staatssekretär im Wissenschaftsministerium 136
Plessen, Magnus Baron von; Offizier der Gastruppe 169
Plieninger, Theodor (1856–1930); Kaufmann (Fa. Griesheim Elektron) 36
Poirier, Jules; franz. Chemiker, Autor 61; 73; 80; 91; 120
Polte, Julius; Offizier der Gastruppe 169
Pope, William Jackson (1870–1939); brit. Chemiker 49 f.; 52 f.; 55; 67; 78; 87 ff.; 101; 155
Poppenberg, Otto (1876–1956); Sprengstoffchemiker 31; 34; 38; 140; 164; 166
Poucher, Morris; Fa. BASF, später Du Pont 108
Prandtl, Wilhelm (1878–1956); Chemiker (KWI) 32; 165
Prentiss, Augustin Mitchell (geb. 1890); amer. Oberst (Chemical Warfare Service), Autor 100; 119 ff.; 127 ff.
Price, Sir Keith; brit. »Ministry of Munitions« 53; 58
Pschorr, Robert (1868–1930); Chemiker 16
Pummerer (Rudolf? geb. 1882, Chemiker); KWI 32; 165

Quandt; Major (Gastruppe) 171
Quinan, K. B.; brit. Experte für Chemieanlagenbau (Ministry of Munitions) 52 f.; 56; 58; 78; 89

Radel; cand. chem. (KWI) 165
Ramsay, Sir William (1852–1916); brit. Chemiker 48; 136; 148
Raper, H. S.; brit. »Ministry of Munitions« 58; 97
Rathenau, Walther (1867–1922); Industrieller (Fa. AEG), Leiter der Kriegsrohstoffbehörde, später Politiker 10 f.; 41; 139
Rathke, Heinrich Bernhard (1840–1923); Chemiker 60
Redwood, Sir Boverton (1846–1919); brit. Chemiker 51

Regener, Erich (1881–1955); Physiker (KWI) 32; 34; 38; 77; 145; 152; 165
Rehmann; Ingenieur (KWI) 165
Reiche (Fritz? geb. 1883, Physiker); KWI 32; 167
Reinicke; Chemiker (Fa. AGFA) 36
Remané; Chemiker (Fa. Auer, KWI) 46; 92; 165
Renard; belg. Hauptmann 66
Rendulic, Lothar (1887–1971); österr.-ung. Major 28
Reubert; KWI 165
Rho; ital. Generalarzt 63
Richardson; amer. Gasschutz-Entwicklung 97
Richardt, Franz; Chemiker, Offizier der Gastruppe 22; 169
Riche, Alfred (1829–1880); Chemiker 82
Richter; Feldwebel (KWI) 165
Richter, Albert; Offizier der Gastruppe 169
Ricker; Gasforschung 33
Riedler, Alois (1850–1936); Techniker (TH Berlin-Charlottenburg) 102
Rilling, August; Offizier der Gastruppe 169
Robertson, William; General, brit. Generalstabschef 53
Rodeck, Franz; Offizier der Gastruppe 169
Roethe; Professor (Preuß. Akademie der Wissenschaften) 102
Roger, Alexander; brit. »Ministry of Munitions« 52; 56 f.
Romminger, Kurt; Offizier der Gastruppe 171
Rona, Peter (1871–1945); Chemiker, Physiologe (Gasforschung) 32 f.
Röntgen, Wilhelm Conrad (1845–1923); Physiker 138
Roscoe, Sir Henry (1833–1915); brit. Chemiker 49
Rosenberg, M. (Max? geb. 1887, Mediziner); Gasforschung 33
Roser, Wilhelm (1858–1923); Chemiker (Fa. Hoechst) 35
Rosin; Unteroffizier (KWI) 165
Roth, Heinz; Offiziers-Aspirant (Gastruppe) 169
Rothmaler, Karl von; siehe Einem, Karl von
Rozier, Jean Francois Pilátre de; franz. Chirurg 156
Rudge, Ernest (geb. 1894); brit. Chemiker 79
Runze; Dr. (KWI) 32; 167
Rupprecht von Bayern, Maria Luitpold Ferdinand (1869–1955); Kronprinz, General 21
Ruthe; Frl. (KWI) 165
Rutherford, Ernest, Baron of Nelson (1871 bis 1937); brit. Physiker 51; 116
Sackur, Otto (1880–1914); Chemiker 19 f.
Sadd, J. A.; brit. Gasschutz-Entwicklung 50
Saulnier; franz. Major, Dr. (Gasschutz-Entwicklung) 96
Schabel, von; General 17
Schächterle, Georg; Offizier der Gastruppe 170
Schäfer (Konrad? 1874–1922, Chemiker); KWI 32; 34; 165
Schärfe; Dr. (Fa. Arsenikhütte Reichenstein) 36
Scharfenberg; Chemiker (Fa. AGFA) 44
Scheele, Carl Wilhelm (1742–1786); Chemiker 18; 68
Schepang; Dr. (KWI) 32; 165
Schering (Harald? 1880–1959, Physiker); KWI 32; 165
Scheuch, Heinrich von (1864–1946); Oberst, später Generalmajor 10
Schick; Dr. (KWI) 32; 165
Schilow, Nikolai Alexandrowitsch (1872 bis 1930); russ. Chemiker 62
Schindler, Erich; Offizier der Gastruppe 170
Schlick, Albert von; Oberstleutnant (Gastruppe) 170
Schlösser; Chemiker (Fa. Bayer) 35
Schlottmann; Major (Königliches Ingenieur-Komitee) 140
Schmauß, August (1877–1954); Meteorologe, Offizier der Gastruppe 22
Schmidt; Dr. (Fa. Kalle) 35
Schmidt; Dr. (Fa. Rhenania) 36
Schmidt, Albrecht (1864–1945); Chemiker, Direktor (Fa. Hoechst) 13; 35; 137; 140; 159
Schmidt-Ott, Friedrich (1860–1956); Jurist, Politiker, 1917–1918 preuß. Kultusminister 102 f.; 140
Schneider; cand. chem. (KWI) 167
Schneider, S.; Chemiker (Fa. AGFA) 35; 154 f.
Schober; Major (Preußisches Kriegsministerium) 85; 167
Schönfeld, Paul; Offizier der Gastruppe 170
Schrader, Gerhard (1903–1990); Chemiker (Fa. Bayer) 104
Schroth, Alfred; Arzt (Gastruppe) 69
Schübel, K.; Gasforschung 33
Schuhmann; Dr. (KWI) 32; 166
Schul(t)ze, Wilhelm; Chemiker (KWI), Offizier der Gastruppe 22; 32; 166; 170
Schulz, R.; Major (Gastruppe) 170
Schweitzer; Dr. (KWI) 32; 167
Seidel, Paul (1867–1951); Chemiker (Fa. BASF) 35

Sforza; ital. Generalarzt 63
Shadbolt; brit. »Ministry of Munitions« 58
Sibert, W. L. (1860–1935); amer. General, Chef des »Chemical Warfare Service« 66
Siegeneger; Chemiker (Fa. Hoechst), Feldmunitionsanstalt Adlershof 84
Sieur, Célestin (geb. 1860); franz. »Médicin général inspecteur« 24
Sieverts, Adolf (1874–1943); Chemiker (KWI) 32; 34; 165
Sigismund, Georg; Offizier der Gastruppe 170
Simon; cand. chem. (KWI) 165
Simonetti; ital. Stabsarzt 64
Smithells, Arthur (1860–1939); brit. Chemiker 49
Snetta-Bordoli, Bianca; ital. Gasschutz-Entwicklung 63
Soika, G.; Gasforschung 33
Sommer; Dr. (KWI) 32; 165
Soulie; Kommandeur der franz. »Z-Compagnies« 61
Spica, Matteo (1863–1924); ital. Pharmazeut 64
Spiers, C. W.; brit. Sergeant 79
Spieß, Herrmann; Offizier der Gastruppe 170
Spitalsky, Eugen I. (gest. 1931); russ. Chemiker 63
Splettstösser; Dr. (KWI) 32; 165
Sprenger, Walter; Offizier der Gastruppe 170
Stamm, Karl; Offizier der Gastruppe 170
Standtke; Chemiker (Fa. Bayer) 35
Stange, Otto (1870–1941); Chemiker (Fa. Bayer) 35
Starling, Ernest Harvey (1866–1927); brit. Physiologe 48 ff.; 56; 79
Staudinger, Hermann (1881–1965); Chemiker 106; 158
Steibelt; Dr. (KWI) 32; 166
Stein; Dr. (KWI) 32; 167
Stein, Hermann von (1854–1927); General, Nov. 1916–Okt. 1918 preuß. Kriegsminister 158
Steiner; Chemiker (Fa. Kahlbaum) 44
Steinkopf, Wilhelm (1878–1949); Chemiker (KWI) 31 f.; 38; 44; 46; 80; 103; 164; 166
Stenhouse, John (1809–1880); brit. Chemiker 74; 156
Stern (Rudolf? Mediziner); KWI 32; 166
Stier, Wilhelm; Offizier der Gastruppe 170
Stirm (Karl? geb. 1875, Chemiker); KWI 32; 166
Stock, Alfred Eduard (1876–1946); Chemiker (KWI) 32; 44
Stöhr, Joseph; Chemiker, Assistent Steinkopfs (KWI) 32; 166
Stokes, Frederick Wilfried (1860–1927); brit. Ingenieur, Konstrukteur der Stokes-Werfer 74
Stoltzenberg, Dietrich (geb. 1926); Chemiker, Autor 32; 34; 86
Stoltzenberg, Hugo (1883–1974); Chemiker (KWI), Feldmunitionsanstalt Adlershof, Leiter des Lostwerkes Breloh 34; 84 f.; 109; 154; 167
Stör, Hermann; Offizier der Gastruppe 170
Struth; Dr. (KWI) 32; 166
Strutt, John William, Baron of Rayleigh (1842 bis 1919); brit. Physiker 49
Stumm, Herbert von; Offizier der Gastruppe 170
Sturniolo, G.; ital. Chemiker 76
Sudermann, Hermann (1857–1928); Schriftsteller 138

Tambuté; franz. Gasschutz-Entwicklung 96
Tappen, Gerhard (geb. 1866); Oberst, später Generalmajor (Oberste Heeresleitung) 15 f.; 30; 139
Tappen, Hans (geb. 1879); Chemiker, Verwaltungsleiter im KWI 13; 16; 21; 29; 32; 38; 80; 139; 166
Tassily, Eugène (1867–1940); franz. Pharmazeut, Colonel 96
Tattenbach, Graf von; Oberstleutnant 142
Templeton; brit. Sanitätsleutnant 153
Terjung, Werner; Offizier der Gastruppe 170
Terroine, Émile (1882–1974); franz. Physiologe 59; 66
Tesch; Dr. (KWI) 32; 166
Testi; ital. Oberstabsarzt 64
Thaer, Albrecht von (geb. 1868); General 21
Theberath; Diplom-Ingenieur (KWI) 32; 166
Thenard, Louis Jacques Baron (1777–1857); franz. Chemiker 153
Thiele, Friedrich Karl Johannes (1865–1918); Chemiker 32; 99
Thielen, Hanspeter; Ass.-Arzt (Gastruppe) 170
Thomas; brit. Hauptmann 54
Thomas, Albert (1878–1932); Politiker, franz. Rüstungsminister 59; 61
Thomson, Sir Joseph John (1856–1940); brit. Physiker 51
Thorpe, Jocelyn Field (1872–1940); brit. Chemiker 48; 50 f.; 136 f.
Thorpe, Sir Edward (1845–1925); brit. Chemiker 48

Threlfall, Richard (1861–1932); brit. Chemiker 51
Thuillier, Henry Fleetwood (geb. 1868); General, Chef des brit. »Gas Service« 52; 55; 58; 79
Tissot; franz. Gasschutz-Entwicklung 96 f.
Trahndorff, Franz; Offizier der Gastruppe 170
Trappe, Oskar; Hauptmann (Gastruppe) 170
Trumpener, Ulrich; Historiker (University of Alberta) 24
Tschischwitz, Erich von (geb. 1870); General 142
Tübben; Offizier der Gastruppe 170
Turpin, Francois Eugène (1849–1927); franz. Sprengstoffchemiker 10
Tütken, Wilhelm; Offizier der Gastruppe 170

Uhlig, Max; Oberst (Gastruppe) 171
Ulbrichs; Offizier der Gastruppe 170
Ullmann; KWI 166
Umlandt, Adalbert; Offizier der Gastruppe 170
Untiedt, Josef; Offizier der Gastruppe 170
Urbain, Georges (1872–1938); franz. Chemiker 69

Vagt (oder Vogt?); Chemiker (Fa. Bayer) 44
Valentini, Rudolf von (geb. 1855); Chef des Zivilkabinetts Wilhelm II. 46; 102
Vigener, Karl; Offizier der Gastruppe 170
Villavecchia, Vittorio (geb. 1859); ital. Chemiker 63
Villevaleix; franz. Major 23
Villiger, Victor (1868–1934); Chemiker (Fa. BASF) 35
Vinci, Leonardo da (1452–1519); ital. Maler, Baumeister, Naturforscher 155
Vinet, E.; franz. General (Ministère de la Guerre) 115; 150
Vitale; ital. Ingenieur 64; 73
Vitelli; General 63
Vogel, Curt; Offizier der Gastruppe 170
Völler; Direktor (Fa. Rheinische Metallwaren- und Maschinenfabrik) 140
Voltz; Chemiker (Fa. Bayer) 47; 92
von den Velden, Reinhard; Mediziner (Gasforschung) 32 f.
von der Heyde; Dr. (KWI) 32; 166

Wachtel, K.; Dr. (KWI) 32 f.; 166
Wagemann; Zahlmeister (KWI) 166
Wagner, Ernst; Offizier der Gastruppe 170
Wagner, Hermann (1876–1932); Chemiker (Fa. Hoechst) 35
Walker, W. H.; amer. Colonel, Chemie-Technologe, Chef des »Edgewood Arsenals« 65
Walter, Karl; Offizier der Gastruppe 170
Waltz, Otto; Hauptmann (Gastruppe) 170
Wangenheim, Alexander Freiherr von; Oberst (Gastruppe) 170
Wangenheim, Ernst Freiherr von (geb. 1847?); Oberstleutnant, Kommandeur des Gasplatzes Breloh 72
Watson, William (gest. 1919); Physiker, Oberst, Chef des brit. Zentrallaboratoriums des »Gas Service« 55; 97
Weber, Ludwig (geb. 1860); Physiker, Mathematiker, Offizier der Gastruppe 171
Weigert, Fritz W. (1876–1947); Chemiker (KWI) 32; 34; 76; 166
Weigert, Karl M.; Chemiker (KWI), Neffe Fritz Habers 32; 34; 166
Weil, J.; Chemiker, Assistent Willstätters 94
Weinberg, Arthur von (1860–1943); Chemiker, Major (Kriegsamt) 34
Weishut; Chemiker (KWI) 32; 36; 44 f.; 166
Weiß; franz. Bergwerksdirektor, zeitweiliger Chef des »Service du Matériel Chimique de Guerre« 58 f.
Weissenfels, Robert; Offizier der Gastruppe 170
Werbelow, Willi; Offizier der Gastruppe 170
Werdelmann; Major (Generalinspektion der Pioniere) 140
Wesche; Chemiker (KWI) 32; 154; 166
West, Clarence J. (1852–1931); amer. Major (Chemical Warfare Service), Autor 9; 120
Westphal, Wilhelm (1863–1941); Physiker (KWI), Offizier der Gastruppe 22; 85; 107
Whitelaw; Chef des brit. Mustard-Werkes Avonmouth 89
Wicks, W. L.; brit. Diplomat 144
Widmayer, Wilhelm; Offizier der Gastruppe 170
Wieland, Heinrich (1877–1957); Chemiker (KWI) 31; 35 f.; 38; 78; 99; 107; 163; 166
Wieland, Hermann (1885–1929); Mediziner (Gasforschung) 32 f.; 35
Wien, Wilhelm (1864–1928); Physiker 138
Wild von Hohenborn, Adolf; siehe Hohenborn, Adolf Wild von
Wildhagen, Max; Offizier der Gastruppe 170
Wilhelm II. (1859–1941); Deutscher Kaiser 1888–1918 26; 29; 41; 80; 101; 141
Wilkens, Ernst; Offizier der Gastruppe 170
Willamowski, Walter; Arzt, Offizier der Gastruppe 170

Willstätter, Richard (1872–1942); Chemiker 11; 35; 38; 41; 46; 69; 93 ff.; 106 f.; 138; 161
Wilson, Sir Henry Maitland, First Lord of Libya and of Stowlangtoft (1881–1964); brit. Feldmarschall 111
Wilson, Woodrow (1856–1924); Politiker, amer. Präsident 1913–1921 64 ff.
Winkler, Richard; Offizier der Gastruppe 170
Winter; Chemiker (Fa. BASF), Feldmunitionsanstalt Adlershof 84 f.
Wirth (Fritz? geb. 1883, Chemiker); KWI 32; 166
Wischer, Franz; Offizier der Gastruppe 170
Wolfes, Otto (1877–1942); Chemiker (Fa. Merck), Offizier der Gastruppe, stellv. Kommandeur der Feldmunitionsanstalt Breloh 22; 72; 170
Wollring; Dr. (KWI) 32; 166
Woltersdorf; Prof. (Vorstand der Militärbergverwaltung) 142
Wreschner; Frl. (KWI) 166
Wrisberg, Ernst von (1863–1927); Oberst, später Generalmajor, Chef des »Allgemeinen Kriegsdepartments« im Preuß. Kriegsministerium 11; 30; 95; 102 f.
Wussow, Gustav (1877–1937); Meteorologe, Offizier der Gastruppe 22; 170
Wüst, Fritz (1860–1938); Techniker (TH Aachen) 102; 170
Wüst, Georg (geb. 1890); Meteorologe, Offizier der Gastruppe 22

Zaar (Karl? 1880–1949, Techniker); KWI 32; 166
Zacharias, Emil (1867–1944); Chemiker (Fa. Griesheim Elektron) 36
Zanetti, Joaquin Enrique (geb. 1885); amer. Oberstleutnant 66
Zedner; Dr. (KWI) 32; 34
Zelinsky, Nikolai Dimitrijewitsch (1861 bis 1953); russ. Chemiker (Gasschutz-Entwicklung) 63
Zernik, Franz (1876–1941); Pharmakologe (KWI) 32 f.; 35; 175 f.
Ziethen, Curt; Offizier der Gastruppe 170
Zilian, Fritz; Offizier der Gastruppe 170
Zipfel, Wilhelm; Offizier der Gastruppe 170
Zisch; cand. chem. (KWI) 166
Zoellner; Dr. (KWI) 32; 166

Der Autor

Dr. Dieter Martinetz, geboren am 25. Juni 1947 in Kulkwitz bei Leipzig. Besuchte von 1962–1966 die Erweiterte Oberschule und erlernte gleichzeitig den Beruf eines Chemiefacharbeiters. 1966–1971 Studium der Chemie an der Universität Leipzig. 1971 Abschluß als Diplom-Chemiker. 1971–1973 Forschungsstudium auf dem Gebiet der organischen Synthese-Chemie. 1973 Promotion zum Dr. rer. nat. bei Prof. Dr. Manfred Mühlstädt an der Universität Leipzig. 1988 Fachchemiker für Toxikologie. 1973 bis zu deren Auflösung 1992 wissenschaftlicher Mitarbeiter an der Forschungsstelle für chemische Toxikologie. Arbeitsgebiete: Entgiftung und Immobilisierung von Schadstoffen, Umweltverhalten von Pestiziden, toxikologische und ökotoxikologische Bewertung von Chemikalien, Kulturgeschichte natürlicher und synthetischer Gifte einschließlich chemischer Kampfstoffe. 1992–1993 wissenschaftlicher Mitarbeiter im Rahmen des Wissenschaftler-Integrationsprogramms bei der Koordinierungs- und Aufbau-Initiative e. V., Berlin, und seit 1994 am Karl-Sudhoff-Institut für Geschichte der Medizin und der Naturwissenschaften an der Universität Leipzig. Arbeitsgebiete: Rüstungsaltlasten, Geschichte der chemischen Kampfstoffe, Kulturgeschichte ausgewählter Naturstoffe.

Dr. Martinetz ist Autor von zwölf Büchern sowie 140 Zeitschriftenpublikationen und Handbuchbeiträgen zu Fragen der chemischen Toxikologie, toxikologiehistorischen Themen, der Kulturgeschichte von Naturstoffen und Giften sowie Problemen militärchemischer Rüstungsaltlasten.

Von den bisherigen Buchveröffentlichungen seien genannt:

- Entgiftungsmittel, Entgiftungsmethoden. Vieweg, Braunschweig 1978 (gemeinsam mit K. Lohs),
- Gifte in unserer Welt. Aulis Verlag, Köln, 2. Auflage 1982,
- Entgiftung und Vernichtung chemischer Kampfstoffe. Militärverlag, Berlin 1983 (gemeinsam mit K. Lohs),
- Gift. Magie und Realität. Nutzen und Verderben. Callwey, München 1986 (gemeinsam mit K. Lohs),
- Immobilisation, Entgiftung und Zerstörung von Chemikalien. Harri Deutsch, Thun, Frankfurt/M., 2. überarbeitete Auflage 1986,
- Sanierung von Industrie- und Rüstungsaltlasten. Harri Deutsch, Thun, Frankfurt/M. 1994,
- Rauschdrogen und Stimulantien. Urania, Leipzig 1994,
- Nahrungsgifte. Urania, Leipzig 1995,
- Handbuch Rüstungsaltlasten, Ecomed Verlag, Landsberg 1996 (gemeinsam mit G. Rippen),
- Vom Giftpfeil zum Chemiewaffenverbot. Harri Deutsch, Thun, Frankfurt 1996.